小津安二郎

平山周吉

新潮社

小津安二郎●目次

小津安二郎

第一章　「無」と「無常」と「無藝荘」

毎年、十二月十二日に、北鎌倉で小津会が開かれる。映画監督の小津安二郎がお茶ノ水の東京医科歯科大学附属病院で亡くなったのは、昭和三十八年（一九六三）十二月十二日だった。その日は、小津の満六十歳の誕生日だったから、律儀にもきっちり六十年の生涯だったことになる。映画製作においても日常生活においても、何事をもゆるがせにしない小津は、図ったわけではないのに還暦の年の誕生日にこの世を辞した。

小津とは縁もゆかりもない私が小津会に参加するようになったのは、十年ほど前からである。もともとは小津組のスタッフが中心の偲ぶ会だったが、年年歳歳、関係者は減っていく。補充要員がいないことには先細りである。私に声をかけてくれたのは、小津映画の研究家・田中眞澄《まさすみ》さんだった。『小津安二郎全発言』、『小津安二郎戦後語録集成』、『全日記　小津安二郎』の編者である。いくらヴィデオやDVDが完備されても、田中眞澄編の三冊の基本文献がなければ、小津映画がここまで語られ、論じられることはなかっただろう。『全発言』と『戦後語録集成』は雑誌や新聞の片隅に埋もれていた小津安二郎の言葉を国会図書館に毎日通って探し出し、誰もが読める形で書籍にしてくれた。小津安二郎の芸術と人となりに接近する上で、フィルムに次いで不可欠な、映像のない小津作品である。

小津会の当日はまず、円覚寺の墓前に集合する。あの「無」と刻まれたお墓である。墓前には日本酒やウィスキーの瓶が林立し、酒好きだった小津を供養する。酒瓶はガラス製の卒塔婆といった趣きである。お参りをおえると、横須賀線の踏切を越え、会場の「鉢の木新館」へと向かう。途中には縁切寺として有名な東慶寺がある。鈴木大拙、西田幾多郎といった「禅」と「無」の巨人たちがここには眠っている。小津が五十代の十年間を老母と暮した場所もすぐ近くにある。

小津会の挨拶の口切りは小津映画のプロデューサーだった山内《やまのうち》静夫さんである。「早春」「東京暮色」「彼岸花」「お早よう」「秋日和」「秋刀魚の味」——小津が昭和三十年代に松竹大船撮影所で撮った六作を担当した。大正十四年（一九二五）生まれだから、この年（二〇一九年）山内さんは九十四歳になるが、相変わらず歯切れのいい口跡であった。

「……小津先生は、百年に一人という方です。小津先生を思ってこうして集まってお酒を飲める。こんな幸福なことはありません……」

山内プロデューサーの言葉を聞いて、百年という単位で、小津のことを考えたことはなかったと気づいた。小津は一九〇三年、明治三十六年生まれだから、百年は「二十世紀」であり、「明治大正昭和」＝「近代日本」でもある。もしずっと遠い将来に、二十世紀の日本及び日本人がイメージされるとしたら、と考える。かつてなら「軍閥」東条英機で代表されてしまったのかもしれない。しかし、いくらなんでも東条の出番はもうないだろう。とすると、昭和天皇か。それでもまだ政治的な意味が付加され過ぎている。二十世紀日本のイメージをどんどん絞り込んでいき、ただ一人に代表させるとしたら——。

やはり、「東京物語」の笠智衆なのではないか。山内さんの言葉に誘われて、私の結論はそこに着地する。笠智衆のぎくしゃくと緊張した動作は、どうしても昭和天皇の硬直した立ち居振る舞いを連想させる。笠智衆と東山千栄子が並んでいると、昭和天皇と香淳皇后がダブる。「東京物語」の上野寛永寺のシーンで、笠智衆がよっこいしょと立ち上がって歩き出す。もしもあのシーンに突風が吹いて笠智衆の帽子を吹き飛ばしたなら、笠智衆はあわてて帽子を追いかけるのではないか。「東京物語」の笠智衆は、私の脳内でニュース映像の「天皇の帽子」に接続してしまう。

「東京物語」は二〇一二年に、英国映画協会の「サイト&サウンド」誌で、「映画監督が選ぶ史上最高の映画」の第一位となった。世界中の三百五十八人の映画監督が投票した結果で、「2001年宇宙の旅」や「市民ケーン」を抑えての快挙だった。一九五三年（昭和二十八年）に日本で公開され、一九五八年にロンドン映画祭でサザランド杯を贈られてから半世紀が過ぎての「世界一」だった。イギリスでの初上映は一九五七年だったが、その時の評価は当時の新聞が伝えている。映画批評家リンゼー・アンダースン「この映画には〝禅〟がある」（「毎日新聞」昭和32・11・27夕刊。出典は『戦後語録集成』の注）。アンダースンの言葉を日本に伝えたのも、サザランド杯を代わりに受けたのも滞欧中の川喜多かしこ（東和映画副社長）だった。

川喜多かしこは小津追悼の大冊『小津安二郎　人と仕事』に「墓もうで」という一文を寄せている。彼女が円覚寺の墓に外国人の映画研究家を案内するエッセイである。フランスのアンリ・ラングロアが一九六六年に初来日した時、鎌倉の川喜多邸（現在は川喜多映画記念館）に招く前に、北鎌倉で下りて円覚寺に案内する。「彼は大きな眼に深い思いをこめて、無言のまゝじっと長いこと黒い墓石を見つめていました」。一九七一年にはイギリスのジョン・ギレットとエリック・ロードの希望に応えた。「おくれた春の桜が散りはじめた頃、私は二人を黒大理石の墓前に案内しました。／「無」と刻まれた墓碑銘の意義。／宗源老師の手に成る碑文の解釈を彼等は繰返し質問しました」。

川喜多かしこは十六歳の原節子が主演した昭和十二年（一九三七）の「新しき土」（ドイツ題名「サムライの娘」）以来、夫の川喜多長政と共に、日本映画の輸出と紹介に力を注いできた映画人である。欧米映画人が日本映画に何を求めているかについてなら、肌身に沁みてわかっている。うってつけの、確信犯ともいえる案内者がいつも導くのが円覚寺だった。

ヴィム・ヴェンダースの一九八五年の映画「東京画」にも、当然のことながら「無」は登場した。「東京物語」冒頭シーンの尾道で始まり、ラストシーンの尾道で終わる「東京画」には、小津映画の代名詞である笠智衆と、小津の「キャメラ番」を自称した小津組スタッフの厚田雄春《ゆうはる》が登場する。フィルムの中の二人はすでに八十歳近い。小津が死んでから二十年がたっていたが、二人の中で小津はまだ生きている。厚田は小津映画の撮影で使われた古いミッチェルのキャメラと赤い三脚を使って、ゴザを敷いたローアングルの撮影現場を再現してくれる。説明に熱が入って、なかなか終わらない。キャメラは回り続ける。厚田は感極まって、唇を震わせ、涙となる。「悲しくなる。もうこれで勘弁してちょうだい」「小津おやじってのは本当に良いおやじでしたね」。「東京画」のクライマックスの厚田の涙に、「東京物語」の原節子の号泣シーンが繋がる。「東京画」はエンディングへと向かっていく。

「無」は映画の中盤に登場する。笠智衆のインタビュー（撮影は鎌倉の川喜多家で行なわれた）の後、笠は円覚寺に向かう。笠の顔には「東京物語」の時よりも老いが深く刻まれている。足腰は「東京物語」よりも元気で、健脚だ。プラスチックの赤い柄杓で水を墓にかけ、手を合わせる。墓のアップにヴェンダースのナレーションがかぶさる。

小津安二郎の墓。「無」と刻まれている

「小津の墓には名前がない。ただ漢字が一字。〝無〟、この文字は空虚を、虚無を意味する」

この後、しばらくはヴェンダースの「無」についての思索が長いナレーションで展開される。画面には夜の電車の窓外風景が流れる。笠智衆や原節子が「晩春」と「麦秋」で通った横須賀線である。「そこ［小津映画］では人、物、街、風景が、そのままの姿で自らを啓示する。今、映画はこのように現実を表わすスベをもう持たない」「すべては昔の事。無、虚無が――現代を支配する」。

「東京画」からはヴェンダースの小津への真摯な傾倒が伝わってくる。それだけに気にかかることがある。「無」から小津へとアプローチするのはふさわしいのかどうか。「無」の墓は小津の死の三ヶ月後に建てられた。小津よりも一年十ヶ月前に亡くなった母・あさゑも共に眠っている。日刊スポーツの映画記者だった石坂昌三は一九九五（平成七）年に出版した『小津安二郎と茅ヶ崎館』の中で、「無」の由来を書いている。

「墓石の「無」は、小津の葬儀を司り、戒名の『曇華院達道常安居士』を付けた、当時の円覚寺管長・朝比奈宗源の揮毫である。「無」は、小津の遺言によるものではなく、遺族（兄の新一と弟の信三）が、朝比奈と相談して決めたものだが、それには、はっきりした理由があった。／昭和十三年（一九三八）。日中戦争で中支を転戦していた小津伍長は、漢口作戦のため南京に駐留した時、近くの古寺「鶏鳴寺」に参詣。住持・二空和尚に記念に一筆、揮毫をお願いした」

「東京物語」が世界一の映画になるために大きな役割を果たしただろう「無」の一字は、小津の遺志ではなかったのだ。石坂昌三の取材に基づいた記述は考えてみれば（考えるまでもなく）、その通りだとうなずくしかない。「道化の精神」をことさら愛好していた後年（昭和三十年代以降）の小津が「無」などと、しかつめらしく表現することはありえない。その頃の小津の「無」といえば、蓼科に借りた別荘に「無藝荘」と自ら命名しているのが思い浮かぶ。脚本家の野田高梧の別荘「雲呼荘」

（「うんこそう」と読む）に対しての命名であった。北鎌倉の家には「游於藝」（藝に游ぶ）という秋艸道人（会津八一）の書が掛かっていた。蓼科にはその「藝」の書がないということなのか。それとも「無芸大食」の「無藝」なのか。真面目に考えてもしかたがなかろう。小津の遺品の中には二空和尚が書した「無」が額装されて遺されていた。その「無」の一字は余りにも強烈であるがゆえに、深く浸透してしまった。

石坂昌三は中国戦線にあった小津伍長の「無」を想像している。「住職が墨痕鮮やかに筆を走らせたのが、「無」であった。丸みを帯びた日本人の字にはない書体。三十四歳のまだ若かった小津だが、戦火地獄をくぐった彼の心境は、この字にぴったりだった。すっかり気に入って、何枚も書いてもらい、日本の友人に送っている」。

送られた友人の一人に溝口健二監督がいた。当時の新聞に「無」の書の写真と記事が掲載された。「戦線と銃後で／ゆかしい禅問答」という記事である（「東京朝日新聞」昭和13・8・27夕）。「〇〇戦線に出征してゐる松竹大船監督の小津安二郎氏から先輩に当る新興東京の溝口健二監督に宛て、左の文面に添へて〇〇雞鳴寺住職の書を送つて来た。書は美濃紙大の唐紙に「無」の一字を書いたもの。この戦線から銃後へあてた意味深長の「無」に対し、近く溝口監督は然るべき人に「有」と書いてもらつて禅問答の答を送ることになつた」（〇〇は伏字）。「無」と「有」で禅問答が成立するのか。読みようによっては、権威主義の権化だった先輩監督を小津がカツいだのではともとれる記事である。新聞には小津からの手紙の文面も載っている。戦地の緊張を感じさせない、余裕の文面だ。

「今ゐる宿舎の裏山に雞鳴寺があります。雨の晴れ間に時々登つてみます。苔の石甃の青葉のトンネルを越すと、その上が寺で、〇〇山を東に城壁を越えて蓮一面の〇〇湖、葉がくれに〇〇の町が一望出来ます。この寺は梁武帝の勅建で千二三百年の歴史があり、弘法大師空海曾遊の寺で中々有名ですが、今は可成荒れて居て侘しいものです。こゝの住持二空に一筆書かせてみました。あまりいゝ字だとは思ひませんが、寺印は中々よろしいと思ひます。とにかく別送します。当分〇〇で待機です。寺も見てまはりたいと思つて居ます。元気は大変よろしい」

　支那事変とは不思議な戦争である。日本軍は「暴支膺懲」を叫んで、蔣介石の国民政府軍をどんどん追いつめていく。首都南京は陥落する。徐州でも勝利する。蔣介石は中国奥地へと逃げる。日本軍はいくら勝っても、最終的な勝利は先延ばしされる。動員された兵士たちは予備役、後備役が中心で、都会の会社員や地方の農民が鉄砲を持たされて、突然戦場へと投げ込まれる。動員がかかったといっても、大陸の戦線に赴くのは甲種合格組の一部に過ぎない。小津の映画監督仲間ならば山中貞雄、大船の俳優ならば佐野周二くらいで、その他の監督や役者は映画製作に邁進している。銃後は戦争景気のおこぼれにあずかる。出征兵士は歓呼の声で送られたものの、貧乏くじを引いたに等しい。弱い支那軍をやっつけてさっさと凱旋するはずが、一向に戦争は終わらない。敵の抵抗は意外と執拗である。身近な戦死者が次々と出る。敗戦直前の、戦地も国内もすべてが戦争に巻き込まれた極限状態とはほど遠い。内地は「平和」と繁栄を謳歌し、シワ寄せは戦地の兵隊に集中する。苛烈な戦闘と戦闘の合い間には、公費で大陸旅行に来たような余暇がぽっかり訪れる。小津が鶏鳴寺で「無」の書を得たのは、そんな曖昧な時間を過ごしている時だった。

　陸軍恤兵部《じゅっぺいぶ》が当時発行した『支那事変戦跡の栞』という手帳サイズの三冊本がある。出征兵士のためのガイドブックで、地域ごとの戦闘記録と観光案内を兼ねた実用書である。「中巻」は江蘇・浙江・河南・安徽の中支四省の案内である。題字は陸相の板垣征四郎と中支方面派遣軍の前最高指揮官・松井石根《いわね》（小津のいた部隊は松井大将に直属していた）、序文は同軍の最高指揮官・畑俊六となっている。『戦跡の栞』中巻の南京名所旧跡案内の中に「鶏鳴寺」の項もある。お寺の由来が書かれ、

「春夏秋冬、何時行つてみても風光は絶佳、殊に紫金山が夕日の反照の中に文字通り紫色に暮れて行く時などは形容する言葉さへもない」と推奨されている。この本は小津が南京に駐留した三ヶ月後の発行だが、小津の鶏鳴寺に関する情報は『戦跡の栞』と同類だったと考えていい。「無」の書は、従軍中の小津の心境が仮託されていた可能性だけでなく、観光地でスーヴェニールとして購った記念品だった可能性も捨て切れない。

鶏鳴寺の坊さんの文字には感心しなかったものの、「寺印は中々よろしい」と小津の美意識を満足させた。その「寺印」が三つ押された手紙も現存している。三重県立第四中学校（現、宇治山田高校）時代の同級生・置塩高に南京から出した手紙である（『小津安二郎君の手紙』所収）。

「本日は八月十四日になる。立秋がすぎて朝夕涼風が立ちそめた。日中炎天は未だ流石の暑さだがこれとてひと頃からみれば、大変楽だ。／南京に暑さのさかりを二ヶ月あまり暮した。／秦淮の画舫にものれば玄武湖の蓮も見た。／船は小波を送つて荷香をゆりたてた。／あちこち、支那料理も食つてまわつた。航空便で無心をすれば十日もたゝずに東京から金が来た。戦争に来てゐる兵隊さんにしては贅沢の極みだつた。愉しかつた。／この二十三日に前線に出動する。／元気も大変いい。もう十日足らずで何かと忙しい。暇があれば当分は出来さうにもない昼寝を存分やつておきたい。

わがいのち　絶へなば　絶へよ
夏草の　草のもえたる
雲の湧く果

決心は甚だ悲壮だと云ひたいが、大方戦争にも慣れてしまひ、悪運の強さには満々たる自信がありそうもいかん。漢口とやら鳥渡見てくる。心配は無用に願ひ度い。／奥山には同じく判子［寺印］を捺したもの別に出した。橋本、吉田に廻してほしい」

親しい同級生仲間でも出征しているのは小津だけであった。画舫を運河に浮べたりとはかなりの文人趣味で、大正時代の芥川龍之介の『支那游記』を小津は気取っていたのではないか。この文面にも余裕が感じられる。置塩高は大陸への出発前夜（昭和十二年九月二十一日）の寄書きも所蔵していた。小津はひとこと「一寸戦争に行つて来ます」と書いた。「一寸」は「ちょいと」と訓《よ》むべきと置塩が書いているように、この別れの挨拶は小津映画そのものである。「ちょいと」は耳にうるさく聞こえるくらい小津映画の人物たちがよく口にしている。出発前夜の小津伍長の様子を置塩は後年、回想した。

「連絡を受けて奥山、橋本、置塩の三人が大阪天王寺駅附近の軍隊宿にかけつけたのは暗くなってからであった。既に京都から大久保忠素、井上金太郎両氏［小津の映画仲間］が座にあった（これより先東京高輪の小津の家へは吉田がかけつけたが内田吐夢さんも来り会談した）。例の通りの調子で駄弁っていたが軍隊的雑務がなかなか忙しくしばしば席を起って伍長としての任務を遂行していた。日頃の彼を思うと直立して慰問に来た町内会の代表等に礼を述べている姿はユーモラスに思える程で、出征などという重苦しい気分は無かったが翌暁トラックの運転台に乗って暗闇の彼方に去って行った時は流石に私たちも胸にこたえた。餞別にジョニーウォーカーを日の丸のハンカチに包んで渡したがその他にさる品をソット渡した。それが所謂の防具であった。時に彼は満三十四歳少々前であった。小津のこの隊は指宿中尉が隊長でしかも老兵の応召兵ばかりであったがなかなかの元気で帰還の暁は大船で再会しようと口々に言っていた。果して何人が無事帰った事であったろうか」（『小津安二郎君の手紙』附記）

『小津安二郎君の手紙』は小津の三回忌を前に、四人の同級生の手で自費出版された。小津が旧友たちに書いた手紙のうち残された三十数通を活字化したもので、その半ばは先ほど引用したように、中国戦線からの手紙である。小津伍長から映画関係者に送られた手紙もたくさん残っているが、同級生への手紙がいちばん真率、率直で、はだかの心を晒している。知人への手紙では、大人としての節度を守っていたのだろう。昭和十三年（一九三八）四月一日付けの野田高梧宛てと三月二十四日付けの置塩たち同級生宛ての手紙を比較するとよくわかる。

「明菓［明治製菓］は健者で坊主は戦死　薬剤師は腕をやられて内地還送です。僕は甚だ元気、心身共にこのところ好調です。／夜になるとしきりにもう蛙が鳴きます。／蛙の声は〈南風〉を想ひ出します」（田中眞澄編『小津安二郎「東京物語」ほか』）

「南風《なんぷう》」とは小津が大好きだったキング・ヴィダー監督の作品である。野田相手では、陸軍伍長の顔よりも映画監督の意欲のほうが正面に出る。小津はかつて「キネマ旬報」で、「南風」を観た後に「世の中にはたしかに名人や巨匠というものは在る」と脱帽し、ヴィダーを六代目尾上菊五郎に比していた（『全発言』）。蛙の声にも腕を撫す小津監督がここにはいる。それが中学の同級生相手となると、自己検閲もなく、見たままを書き送っている。

「仲間の坊さんは頭をやられた。脳味噌と血が噴きこぼれ物も云はず即死だつた。薬剤師は腕を射抜かれて骨が折れた。戦死者は茶毘に負傷者はそれぞれ後送されて頭数は淋しくなつた。この附近にはまだ李宗仁の手兵だと云ふ残敵がしばしば出没するし西南二十里の近くに廬州を控へて油断は出来ない。（略）弾も仲々当らない。またそう当つてはたまつたものではない。今定遠の城外は甚だうららかな展望だ。柳が芽をふいてゐるし河は満々と水を湓へて菜の花が盛りだ。見渡す限り平原で遠く霞んで雲はぽつかりと白い。それにお天気がいいと春風駘蕩、春日和煦、春日遅々、どんな漢字の形容詞を持つて来てもぴつたりと嵌る長閑さだ。とりわけ柳の緑、菜の花の黄は原色に近い鮮色で甚だのんびりしたそのコンポジシヨンはクラウンリーダー2の挿画だ。（略）天井が喰ひ度い。安部川［安倍川餅」が喰ひ度い。思ひがけない喰物が忽然として現れ甚だ食慾を唆る」

四文字熟語や英語の教科書を大陸の地で思い出すとは、小津にとってのノスタルジアの対象は旧制中学の時代だったのかと思わせられる文面だ。同級生たちは大阪の軍隊宿で小津の上官や部下にも会っていたのだから、その戦死は他人事ではなかったろう。六月六日の手紙でも報告はなされている。

「前進は急だつた。戦死者もその儘に日の丸で顔を包んで麦畑の中に置き去りに前進だ。／この暑さでは二日も経てば蛆がわく。日の丸をとれば眼窩一杯に盛り上つた蛆だ。山行かば草蒸す屍と字面の綾だけでは到底思ひ及ばぬ凄愴さだつた。眼の玉が痒くなる。鏡を見る。蛆はゐないが眼の玉が痒かつた。／麦畑が続いてその上に照りつける。汗と埃と、到る処水にも不自由した」


昭和二十六年（一九五一）の「麦秋」の美しいラスト、花嫁行列が行く「まほろば」大和の国の麦畑には、以上のような小津自身の麦畑も想起されていたはずだ。手紙はまだまだ続く。

「去年の暮滁県攻略の時は青みどろのみぢんこのゐる水に飯盒の飯を炊いた。臭かつた。不味かつた。たまらんと思つた。／が、今度は、みぢんこでもゐれば喜んで飲んだ。蝌蚪を追ひ散らして腹這ひにクリークの水をのんだ。／敵は退却に毒物を投入したと云ふ。蒙城では四十四名が城内の井戸水に悶死したと云ふ。みぢんこがゐれば毒の無い証拠、何と淋しい証拠であることか」（傍点は原文）

右の引用は、小津が毒瓦斯部隊に所属していたことが大きな問題にされることが多いので、引いておくことにした。小津は野田高梧宛ての中で、「瓦斯隊は集結だぞ」といった文面を不用意に（？）書き留めている。小津の「戦争」を考えるにあたって、所属部隊に過重な意味づけをしない方がいいのではないか。そう思われるからである。

不謹慎な言い方をすれば、小津の戦争は、小津映画にとって大事な「隠し味」である。小津の支那事変従軍は予想よりも延びて二年間に及んだ。事変当初に召集された兵隊たちは死んだり負傷したりしない限り、二年間の戦地生活を余儀なくされた。二年間のキャリアの空白は映画監督としては痛手だったろうが、映画作家としてはどうだったか。山中貞雄のように命を落とすことなく、無事に帰還できた小津は強運だった。以後、小津の映画は「戦争」を抜きにしてはありえなくなる。語り得ぬ「戦争」をいかに映画とするか。山内プロデューサーの言う「百年に一人」という映画監督、「百年に一人」という日本人に小津が成長するのには、「戦争」という巨大な協力者が介在していた。

南京の鶏鳴寺で書かれた「無」を小津に問い返すとしても、その答えは禅問答のようになるしかないだろう。死の時点で小津が「無」を標榜することはなかっただろうが、昭和十三年夏の南京ではどうだったか。大陸の戦場から帰還した頃はどうだったか。それらに確答を与えることはできない。

小津軍曹（途中で一階級昇進している）は出征中だけでなく、帰還してもジャーナリズムの注目の的であった。たくさんの取材を受けているが、代表的なものとしては朝日新聞で五回にわたり連載された田坂具隆監督との対談がある（『全発言』に収録）。田坂は小津とは盟友関係にある日活の監督で、「五人の斥候兵」という戦争映画が好評を博し、次回作として火野葦平原作の「土と兵隊」を撮影中だった。田坂に「君はいつ頃から仕事を始めるの」と問われ、小津は答える。「当分遊ばして貰うよ。そうだな［帰還］第一作はお正月物の喜劇にしようかと思っている。僕はまだトーキーをたった二本しか撮っていないから先ず技術的の勉強をして、それから本腰を入れる」。

ここで予告された「喜劇」は「彼氏南京へ行く」で、タイトルが不謹慎ということで、「お茶漬の味」と変更された。「お茶漬の味」は脚本が事前検閲を通らず、映画化されなかった。脚本は「キネマ旬報臨時増刊　小津と語る」で読める。小津映画の一、二を争う傑作シナリオである。昭和十七年（一九四二）に執筆され、やはり映画化されなかった「ビルマ作戦・遙かなり父母の国」（『小津安二郎全集』下巻に収録）とともに、小津が戦時（の銃後）と戦争（戦場の部隊）をもっとも直截に描いた作品は小津の頭の中だけで完成し、フィルムとならなかった。以上の二作はあらためて検討するが両作とも傑作になったことは間違いない。この二作が製作できなかったことだけをとっても、日本の戦争の文化的な罪は大きい。

小津は田坂との対談で、珍しく抽象的な語彙を語っている。「肯定的精神」である。

「僕はもう懐疑的なものは撮りたくない。何んというか戦争に行って来て結局肯定的精神とでもいったものを持つようになった。そこに存在するものは、それはそれでよしッ！　と腹の底で号《さけ》びたい気持だな」

この発言は小津らしからぬ昂揚が活字を通してでも感じられ（「それはそれでよしッ！」）、小津の新展開を予感させる言葉だ。別の座談会（やはり『全発言』に収録）でも「肯定的精神」は語られていた。映画評論家の筈見恒夫から「戦争へ行ってあなたの考えがどうなったかということを訊きたいな」と正面切って問われる。「懐疑的精神というのはなくなるのじゃないかな。今の話じゃないが、先ず何というのか自分の精神が肯定的精神に一遍戻るのだな。戦争というものは又そういう精神に戻らなければやれるものじゃないよ」。この発言のニュアンスは田坂との対談の時よりも後退していて、戦時下を生きる心得としての「肯定的精神」とでもいうべき言い方になっている。昭和十六年の「戸田家の兄妹」の佐分利信、昭和十七年の「父ありき」の笠智衆、この二人の主人公が、小津の当時の「肯定的精神」を託された昭和十年代的な人物なのだ。戦後の作品で「いまが一番いい時」「いまが一番しあわせ」と自らに言い聞かせるようにつぶやく多くの登場人物は彼らの末流だった、のかもしれない。

「無」や「肯定的精神」に相当する語彙を戦後の小津から探すとすると、いくつかをピックアップできる。戦後になると自らの作品意図を監督自身が喋らされる機会が増え、そうした時にふと洩れた言葉である。昭和二十七年（一九五二）の「キネマ旬報」小津研究特集に載った「自作を語る」は、小津の尊敬する志賀直哉でいえば「創作余談」に相当する。その中で前年の作品「麦秋」だけは単なる製作「余談」のレベルをはみ出している。

「これはストウリイそのものより、もっと深い《輪廻》というか《無常》というか、そういうものを描きたいと思った。その点今までで一番苦労したよ。（略）だから、芝居も皆押しきらずに余白を残すようにして、その余白が後味のよさになるようにと思ったのだ。この感じ、判って貰える人は判ってくれた筈だが……」（『戦後語録集成』）

ここに至って、「輪廻」「無常」という「無」と重なる東洋的、仏教的語彙が登場してくる。そうした語彙は戦前には見つからなかった。『戦後語録集成』によって、小津の発言を洗い出してみると、いくつかは見つけられる。「麦秋」撮影中の昼飯時に、アポなしインタビューを敢行した「映画新潮」の記事「映画への愛情に生きて」で、小津は無礼な取材にもかかわらず誠実に言葉を費やしている。

「とにかく、劇的なものを減らして、表現されているものの中から余情というものが何となく溜ってきて、そういうものが、つまり一つの物のあわれになり、それがこの映画をみたあとで、たいへんあとくちのいいものになる——というようなものができればいいと思って、やりはじめてみたのです」「つまり写真［映画］に十分芝居を盛りあげてゆくのでなくて、七分目か八分目をみせておいて、そのみえない所が物のあわれにならないだろうか、というのが狙いで」「小説なんかでいえば、行と行との間のニュアンスというか、日本画でいえば、余白のよさというか」（「映画新潮」の記者は小津の様子を「考え考え、ぽつりと語り、またぽつりと語り、という調子」と描写している）

「物のあわれ」の語は、この後、小津に頻出する。田中眞澄は『小津安二郎周游』で、小津の「もののあわれ」用例集を作っている。昭和三十四年、「浮草」撮影時、「まあ今までどおりの僕の作品、ものあわれ、人情のわびしさといったものが主題です」。翌年、「秋日和」、「僕のテーマは〝ものの哀れ〟という極めて日本的なもので」、「いくら世の中が変り、さわがしくなっても、ものの哀れと言うか、人間の愛情は変らないはずだ」（傍点は原文。この年は騒がしい六〇年安保だ）。翌三十六年の「小早川《こはやがわ》家の秋」では、「とにかく、もののあわれを描くつもり」、「ねらっているものは、ものの哀れと無常迅速」。以上を掲出した上で、田中は書いている。「上記の用例によれば、「もののあわれ」は〈人情のわびしさ〉、〈人間の愛情〉、〈無常迅速〉といった表現と並置されている」。

ここでも「無」は現われてはこない。「無常迅速」は小津の愛用語彙だったと思われる。中学時代の同級生に送った手紙は、小津の感情が手放しで表現されている。

「無常迅速。

もう一度中学生になり度《た》いなあ

「会ひ度い会ひ度い

もう一度中学生になり度いなあ」（『小津安二郎君の手紙』）

小津映画お馴染みの悪童連が集まった同窓会場面に流れる感情を言葉にしたといった風情である。この言葉は昭和三十四年（一九五九）九月二十八日というから「浮草」の撮影中である。小津の通った中学校は三重県の宇治山田にあった。今の伊勢市である。「浮草」は三重県でロケされたので、この年は三重県に行くことが多かった。小中学時代を過ごした松阪にも二度寄っており、そのたびに「和田金」で牛肉を食している。「麦秋」を撮った昭和二十六年にも松阪で「和田金」へ行っている。旨いものには目のない小津らしい。昭和二十六年の松阪への旅行には野田高梧が同行した。野田は小津追悼の文章を松阪から書き始めている。その旅がやはり「もののあはれ」に関係していた。

第二章　和田金と宣長と「東京物語」の松阪

一九〇一（明治三十四年）　昭和天皇
一九〇二（明治三十五年）　小林秀雄
一九〇三（明治三十六年）　小津安二郎
一九〇四（明治三十七年）　笠智衆
一九〇五（明治三十八年）　厚田雄春

小津を中心軸に据えて、二十世紀初頭の日本に生を享けた人々を毎年一人ずつピックアップしてみたのが右の小年表である。笠智衆は小津の〝分身〟であり、小津映画を代表する役者である。厚田雄春は「キャメラ番」を自称した小津組スタッフである。二人ともヴィム・ヴェンダース監督の「東京画」に出演し、小津の名前が題名に入った著書も遺した。いつまでも小津神話の生ける語り手である。

小津の同世代には映画人が多い。その名前がこの表からは落ちてしまっている。年表の不備を補うために少し挙げておこう。映画監督では、〇二年に五所平之助（最初のトーキー「マダムと女房」）、山本嘉次郎（黒澤明の師匠）、田坂具隆、〇三年に清水宏（田中絹代と試験結婚。小津の生涯の親友）、〇四年に熊谷久虎（原節子の義兄）、〇五年に成瀬巳喜男、斎藤寅次郎、野村浩将（「愛染かつら」）、稲垣浩と続く。シナリオライターでは、〇一年に北村小松（小山内薫門下。蒲田モダニズムの先駆者）、〇三年に八木保太郎（小津原案で内田吐夢が監督した「限りなき前進」）、〇四年に小国英雄、〇五年に池田忠雄（戦前の小津作品の名コンビ）がいる。キャメラマンでは蒲田撮影所に限っても、厚田と同じ〇五年に茂原英雄（戦前のコンビ。飯田蝶子は八歳も離れた姉さん女房）と小原譲治（小津の撮影助手時代の仲間。小津の新東宝作品「宗方姉妹」）がいた。

戦前の小津映画に出た俳優陣では、斎藤達雄（〇二年。「東京の合唱《コーラス》」「生れてはみたけれど」）、岡田時彦（〇三年。「淑女と髯」「東京の合唱」。谷崎潤一郎に見出され役者に。岡田茉莉子の父）、江川宇礼雄（〇二年。里見弴の小説「多情仏心」の不良少年のモデル）、岡田嘉子（〇二年）、吉川満子（〇一年。妻役、母役が多い）がこの世代である。特筆すべきは映画評論家を輩出していることだろう。内田岐三雄《きさお》（〇一年）、飯島正（〇二年）、岩崎昶《あきら》（〇三年）、清水千代太（〇〇年）などがいる。戦前の小津は「キネマ旬報」で三年連続ベストテン第一位（「生れてはみたけれど」「出来ごころ」「浮草物語」）となった批評家好みの監督だった。観客の強い支持ではなく、映画ジャーナリズムの評価に支えられていた。日本映画界「団塊の世代」の中心に小津はいたのである。

映画評論家は大学出が多いのだが、撮影所の現場は小津をはじめとして旧制中学卒業といった学歴が普通であり、大卒はまだ例外であった。十代か遅くも二十代初めに、海のものとも山のものともつかぬ活動屋の世界に身を投じた、親不孝者の集団だった。「大学は出たけれど」という映画をつくり、エリート予備軍を突き放せる批評精神はあらかじめ持っていたのだ。

〇一年の昭和天皇はあまりにも当然なので説明を省くとして、〇二年の小林秀雄は、小津とは関係がなさそうな存在である。げんに関係はない。小津は昭和二十七年（一九五二）に北鎌倉に居を構えてからは、鎌倉文化人の一員となったので、関係が生じてもよさそうである。それぞれの交友圏は重なっていて、小津の飲み仲間が小林の友人、ゴルフ仲間だったりする。それなのに両者に接点はなさそうなのだ。鎌倉の天ぷら屋「ひろみ」は二人が通ったお店で、「小林丼」「小津丼」というメニューが現在あるが、店で出会ったことはなかったのか。鎌倉文士は東京で呑むと、夜の横須賀線で鉢合わせというケースが多いのだが、小津の日記に小林秀雄の名前は出てこない。

二人が確実に顔を合わせていた日として特定できるのは、昭和三十二年（一九五七）七月十九日である。この日、里見弴の古稀と大佛《おさらぎ》次郎の還暦を祝う野球大会が後楽園球場で催された。里見の随筆「誕生日」（『朝夕』所収）によると、出場選手七十名を、ジャンケンで桃太郎チームと金太郎チームに分け、熱戦の火ぶたは切られた。「さしもに広い後楽園のダッグアウトにも腰かけきれない有様だし、九回のうちに、一人の洩れなくバッターボックスに立たせなければ申訳ない次第ゆえ、これには両軍の監督［里見と大佛］も苦心惨憺たるものがあった」、「生まれて初めてバットを握るのだが、と自白するような、誠に殊勝なる出場希望者の珍プレーや、和気藹々たるうちに薄暮戦を終り、青天井のスタンドでのビールの乾盃は爽快でもあり、また心あたたまるものでもあった」。

試合中、小津はファウルボールを取ろうとして転倒した。痛みを堪えて二次会でも飲んだが、激痛は収まらない。左足アキレス腱を切っていて、翌々日に手術となった。小津は旧制三重県立四中時代は柔道部だったが、松竹の撮影所野球部では活躍して自信をもっていた。小林のこの日のユニフォーム姿は写真が残っていて、獅子文六と並んでベンチを温めている。小林は東京府立一中時代から大の野球好きで、旧制一高に合格すると野球部の門を叩くが、一ヶ月後にはキャプテンと喧嘩して退部したバンカラだった。七十人も選手がいたのだから、二人が後楽園で談笑したか、視線を交えたかどうかもわからない。それでも一九〇二年に小林秀雄を選んだのは、円覚寺のお墓から小津会の会場に向から途中にある東慶寺の前を通るたびに、小林の墓が必ず思い浮かぶからである。「無」よりも、小林秀雄のようなお墓が小津には似つかわしいのではないか。

東慶寺の墓域でいちばん目につくのは岩波文化人のお墓である。岩波茂雄を中心に、西田幾多郎、安倍能成、和辻哲郎、野上豊一郎・弥生子、谷川徹三、鈴木大拙などの墓が固まって、岩波山脈を形成している。もっと奥の方には、高見順と佐佐木茂索（文藝春秋二代目社長）の墓もある。小林の墓は寺でくれる案内図に記入されていなければ見落としかねない、ささやかな墓域である。小さな清流の先にひっそりと置かれた、背の低い五輪塔がある。妹の高見澤潤子（田河水泡夫人）が『兄 小林秀雄』で小林家の墓の由来を書いている。

「晩年、いつも一緒にゴルフをし、料理屋にも行き、旅行にもいっていた那須良輔家の墓が北鎌倉の東慶寺にあり、兄は鬱蒼とした大きな樹にかこまれた静かな墓地が気に入って、墓をここに移そうと考えた。東慶寺といえば、駆込寺で有名な歴史のある古い禅宗の寺である。ところが墓地は全部ふさがっていて、あいている場所がなかった。兄は残念に思ったが、あきらめきれずあちこち歩いて、崖の下に小さな流れのある、紅葉の木がおおいかぶさっている場所をみつけ、この崖を少しけずって場所をつくってくれ、と住職に頼みこんだ。さばけた住職なので、きき入れてくれた。／墓石には、兄が戦後、関西の骨董屋で見つけた五輪塔を置いた。鎌倉初期の古いもので、兄がたいへん気に入って、それまで自宅の庭に据えていたものであった。／昭和五十二年八月六日の暑い日、兄は西福寺から東慶寺に、父母の骨を移した」

小林とは違って、小津の晩年には自らの墓をあれこれ思案する時間の余裕はなかった。無常迅速に死はやってきた。スタイリスト小津安二郎にとっての手抜かりである。戦後の小津映画、たとえば「晩春」や「秋刀魚の味」では、主人公笠智衆の書斎や部屋の片隅に、小さな仏像や骨董が置かれていた。それらは小津の私物だったが、あの仏像を風雨に晒したらどうだろうか。あるいは、小津映画の小道具である店の看板の「多喜川」とか「とんかつ」とかいった書き文字で、小津自らが「小津家之墓」と書していたらどうだろうか。葬儀や法事の多かった小津映画を見慣れているだけに、死後の小津にスタイルを全うさせてあげたかったという気がする。

「一九〇二の小林秀雄」にこだわるのには、お墓に関するもう一つのエピソードがあるからだ。小林の晩年の大作『本居宣長』は「新潮」昭和四十年（一九六五）六月号から連載が始まったから、小津の死後である。小津が読むことはけっしてない。その第一回は周知のように、小林が宣長の墓を突然、訪ねることから動き出す。

「或る朝、東京に出向く用事があって、鎌倉の駅で電車を待ちながら、うららかな晩秋の日和を見ていると、ふと松坂に行きたくなり、大船で電車を降りると、そのまま大阪行の列車に乗って了った。／言うまでもなく、宣長は、伊勢松坂の人で、彼が少年時代から終生住んでいた家は、蒲生氏郷の松坂城址近くに、今も保存されている。鈴屋《すずのや》遺蹟の名で、よく人に知られているもので、私にも二度ほど訪れる機があったが、宣長の墓は、まだ知らなかった」

宣長の墓は二つあり、「城址に極く近い本居家の菩提寺の樹敬寺」と、「町の南方、二里ほどもあろうか、山室の妙楽寺という寺の裏山に在る」。小林が「急に尋ねたくなった」のは後者であった。方形の塚に山桜が植わった墓は、「簡明、清潔で、美しい」。「この独創的な墓の設計は、遺言書に、図解により、細かに指定されている」。小林はこの「遺言書」を宣長の「思想の結実」、「最後の述作」とまで述べる。宣長は遺言書を書いた翌年、風邪をこじらせて死んだ。数え七十二歳だった。遺言書が一段落した後、連載の第三回は次の一文で始まる。

「宣長は松坂の商家小津家の出である」

ここに至ってやっと小津と小林が繋がる。小津と宣長は、松阪の小津一族の出身だったのである。小林の『本居宣長』には小津安二郎のことはまったく出てこないから、小林の眼中には小津はなかったであろう。小津が小林を意識していたかどうかはしばらく措き、宣長を意識していたことは間違いない。松坂の小津家の一党から出て、宣長は姓をあらため、先祖の姓の本居を名乗る。「彼が承けついだ精神は、主人持ちの武士のものとは余程違う、当時の言葉で言う町人心であったと言ってよい。因《ちなみ》に、彼の家学を継いだ養子の大平《おおひら》も、松坂の豆腐屋の倅である」と小林は書いている。小津が「豆腐屋」を自称していたことは映画ファンの間では常識だが、小林は知らなかったろう。「東京物語」が芸術祭文部大臣賞を受賞した時に、小津はまたも豆腐屋になっている。「ぼくは例えば豆腐屋なんだから次の作品といってもガラッと変ったものをといってもダメで、やはり油揚とかガンモドキとか豆腐に類したものでカツ丼をつくれたって無理だと思うよ」(『戦後語録集成』)。

小津は、宣長が小津家の出であるとは言っていなかった。血縁関係があるわけでもない。小津と最も親しかった映画評論家の岸松雄は、「シナリオ」誌の小津追悼特集(昭和39・2)で小津の小伝を書いたが、松阪は出てきても、宣長は出てこない。ちなみに岸の父は松阪の在の出身で、岸は子供時代に何度も松阪を訪れていた。

「小津家は松阪でも屈指の分限者だった。本家の小津清左衛門は松阪大橋の土手に宏壮な邸宅をかまえ、応挙の画の蒐集家として知られていた。小津銀行という銀行もあって、これも小津一族の経営していたものだ。小津安二郎の家は代々肥料を商っていた。祖先は有田川沿岸の蜜柑の積出港として名ある紀州湯浅の出身なので、屋号を湯浅屋と称していた。だから子供の頃「小津は湯浅屋の息子か」といわれたという」

小津と宣長の関係をほんの少しだけ書いているのは、野田高梧である。「晩春」以降の小津映画のシナリオ共作者だ。「キネマ旬報」の小津追悼号(昭和39・2増刊)で、野田は追悼文「小津安二郎という男」を小津と共に松阪に旅行した思い出から筆を起こした。

「「もしこの小屋がなかったら、僕は映画監督になってなかったと思うんですよ」／もう十何年か前、たしか「晩春」が撮りあがったあとだったと思う。伊勢の松阪、小津家の旧宅に泊めてもらった晩、明るい本通りを曲った暗い横丁の、小さな古ぼけた「あたご座」の前で、小津君はこう言った。（略）その時の旅行では、伊勢、奈良、京都と廻ったのだったが、前記のように松阪で一泊、翌日は松阪城趾や本居宣長の鈴廼舎《すずのや》［「鈴屋」の別表記］などを見て歩き、昔の侍屋敷などが殆どそのままの形で残っているのを見て、／「いいなア、いいじゃないですかこの辺――」／と僕が言うと、／「僕もね、一度ここ（松阪）へロケしてやろうと思うんですがね、どうも腕白時代の僕を知ってる人がまだまだいるんでね、恥かしくって……」／と苦笑していた」

　この旅は小津の『全日記』で確認すると、昭和二十六年十一月である。

「十四日（水）／野田高梧とつばめにのる　児井《こい》英生［「宗方姉妹」プロデューサー］　梅若万三郎［能「杜若《かきつばた》」で「晩春」に出演。小林秀雄の『無常といふ事』で能「当麻《たえま》」の中将姫を舞う先代万三郎の息子］同車　名古屋下車　松阪佐野にて泊　井阪栄一くる

　十五日（木）／井阪と［佐野］寛一と和田金　それから公園に行つて鈴廼舎　養泉寺　山田に行つて　古市大安泊」

　手帳（日記）の同じページには「このところ　原節子との結婚の噂しきりなり」という記述もある。野田の追悼文は記憶違いで、「晩春」ではなく「麦秋」公開の直後だった。その旅なら野田は「随筆・小津安二郎」（「映画ファン」昭和27・10）に既に書いていて、「松坂は藤堂侯の城下町で、本居宣長の出たところ、和田金の牛肉のうまいところ」と、松阪名物として宣長と和田金を挙げていた。小津の『全日記』で宣長のことが出てくるのは、ここだけである。「和田金」ならば食通の小津のことだから、戦後はたくさん出てくる。松阪に行った時にはたいてい「和田金」で松阪牛を賞味し、松

阪からの客人が土産として「和田金」の肉を持参している。年にせいぜい一、二回か。
「和田金の肉にて城戸［四郎］　野田氏と月ヶ瀬［小津が常連だった松竹大船撮影所前の店］にて会食」（昭和27・4・4）
「［菅原］通済老《つうさい》くる　和田金の肉にて月ヶ瀬にて会食」（昭和31・1・7）
相客が豪華メンバーで、特別な食事といった色彩が強い。少し後になると、東京のデパートでも入手できたようで、「東横名店和田金で牛肉を買つて再び佐田［啓二］邸にゆく」（昭和35・11・30）と、少しカジュアルになる。小津はガーデンパーティや脚本執筆のカンヅメ中の夕餉では、鍋奉行を以て任じていた。「和田金」の肉ですき焼きともなると、味付けもさらに念入りとなり、箸さばきにもことのほか力が入った。

宣長の家（鈴屋）は、『全日記』刊行後に公開された小津の十代の日記に出てくる。大正七年（一九一八）と十年（一九二一）の二年分のうち、前者に宣長が登場する。藤田明の『平野の思想　小津安二郎私論』が詳しく紹介しているので、そこから引用する（二〇二二年十二月十二日には、松阪市から『小津安二郎松阪日記』が刊行された）。

「四月五日（金）晴　暖／……兄と別れて公園に行く　桜は奇麗に咲く、寛一君と相［会］ふ、鈴廼舎にて休んでぶらんこにのり、本居神社かり［ら］松阪神社に行き桜をみて家に帰る」。小津はこの時、県立四中（現、宇治山田高校）の三年生に進級したばかりだった。その一ヶ月後、五月十九日（日）には、朝四時起きで中学の寄宿舎から松阪方面に遠足し、その「帰［り］」に鈴廼舎に行く本居翁の遺物を見る」と、宣長に関心を示している。たんに郷土が生んだ偉人だからなのか、それとも「松坂の小津家」という出身が気になったからか。小津の関心のありかは不明だが、熱心である。

時代は支那事変出征中に飛ぶ。鈴廼舎訪問から二十年たっている。『全日記』刊行後に発見された

「禁公開」と大書した陣中日誌がある（田中眞澄『小津安二郎と戦争』に収録）。この日誌の中の読書メモ欄に一箇所、宣長が顔を出す。松村武雄「筆技百態」という文章からの抜粋のようで、世界の芸術家の書斎生活をまとめている（出典は不明。松村の著書か雑誌原稿なのかもわからず）。小津がノートしたのは八人で、漱石、池大雅、顧愷之《こがいし》、倪雲林《げいうんりん》、カーライル、シラー、スコットといった文人、小説家に交じって宣長を書き抜いている。

「△本居宣長――机辺に鈴をかけて煎豆をかじる」

この鈴は「鈴屋（鈴廼舎）」という号の由来となった鈴で、宣長は二階の小さな書斎に鈴をかけ、用があれば鈴を鳴らして下に知らせた。医業のかたわら、寸暇を惜しんで古事記や源氏物語を研究していた宣長の姿である。この鈴を小津は「遺物」としてかつて見学したのではないか。

それからさらに数年後、小津は報道班員としてシンガポールに派遣され、映画をつくることを軍から要求された。昭和十八年（一九四三）から二十一年（一九四六）までのシンガポール滞在中に書かれた三冊の手帖があり、ここでも宣長が出てくる。この手帖は「文学覚書」と命名され、貴田庄によって翻刻された（「文學界」平成17・2）。手帖の内容は自身の俳句や連句、本からの書き抜き、日本文学史の基礎的知識の整理といったものが中心で、小津の筆跡でなければ、どうということもない手帖である。日本文学史の部分などは大学受験生のアンチョコのようで、小津がシンガポールでの無聊にまかせて、受験生並みの知識を吸収していた姿を想像してしまう。この中に宣長がいくつか出てくる。

「宣長〈玉かつま〉――〈改観抄〉により契沖を知り、〈冠辞考〉により県居《あがたい》の大人《うし》〈賀茂真淵〉を知る」

「▲国学＝元禄の初期。戸田茂睡（江戸）下河辺長流（大阪）。契沖（高野山の僧）

荷田春満（伏見稲荷神主）―その門人、賀茂真淵（号県居）―その門人、本居宣長―その門人（平田篤胤）。〈墓前にて入門す〉」

「真淵―宣長、古事記伝。真淵は自分の〈古事記〉研究の素志を継ぐことを宣長に委ねる、真淵時に六十四、宣長三十四」

おもに宣長の学統をピックアップしていて、それ以上のものではない。三番目の引用部分はいわゆる「松坂の一夜」と呼ばれた真淵と宣長のただ一度の出会いのことで、当時は国定教科書にも採用された有名なエピソードである。戦時中は、宣長は一種のブームだった。最初の神風特攻隊の名が、宣長の和歌「敷島の大和ごころを人とはゞ朝日に匂ふ山ざくら花」から採られて「敷島隊」「大和隊」「朝日隊」「山桜隊」となった。それは戦後には逆に尾を曳き、「散る桜」の戦犯として宣長は忌避される。小津が野田高梧と一緒に鈴屋を訪れたのは、まさにそうした宣長受難の時期であったことは加味しておいたほうがいい。小津の小中学校の三年後輩で、共産党員、党除名の末に松阪市長になった梅川文男は鈴屋保存会理事長でもあった。梅川市長は書いている。

「昔は松阪木綿、そして敗戦までは本居宣長だった。／宣長の国学は、敗戦まで多くの人々の精神的支柱であった。またある人々は宣長を利用悪用し、宣長学を、おおらかなものより狭小独断の国粋、軍国主義の尖兵へと堕落させた。／戦後、鈴屋を訪れる人はとだえた。（略）また一方、今日の松阪肉の名声を得、持続し、ますますそれを評判高いものにしているのは、老舗、和田金の存在によるものである。和田金の存在は、松阪肉一般の質を持続し、名声を保持するうえに貴重である」（「松阪に描く夢」『やっぱり風は吹くほうがいい』所収）

市長として宣長と和田金（松阪牛）を大プッシュしている。梅川は党員時代には新光映画社という会社の経営にも参加していた。ちょうどその時期、小津の「東京物語」が封切られた。梅川は新宿で見て、「この映画のどこがいゝんだろう」と疑問を呈している。「姉娘の杉村春子ずば抜けてうまい。老父の関西弁（笠）後半、どうも、七、五調の歌のようでいたゞきかねる。電燈。くう場面。腕白の幼児。お膳立はきまっている。がたこんがたこん、なんべんでも（どの映画にも）汽車走らすのは何故だろう。（略）東山千栄子と杉村春子でもってる映画。撮影大いに凝っている。部屋の調度等もよく行きとゞいているが、これが第一位ではこまる。俳句が、世界に通用しない如く、この映画も通用せん」（「東京日記」同右書所収）。

梅川は伊藤武郎、宮島義勇といった東宝争議を闘った左翼映画人とも親交があった。当時の典型的小津映画批判かと思うとなるほど面白い。「東京物語」の中で、郷土の「松阪」という固有名詞が出た時に、梅川は何と感じたかはここには書かれていない。東山千栄子の臨終に間に合わなかった三男の大坂志郎（シナリオ段階では佐田啓二が想定されていた）が、尾道の実家にやっと着いた場面だ。「相憎くと松阪の方に出張しとりましてな。おくれましてどうもすんません」

大坂志郎のセリフではお寺の読経の場面での、「どうも木魚の音、いかんですわ」「なんや知らん、お母さんがポコポコ小ッそうなっていきよる」「僕、孝行せなんだでなア」「さればとて墓に蒲団も着せられずや」のほうが強い印象を残すので、松阪は影がうすいかもしれない。党員の梅川にとっては、国鉄勤めの大坂志郎は気が弱そうで、労働運動に邁進するタイプでないのも気にいらないだろう。松阪の町は小津と野田が訪れた一ヶ月後に大火があり、小津の旧宅も焼け落ちてしまった。「東京物語」で小津が松阪という地名を持ち出したのは、消え失せてしまった古い町並みへのレクイエムだったのかもしれない。

小津と野田のコンビにとって、松阪と宣長には、もうひとつの綾があった。真淵と宣長の「松坂の一夜」を世間に広く知らしめたのは歌人で国文学者の佐佐木信綱である。信綱は幼少期には松坂に住んだこともあり、地の利を生かして、「松坂の一夜」が教科書に採用されるような研ぎ澄まされた美しい文章に仕上げていった（田中康二『真淵と宣長』）。佐佐木信綱の女婿となった国文学者で東京帝大教授の久松潜一は、愛知一中で野田高梧の同級生であった。同級生というだけでなく、同窓会の常連だった。小津と同じくらい、野田も同窓会を愛していた。久松は同窓会でいつも野田と顔を合わせていたから、ひょっとすると、小津映画のモデルにされているかもしれない。

「君は談論風発而も魅力ある話しぶりで二十何人ほど集まる同級生の中心であった。時に執筆中のシナリオについて種々構想を語られた。「東京物語」の執筆の時など筋を話されながら題を「東京暮色」としようか「東京物語」としようかなど言われていた。君の作品には「秋刀魚の味」という一の作品の題でもわかるように常風な人間生活の中に人間の真実や哀歓をしみじみ描かれていて、人生を考えさせてくれる。私どもと同世代のものの心境をよく表しているので、「晩春」あたりからの作品はすべて見ているし、見るのが楽しみであった」（「野田高梧君の思い出」『シナリオライター野田高梧をしのぶ』所収）

久松の専門は国学者の契沖であるが、宣長を慕って鈴屋もしばしば訪れていた。久松の戦時中の宣長入門書『玉勝間と初山踏《ういやまぶみ》』（文部省教学局編纂　日本精神叢書五十七　昭和18・1　定価二十銭）には、「宣長は享保十五年五月七日、伊勢松坂の木綿問屋の主人小津三四右衛門定利の子として生まれた」とか、「京都在学中には国学の先駆者である契沖の著書をよみ感奮した事も見えて居る上に、京都時代に著わしたと思われる所の排蘆小船《あしわけおぶね》という書物には、宣長の「もののあはれ」に関する見解が既に見えて居るのである」などとある。昭和二十六年の鈴屋行きは、小津と野田、二人が期せずして宣長への関心を共有していたからこそ実現したのだろう。松阪市長になる梅川文男も感じていたように、この頃は宣長「冬の時代」だったのだから。

宣長研究の現在の第一人者である田中康二は『本居宣長の大東亜戦争』という本で、「戦後二十数年の間、宣長はほとんどジャーナリズムに登場することがなかった」と断定している。「それは、戦時中に軍国主義の旗振りをした「イデオローグ」の多くが敗戦後には公職追放に遭ったことも手伝って、それらの言説がすっかり鳴りを潜めてしまったことと無関係ではない。その後は「海中深く廃棄された放射性物質」（大岡信『保田與重郎ノート』）のような扱いを受けてきたのである。正当に評価することはおろか、近づくことさえ憚られてきた」。大東亜戦争下に岩波書店から刊行が始まった『本居宣長全集』は六冊が出ただけで中絶してしまった。筑摩書房が『本居宣長全集』を発刊するのは昭和四十三年（一九六八）である。その間に、宣長について誰が一番書いていたかといえば、研究者ではなく批評家の小林秀雄であった。小林の「新潮」連載が昭和四十年からだったことは先に触れたが、その前に、「文藝春秋」を舞台に、「考えるヒント」シリーズで何度か宣長について書いている。書き始めは昭和三十四年（一九五九）で、これは小津が自作について「もののあはれ」に言及することが多くなる年でもあり、偶然にも軌を一にしている。

「文藝春秋」昭和三十四年五月号の「好き嫌い」（これはまだ「考えるヒント」となっていない）は、江戸時代の儒学者・伊藤仁斎を論じるが、仁斎は「宣長の様な事を言っている」、仁斎の詩論は「もう一歩で宣長の「物のあはれ」の説になる」と、宣長と対比させる。宣長は宣長で、「孔子を、物のあはれを知った人間と解し」、「もし孔子が「源氏」を読んでいたら、詩三百篇〔「詩経」〕をさし置いても、これを六経〔儒教の根本経典〕のうちに加えたであろう」と言っていた、と。小林はこの後、十一月号の「良心」、翌昭和三十五年（一九六〇）二月号の「言葉」で宣長を論じ、一方、新潮社の『日本文化研究』で、「本居宣長――「物のあはれ」の説について」を発表する。

このうちで、「言葉―考えるヒント―」は小津が読んだなら（小津は戦前なら「中央公論」と「改造」、戦後は「文藝春秋」と「中央公論」をよく読んでいた）、びっくりしたのではないだろうか（野田高梧が読んでもびっくりしたろう）。私なりにまとめると、ポイントは三つある。冒頭に、宣長の言葉の引用「姿ハ似セガタク、意ハ似セ易シ」がある。止めには「久松博士の「契沖伝」から、契沖の手紙の一節」が引かれる。その少し前では「お早う」という国語が考察される。以上の三点である。

「久松博士」とは、野田高梧の同級生だった久松潜一である。ここはそれだけのことだ。宣長の言葉「姿ハ似セガタク、意ハ似セ易シ」は、「国歌八論斥非《せきひ》再評の評」という論争文で宣長が発した言葉である。「ここで姿というのは、言葉の姿の事で、言葉は真似し難いが、意味は真似し易いと言うのである。普通の意見とは逆のようで、普通なら、口真似はやさしいが、心は知り難いと言うところだろう」。小林は宣長の原文を嚙みくだいて、宣長の意図を伝えようとしている。宣長の言葉を、小林流にドスの効いた言葉に変換させる。「そんな事を豪《えら》そうに言うのなら、本当の事を言ってやろう、言葉こそ第一なのだ、意は二の次である」。小林が扱うのは、あくまでも宣長の言語論であり、和歌論であり、文学論である。小林は何度も言葉を費やす。「言葉は、先ず似せ易い意があって、生れたのではない。誰が悲しみを先ず理解してから泣くだろう。先ず動作としての言葉が現れたのである」。

「姿ハ似セガタク、意ハ似セ易シ」というフレーズが目に飛び込んできた時から、私には予感があった。小林の論を読み進めていけばいくほど、この言葉は小津の演技指導に重なってくる。「姿」がキャメラの前の役者であり、「意」は役者が解釈する演技ではないか。笠智衆が「父ありき」の主役に起用される時に小津から言われた言葉を思い出す。

「今度、きみに出てもらって一本撮るんだが、ぼくの作品には表情はいらないよ。表情はなしだ。能面で行ってくれ」（笠『俳優になろうか――私の履歴書』）

小林の「お早う」についての考察は、「姿」と「意」から、「子供は意によって言葉を得やしない。

真似によって言葉を得る」と導き出される。「例えば、「お早う」という言葉を、大人風に定義して誰が成功するか」、「その意を求めれば切りがない言葉とは即ち一つの謎ではないか。即ち一つの絶対的な動作の姿ではないか」。例えば、という軽い感じで小林は「お早う」を持ち出したのだろうか。ここでどうしても気になってしまうのは、小津の喜劇「お早よう」がこの原稿の書かれる半年前に公開されたことだ。映画の中では、登場人物たちはごくごく自然に「お早よう」と口にしている。子供たちはある日、突然大人に反抗する。「大人だって余計なことをいってるじゃないか。コンチワ、オハヨウ、コンバンハ、イイオテンキデスネ」。小津の映画の主題と真っ向から交錯する形で、小林は「お早う」を論じ始めるのだ。ひょっとして、小林は小津の「お早よう」を鎌倉の二番館あたりで見たのではないか。見た上で、映画を消去し、言葉だけを論じたのではないか。

そんな気がするのは、「考えるヒント」シリーズで、小林はたまに映画を取り上げるからだ。井伏鱒二原作の「貸間あり」を見て、「一とかけらの知性も思想も棲む事は出来ない」映画と断定する（「文藝春秋」昭和34・8）。映画は松竹大船出身の鬼才・川島雄三作品である。小林は映画について書くのに監督名などは記さないから、川島の名前も知らないだろう。かつて「オリムピア」を書いたときも、レニ・リーフェンシュタールの名は出てこなかった。「ヒットラアと悪魔」（「同」昭和35・5）ではニュールンベルク裁判の「実写映画」（これは小林の呼び方）の「十三階段への道」を見て、激しい拒絶反応を起こしている。小津と一歳しか違わない小林の映画音痴ぶりは際立っていた。

小林が映画「お早よう」を見たかどうか、実際のところはわからない。小津の方には小林の痕跡が明瞭に残っている。「秋刀魚の味」の次作として構想中だった「大根と人参」の創作ノートがある（『全集』下巻に収録）。その一番最後に記されていたのは小林の「感想」（「朝日新聞」昭和38・1・5）の一節であった。

「◎年をとってみると、物事に好奇心を失い、言わば貧すりゃ鈍するといった惰性的な道をいつの間にかいくようだ。いつのまにか鈍する道をうかうかと行きながら、次第に円熟して行くと思い込む。そんなことにもなりかねない。

――小林秀雄」

第三章 「麦秋」の不可思議なキャメラ移動

円覚寺の「無」のお墓から始まったせいか、東慶寺にある小林秀雄の墓、松阪にある本居宣長の墓と、お墓の話題が続いてしまった。このまま続けるなら、「宗方姉妹《むねかたきょうだい》」の田中絹代・山村聰夫妻と妹の高峰秀子が住む大森の家近くの猫のいる墓地だとか、「小早川家の秋」のラスト、火葬場近くにある石仏にカラスが我が物顔で乗っかった、「枯枝に烏のとまりたるや秋の暮」の芭蕉を俳諧化したような映像に進むのが自然かもしれない。それでもいいのだが、ここはもう少し、小津が「もののあはれ」という言葉を発した昭和二十六年（一九五一）に留まることにしたい。小津にとっては「麦秋」の年であり、サンフランシスコ講和条約が締結され、全面講和ではなく、単独講和（多数講和）によって日本の国際秩序への復帰が決まった年である。占領の終わりは近づいていた。

「麦秋」は「東京物語」と並ぶ小津の代表作である。「東京物語」を凌ぐといってもいいかもしれない。「晩春」「麦秋」「東京物語」の原節子〝紀子〟三部作の中で、原節子がもっとも溌溂と輝いているのは「麦秋」の間宮紀子である。撮影中に受けた取材で、小津は「お世辞ぬきにして、日本の映画女優としては最高だと私は思っている」、「晩春」の時よりすべての面で成長し、「演技指導の場あいも、こっちの気持ちをすぐ受けとってくれ、すばらしい演技で解答を与えてくれます。単に顔面筋肉を動かす迷優はずいぶん多いけれど彼女のようなのは数えるほどしかいません」と手放しである。「好きなひと」というテーマの新聞記事でもためらいなく、彼女の名を挙げた。「彼女は自分で納得のいかない演技は絶対にやらない。僕が一つのセリフを注意すれば心理まで訂正するといった非常に勘のいい鋭さを持っている。おそらく日本の映画界で勘の鋭い女優といえば彼女と高峰秀子だけだろう」。

やはり「麦秋」撮影中のセットで小津を取材した「キネマ旬報」の清水千代太は、「小津安二郎に悩みあり」というルポで、小津の感慨を書き留めた。小津がこんなことを喋るのは珍しいと、戦前からのつき合いの中でもなかった特別な小津をそこに見ている。

「『晩春』で意図した感情のそこはかとない動きを、場面内に表現しようというのとは変って、『麦秋』はさらさらと事件だけを描いて、感情の動きや気持の移ろい揺ぎなどは、場面内では描こうとせずに、場面と場面の間に、場面外に盛りあげたいという狙いであったという。／しかし、これは大それた意図だったよ、と小津は言う。脚本は良く書けているつもりだ。今年の脚本賞は『麦秋』だという自信がある。しかし、脚本はよいが演出はよくない。毎晩、暮夜ひそかに考え悩んでるよ、明日はどういう風にしようかと。こんなことは、二十年この仕事をしているが、『麦秋』で初めてだ」

小津映画の場合、シナリオ脱稿の段階で映画の七割は出来た、と言われている。あとは小津の意図通りに役者が動いてくれるかどうか。画面の中に役者も小道具も秩序正しく収まるかどうか。小津の頭の中で出来上がっている映像に少しでも近づくことを目指せばいい。そうした神話が出来ているが、小津自身が撮影中でも悩んでいるとは聞き捨てならない告白である。

以上の小津の発言はどれも、田中眞澄編『小津安二郎戦後語録集成』の昭和二十六年部分からピックアップした。「麦秋」撮影中の取材は多く、映画ジャーナリズムでの小津の新作への注目が高かったことがわかる。二年前の「晩春」ではまだそうした取材は少なかった。小津の復調を契機として、プロモーションとしての自作（次作）解説を求められるようになっていく。それらの言葉をどこまで信用すればいいかは別問題だが、さしあたりは「麦秋」で言われた「もののあはれ」も「輪廻」「無常」もカッコに括っておいたほうが無難である。

「麦秋」という映画を何度も見ているうちに気づくのは、小津映画としては異例といっていいほどの移動撮影の多さである。小津のキャメラは低い位置にどっかと腰を据えて動かない。首を振るパン、前後左右への移動、クレーンによる上昇下降などもない。ローアングルによる構図の完成度を優先させて、キャメラの動きは犠牲にする。そう思われてきた。戦前の無声映画時代はともかく、昭和十年ころから、小津のキャメラは確かに人物や風景を一定の位置からひたすら凝視する。「麦秋」もそうした一本と了解して見ていると、キャメラがその予定調和を破って移動するのだ。そのたびに見ているほうはヒヤリとする。小津映画に何が起こったか、と。

松竹大船の監督から小説家となった高橋治は『絢爛たる影絵――小津安二郎』で、「『麦秋』に限って動いているカットが十数個所出て来る。小津はなにかにゆれていたのだといえるだろう」と指摘している。それ以上の分析はしていない。小津の「ゆれ」とは小津が清水千代太に告白した「演出はよくない」なのかどうか。はて、「麦秋」で十数個所もキャメラは動いていたか。おそらく多くの人が簡単に思い出せるのはラストの移動撮影だろう。二十八歳の独身キャリアウーマン原節子が戦死した次兄の友人・二本柳寛と突然結婚宣言して秋田に去る。菅井一郎と東山千栄子の年老いた両親は鎌倉から故郷に退隠し、静かにお茶をすする。窓外の麦畑を歩む花嫁行列に目を留め、遠くにいる原節子を思い出すシーンである。この移動撮影について、決定版的な解釈をしたのは『戦後語録集成』の註という目立たない所に書かれた田中眞澄の論であろう。

「大和の麦の実りの中を花嫁行列が行く。それを見て老夫婦は嫁に行った娘紀子を想う。紀子の結婚は一本の麦の穂に象徴された戦死者省二《しょうじ》［次兄］が仲立ちとなった。死が新たな生命の誕生をもたらすのである。それが即ち輪廻なのだが、それは間宮家だけに限られない。麦の穂は数知れず、無数の死者の見守る中を花嫁が行く。小津が『麦と兵隊』の徐州会戦にも参戦したことを考えるならば、この麦畑は無数の戦死者の霊に充ちている。無数の輪廻がある。彼らの死が新たな誕生と無縁ではないという思い。『麦秋』のラスト・シーンは戦死者へのレクイエムであり、「大和は国のまほろば」を踏まえたとき、小津はここで「国民映画」を作り得たように思う（例えば柳田国男の『先祖の話』などが連想される）。最後のショットの移動は葬送の行進であり、音楽は短調に転調したとき葬送行進曲となるのだろう。これは銃後の市民野田高梧ではなく、やはりかつての兵士小津安二郎の映画となったのである」

この田中眞澄の深甚なる見解は一九八九年（平成元年）に「註」の小さな活字で慎ましく発表され、その後、『小津安二郎映畫讀本』の作品解説、『小津安二郎周游』などで何度も繰り返され、やがて市民権を獲得した。それ以後、「麦秋」という映画は昭和史の中に置いて見ることが必須となった。日本の独立が回復する日を目前に控えての大いなる鎮魂の映画が「麦秋」だった。同時代にそのことに気づく人はおそらく少なかった。原節子の美しさに幻惑された観客もいたろうし、なにより小津は戦後という時代に背を向けた映画作家と思われていたからである。「麦秋」を見ている時に襲われる感情や涙は説明がつきにくい。「東京物語」ならば、「家庭の崩壊」といったテーマで一応納得でき、世界の誰が見ても、ある感動を得られる。「麦秋」は地域限定、時代限定のハンディを背負いつつ、映像はつねに場面と場面の「行間」に、了解と不可解のさざ波を立てるのだ。

「麦秋」の移動撮影を最初に本格的に分析したのはデヴィッド・ボードウェルの『小津安二郎　映画の詩学』（杉山昭夫訳）である。原書は一九八八年に英国映画協会から出版された研究書である。時代的にはヴィデオの普及により、映画を繰り返し見て、分析することが可能となったゆえの成果であろう。かつてなら映画館や試写室での上映をしっかり記憶して細部を論じるしかなかった。淀川長治的記憶力がものを言う時代から、静止画像やプレイバックで映像を行き来させる時代へと様変わりした。小津は当然、映画館で見られることを前提に作っているが、画面の隅々まですべてを自らの意思と構図と趣味で覆いつくさねばいられなかった映画作家だから、細部を執拗に点検されることは望むところだろう。

ボードウェルは「麦秋」の「異様なキャメラの動き」をいくつも取り上げている。それらは後で点検することにして、ボードウェルの分析で納得がいかなかった例を一つだけ挙げておこう。「キャメラの動きの遊戯的な使用の良い例は、二つにちぎられたパンのクロースアップに前進移動していき、次のショットでもこの前進移動を続け、海辺の壁に沿って不機嫌そうに歩いていく実と勇を追っていくときに見られる」。父親の笠智衆が反抗する二人の息子たちを叱りつけ、子供たちが家出をする後半のシーンである。私はこの場面で、「二つにちぎられたパン」にキャメラが前進して近づいていくと、いつも思わず息を呑んでしまう。キャメラの動きは決して「遊戯的」には見えない。ただただ「異様」で「不可思議な」ものがそこに感知されるからだ。小津が移動撮影を普通に使っているのならば見逃してしまうような、どうということのないキャメラ移動である。移動をほとんど封じ手にしているからこその不可思議であり、移動するキャメラは小津の視線のただならぬ強度を感じさせる。

「タクシードライバー」の脚本家ポール・シュレイダーは『聖なる映画――小津／ブレッソン／ドライヤー』（山本喜久男訳）で、「麦秋」の移動撮影は十五回と書いている。映画監督の筒井武文は「映画に文法はない。」（「東京人」１９９７・９小津特集号）で、「麦秋」は「移動カットの過激さという点では、小津作品中随一」とし、十四の移動をカウントしている（翌年の「お茶漬の味」も同じく十四であるとし、筒井は「お茶漬の味」を中心に分析）。映画評論家の吉村英夫は『松竹大船映画』で、

「麦秋」の移動は十三、映画全体のショット数は七百六十五、と全体の二％弱で移動があると報告している。数える人によってバラつきがある。どうでもいいようなものだが、「不可思議」を確かめるついでに、私も移動撮影をカウントしながら「麦秋」のＤＶＤを見ることにしてみた。さきほど小津はすべての細部を見ることを望んでいるとした。それはあくまでもフィルムの持続と映画の上映時間に身体ごとゆだねるのが小津映画を見ることであるという了解の範囲内に限られる。移動の確認が目的で時間を停止させたり、逆行させたりしたのでは、「麦秋」を見たことにはなるまい。もっともらしく調査したとでもいうべきだろうか。私の計算では十四の移動撮影が計上された。

「麦秋」は北鎌倉に住む三世代同居家族の映画である。菅井一郎と東山千栄子の老夫婦、笠智衆と三宅邦子の中年夫婦、笠の二人の息子、そして笠の妹の原節子である。出勤前のあわただしくもなごやかな朝食、横須賀線での通勤といった日常風景がまず描かれる。戦争と敗戦の混乱からやっと日常が戻ってきたという実感がフィルムからは伝わってくる。この日は、遠く大和の国から菅井の兄の高堂国典老人が久しぶりに上京してくる日だった。

　菅井と東山は高堂老人を歌舞伎見物に連れて行く。戦災で焼失した歌舞伎座が新装なったのは「麦秋」の前年、昭和二十五年の十二月だった。いまの歌舞伎座の前の歌舞伎座である。ここで最初の移動シーンがある。キャメラが桟敷席を左から右に緩やかに移動して観劇中の間宮家の三人の前で止まる（①）。耳の遠い高堂老人は熱心に舞台に見入って満足しきっている。舞台は写されず、セリフが聞こえるだけである。そのセリフで、歌舞伎座からのラジオ中継を聴く原節子と友人の淡島千景に橋渡しされる。場所は築地で、淡島千景の母・高橋豊子［高橋とよ］が経営する料亭である。原節子の上司・佐野周二専務が客で来ていて、原は挨拶に行くが、佐野専務から見合い相手の写真を渡される。原は乗り気ではないが、仕方なく見合い写真を預かって廊下に出、淡島のいる部屋へと階段を下りて画面から消える。途端にキャメラは原の後ろ姿を追うかのように、緩やかな前進を始める（②）。その緩やかな前進のペースで、公演が終わり無人となった歌舞伎座の桟敷席が①と同じように写される（③）。

同時代に「麦秋」を見た双葉十三郎は「小津芸術の形式」（双葉『日本映画批判』所収）で、この一連のシーンを小津が自らのスタイルに固執して自縄自縛に陥った例として批判した。オーヴァーラップやフェイドイン、フェイドアウトを拒絶したために、時間の経過や場面の転換を説明する無用なカット（③の移動撮影）を挿入する愚を犯しているというわけだ。双葉は「私は小津監督ともあろうエライ御仁をつかまえて映画文法入門を講義しようという気持は毛頭ござらぬが、文章に句点や読点、改行や行アキがあるのを無視して、読点だけでつなげた文章を」書いていると、小津を揶揄した。

このシーンの不可思議さは②の不自然な移動によって引き起こされている。キャメラが突然意思を持ったかのように動き出すからだ。このシーンについては現在では説明がついている（中澤千磨夫『精読 小津安二郎――死の影の下に』、黒田博『紀子――小津安二郎の戦後』）。歌舞伎座の上演演目は、画面では黙阿弥の「天衣紛上野初花《くもにまごううえののはつはな》」と絵看板が写り、聞こえるセリフは「悪に強きは善にもと」という河内山宗俊《こうちやまそうしゅん》の名セリフである。「麦秋」製作中には歌舞伎座で「天衣紛上野初花」は上演されていない。つまり、わざわざ小津が演目に指定したのが「河内山」だったのである。そう、この芝居を映画化したのが山中貞雄監督の「河内山宗俊」であり、その映画に時代劇初出演をしたのが当時十五歳の新人女優原節子であった。原節子へのオマージュとしてこの演目は選ばれていたのだ。

蓮實重彥は朝日新聞（２０１５・11・27）に書いた原節子追悼文で、原節子の国際的な名声は小津作品によったが、「にもかかわらず、原さんの訃報に接して見直さずにいられなかったのは、山中貞雄監督の「河内山宗俊」（36年）と成瀬巳喜男監督の「山の音」（54年）だった」と書いた。「河内山宗俊」の原節子について、蓮實は最大級の賛辞を贈る。

「筆者の生まれた年［昭和十一年］に撮られた山中作品での原節子はまだ10代だったはずだが、弟の不始末から身を売らねばなるまいと決意する和服姿の伏し目がちのクローズアップが素晴らしい。戸外にはいきなり雪が舞い始めるのだが、これは日本のみならず、世界の映画史でもっとも悲痛な場面として記憶さるべき一瞬である」

山中貞雄は後にも触れるが、小津より六歳年下の時代劇映画の監督である。小津と同じく、翌昭和十二年（一九三七）の支那事変に陸軍伍長として召集され、一年後に大陸の戦場で戦病死した。満二十八歳の無惨な夭折であった。山中は小津をひたすら慕い、敬愛し、小津もまた山中を期待の後輩として愛した。死後に出版された山中のシナリオ集は小津が装幀を手掛けている。皇紀二千六百年（一九四〇）に京都に建立された大きな「山中貞雄之碑」は小津のあの柔和な書体で揮毫された（拓本が京橋の国立映画アーカイブで常設展示されている）。

「麦秋」の移動に戻るなら、次は笠智衆と二本柳寛が勤務する病院のシーンで右への横移動がある（④⑤）。ドナルド・リチーは『小津安二郎の美学――映画のなかの日本』（山本喜久男訳）で、ここを分析し、小津が「欠如がもたらす効果」を考慮している点に注目している。この点もひとまず措き、次が先ほど少し触れた「二つにちぎられたパン」への前進移動となり（⑥）、続いて兄弟二人が鎌倉の海岸を歩く姿をキャメラが後ろから追って行く（⑦⑧）。問題の移動は⑥である。笠智衆が小脇に抱えたお土産を、長男はてっきりお目当ての鉄道模型のレールだと勘違いしてしまう。包みを開けてみると、中身は食パンだった。息子は腹立ちまぎれに食パンを投げつけ、蹴飛ばす。封切り時に「麦秋」を見た紀田順一郎は『昭和シネマ館――黄金期スクリーンの光芒』で、この場面に違和感を覚えたと回想する。

「食パン三斤《きん》分であるから、子どもにはレールの箱のように見えたのも無理はないが、それにしても戦時中からの配給統制による食糧難が、まだ解消していない時代である。当時の食パンは、手に入りにくい貴重食であった。おそらく病院勤務の父親は業者に伝手《つて》でもあって、大切に持ち帰ったのだろうが、それを蹴飛ばすということで、作者（脚本小津安二郎、野田高梧）は子どもの直情的なエゴイズムを表現したかったのだろう。／戦中戦後のすさまじい食糧難を経験した世代が少数派になってしまった現在、このような場面に注目する人は稀であろうが、公開当時、高校に進学したばかりだった私が受けた衝撃が、例外的なものであったとは考えにくい。まだ白米の飯が〝銀シャリ〟とか〝純メン〟（純綿）などといわれ、子どもはそれが一家の働き手である父親だけに盛られることを知っていた。（略）『麦秋』は、まさにそのような時期の産物であることは、どうしても無視することができない」

紀田の回想を手がかりにすると、「麦秋」が一方で「食」の映画であることは明らかである。家事から解放された三宅邦子が料理屋のお座敷で口にする「やわらかいおいしいご飯」、日曜日の手作りサンドイッチ、原節子の駅弁売りの口真似、九百円もするとびきり高価なショートケーキ（この金額は明らかに脚本段階のミスなのだが、強情な小津は意地になって訂正しなかった）、〝未来の姑〟杉村春子が口走る「アンパン」、原節子がひとり暗い台所でお替りしたお茶漬をすする音、一家団欒のスキヤキ。そのどれもが見る者に至福のイメージを与えてくれる。

「麦秋」というタイトルで小津と野田が当然意識したアメリカ映画がある。一九三四年に製作され、日本でも翌昭和十年に公開された「麦秋」である。製作・原作・共同脚本・監督はキング・ヴィダー。小津や山中が強く影響を受けた監督で、小津はヴィダーの「南風《なんぷう》」を四回も見たと言っていた。ヴィダーの「麦秋」は「むぎのあき」とルビが振られていて、原題は〝Our Daily Bread〟、マタイ伝6

章11の有名なフレーズ「我らの日用の糧を今日もあたへ給へ」から採られた。大不況下のアメリカで、失業者たちがコミュニティを作って、共同で農作業や灌漑工事を行ない、畑のトウモロコシが稔るまでを描いていく。小津と野田はヴィダーの「麦秋」の合評会（「映画之友」昭和10・4、『小津安二郎全発言』に所収）に出席していた。小津は「［ヴィダーは］畑が好きだね。大抵のアメリカ映画だと、畑を作る代りにゴルフ・リンクにでもするだろうね」と発言して、一同哄笑となっている。「監督が脚本を書く場合、ややこしいとこはよく逃げたがるもんだけど、逃げないとこを観るとヴィダーって如何にも精力的な気がする」と小津は自戒をこめたような言葉もそこに残した。

ヴィダーの〝Our Daily Bread〟も「麦秋」のヒントになっていることは間違いないから、小津の「麦秋」は「日々の糧」の映画でもあった。小津が「食」を、特に「食」の不足をかこったのは支那事変で出征した中国大陸の二年間である。「二つにちぎられたパン」へのキャメラの前進移動には、その飢えの記憶が反映していないか。出征中の小津は「キネマ旬報」（昭和14・1・1）に「手紙」を発表している。戦地から内地の友人に送った手紙で、山中貞雄の戦死を知って書かれた。山中の話柄に入る前に、行軍した町々でのスケッチがある。その中の一つが美味しそうだ。

「固始では、固始県初級中学校の教室に泊つた。窓の外に葉を拡げた芭蕉があつて、教室の中まで悉く青い。天井は英字新聞で貼つてある。その中に色刷の美味そうなクリームのシヨートケーキがある。寝れば顔の上にくる。あれだけはまるまる喰へまいなどと毎日同じ事を同じ順序で考へた。霖雨で十日の滞在だつた」

これが九百円のショートケーキの原イメージだろうか。十日間も毎晩見せつけられたのだから、強烈である。手紙は後半でやっと山中の思い出になる。

「信陽にゐる。城壁には日の丸が翩翻と翻つて、このところ秋の日和が続く。／こゝに来て五日目、風の便に山中貞雄の陣歿を聞いた。だが、とても信じられなかつた。僕が考へる山中は何時も元気だつた。だが、昨日はからずも新聞を見た。何とも云へない気持だつた。／山中には東京で訣れてから、こちらで一度一月十二日に句容で会つている。（略）僕はその日、陽のあるうちに揚子江を渡つて滁県に帰らなければならないので、ゆつくり語り合ふ時間はとてもなかつた。話はとびとびだつた。戦争の話。お互に無事でよかつた事。東京の話。仲間の手紙。腹の減る話。兵隊になつて甘いものが好きになつたとも云つた。山中は僕に帰つたら戦争の映画を作るかと聞いた。僕はわからないと答へた。君はと訊くと、笑つて、わからない、だがギヤツグは大分貯つたと答へた。（略）今度会ふ時は東京だ。もう一度手を握つてそこで別れた」

束の間の出会いの四ヶ月後に徐州作戦が発動となる。二人は麦畑の中を生き延びたが、山中伍長はその後、蔣介石軍の堤防決壊作戦で胃腸を損ない、九月に戦病死した。戦友の手術に立ち会うために、小津は野戦病院を訪ねた。そこでも小津は山中を想う。

「山中も入つた野戦病院。白い天井も、白い寝台も、何の草花もない名ばかりの病室に、戸板を並べて藁を敷いた寝台に、枕を並べた戦友達の間から、一人武運拙く静に眠つて行つた山中が、今こそ激しく身近に感じられた。いい奴だつた。得難い友達だつた。僕は眼頭を拭つた。（略）明後日は漢口に向つて前進する。漢口までは山を越してあと四十里あまり、もう一息だ。漢口に行つても山中にはもう会えない。だが漢口に行けば、山中の戦友達から山中の詳しい最後を知る事が出来ると思ふ」

「麦秋」の次の移動は、原節子と二本柳寛がお茶ノ水近くの坂道を並んで歩くシーンである⑨。中村秀之は『敗者の身ぶり――ポスト占領期の日本映画』で、ここで「原は微笑を浮かべながら恥じらうように視線をそらしている」点に注目し、「原が相手と目を合わせようとしないのは異例である」としている。二人はこの後、ニコライ堂の見える喫茶店で大事な会話をする。「ああ、省二君の手紙があるんですよ。徐州戦の時、向うから来た軍事郵便で、中に麦の穂が這入ってたんですよ。その時分、僕アちょうど『麦と兵隊』を読んでて」「その手紙頂けない？」「ああ、上げますよ。上げようと思ってたんだ」

火野葦平の徐州会戦従軍日記「麦と兵隊」は総合月刊誌「改造」の昭和十三年（一九三八）八月号に一挙掲載された。徐州戦が終わってからわずか二ヶ月後であるから、早生《わせ》の刈り入れである。支那事変の報道戦は新聞ばかりでなく、月刊誌でも凄まじかった。山中貞雄の遺稿「陣中日誌」は総合月刊誌「中央公論」の十二月号に掲載された。山中の死の二ヶ月後である。若い非業の死は、ジャーナリズムによってたちまちのうちに名誉の戦死として消費される運命となった。小津は「中央公論」を内地から取り寄せて読もうとするが、その前に軍医から借りてすぐに読んだ。山中の「従軍記」にまず出て来るのは小津の名前だった。

「×［伏字］・一八――／小津氏曰くの「靖国神社の門鑑」なるものを戴く。／小判型の真鍮に　歩×　歩×補　番六一と刻んである」

真鍮の認識票さえ身に着けていれば、戦死しても身元がわかり、靖国神社に英霊として祀られる。だから「靖国神社の門鑑」なのである。山中にとっては印象深い小津の言葉だが、認識票を「靖国神社の門鑑」と呼ぶのは当時はよくあった。小津は山中の遺稿を読んで、戦場にあっても一日たりとも映画のことを忘れない山中の志を知った。小津が山中の「従軍記」に倣って「従軍日記」を書き始めるのは、「中央公論」を読んだ直後だった。

「中央公論十二月号の山中貞雄の遺書を読む。撮影に関する note がある。その中に現代劇に対しての烈々たる野心が汲みとれて　甚だ心搏たれる。詮ない事だがあきらめ切れぬ程に惜しい男を失した」（十二月二十日）

小津は山中の遺稿を読んでいて、あるページに至って何事かを悟った筈だ。その山中の文面は以下である。

「去る二十七日石家荘に到着。／南に向って行進する事三日。片桐部隊の屯する○○［伏字］に至る。この辺の新しき土はホコリッぽくッて歩きにくい。／前線部隊に編入。敵影を認めず」

「石家荘」は河北省の要衝で、この辺は北支の乾いた大地なのだろう。それを説明するために、山中は「新しき土」と書いている。小津でなくともわかるように、「新しき土」とは原節子がヒロインに抜擢され、この年に欧州でも公開された日独合作映画の大ヒット作である。「新しき土」の監督ファンク博士が原節子を発見したのは、山中が「河内山宗俊」を撮影していた時であった。ファンクは原節子に一目惚れして、どうしてもヒロインにと、芳紀十五歳の未知数の女優を望んだのである。ヒロインには大女優の田中絹代がなるという噂がもっぱらであった。小津は遺稿を読んで、山中がわざわざ「新しき土」と書いている意味をたちまち了解したはずである。山中の奴、原節子にずっとホの字だったな。

『山中貞雄作品集』には山中が戦地から友人たちに送った手紙がたくさん収録されている。その中に山中が京都の最も親しい映画仲間たちに送った、少しふざけた五枚続きの葉書がある。その二枚目にやはり「新しき土」が出て来る。

「十月廿七日石家荘迄貨車で輸送されて、それから行軍三日、此の辺りの新しき土はほこりっぽくッて困る。露村《ローソン》にて前線部隊に編入さる。／気候は内地と余り変らないが、夜が冷える」

「新しき土」に付された傍点はもともとの葉書にあったもので、山中が原節子に惚れているというのは、京都の映画仲間の常識だったのだろう。山中は自ら傍点を付して、それをネタに供したのだ。小津は東京での山中の仲間だが、京都の山中の仲間たちとも頻繁に交流していたので、そんな情報は共有していたに決まっている。山中も小津と同じで独身だったから、とやかく言う輩もいない。原節子は一躍世界に進出してしまったのだから、監督と新人女優という力関係ではなくなっていたにしても、その恋（片思い？）が成就することを誰もが願っていたであろう。

山中は昭和十二年の三月に京都の日活を辞め、上京してP・C・Lに入社し、すぐに作ったのが遺作となった「人情紙風船」である。山中の死は映画界に衝撃を与えた。その証拠に多くの映画雑誌が山中追悼号や追悼記事で若き天才の死を悼んだ。そのほとんどは千葉伸夫編『監督山中貞雄』という千ページを超える大冊に収録されている。その中で気になるのは「映画之友」（昭和13・12）に載った森岩雄の「貞雄追悼吟」である。「山中貞雄死去の報あり」という詞書の五句、「その夜は安き眠りを得ず」として三句、「明治神宮に詣る」の一句、「彼を懐いて」の二句、計十一句を詠んでいる。「彼を懐いて」の二句を掲出する。「枯花野仏はひげのままなりし」「君帰る日は粉雪の降りぬべし」。最後の「粉雪」の句は、蓮實重彥が原節子追悼で、「世界の映画史でもっとも悲痛な場面」と断定した「河内山宗俊」の原節子を、やはり森が思い描いたとしか思えない。「河内山宗俊」は幸いフィルムが現存していて、そのシーンを確認できる（山中作品は三本しか現存していない）。「河内山宗俊」では原節子のクローズアップは極端に少ない。山中貞雄が出し惜しみしたかの如くである。原節子の甘やかな声はまだ女学生そのものだが、着物の全身像は大人びている。雪のシーンは画面では粉雪ではなく、残念ながらボタ雪に見える。技術上の困難がまだ多かった時代だからボタ雪になってしまったのではないか。そう思ってシナリオで確認すると、「粉雪を浴びてうなだれて、佇んでいるのは誰あろう、お浪です」とあった。「お浪」役が原節子だ。森岩雄（戦後は東宝副社長）と蓮實重彥はこの同じ雪にするどく反応し、一人は山中貞雄を追悼し、もう一人が原節子を追悼したのだった。

森岩雄は東宝の重役としてプロデューサー・システムを確立した映画人だが、当時はP・C・L取締役として各社の監督や役者を引き抜き、原節子と義兄・熊谷久虎監督が「新しき土」の後に所属したJ・Oも合併して松竹に対抗する陣容を整えた。原節子も山中貞雄もプロデューサー森岩雄の手駒となったのである。その矢先の山中の出征であった。山中が無事凱旋していれば、原節子主演、山中貞雄監督の現代劇が実現したのは間違いない。原節子を東宝で生かすのは熊谷久虎以外では、今井正、黒澤明などの若手監督だった。小津が「晩春」で原節子を松竹に迎えるのはその後のことになる。

「麦秋」のキャメラ移動は、山中貞雄という死者を介在させると、おぼろげながら小津の意図が見えてくる。移動するキャメラは山中の視線をも含んでいたのではないか。特に亡き山中が原節子を見つめ、大事に見守る視線があったのではないか。次の移動は、築地の料亭で原節子と淡島千景が原の元見合い候補の実物をいたずらっぽく覗きにいく時であり⑩、続いて移動は一挙に北鎌倉で原節子の結婚の決断に心配顔の家族たちの様子を先回りして窺うようだ⑪。結婚が決まった後、原節子は兄嫁の三宅邦子と砂浜に向かう。ここで小津生涯唯一のクレーン撮影となる⑫。三宅邦子は義妹の決断を称え、これからは「やりくり競争」しましょと笑う。「もう食べちゃ駄目よ、ショートケーキ」「あたりまえよ、あんな高いもの！　……でも貰ったら食べる」。お茶目に笑って原は砂浜を駆ける。二人は裸足になって気持ちよさそうに歩き、キャメラは後ろからついていく⑬。残るは最後の麦畑の移動だけである⑭。

「麦秋」の撮影中に小津が「暮夜ひそかに考え悩ん」だ一つにキャメラの移動があったのは確かであろう。

第四章　「麦秋」の空、「麦秋」のオルゴール

小津映画唯一のクレーン撮影は「麦秋」のラスト近くにある。原節子と三宅邦子が起伏のある砂丘をゆっくりと並んで歩く後ろ姿をクレーンは静かに追っていく。その撮影には三日もかかったと厚田雄春キャメラマンは、蓮實重彥の質問に答えている。

「移動する時も必ず御自分でファインダーを見られるので考えてる様にならない。クレーンの操作は数人で動かすので監督の視点に入らない、それで何回やっても安定する個所にきません。（略）で、三日間クレーン撮影に時間をかけようやくＯＫでしたが、御機嫌が悪かったです。（略）下が砂なんでクレーン揺れないように下にいろいろ敷いて、［キャメラは原と三宅に］まっすぐ近づいて、ゆっくり上るのです。だからクレーン使っても俯瞰じゃないんです」（蓮實『監督　小津安二郎』付録インタヴュー）

「麦秋」の間宮家は鎌倉にあり、原節子と兄嫁の三宅邦子は普段着のままで砂丘と砂浜を歩く。海岸は鎌倉という設定になっているが、実際は茅ヶ崎海岸で、四年前の「長屋紳士録」で飯田蝶子が子供とおにぎりを頰張って心を通わせるシーンの撮影場所に近いらしい（加藤厚子『銀幕のなかの茅ヶ崎』）。小津のお気に入りスポットであることはわかるが、そこでなぜ困難を承知でクレーンによる移動撮影に挑んだのだろうか。画面を見ていると、最初は砂丘の占める部分が大半なのだが、徐々に減っていき、砂丘と海岸の向うの空が半々くらいになったところでキャメラは切り替わり、原と三宅は

腰をおろし、二人の会話が始まる。原は子連れの二本柳寛との結婚を決断した理由を、心配する三宅に打ち明ける。有名なセリフである。

「ほんとはねお姉さん、あたし、四十になってまだ一人でブラブラしているような男の人って、あんまり信用出来ないの。子供ぐらいある人の方がかえって信用出来ると思うのよ」

このセリフ誕生の由来も有名になっているが、やはりオリジナルの出典にさかのぼって記しておこう。松竹大船出身のシナリオライター澤村勉が『小津安二郎　人と仕事』に寄稿した「原節子さんの紀子」である。澤村は小津・野田コンビとも、原の義兄・熊谷久虎や原自身とも親しく、「麦秋」の前年には、熊谷が企画し、原が主演した「アルプス物語　野性」を監督していた。

「その「麦秋」のクランク・インが迫った昭和二十六年のある日、真夜中に小津さんから、すぐ原節子さんの家へ行って、こんどの作品にもぜひ出演してくれるように頼んでくれと、電話がかかってきたことがあった。／きょう大船撮影所の所長から、原さんはギャラが高いから別の女優さんにしてくれと言われたが、原さんに出て貰えなければ、この作品は中止すると言ってきたと、珍しく小津さんが昂奮した声で仰有るので、すぐ近所の原さんの家へ行って、小津さんの言葉を伝えると、あたしはギャラが半分でもいゝから、小津さんの作品には出演したいと言うので、それを電話で小津さんに報告したら、小津さんは大変よろこんでくださった」

小津にとって「麦秋」は、支那事変で戦病死した山中貞雄を十三年後に追悼する映画でもあったから、ヒロインは原節子以外にはありえなかった。「麦秋」の中に、間宮家が鎌倉の家に引っ越してきて「足かけ十六年になる」という菅井一郎のセリフがある。足かけ十六年とは、この家に来たのが昭和十一年（一九三六）という計算であり、昭和十一年とは、山中が満十五歳の原節子を迎えて「河内山宗俊」を監督した記念すべき年であった。澤村勉は小津からまた電話をもらったことも書いている。

シナリオ執筆で缶詰めになっている茅ヶ崎館に呼び出されたのだ。
「行くとすぐ小津さんが、原さんはいま書いているシナリオの紀子と同年輩の二十八歳ぐらいだろうと思うが［実際は三十一歳］、いったい結婚をどう考えているンだろうねえ、と私にお訊きになった。／そんな質問をされたのは、そのころ私が原さんの義兄である映画監督の熊谷久虎氏と親しくつきあっていたので、熊谷家で暮していた原さんのことは、私がよく知っているだろうと思われたからであろう。／原さんはよく冗談のように、もしあたしと結婚してくれる人がいるとしたら、子供がいて奥さんに死なれた人ぐらいね、と笑っていたから、それを小津さんに言うと、あゝそれを使わせて貰おうと言われて、何か考えこんでおられた。（略）翌朝、私が小津さんの部屋へ行くと、あゝベンさん、紀子のいいセリフが出来たよ、と草稿の紙を見ながら、あたし四十にもなって、まだ一人でブラブラしてるような人って信用できないの。子供ぐらいある人の方が却って信頼できるのよ、と原さんがその役を受け持つ紀子のセリフを読み聞かせて下さったあとで、だがこのあとに、こういうセリフが続くンだよ。ただし小津さんは別よってセリフがね、と楽しそうに笑っておられた顔が、いまも私の脳裏に強く焼きついている」

原節子が事実上協力した紀子のセリフを際立たせるために、小津はクレーンを使ったのだろうか。原と三宅との会話部分はそれぞれのアップの時と、二人が並んで写っている時がある。原と三宅のアップを比較すると、背景の空が明らかに違っている。二人はすぐそばに並んで座っているにもかかわらず、三宅のアップの時の空は夕景のように着色されているとしか見えない。原と三宅はここでは別世界にいるように感じられるのだ。撮影のミスとは思えないから、この区別は意図的なのだろう。

原と三宅は服装も違う。三宅は清潔な白い半袖ブラウス姿で、首筋までボタンをしっかりかけている。原の方は、清潔な白い半袖ブラウスであるのは変わりないが、襟をしっかり立て、胸元を大きく開けている。「紀子の勝負服」と私は秘かに名づけているのだが、必要以上に胸元が強調されていて、この出で立ちの原〝紀子〟は、胸に強い決意を秘めている。俗に云う「胸襟を開く」という言葉を視覚化したとでもいったらいいのか。服装はともかく、背景の空の原と三宅との違いは、思いっきりの文法無視で、「映画に文法はない」という小津の持論をここでも実践しているのではないだろうか。

「麦秋」の画面に出てくる空はいずれも印象的である。この場合の「空」はソラであって、クウでもカラでもない。まぎらわしいのだが、「空」と表記する。雲がぽかりと浮かぶ空である。仏教用語の「空《くう》」でもなく、小津映画に頻出する、人物のいない風景や室内を写した「空ショット」の「空《から》」でもない。「麦秋」で写される空は、菅井一郎・東山千栄子の老夫婦とともにあるといっていい。鯉のぼりが翩翻とひるがえる空、ゴム風船が漂う空、横須賀線の踏切り待ちの時に見上げる空などである。

それに比して、他の登場人物には空がない。空を見ても、その空は画面に写らない。淡島千景が原節子の二階の部屋から廊下に出て、外を眺め、「いいわねえ、綺麗な空！　——うち［築地の料亭］なんかまるで空ないみたい」と感嘆する。キャメラは淡島を横から捉えるのみで、視線の先の空は写らない。原節子に電話がかかり、二階の部屋に残された淡島千景はまた廊下に出て、鎌倉の空を眺めているが、この時も視線の先の空は写らない。原節子が退職の挨拶に丸の内のビルを訪れた時、専務の佐野周二は、「おい、よく見とけよ。東京もなかなかいいぞ」と窓際へ行くが、視線の方向は俯瞰で、キャメラもオフィスビル街の喧騒を捉え、空はほんの少ししか見えない。

老夫婦以外で空を見ることが例外的に許されているのは、お茶ノ水のニコライ堂を写したカットだろう。原と二本柳が歩く坂道の移動（キャメラ移動の⑨。ここにも空は写り込まれている）に続いて、ニコライ堂が空を背景に写し出され、喫茶店の窓からニコライ堂を見る原と二本柳につながる。二人の視線の先にニコライ堂があるのは間違いないのだが、「昔、学生時分、よく省二君と来たんだよ、ここへ。ンで、いつもここにすわったんですよ」と二本柳が説明するので、先ほどのニコライ堂は戦死した省二（紀子の兄）が凝視した風景でもある。かつては省二と二本柳が、いまは二本柳と原が見ている。その双方のニコライ堂が一つのショットに収まったのが、窓から見えたニコライ堂のある風景である。喫茶店で二本柳は、原の兄の思い出を語り始める。

「ああ、省二君の手紙があるんですよ。徐州戦の時、向うから来た軍事郵便で、中に麦の穂が這入ってたんですよ。その時分、僕アちょうど『麦と兵隊』を読んでて……」

この二本柳のセリフが映画後半の急展開を促していく。小津と野田のコンビは緻密な構成とリアリティに富んだセリフでシナリオを書いた。それにしては、というか、ここでは確信犯的にリアリティを無視した設定をこしらえている。徐州戦は昭和十三年（一九三八）五月五日に発動となり、五月二十日に徐州入城式が挙行された。火野葦平の徐州会戦従軍日記『麦と兵隊』は五月四日から二十二日までの日記体の記録で、「改造」八月号に発表された。「改造」の発売日は七月二十日頃である。省二の軍事郵便が祖国に届くまでに一ヶ月以上かかったとしても、二本柳が手紙を読む頃には、『麦と兵隊』はまだ書店の店頭に出ていなかったのではないか。それでも軍事郵便の到着が遅れたと考えれば、納得できないわけではない。決定的に不自然なのは、省二の年齢と経歴では、徐州戦に参加することはありえない点だ。

二本柳は「麦秋」のシナリオでは三十四歳なので、昭和十三年には満二十一歳である。省二は旧制高校時代の友人（おそらく同級生）である。ギリギリ徴兵検査の二十歳になっていたとしても、当時は学徒出陣のはるか前だから、学生達には徴兵猶予の特権が与えられていた。中国戦線に赴くということはまず絶対ありえない。用意周到な小津と野田のコンビが、こんなわかりきったミスを犯したのは、山中貞雄や小津と一緒に大陸に送り込まれた戦友たちに省二を結びつけるためだったとしか考えられない。火野葦平も小津や山中と同じく下士官だった。小津は戦地にあって、火野の『麦と兵隊』『土と兵隊』をリアルタイムで読んだが、作品の評点は辛かった。にもかかわらず、このシーンでわざわざ『麦と兵隊』に言及させているのは、大和の「麦秋」のラストシーンに持っていくための伏線だとしても、火野の「兵隊物」について、小津はいつのまにか評価を変えたとしか思えない。省二を戦死者として設定するのなら、大東亜戦争中にスマトラで戦死したで十分である。元陸軍軍曹小津にとっては、山中の戦場であり、自身の戦場でもあった徐州と麦は必須だったのだろう。

省二は「麦秋」の不在の主人公といえる。娘の結婚をめぐる映画「麦秋」の中で、省二は結婚の事実上の仲人役なのに、言及されることは少ない。兄の笠智衆などは忘れてしまったのか、忘れたふりをしているのか、弟については記憶喪失のようだ。原〝紀子〟の周りで省二をはっきり覚えているのは、両親の菅井・東山、それから杉村春子・二本柳の母子である。省二の存在を映画の中に呼び込むのは杉村春子で、紀子の縁談で身元調べに来た興信所の男がいると報告にやってくる。「いやな奴でねえ、なんでもよく調べるんでございますよ、こちらの省二さんとうちの謙吉が同じ高等学校だなんてことまで……」。

杉村春子のお喋りが「永遠の不在者」を両親に思い起こさせ、観客にその実在（不在）を伝えるのだ。父の菅井一郎はもう息子のことは諦めていると語り、妻がいつまでも二男の帰還を夢見ていて、「根気よく、毎日、まだラジオのたずね人の時間なんか聞いてますよ」と杉村に話す。このセリフに注目した川本三郎は『今ひとたびの戦後日本映画』で、「その二男は南方で戦死した。しかし正式の戦死通知はなかったのだろう」と推測した。ラジオ番組「尋ね人」とは、昭和二十一年（一九四六）から三十七年（一九六二）までＮＨＫが放送した、戦争で安否不明となった人々の消息探しの番組である。川本は「いわば、日本の戦後は、「尋ね人」とともにあった。この番組が終了したときにはじめて、本当に〝戦後は終ったのだ〟と思った日本人も少なくなかった筈だ」と書いている。その年は小津の遺作「秋刀魚の味」で、「軍艦マーチ」が滑稽に描かれる年でもある。

東山千栄子は杉村と菅井の会話にしんみりとし、下を向く。夫に抗弁するでもなく、同感するでもなく語り出す。「人間って不思議なもんですねえ……今あったことをすぐ忘れるくせに、省二が元気だった時分のことハッキリ覚えてるなんて……」。夫は妻のむなしい希望を諭すように、あらためて打ち消す。「いやア……もう帰ってこないよ」。東山は顔を上げて遠くを見やるような視線となる。この時、画面から何かの音が聞こえ始め、すぐに空一杯に泳ぐ鯉のぼりのアップとなる。どこかから聞こえて来た音は矢車の勢いよく廻る音なのだった。鯉のぼりはここでは掛詞の役割を果たしていて、東山千栄子が脳裏に描いた鯉のぼりであると同時に、場面転換の「空ショット」として、時間経過をも示している。子供たちが路地で遊ぶ光景を挟んで、シーンは宮口精二が開業する医院となる。笠智衆は碁を打ちながら、宮口に「君アたしか、兵隊、善通寺だったね」と、妹の原「紀子」の見合い相手の商社常務が四国の善通寺出身で、その実家について知りたがっているとわかる。鯉のぼりからまた映画は現実に戻っている。宮口の医院のそばの鯉のぼりは現実の鯉のぼりであり、東山によって幻視された鯉のぼりなのだった。

東山千栄子が再び遠い空を見やるのは、上野の博物館の芝生で夫婦揃ってサンドイッチをつまんでいる時である。夫の菅井が「今が一番いい時」と妻を説き伏せるかのように繰り返していると、妻は向うの空を指さす。大空の彼方に糸の切れたゴム風船が浮かんでいるのだ。夫は「康一にもあったじゃないか、こんなことが」と長男の子供時代を思い出したと言い、妻もうなずく。風船はゆらりゆらりと空をさまよい上がっていく。キャメラはじっと風船を捉えている。これは日曜日の老夫婦のささやかな幸福感を表したシーンに見える。しかし、それだけではない。鯉のぼりのはためく空を幻視し、淡島千景の見る空を省略した後では、この空はこの世の空というよりも、彼岸の空である。東山がまた二男の思い出に耽るのを回避させるために、菅井は長男の名を口にしたのではないか。ゴム風船は彷徨う魂であるかのように「尋ね人」となって、ふわふわと上がっていく。

次に出る「麦秋」の空は、菅井が一人見る空である。高橋治は『絢爛たる影絵――小津安二郎』で、小津が死んで十年後に、パリの映画館で「麦秋」を見た時、異国の観客たちが「息を呑む声を上げた」シーンを描出している。「原節子演ずる娘が結婚の決意を告げた翌朝、菅井一郎の父が小鳥の餌を買いに行くと称して散歩に出る。そのゆるやかな歩調の眼前に、横須賀線の遮断機がいかにも前途を扼するように下りて来る。一見変哲もないスケッチともいえる描写なのだが、力なえたようにヘナヘナと路傍の石に腰を下ろす菅井の姿は映像の流れの中で凄まじいまでに衝撃的であった。電車が去ったあとも彼はすぐには立ち上れずに肩で荒い息をついている。(略) つまり、一家離散、先行きの避け得ない暗さを、小津は一本の遮断機によって見事な映像に結実させた」。

高橋は言及していないが、ここでも空が写っている。シナリオでは「明るい空にフワリと白い雲が浮いている」とある。踏切の前に腰を下ろした菅井は横須賀線が通り過ぎる間はやや上の方に顔を向け、空を仰ぐ。電車が通り過ぎ、遮断機が上がった時には、むしろ正面を向いている。その時、うろこ雲いっぱいの空が写される。小津的「視線の不一致」がここにもある。写された空を菅井が見ているわけではない。むしろ空とうろこ雲が菅井を見ているような印象を受ける。遮断機が上がるのを待つ間、菅井は深い溜息をついていた。この溜息は妻がいる前では決してつかない嘆息である。夫ではなく、一人の老人となった時に誰はばかることなく露出される菅井の心境であろう。その菅井の不幸を空が見ているのである。

これまで「麦秋」の空にこだわってきた。菅井と東山の老夫婦の視線の先の空には、亡き省二の面影がいつもたゆたっているように、小津は「麦秋」で描いているからだ。ラストの大和の麦畑にも、老夫婦は視線を向ける。麦畑の中を行く花嫁行列に夫が気づき、「おい、ちょいと見てごらん、お嫁さんが行くよ」と妻に声をかける。麦畑、花嫁行列、大和の山なみと、背後の空が写される。妻が「紀子、どうしてるでしょう」と娘を思い出し、夫が「みんな、はなればなれになっちゃったけど……しかしまア、あたしたちはいい方だよ」と妻をいたわる。「でも、ほんとうにしあわせでした」と口にする妻は自らの嘘の言葉を呑み込むかのように、あわててお茶を啜る。妻の茫然とした表情の後、麦畑が写る。やがてキャメラは麦畑を移動して行く。この最後の最後で、彼方を見ている生者(遺族)の視線と、移動キャメラとなって浮遊していた死者の視線が交錯し、合体する。

「麦秋」は昭和二十六年のキネマ旬報ベストテン第一位で、芸術祭文部大臣賞などを受賞し、高い評価を受けた。しかし、映画の世界の人種よりも素直に作品に反応したのは小説家だったように思える。産業経済新聞は鎌倉文士による「麦秋」合評(昭和26・10・7)を載せた。久米正雄、高見順、中山義秀、永井龍男の四人である。「見た後で本当にしみじみとして味の残る作品」(永井)、「映画の教科書」(久米)、「日本映画の一級品」(中山)といった声があり、中でも高見順の感想は実がこもっている。「どこという訳じゃないが泣けて仕方がなかった」「とにかくこの映画はわれわれが常に持っている日本へのうずくような愛情がヒタヒタと胸に迫ってきて、実に搏たれる、殊にラストにおける大和のシーンは小津さんのその心が美しく描き出されて優れた場面になっている」「とにかくこの映画は日本的な良さであらゆる階級の人に訴える力を持っている」。高見は戦前からの小津映画ファンだったが、それだけでは尽くせない共感がある。これは高見が戦争中にビルマや中国へ報道班員などで派遣されたことと関係するか。私がそう思うのは、「麦秋」に流れるオルゴールの音色に惹かれていたからだ。

原節子と結婚する謙吉役にキャスティングされた二本柳寛が、松竹大船撮影所に小津監督を初めて訪ねた日のことを、「緊張の〝麦秋〟出演記」に書いている（「映画ファン」昭和26・9）。二本柳は小津に挨拶した後、笠智衆も一緒に小津の監督個室に足を踏み入れた。

「小津先生の部屋に伺うと、なんと古風な優しいオルゴールの音がきこえてくるのでした。細々としたものが雑然としかもきちんと整頓されたその部屋からも、人間小津の匂いがこぼれています。笠さんに先生御自身の衣裳を着せてみながら、／「僕は衣裳屋を始めましてね」／と笑っていられる先生から、自分の作品を楽しみ、愛し、子供を育てるような大きな愛情を感じずにはいられません。僕の衣裳を決めるにも、何着かの背広を、とっかえひっかえ着せてみて、ああでもない、こうでもないと大変です。「麦秋」での僕の役は病院勤めでまだ開業も出来ない医者なんですから、日々の暮しも決して楽である筈がなく、その服装の選択も仲々面倒です。色々と細かく御注意を受けてその日は放免になりましたが、我が家に帰り着いたら、ものも云えぬ位疲れが出ました」

この部屋は翌年一月の撮影所の火事で焼け落ちてしまい、調度品、蔵書、日記の多くも焼失してしまった。二本柳が書いているオルゴールは、小津の「私設秘書」で、後に佐田啓二夫人となる中井益子にとっても印象的だった。「古いながら格調高い風格でデンとすえられたオルゴールが穴のいくつもあいた丸い鉄の板の中から素晴しい音色を奏でていました」（『小津安二郎　人と仕事』所収）。「麦秋」の音楽を担当したのは伊藤宣二《よしじ》で、途中から合唱となるテーマ音楽と、何度も執拗に流れるオルゴールの音色の二つが双方とも主題曲のように耳に残る。小津は前作「宗方姉妹」でも三箇所でオルゴールを使用していた。「宗方」の音楽は斎藤一郎である。「麦秋」のオルゴールも小津の強い要請で映画に取り入れられていたに違いない。

「麦秋」でも三箇所でオルゴールの音色が聴かれる。冒頭の間宮家の朝食風景では約五分間も鳴り続ける。初めは家の中で実際に流れているのかと思っていたが、二階でも一階でも流れるので、間宮家のシーンのＢＧＭのようでもある。そのキラキラとした音色は、平凡な朝の日常を幸福感で包み込む。二度目は夜の間宮家である。一日の家事をおえた三宅邦子は一人の時間にかえって読書をしている。そこに原が帰宅して、お土産のショートケーキを二人で愉しむ。佐野専務からの縁談もうまく行きそうな気配だ。その間、ずっとオルゴールの音色が聞こえる。三度目は間宮家の「最後の晩餐」、全員揃ってのスキヤキの宴と、その後の団欒のひと時をオルゴールが彩る。そのどれもが得も言われぬ幸福感を与える音色である。レクイエム風のテーマ音楽との鮮やかな対照は、余計にハッピーな感じを与え、映画の中で交わされる「幸福」についての種々な会話よりもリアルである。三箇所とも曲は変わらず、明治時代の唱歌「埴生の宿」で一貫している。小津は唱歌を映画の中で効果的に使用しているから、その一つとみても差し支えないのだが、昭和二十六年（一九五一）という時点を考慮に入れると、もっと別の意味が、オルゴールの「埴生の宿」には託されていたと考えたい。

小津が支那事変から無事凱旋した時に、朝日新聞で最初に対談したのが田坂具隆だったことは第一章でも触れた。田坂は火野葦平の「土と兵隊」を映画化した監督である。その他にも「五人の斥候兵」「爆音」「海軍」と戦時下にふさわしい名作を何本も撮った。戦後の価値観からすれば、もっとも戦争に加担した映画監督ともいえる。田坂は戦争末期に召集され、広島の部隊に入隊する。原爆に遭い、四年間の闘病生活を余儀なくされた。「映画ファン」昭和二十五年（一九五〇）四月号には、その田坂のインタビューが掲載された。「田坂具隆監督は何を考えているか——次回作品について訊く」（文・門川美代子）という記事である。

「僕は作家でないんで、自分でストオリイ［オリジナル・シナリオ］を作るのをさけている。自分のちっぽけな考えや、趣味を大衆に押しつけたくないと思ってね。こう云うと、創作のないのをカモフラージしてるようだけど……。世論からみて、大きくとりあげた作品をやりたい」。そうポツリポツリ語り始める。次回作の予定を訊かれると、田坂は熱心に答えた。「『ビルマ』もやりたいんだけどねえ」「新東宝の若い人たちが熱心に話を持込んできてくれるのだけど、非常にいゝものだから、実現したいね、でもビルマとなると、場所としても仕事がやりにくいのではないかと思ってるよ」。記事はここからは『ビルマ』の説明となる。

「この『ビルマの竪琴』と云うのは、竹山道雄の書いた少年読物で、ビルマに戦争に行っていた一部隊の物語である。／音楽学校出の若い隊長の指揮するこの部隊は、苦しい時にも楽しい時にも、いつも合唱してお互いに慰めあっていた。長い戦争の間には、こうした事がどれだけ助けになったかわからなかった。伴奏は水島上等兵の弾く竪琴で、これはビルマ人がひく竪琴をまねて作ったものであったが、この竪琴の伴奏で部隊の兵隊達は「はにうの宿」や「庭の千草」それからもっとむずかしい名曲まで合唱出来るようになった」

ストーリーの紹介はまだまだ続くのだが、市川崑監督によって二度映画化され、大ヒットしたから、これ以上の引用は不要だろう。「オーイ、水島。一緒に日本に帰ろう！」は誰でもが知っている叫びだ。引用中の「はにうの宿」が「埴生の宿」である。それさえ確認できればいい。記事は最後をこう結んでいる。

「「美しい映画を作りたい」と云われる田坂先生のセンチメンタリズムが、この『ビルマの竪琴』には、充分に溢れているような気がする。材料を充分に揃えて、どうしてもこの作品を撮らずにはいられないような雰囲気にしてから、仕事にとりかゝりたい、と先生は仰言っている。／この作品が実現して、私達が、「田坂物」に久しぶりに見えるのも、遠いことではないだろう」

映画界にはよくあることで、この企画は実現には至らなかった。小津がこの記事を読んでいたかどうかはわからない。この頃、小津は松竹を離れ、新東宝の撮影所で、大佛次郎原作、田中絹代・高峰秀子主演の「宗方姉妹」にとりかかっていた。新東宝が意欲的な企画を次々と進めていた時期である。新東宝が田坂にではなく、小津に「ビルマの竪琴」映画化の企画を持込んでいたらどうだったろう。というのは、ビルマという戦場は、小津にとっては二本の未映画化作品に関わる馴染みのある国名だからである。「ビルマ作戦・遙かなり父母の国」と「オン・トゥ・デリー」――二本とも映画製作は途中で、みごと頓挫した。二度あることは三度あるだよと、小津は断ったに違いない。そんな仮定の話はともかくとして、「宗方姉妹」の三箇所目のオルゴールには、「埴生の宿」のメロディの一部が取り込まれている。注意しないと聴き逃してしまう程度に過ぎない。それに引き換え、「麦秋」ではここぞとばかりに「埴生の宿」なのであった。

「ビルマの竪琴」は戦後すぐに書き始められ、一度は占領軍の検閲で「不許可」となった。単行本は中央公論社から昭和二十三年（一九四八）十月に刊行され、同年に毎日出版文化賞、二十五年には文部大臣賞を受賞している。映画化の話とは無関係に小津の視野に入っていておかしくない当時のベストセラーだった。原作者の竹山道雄の完全な創作童話だが、竹山は昭和二十八年の文章「ビルマの竪琴ができるまで」（新潮文庫版『ビルマの竪琴』に所収）で、「当時は、戦死した人の冥福を祈るような気持は、新聞や雑誌にはさっぱり出」ず、「日本軍のことは悪口をいうのが流行で」、「義務を守って命をおとした人たちのせめてもの鎮魂をねがうことが、逆コースであるなどといわれて」いたと憤慨している。戦後の風潮への反撥が竹山の筆を支えた。「ビルマの竪琴」には日英の兵隊が対峙する戦場で、両軍兵士が同じ歌を合唱するシーンがある。日本兵は「埴生の宿」を、英兵はその原曲「ホーム・スイート・ホーム」を。竹山の祈りがこもった空想のシーンである。「「はにゅうの宿」はイギリス人が自慢をするかれらの家庭の楽しみをうたったもので、すべてのイギリス人は、これをきくと、自分たちの幼かった頃のこと、母親のこと、故郷のことを思うのです」。「麦秋」に流れるオルゴールは、「ビルマの竪琴」を読むと、「埴生の宿」の歌詞よりも、イギリス人の懐郷の心を奏でているように聴こえる。「埴生の宿」はハ長調、「ホーム・スイート・ホーム」は変ホ長調だが、「麦秋」のオルゴールは嬰ヘ長調で、キラキラと色彩的である。この調性の変化と音色の華やぎに、元陸軍軍曹・小津の願いが託されているのではないか。

昭和二十五年（一九五〇）は朝鮮戦争が開始された年だが、ビルマの戦争について、注目すべき映画と小説が発表された。高木俊朗が脚本を書いた記録映画「イムパール作戦」と火野葦平の長編小説『青春と泥濘』である。高木は前年には記録文学『イムパール』を出していた。高木はインパール作戦を晩年までライフワークとして書き続けたノンフィクション作家だが、そのスタートは松竹蒲田撮影所で、小津の盟友・清水宏の助監督としてだった。戦争中は日本映画社の報道班員としてインパール作戦に従軍している。映画「イムパール作戦」は日本映画社が製作し、松竹が配給した。日本側が撮影したフィルムが少ししかないので、映画の素材はほとんどが連合国側のフィルムである。そればかりか、映画の視点（脚本）まで勝者の視点に立っているのには驚く。無謀な作戦の責任者・牟田口廉也司令官の写真は出てくるが、その隣にいるインド人は名前もクレジットされない。そのインド人がイギリスの植民地支配に武力を以て反抗した、インド国民軍（ＩＮＡ）の総帥チャンドラ・ボースであることは、忘れられてしまったのか。このチャンドラ・ボースが小津の映画「オン・トゥ・デリー」の真の主人公である。

もう一人の火野葦平は『麦と兵隊』の作者である。戦後は「文化戦犯」第一号に指定され、一時筆を折る決心をするが、再生の祈りをこめて小説の筆を執る。報道班員として従軍したインパール作戦を、最前線の兵隊たちの目から書いたのが『青春と泥濘』である。「戦争中に書いたようなルポルタージュ作品でなく、いくらかまともな小説になし得たことは、私の勉強になった。戦場で生死をともにした兵隊たちに対しても、多少の責任と使命を果たし得た気持もある」(「自作解説」『葦平曼陀羅』所収)。戦中は軍の検閲があって、『麦と兵隊』などは筆を抑えて書いたが、それでも大幅に削除された。その抑圧をはずして、『青春と泥濘』は戦場の兵士たちの真実の姿に近寄れたという告白である。小津が『青春と泥濘』を読んだかどうかは不明だが、「麦秋」の中で『麦と兵隊』に肯定的に言及しているから、どこかの時点で火野の評価をあらためたことだけは間違いない。

『青春と泥濘』を読めば、最前線の中隊(といっても中隊の指揮官は軍曹で、兵員の数は小隊より少ない)が舐めた苦労と飢餓と悲惨な死が、あわれみを以て描かれている。中隊には二名のINAの兵隊も所属している。インパール作戦は無謀な作戦と豪雨と飢餓と白骨街道で今も知られるが、火野はその戦いを最底辺から描き得ている。藤原彰は『餓死《うえじに》した英霊たち』で、ビルマ戦線の戦没者十八万五千人のうち約八割が病死者(栄養失調など)だったと推計し、彼らは「広い意味での餓死」だったとしている。「麦秋」での食パンへのキャメラの接近移動は、キャメラが死者の目であったとするなら、餓死者の視線だったのではないか。そうすると、あの不可思議な移動撮影も理解可能なのである。

参謀本部の依頼により、小津が映画製作のためにシンガポール(当時は「昭南特別市」と改名されていた)に行ったのは昭和十八年(一九四三)六月であった。小津は佐官待遇だったから、支那事変の時よりはずっと恵まれていた。それどころかインド側の総帥、自由印度仮政府国家主席ボースとも会っている。「一度はマレー半島北部のペナンに車を飛ばしてチャンドラ・ボース氏と会見、昼食を共にされたこともあった。席上、ボース氏と小津さんの話題は独立運動から映画論にまで」及んだ(高木秀二「シンガポールの小津さん」『小津安二郎　人と仕事』所収)。

シナリオを共作した斎藤良輔によれば、交流はもっと深い。「本［シナリオ］が出来たんですよ。

三ヵ月ぐらいかかりましたかね、あの暑い所で。それがどうにか出来て、それで、ボースさんもこれでいいだろうということになって、それでボースさんが『オン・ツゥ・デリー』という題をつけてくれました。デリーへデリーへというような……ことで撮影にかかったわけですよね。（略）そいで、その時たまたま、インパール作戦ってのがもう始まりましてね」（井上和男編『陽のあたる家――小津安二郎とともに』）。インパール作戦は昭和十九年（一九四四）三月に開始されたが、デリーへ進むどころか連合軍に行く手を阻まれ退却となり、映画は事実上不可能になった。

小津がチャンドラ・ボースにどんな印象を持ったかはわからないが、「麦秋」の中でボースの痕跡らしき箇所がひとつだけある。原節子の見合い相手の真鍋という男が「やっぱり商大出た奴でね、長いことカルカッタに行ってたんだ」という変わった経歴を持っているのだ。カルカッタはインド東部の大都市だが、ここはボースが生まれ育った故郷（藤原岩市『F機関――インド独立に賭けた大本営参謀の記録』）、ボースの「ホーム・スイート・ホーム」なのである。真鍋の出身地は四国の善通寺で、「麦秋」の中で善通寺は何度も口にされる。善通寺で昭和十五年（一九四〇）に編成された第五十五師団は、開戦時にビルマ攻略を命じられる。小津の「ビルマ作戦・遙かなり父母の国」は小津の支那事変従軍のエピソードをかなり生かしているが、映画の戦場はビルマ攻略戦である。「善通寺」という地名は、もう一つの未映画化作品の記憶を背負っていた。

このシナリオも斎藤良輔と共作したが、大本営陸軍報道部は「全然戦意高揚にならない」と否定的だったので、製作はされなかった。シナリオは現存していて、『小津安二郎全集』で読める。笠智衆軍曹と佐野周二伍長を主役にして書かれた軍隊内家族劇といった趣きで、これもフィルムで見てみたかった作品だ。ビルマ作戦は昭和十七年一月に始まり五月には終了した勝ち戦である。映画のクライマックスは笠智衆軍曹がマンダレー入城を目前にした四月二十九日の天長節に、敵の砲弾に当たり、足を切断する。兵站病院に入院中の五月四日、笠軍曹は従容として死んでいく。笠の最後のセリフは「見ろ、綺麗な空じゃないか……まるで日本の空のようだ」で、その後に「悲しい程に青い」空が写ることになっていた。

シナリオを読んでいて、この「空」が「麦秋」で菅井・東山老夫婦の頭上にある空なのではと思った。笠智衆軍曹が末期の目で見た「日本の空」を「麦秋」は描いていたのだ。「遥かなり父母の国」は最後に、ビルマの地にひるがえる日章旗と鯉のぼりを見せる。この鯉のぼりは、やがて「麦秋」で東山千栄子が幻視するものであろう。「麦秋」には映画化できなかった戦中の二つの作品も埋め込まれているのだ。

昭和三十一年（一九五六）、「ビルマの竪琴」は市川崑の手で映画化され、昭和六十年（一九八五）、やはり市川崑によってリメイクされた。「麦秋」のオルゴールの秘密を知ると、市川崑はあのオルゴールの音色に気づいていたのではないかという気がしてくる。市川崑が水島上等兵にキャスティングしたのは、モノクロ版では安井昌二、カラー版では中井貴一だったからだ。それで『市川崑の映画たち』などのインタビューを確認してみたが、それらしい言及は一つもなかった。ならばキャスティングはまったくの偶然だったのか。

安井昌二はもともとは四方正夫だったが、小津と斎藤良輔がシナリオを書き、田中絹代が監督した昭和三十年（一九五五）の映画「月は上りぬ」で「安井昌二」役を演じたのを機に、役名を芸名にしたものである。つまり小津の命名といえる。中井貴一についてはいうまでもない。佐田啓二・中井益子の間に生まれ、小津が「貴一」と命名した。小津にとっては血のつながらない孫のような存在である。この二人の「水島上等兵」が「埴生の宿」を奏でたと知ると、小津の映画作家としての、あるいは昭和史を生きた日本人としての畏るべき執念を感じ、慄然とさせられる。

第五章　「大和はええぞ、まほろばじゃ」

第五章　「大和はええぞ、まほろばじゃ」

昭和二十六年（一九五一）十月三日に封切られた「麦秋」の同時代評を読んでいると、「麦秋」に強く影を落とす戦争について、言及されることが少ない。「南方での戦死」、「徐州戦」、「麦と兵隊」、「尋ね人の時間」など、それとわかる話題がセリフに出てくるのに、もっぱら鎌倉での中流の生活、二十八歳の原節子の縁談にばかり興味が向かっている。戦争の傷跡はまだまだ残っていても、戦後を生きる日本人の関心は目の前のことに集中してしまっていたのだろうか。「麦秋」の登場人物には、「空」を見る人物と、「空」を見ない（あるいは見ることを忘れた）人物がいると前章で指摘した。前者の代表が菅井一郎・東山千栄子の老夫婦であり、後者の代表が長男の笠智衆と悪ガキ兄弟である。原節子は戦死した次兄・省二《しょうじ》の親友だった二本柳寛との結婚を自分で決めることで、前者に属すことを無言で決断する。昭和二十八年（一九五三）の「東京物語」では、その原節子は戦争未亡人役だが、最後のほうで亡き夫のことを、「でもこのごろ、思い出さない日さえあるんです。忘れてる日が多いんです」と告白する。忘れることがむしろ自然なのだと、小津は苦く観念していたのだろう。

「麦秋」封切り前日に出た朝日新聞の映画評は「(純)」という筆者である。「北鎌倉の大きな邸宅に住む一家」の「甘いゼイタクな人生観」は「一般の人にはしっくりとしない」、小津演出に映画通は感心しても、「一般人に受けるかどうか疑わしい」と一貫して否定的評価を下している。そんな評者であっても、ラストシーンには心動かされる。

「敗戦によっても破壊されない日本的なものの美しさを作者は精一杯に抱きしめて、愛しているということもいえる。／しかし、それにしても、こういう日本的なものは、現在ではどの程度に残っているのだろう。作者も、それには不安を感じたらしく結末ではこの一家の離散する姿を描いている。そうして、この映画のもっとも悲劇的な美しさは、老植物学者夫妻が大和へ引上げて、婚礼の行列を見送っているところだ。作者はそこもさりげなく描いているのだが、悲願にも似た日本的なものへのあこがれが、グラグラとゆらいでいる音が聞えるような気がする。見どころはあくまでこの最後の数カットである」

ラストの大和のシーンだけは認めているのだ。大和三山の耳成山《みみなしやま》近く、麦畑の中を花嫁行列が進んでゆく。大和の旧家で暮らす登場人物は菅井・東山の老夫婦と、菅井の兄・高堂国典老人である。老夫婦は高堂老人から、「大和はええぞ、まほろばじゃ」と帰郷をうながされ、いまはこの家に厄介になっているという設定である。小津の日記で、大和の麦畑の撮影は五月二十二、二十三日の二日間とわかる。一方、室内の撮影は九月初旬だった。撮影は大和の風景からスタートし、最終盤の大詰めで大和の室内セットとなった。その二つを組み合わせ、テーマ音楽のコーラスをバックに流したのが「最後の数カット」となる。「スポーツニッポン」（昭和26・9・14）の「秋のスタジオ巡り」という記事は、大和の室内セットの現場ルポである。巧妙なセット、本物の小道具、キャメラは三脚を外し、畳に据えられている。

「ファインダーをのぞいてみる小津監督も足を前に投げ出して座らねばならぬほど低い。この場面で交されるセリフはほんの二こと三こと。だが、納得のゆくまでは小津監督は容赦なしだ。／テストにつぐテストは『そのところの抑揚を…』『その手のあげ方を…』と、みている方が気の毒になるほど。ライトの暑さと監督のダメで菅井、東山のヴェテランも汗を流して真剣だ。もう卅分は経った。まだ

OKにはならぬ。菅井がいうセリフ『欲をいえばきりがないが…』が皮肉にひびいてくるほどの執ようさだ。（略）これほど慎重に撮っていっても、実際に画面になると自分のイメージュはほとんど生かされていないと彼は後で述懐していた。これは他人の肉体を借りて表現しようとする映画監督の宿命的な悩みなのだろう」

記事が引いている菅井のセリフは、囲炉裏端でお茶を啜り、「ウム……欲を言やア切りがないが」と言うと、東山は「ええ……でも、ほんとうにしあわせでした」と口にして、お茶を激しく啜る。悲しみを湛えた東山の横顔にかぶさって主題歌のコーラスが始まり、画面は屋外に接続される。麦畑の移動撮影が始まる。三ヶ月半前に撮った風景である。この移動撮影については、蓮實重彥が小津のキャメラマンだった厚田雄春に質問している。

蓮實「ぼくが素晴らしいと思うのは、『麦秋』の最後です。麦畑を手前にとらえて、大和の白い農家が見える。あれは直線でキャメラが動いてるんでしょうか」

厚田「あれはねえ、多少斜めの直線の横移動で、麦畑の配列の関係もあって、それをこう横に動いて撮ったんです。だから、左側が小さくなって、右側がだんだん大きく見えてくる。麦畑が斜め、それで終りの方に行くと農家が出てくる。その立派な屋根のある家がネライだったのでしょう」

蓮實「コーラスが高まって、麦の穂のひとつひとつに焦点が当って静かに麦が流れていく」

厚田「これは大変な手間でした。もう、一日中やってやっとOKが出ました」（厚田・蓮實『小津安二郎物語』）

移動撮影の場合、移動車を動かすのはチーフのキャメラ助手の役目であった。「麦秋」からは川又昻《たかし》がチーフに昇格した。川又は歌舞伎座の移動撮影と砂浜のクレーン撮影で苦労したことは回想を残しているが、麦畑はない。代わりに、応援でキャメラ助手についた赤松隆司が鮮明に記憶していた。

「奈良の耳成山、あそこの実景があってね、［小津監督が］移動っていうんだよ。その頃簡単な関西ロケの時は京撮［松竹京都撮影所］から、移動車なんか人付で借りてきてるんだけれど、移動車の奴は小津さんの顔見ただけでブルっちゃってね、「赤松ちゃんやってよ」って尻込みしてるんだ。「俺は組付じゃないしね」ってことわって、川又君がやったんだけれど、小津さんは移動車の上にどっかり座って、キャメラのスイッチを俺に貸せって言ってね、「ヨーイ、ハイ」なんて言って、移動の途中でパッと切っちまう。そのカットだけで一〇〇フィートは軽く回った、何で気に入らないのかな、移動かなと思ったらそうじゃない、後で小津さんがぼやいているのを聞いたら、風が吹いて麦が野分で白っぽくなるところが、画面のいい所で見えたいというわけでね、なるほど小津さんだとわけもなく納得したことがあった」（山田太一ほか編『人は大切なことも忘れてしまうから——松竹大船撮影所物語』）

小津の要求は役者だけでなく風景にも容赦なかった。役者ならば相手が人間だから少しは遠慮をするが、風景ならば遠慮会釈はない。わずか三十秒ほどの移動カットのために千フィートのフィルムを廻し、一日がかりの移動撮影となった。風はかなり強かったのか、麦の穂は激しく揺れ動いている。小津のキャメラポジションとしてはかなり高い位置から麦畑を撮っている。前進する兵隊の視線の高さだろうか。小津が徐州戦線から送った手紙を第一章で既に紹介した。「麦秋」の共作者となる野田高梧宛てと、中学の旧友宛ての二通のうち、野田宛てでは簡潔に、旧友宛てでは詳細に綴っていた。野田に伝えたのは戦友の「戦死」という事実だけ、旧友には麦畑で置き去りにし、蛆虫のわいた戦友の死体を、「山行かば草蒸す屍と字面の綾だけでは到底思ひ及ばぬ凄愴さ」と「海ゆかば」の歌詞に託して伝えていた。「麦秋」の移動撮影の美しい風景は野田宛ての小津の戦線報告に相当し、その風景の奥には、一日がかりの移動撮影で小津が執着していた何かが写っていてもおかしくはない。

小津の徐州戦の麦畑とは、自分たちの部隊であり、山中貞雄の苦しんだ戦場であった。小津が山中と偶然出会ったのは徐州戦より前だから、徐州戦の山中の姿を知るわけはない。しかし兵隊同士として、容易に想像できたであろう。実際の徐州戦の山中伍長の姿は活字で書き残されている。小津は帰還後に、その記事を読んでいるかもしれない。京都日出新聞の従軍記者として郷土部隊と共に歩いた磯谷真二郎は「映画之友」（昭和13・12）の「山中貞雄、今は亡し！」特集に、「戦線における山中貞雄——僕の従軍記から」を寄稿している。戦場の山中は初めは精神的にも肉体的にも追い詰められて「グロッキイ」となったが、「磯やん。戦争は僕を生れ変らせてくれるらしいよ」と微笑むようになり、「戦争は理屈ではない。理想の実現でもない、ただ実践だ」と言って、口を噤むようになっていた。

「それからの徐州戦はもう将兵を死闘から死闘へと駆ったものだ。飲む水はなし、煙草もなし、苦しい苦しい行軍が続く。（略）彼方の部落から凄いチェッコ［機関銃］の銃声が暁の静けさを破って聞えて来た。前の方からサァッと薙《な》がれたように兵隊の列が麦畑に伏す、友軍重軽機が之に呼応するかのようにタンタンタンタンとこれはまた爽かな鋭い冴えた音響を伝えて朝もやに木魂《こだま》する。この物凄い伴奏の下、麦畑を這ってジリジリと一歩一這い敵陣地に将兵は近づいていく。麦畑の中を伏して進む兵隊の印象は、徐州戦からの連想のなかにいまもなお浮んでくる最も強い印象だ。／サァッと日の丸が部落の一端に揚る。戦闘は終ったんだ。兵隊はなんにもなかったような顔をしてまた黙々と黄塵の中を進んで行く、なんでもなかった様な顔をして。唯前と違うところは戦友の胸に吊した白い布包みの遺骨の数がふえていることだ。その列の中を物も云えないような気持ちで歩き続けている兵の一人が山中貞雄だった。（略）彼の顔も髭ぼうぼうだ。あの有名な顎も其のために余りもう目立たなくなっていた」

麦畑には匍匐前進する兵隊の鉄兜が動き、麦畑の下には兵隊が死体となって埋まっている——「麦秋」の「麦畑は無数の戦死者の霊に充ちて」おり、音楽は「戦死者へのレクイエム」である、という第三章で引用した田中眞澄の「麦秋」ラストシーンの読解は、小津の「自作を語る」言葉「ストウリイそのものより、もっと深い《輪廻》というか《無常》というか、そういうものを描きたいと思った」という「麦秋」の最も忠実な祖述となっていたことが確認できる。

ニコライ堂近くの喫茶店で、原節子と二本柳寛はコーヒーを飲む。原節子の結婚への伏線のシーンである。二本柳は次兄・省二から来た麦の穂が入った軍事郵便のことを語り、原節子の表情が変わる。シナリオでは、『麦と兵隊』をその時分読んでいたと二本柳にわざわざ言わせている。火野葦平の『麦と兵隊』に小津が共感したことを示唆するセリフである。『麦と兵隊』も、麦畑の描写は多い。火野葦平報道班員（＝玉井勝則伍長）は敵の迫撃砲弾のために麦畑の中であわや戦死といった状況に追い込まれた。「私は母のつくってくれたお守袋《まもりぶくろ》を握ってみた。私は日本に居る肉親の人達のまごころが自分を救ってくれるかも知れぬと思った。しかし、私は、今ここにいる全部の兵隊も私と同じまごころに護られているに違いないと思った。しかも、それらの兵隊はどんどんやられて行く。私は、ふと上海で、小林秀雄君が来た時、戦争と宗教と戦争心理学とまごころとの話をしたことを思いだした」。ここで小林秀雄の名前が出るのは、小林が「文藝春秋」特派員として戦場の火野に芥川賞を届けにきたからだ。小林が届けた芥川賞正賞の懐中時計は戦闘の最中に粉々に壊れてしまう。

火野の『麦と兵隊』で特徴的なのは、麦畑は中国人という他者の大陸だと強く意識していることであろう。その点は何度も強調される。「この麦畑は正に恐るべきものである。大麦、燕麦《からすむぎ》、小麦、など、ただ茫漠たる麦の海で、これから先何処まで続いて居るものやら想像もつかない。これは単に麦を植えるとか、耕作するとか云うような、生やさしい感じではない。この一本一本はことごとく支那農民の手に依って種蒔かれ、育てられたに違いないが、見わたして居ると、盛りあがって来るような土のすさまじさに圧倒されそうになる」、「抗日思想は深刻に普及しているかも知れない。徐州に近づくにつれて、我々は土民が軍隊とともに我々に反抗するのをしばしば見た」。

　では、「麦秋」で軍事郵便に入っていた麦の穂は何を意味するのだろうか。次兄・省二が農民の収穫を無慈悲に略奪した証拠といえるのだろうか。そんな無粋なことではあるまい。小津が支那事変従軍中に書いた「禁公開　陣中日誌」（田中眞澄『小津安二郎と戦争』に所収）には、「読書ノート」と「撮影に就ての《ノオト》」の他に、「対敵士兵宣伝標語集」というパートがある。日本語と中国語が併記された国民政府軍事委員会によるプロパガンダ文例集の引き写しである。「吾々は決して日本人民を敵視しない。抗日とは軍事侵略者への抗禦に過ぎない」、「三ヶ月で支那を征服して見せる豪語は今や長期膺懲に修正した。日本軍閥は吾々に引きづられて泥海に落ち込んでゐる」といった、兵隊が所持するには余りにも危険な標語を小津は「日誌」にこっそり書き込んでいた。火野と同じく、現に戦っている相手の顔が「敵」としてではなく見えていた証左である。「埴生の宿」のオルゴールが日英印の兵たちにとっての「ホーム・スイート・ホーム」だったように、「麦秋」のレクイエムはナショナリズムに還元され尽くされてしまうわけではない。

　その事実を確認した上で、「麦秋」のキーワード「まほろば」を探求したい。「大和はええぞ、まほろばじゃ」である。このセリフを大和から上京した高堂国典は、歌舞伎座から戻った北鎌倉の家で口にする。その時の照明は小津映画としては例外といっていいくらいコントラストが激しく、高堂の顔には色濃く影がついている。此の世の人というより、彼岸からの使者であるかのようだ。厚田雄春は小津の「まほろば」について蓮實重彦に説明している。映画監督といえばあのディレクターズ・チェアーを誰でも思い出すが、小津も使っていたのかと、蓮實が厚田に尋ねた時だ。

「ああ、あの椅子ね。一度、使ったことはありますが、結局、小津さんの場合はロー・アングルだか

「まほろば椅子」に座っている小津（右端）
（築山秀夫コレクションより）

ら必要ないんですよ。地べたにキャメラを据えるわけですから（笑）。とくに小津さんの場合は必ずキャメラをのぞきますから、椅子なんかに坐ってたんでは仕事にならない。あんな椅子にふんぞりかえっているようなキザな監督じゃありません（笑）。たしか『麦秋』のときからだったと思いますが、小さな坐る台で「まほろば」っていうのを使ってました。小津さんがそう名付けたんです。戦前は銭湯の流し台［椅子］ですよ（笑）」

　厚田の助手だった川又昂は、「〝まほろば〟と呼ぶ風呂屋の腰掛け」と松竹編『小津安二郎 新発見』で喋っている。要は、風呂屋の腰掛の足の長さを調節したもののようだ。「麦秋」の北鎌倉の家の朝、下のガキが台所で顔を洗う真似をする時に乗る踏み台に近い。映画監督でござい、という威厳に欠けること甚だしいが、小津にとっては撮影の必需品だった。「麦秋」の時に「まほろば」と命名されたのは、最初のロケ地となった大和の耳成山と似た形だったからではないだろうか。

　奈良で育った前田英樹は『小津安二郎の喜び』で、このロケ地を教えたのは、写真家の入江泰吉ではなかったかと推定している。小津日記では、五月十七日に夜行で「奈良ロケハンに出発」、十八日に「薬師寺――飛鳥跡など見る／入江泰吉に会ふ」とあり、十九日には「耳成にゆく／ロケーション決る　帰途　法華寺――白毫寺村による」とあるからだ。「耳成山南麓にロケ地を決め、奈良市内に戻り、念のため市内の法華寺周辺、白毫寺界隈を見に行ったのだろう。これら三つの場所は、どれも入江泰吉の奨めがあったのではないかと思われる。確かに、法華寺や白毫寺のあたりには、この頃、まだ広い麦畑も茅葺屋根の集落もあった。入江は、その界隈をモノクロームのスナップ写真にたくさん収めている」（前田『小津安二郎の喜び』）。さらに前田は、移動撮影の場所はその東、「三輪山の南麓、金屋と呼ばれる古い集落」ではないかと推定を進めている。私には当否はわからない。前田は別の論考で、金屋であれば撮影場所は保田與重郎の実家の畑地である、と断定している（「『麦秋』の大和」「ユリイカ」2013・11臨増）。魅力的な仮説である。保田の戦前の代表作『戴冠詩人の御一人者』は、後述する日本武尊《やまとたけるのみこと》の悲劇を格調高く論じた批評文であった。

入江泰吉の研究家・説田晃大は「麦秋の風景と小津安二郎」（「月刊大和路ならら」2018・4）で、入江の昭和三十四年（一九五九）の写真「飛鳥の里（耳成山山麓）」の撮影地を調査中に、ここが「麦秋」のロケ地だったと地元住民から教えられたと書いた。写真にある家は「麦秋」で高堂、菅井、東山が住んでいることになっている瓦葺きの民家である。小津から入江宛ての手紙も残され、そこには奈良でお世話になったことが綴られているという。説田の文に教えられて入江泰吉の自伝『大和路遍歴』を読むと、小津と入江の出会いを結んだのは志賀直哉であった。

志賀は大正十四年（一九二五）から昭和十三年（一九三八）まで十三年間も奈良で暮している。『暗夜行路』を完結させたのも奈良在住時で、息子の教育のために東京に引き揚げたものの、その後も奈良にはよく来ていた。東大寺の上司海雲の引き合わせで、入江が志賀に会えたのは昭和二十一年（一九四六）で、志賀は歯の治療のために東大寺の観音院に滞在していた。志賀は昭和二十五年（一九五〇）六月にも観音院に滞在し、その時に入江は小津に会う。小津は「宗方姉妹」のロケで薬師寺に来たので、志賀を表敬訪問したのだ。入江は小津の二歳年下で、戦前から小津映画を見ていた。薬師寺のロケに行くと、「田中絹代、高峰秀子、上原謙などのスターが顔をそろえていた。小津さんのカメラポジションはと見ると、昔に変わらずローアングル」だった。ロケ見物には志賀一家も来ていた。小津にとっては光栄この上なかったであろう。

小津の昭和二十年代を「古都遍歴」と名付けたのは田中眞澄である（『小津安二郎周游』）。昭和二十四年「晩春」の鎌倉と京都、二十五年「宗方姉妹」の京都と奈良、二十六年「麦秋」の鎌倉と奈良（正確には大和）と遍歴した。その前に昭和二十二年（一九四七）「月は上りぬ」の奈良があった。主演者・高峰秀子のスケジュール調整がつかず映画化できなかった「月は上りぬ」は斎藤良輔と一緒にシナリオを完成していた。他の三作の共作者は野田高梧である。占領が終わった昭和二十七年からは「古都遍歴」をしていない。田中眞澄は書いている。

「もう一つ付け加えることがあるとすれば、この『月は上りぬ』のシナリオを最初に読んだときに連想したのが、このシナリオが書かれた年に死んだ横光利一への川端康成の弔辞であったことか。国破れて、という思いに重なる深い喪失感が、意味としてよりも情調として共有されているように印象されたのである。そこにおそらく、小津をして占領下のモダニズム、アメリカン・デモクラシーよりは、川端の言う〈日本の山河を魂として〉という方向に向かわせる衝迫があったといえる。その意味で、シナリオ『月は上りぬ』は、まさしく一九四七年の作品に他ならなかった。鎌倉を主題空間として、川端が『山の音』、『千羽鶴』を書き、小津が『晩春』、『麦秋』を作るのは、その後、ほぼ同じ時期だったはずである」

シナリオ「月は上りぬ」には、奈良と東京の比較論がある。節子（高峰秀子を予定）が父（笠智衆を予定）に言う。「奈良はお能のテンポよ、どうしたって薪能よ、東京はアレグロよ。（略）半蔵門からお濠端通って銀座へ行く時の感じ……素敵だわ」。それに対して父は、「それはお前昔の事だよ、お前の思ってるような東京、もうありゃしないよ」と言い返す。それだけの会話なのだが、昭和二十七年の「お茶漬の味」では冒頭に、節子推奨の半蔵門―お濠端―銀座コースを木暮実千代と姪の津島恵子を乗せたハイヤーが通る。キャメラは車外風景も写すのだが、画面中央で意図的に時間をかけて写り続けるのが第一生命ビルである。その第一生命ビルは実は、昭和二十五年の「宗方姉妹」でも写る。GHQが占拠していたビルは講和条約によって原状を回復し、GHQは引き払っていた。まだ占領下だ。田中絹代と上原謙がお濠端を歩く。「宗方姉妹」では、第一生命ビルの屋上部分が手前の柳の枝によって巧妙に隠されている。屋上には星条旗が翻っているから、それを隠すためなのだろう。そうとしか思えない柳の枝ぶりの巧妙な配置なのだ。小津はここまで「占領」という事態を苦々しく思っていたのか。それをこんな悪戯っぽい画面で描いていたのかと微笑ましくなってくる図である。小津の「古都遍歴」には敗戦、占領という事態へのわだかまりがあったはずだ。

小津の奈良は、シナリオ「月は上りぬ」では法隆寺と三笠山だった。志賀直哉の「奈良」とピタリと重なる。次の「宗方姉妹」は大佛次郎の原作では奈良は出てこないので、小津が選び取った奈良のはずで、そこはロケ地となった薬師寺であった。「麦秋」は奈良の平城京から南下して、大和三山近辺に向かう。時代でいえば飛鳥時代である。同じ奈良といっても少しずつ違っている。

小津を奈良に誘った人物として志賀直哉以外に考えられるのは、蒲田時代からの親友・清水宏がまず思い浮かぶ。清水宏はその暴君ぶりが祟って、松竹大船撮影所を追放となり、戦後は自主製作に活路を求め、「蜂の巣の子供たち」とか「小原庄助さん」といった佳作を撮った。「映画ファン」昭和二十五年（一九五〇）七月号の南部圭之助「清水宏監督訪問記」では、三、四年も奈良の仏さまばかり見て歩いていると喋っている。「奈良をあんまり安直に出されるのは面白くないね」、「奈良はなんといったって、東大寺だよ」、「奈良を出すのもいいが、空気を摑まなければ駄目なんだよ」、「仏さまを見て感心することは、実にデッサンがよく出来てるね。それからみると、日本の監督はどれもこれもデッサンがいけねえ」と言いたい放題である。清水はこの後も、「大仏さまと子供たち」を撮っているように東大寺派である。小津の志賀直哉詣でには清水もよく同行していた。奈良について清水宏から教わることがあったはずだが、薬師寺も大和三山もそこには含まれないだろう。

志賀直哉の奈良時代をそばで暮らし影響を受けた文学者には、小林秀雄、瀧井孝作、尾崎一雄などがいる。長谷川泰子との同棲を解消するために奈良へと逃げた若き日の小林を柔らかく包んでくれたのが奈良の志賀だった。瀧井は京都で二年半、奈良で四年半と、計七年を志賀の影響下で文学修業した。瀧井はその時代を「文学的自叙伝」(「新潮」昭和11・5)で、「ぼくの留学時代」と言っている。「何の勉強したかと云われると、漫然としているが、伝統歴史精神と答える他ない。渾朴敦厚の精神。また一と口に云うと「自然は昔も今も変りがない」この悠久が分った。そして作家としては、書くものは、曲げずに歪めずに自然に倣えばいいとハッキリ思うようになった」、「京都奈良に居付いて古典の勉強は、古典の白らけた骨にも血肉の添う気持がされた」(瀧井『志賀直哉対談日誌』所収)。

薬師寺と小津の関係については、薬師寺の高田好胤が『小津安二郎　人と仕事』で回想している。昭和二十五年、「宗方姉妹」のロケハンで、小津は野田高梧、小原譲治(撮影)、下河原友雄(美術)と一緒にやって来た。朝日新聞の赤井学芸部長の紹介状を持っていた。ロケ当日の五月八日は境内は大混雑となった。絹代、デコちゃん、上原がいたのだから。「「本当に新しいということは、いつまでたっても古くならないってことよ」というあの当時有名になった名句は、姉さん［田中絹代］のセリフであった。そこへ志賀直哉さんが奥さんや子供と見学に来られ、一日中楽しく見ておられた。今も私の手元にその時の写真がある。／志賀先生がわざわざ来て下さった――と後々まで小津さんはそれを話された。余程嬉しかったのであろう」。高田好胤はこの時、数え二十七歳という若い副管長だった。

小津の日記には、高田好胤の名前が頻出する。東京や鎌倉に来るたびに小津を訪ねていたからだ。高田好胤は後年、「まほろば運動」を起こした。それが「麦秋」の「まほろば」と関わるのか、好胤の「まほろば」が「麦秋」よりも先行していたのか、映画の後だったのかもわからない。影響関係はひとまず措き、好胤の説法で「まほろば」の説明としよう。修学旅行生を相手に長年鍛えた話術なので、万人向きに説明がほどこされている。

「倭《やまと》は国のまほろばたたなづく青垣山隠れる倭しうるはし

（大和は何と美しい所であろうか、青々とした山々が幾重にも重なり合って垣をなし、その中に包まれている大和は本当に美しい所だ）

この歌は「古事記」の中に、景行天皇の皇子、日本武尊《やまとたけるのみこと》が伊勢の能煩野《のぼの》において、ふるさとの大和を偲ばれて詠まれた思国歌《くにしのびうた》として出てきます。（略）まほろばの「ま」は真実とか真面目の「真《ま》」、「ほ」は優秀の秀で「秀《ほ》」と読み、「ろ」は状態を示す接尾辞、「ば」は場所をあらわしています。ですから、まほろばとは、ひと口に言って美しい所、尊い所、素晴しい所、懐かしい所、そういった意味なのです。私達の先祖がそれぞれ自分のふるさとに対して、限りなき喜びと誇りと懐かしさをこめて呼んでいたのがまほろばという言葉でありました。（略）古事記と双璧をなす古典「日本書紀」にも、

倭は　国のまほらま　畳づく　青垣　山隠れる　倭し麗し（まほらまは、まほろばの事です）

と出てきますが、この場合は日本武尊の父君、景行天皇が九州の日向《ひむか》の国（宮崎県）で、遠くはなれた大和を偲ばれて詠まれた事になっています。この歌は民謡のように大和に住む人々に親しく愛唱されていた歌であったのでしょう。そこで景行天皇は日向で、日本武尊は伊勢の能煩野で、故郷大和

を偲んでお詠いになったのです。／古事記のまほろばが日本書紀ではまほらま、そして「万葉集」では、まほらという言葉でいくつかの歌が詠まれています」（高田『三人の天使——好胤説法二十章』）

この後、好胤説法は日本武尊の東征に話を進めている。記紀万葉は戦後日本に比べれば戦前の日本ではかなり知られていたし、中でも日本武尊の物語は一番有名である。三重県松阪で育ち、伊勢の中学に通った小津にとっては、親しみがあったことだろう。三重の地名は「吾が足は三重の勾《まがり》の如く」から生まれ、日本武尊が死ぬ「能煩野」は三重県鈴鹿市にあたる。「大和は国のまほろば」は「古事記」では、小津の地元で詠まれた歌であった。シンガポール滞在中の手帖（「文学覚書」）には、一箇所だけ「まほらま」が書かれている。「国のまほら—すぐれている国土の意。まほらま」とだけであるが。

ひとつ私が注目しておきたいのは、「芸術新潮」昭和二十五年（一九五〇）二月号に載った小林秀雄の「蘇我馬子の墓」である。前月号（「芸術新潮」の創刊号）の「秋」が東大寺での思索を記し、ここでは大和を南に下って、小林は石舞台の上で弁当を食いながら武内宿禰、日本武尊、聖徳太子らを想起している。「争って日本人の美点を言った時期の後には、争ってその弱点を言う時がつづく。かような歴史意識という見かけ上の力学のなかでは、日本人は、美点と弱点とを併せ持つもの、即ち人間には決してなれないというわけである」。その後、小林は立ち上がる。「私は、バスを求めて、田舎道を歩いて行く。大和三山が美しい。それは、どの様な歴史の設計図をもってしても、要約の出来ぬ美しさの様に見える。「万葉」の歌人等は、あの山の線や色合いや質量に従って、自分達の感覚や思想を調整したであろう」。小林は大和三山に「まほろば」を見たのではないか。入江泰吉の最初の写真集『大和路』（昭和33年）の刊行を推進したのは小林で、序文は志賀によって書かれたことを入江は自伝で感謝している。大和へのさまざまな思いが戦後のある時期には交錯していたのだった。

「大和はええぞ、まほろばじゃ」と発した老人・高堂国典は、小津映画では「麦秋」にしか出演していない。むしろ黒澤明の映画の常連といった印象が強い。「わが青春に悔なし」では原節子の義父となる老農夫だった。「野良犬」にも「醜聞《スキャンダル》」にも「七人の侍」にも出て、強烈な個性を発散させる老人役である。「麦秋」では悪ガキ兄弟のいたずら対象となる、耳の悪い老人であるが、歌舞伎に詳しく、池大雅の山水画を持っていたような趣味人という設定になっている。コワい生地の和服を着て、武骨な風である。いが栗頭の白髪で、高い頬骨と長い顎も目立つ。この風貌は「麦秋」を見るたびに気になっていた。

ひょっとしてと、私自身の蔵書の小津コーナーから一冊の本を抽き出した。やはり似ている。その本は新保祐司『信時潔《のぶときよし》』である。表紙カバーにはピアノの前に端座した、白髪でいが栗頭の和服の作曲家がいる。田沼武能が撮った信時のポートレートは一度見ると忘れられない。これが「海ゆかば」の作曲家か。口髭の有無と眉毛の濃淡に違いはあるが、どうも高堂国典に似ている。信時潔の荘重と高堂国典の滑稽では、能と狂言ほどの大きな差ではある。写真のクレジットを確かめると昭和二十七年撮影だから、「麦秋」の翌年だ。ならば私の気のせいか。

新保祐司『信時潔』書影

『小津安二郎大全』（松浦莞二・宮本明子編著）という本では、信時と小津が一枚の写真に収まっていた。その写真は「東京物語」以後、小津映画の音楽を多く担当する斎藤高順の結婚式のものだった。信時と小津はネクタイ姿で隣り合っている。小津の日記では、この日は昭和三十年（一九五五）五月六日である。「〔山内〕静夫　清水〔富二〕と霊南坂教会の斎藤高順の結婚式に列会媒酌人　信時潔氏　アメリカンベーカリーにて披露宴」。斎藤は東京音楽学校の作曲科で信時に師事していたのだ。しかし、この出会いも昭和二十六年の「麦秋」よりも後であり、「麦秋」の音楽は伊藤宣二である。やはり気のせいかと半ば結論を出し、『信時潔』をパラパラめくっていたら、「大和は国のまほろば、／たたなづく青垣山」という文字が飛び込んできた。北原白秋が作詞し、信時が作曲した交声曲「海道東征」であった。紀元二千六百年を記念し、神武東征を題材にした大曲である。戦後は封印されて、演奏されるのは稀だったことは阪田寛夫の川端賞受賞短編「海道東征」に詳しい。「大和は国のまほろば」部分の「大和思慕」は女声三重唱である。中学三年生だった阪田はアルトの独唱者の声と姿態に、「日本の古語がみどりの山々や梢を慕って切なく光り、ひるがえるのが目に見えるようで、息がつまる思いであった」という。

『信時潔』を書棚の小津コーナーに置いていたのは、「海ゆかば」と小津映画が関連していたからだ。昭和十七年（一九四二）の小津作品「父ありき」はラストに「海ゆかば」が流れるのだが、戦後の再公開の際に、松竹はＧＨＱの検閲を慮って勝手に音を消してしまった。そのバージョンがずっと流布していたのだが、ロシアで発掘されたフィルムには「海ゆかば」が残されていた。二〇〇〇年のフィルムセンターでの上映に、川本三郎は「大仰ではなく衝撃を受けた」と書いた（川本『はるかな本、遠い絵』）。

「笠智衆演じる父親が亡くなる。息子の佐野周二が、新妻の水戸光子と父の遺骨を抱いて列車で自分の家へと帰ってゆく。このラストシーンに「海ゆかば」が流れるのである。（略）「海ゆかば」は悲しい曲である。久世光彦は「壮大な鎮魂曲」と書いている。小津安二郎が「父ありき」の最後に、この曲を使ったのも、決して好戦的な意図ではなく、むしろ鎮魂曲として使いたかったのだろう」

小津が「海道東征」を聴いていたかは不明だ。「海ゆかば」は旧友への手紙に書いたように徐州戦の頃から脳裡にメロディが残っていた。いずれにしても、小津は高堂国典＝信時潔を通して、鎮魂を考えたのではないか。その後、調べてみると、小津が「麦秋」以前に信時潔という人物像を知る機会があったことがわかった。信時のあの特徴的な肖像は「文藝春秋」昭和二十五年（一九五〇）五月号のグラビアに載っている（「現代日本の百人」写真・田村茂）。信時は昭和二十三年に雑誌「心」の同人となった。「心」同人には志賀直哉、里見弴がいた。信時が親しかったのは武者小路実篤、長與善郎といった元白樺派の「心」同人たちだった。

「麦秋」の移動撮影にかぶさるコーラスには、ほんとうは「海ゆかば」こそがふさわしかったのではないだろうか。しかし、当時はまだ「海ゆかば」はタブー視されていた。昭和二十五年の大ヒット映画「きけ、わだつみの声」（関川秀雄監督）では、インパール作戦の病兵が「海ゆかば」を歌うシーンがある。そこに「ストトン節」がかぶさり、「海ゆかば」はコケにされる。反戦映画だから「海ゆかば」も可能だったのだろう（なおこの映画のロケ地は「映画ファン」［昭和25・7］によると、インパールと酷似しているからと奈良県の山中が選ばれた）。平野共余《きょう》子《こ》『天皇と接吻——アメリカ占領下の日本映画検閲』は、同じ年のニュース映画で「海ゆかば」を流すことをＣＩＥ（ＧＨＱの民間情報教育局）が禁じた例を報告している。検閲には用心深くなっていた小津が、「麦秋」で「海ゆかば」を使うことなど考えもしなかったろう。その代わりと思われるのが「麦秋」のテーマ曲である。音楽に詳しい人間が採譜して気づいたことを以下に記すが、うまく伝わるかどうか。

「海ゆかば」はハ長調、「麦秋」はヘ長調だが、テンポはほぼ同じ。メロディはサビ部分を除けば、双方ともヨナ抜き（ただし、「海ゆかば」は変則的なヨナ抜きで、自然なメロディにするために「シ」（B）を加えている）。サビ部分は双方とも「ファ」（F）の音を使っていて、ヨナ抜きではなくなる。「麦秋」はドボルザークの「ユモレスク」七番にも似ている（コード進行も含め）が、テンポは全然違う。総体として、「麦秋」は「海ゆかば」に似せるという意図があったかもしれない。

いかがであろうか。ラストシーンの美しさの秘密を解くべく、机上のシナリオハンティング、紙上のロケハンを続けてきた。結論が出たわけではないが、「麦秋」の豊饒に少しでも近づけただろうか。

最後に書き残したことをいくつか。ラストの移動撮影は小津の移動としてはスピード感がある。少なくともトーキーとなってから、あの速さはなかった。あのスピードは死者の視線特有のものではないか。

また、「古事記」の「大和は国のまほろば」に続く言葉に、小津はメッセージを隠していたのかもしれない。その歌を鈴木三重吉訳（『古事記物語』）で引用しておく。

「あの青山にとりかこまれた、／美しい大和が恋しい。／しかし、ああ私は、／その恋しい土地へも、／帰りつくことはできない。／命あるものは、／これからがいせん［凱旋］して、／あの平群《へぐり》の山の、／くまがしの葉を、／髪に飾って祝い楽しめよ。」

「おおなつかしや、／わが家のある、／はるかな大和の方から、／雲が出て来るよ。」

「麦秋」が公開された翌月、昭和天皇は関西行幸の旅に出た。京都府、滋賀県、それから奈良県、三重県を二週間かけて廻っている。途中、十一月十九日には奈良市の御泊所で、「平和条約」及び「日米安保条約」の批准書に署名した。三重県では、松阪市営グラウンドで三万人の万歳三唱があり、宇治山田市で七千人の「君が代」斉唱と市長発声の「天皇陛下万歳」があった。

信時潔が死ぬのは昭和四十年（一九六五）、小津に遅れること二年で、享年七十七である。信時は最晩年、「古事記」を楽劇化する大作に取り組んでいたが、未完におわった。この年、小林秀雄は「新潮」でライフワーク「本居宣長」を開始する。宣長のライフワークは「古事記伝」である。

第六章　人の如く鶏頭立てり「東京物語」

二〇一九（令和元）年の歳末は、まだ当然のごとく忘年会がさかんに行なわれていた。「三密」などという言葉はなかった。私の場合、この年最後の忘年会は、江東区の門前仲町であった。隅田川を地下鉄東西線で通り過ぎてしまうのは味気ない。せっかくの永代橋の橋梁と橋からの夜景を眺めることができないからだ。小津のトーキー第一作「一人息子」（昭和十一年）では、信州から上京した飯田蝶子を乗せた円タクは、永代橋で隅田川を渡った。飯田蝶子のかあやんが一人息子（日守新一）に案内されて着いた場所は、空き地が荒涼とひろがる東京の場末で、期待した息子は夜学の教師でしかない。「東京物語」では町医者の山村聰が、隅田川の向こうで生計をたてていた。「一人息子」は「東京物語」のあきらかな先行作である。飯田蝶子の失望と落胆は、「東京物語」の笠智衆、東山千栄子の老夫婦よりも直截で、最後に漏れる溜息は笠と東山よりもあからさまだった。

忘年会は遅刻することにして、私は門前仲町駅から歩いて十分ほどの江東区古石場《ふるいしば》文化センターを目指した。門前仲町の商店街の賑わいはこの辺にはない。車の通りは少なく、人通りもほとんどない。東京大空襲でこの一帯は焦土と化したが、その記憶が容易に再生できそうな殺風景な夜であった。途中で小津家ゆかりの「小津橋」を渡って、しばらく行くと目的地に着く。江東区（戦前の深川区）は小津が生まれた場所である。九歳で松阪に引っ越すまでを過ごし、上京して松竹蒲田撮影所に入ってから十三年間を家族とこの近辺で暮らしている。古石場文化センターでは小津を記念して、小津安二郎監督の常設展示があり、小津関係のイベントや上映会が定期的に開催される。この冬の特別展は、「東京物語」の撮影風景約九百点を収めたスクラップブックの初公開である。全国小津安二郎ネットワークの築山秀夫副会長が入手したばかりの最新のコレクションであり、天下にこれ一品しかないスクラップブックと対面できる。

夜だからか、それともあまり知られていないせいか、会場は私一人だけで、「東京物語」を完全に独占できた。九百点すべてが展示されているのではないが、ロケ先とセットでの演出風景、撮影風景がふんだんに見られる。まさに「メイキング・オブ・東京物語」の本邦初公開が、小津ゆかりの地で開かれていた。狭いスペースに目いっぱいの情報が詰め込まれているので、見るのは大変である。ガラスケース下段のスクラップをよく見ようとすると、腰を落としてウンチングスタイルをとらねばならず、スチール写真に写る小津監督とよく似た恰好をこちらもしている。それに気づいて、思わず苦笑してしまうしかない。エキストラの子供たちに話しかけている小津監督は好々爺そのもので、撮影中の厳しい雰囲気を感じさせない。小津のあの鼻にかかった悪声が聞こえてきそうである。

熱海の防波堤でのロケ風景もあった。笠智衆と東山千栄子が海の方を見ながら「そろそろ帰ろうか」と語り合う名シーンである。東山は高所恐怖症なので、狭い防波堤を歩かされるのは大変だった、と『小津安二郎　人と仕事』の中で回想している。「すると［小津］先生は私のそういう症状をお知りになって、海側の方に丸太で足場を組み、二間ぐらいの距離のところに板を何枚も並べて、波打ち際が直接見えないように、また万一落ちても大丈夫なように用意して下さったのでした」。その足場や、笠と東山のうしろ姿を撮影するために組まれた櫓もあり、キャメラ・ポジションを決めるために細心の注意が払われていたのもよくわかった。

私が一番驚いたのは、尾道の家のセット風景だった。葬儀も終わり、笠智衆の息子娘たちがさっさと帰った後も尾道に残った「紀子」の原節子が帰る朝である。玄関先で原節子と末娘の香川京子が「さよなら」と別れの挨拶をする。そのシーンの右手、室外に鶏頭の大きな花が咲いているのだ。鶏頭は画面では庭に咲いているように見えたが、この鶏頭は鉢植えになっていて、場所を移動できるようになっている。小津がこの鶏頭にも並々ならぬ演出をほどこしていた証拠ではないか。「東京物語」では、次に座敷で笠と原のクライマックスの会話となる。「あたくしずるいんです」と原が目を伏せ、笠が「やっぱりあんたはえゝ人じゃよ、正直で……」とおだやかに受けとめ、東山の時計を「形見にもろうてやっておくれ」と原に渡す。この部屋の外にも鶏頭が咲いている。このシーンでの原節子の白の半袖ブラウスは胸元をかなり大胆に開けている。「麦秋」のクレーン撮影が行われた海岸のシーンも同じような「勝負服」であったことは、第四章で指摘したとおりだ。

尾道の家での別れのシーンになぜ鶏頭が必要だったのだろうか。それには昭和二十八年（一九五三）の「東京物語」から時間を十六年さかのぼらないといけない。昭和十二年（一九三七）夏、小津は高輪の一軒家で、母と暮らしていた。支那事変が突如勃発し、品川駅に近い小津の家の周辺は、召集された兵士たちで常にごった返していた。この家に山中貞雄がやってくる。小津が書いた山中追悼の文章は名文である。

「山中に召集令状の来たのは暑い日だつた。確か昭和十二年八月二十五日だつたと覚えてゐる。僕は戦争を急に身近に感じた。

その次の日の午下り、山中は滝沢英輔、岸松雄と高輪の僕の家に来てくれた。丁度池田忠雄、柳井隆雄と脚本の相談をしてゐたところで、机の上の原稿を押しやりビールを抜いて祝盃を上げた。

ひとしきり、上海戦の話が続いてから、さしづめ戦争に持つて行く身のまわりの品々を何かと話合つて細々と書き留めた。手帳、小刀、メンソレタム、剃刀、ダイモール。

「おつちゃん、ゑゝ花植ゑたのう」気がつくと山中は庭を見てゐた。庭には秋に近い陽ざしを受けて雁来紅《はげいとう》がさかりだつた。それは今上海で激しい戦争があるとはとても思はれぬ静けさだつた。短い言葉に山中の今者《きんしや》の感慨があつた。

間もなく山中は帰つて行つた。その日東宝撮影所で山中の壮行会があるとのことだつた。

それから十五日目、僕にも召集令状が来た。

次の年の秋。

支那にもあちこちに雁来紅が咲いてゐた。桐城、固始、光州、信陽、壊された民家の日だまりに、路傍に、見る度にあの日の山中と高輪の庭を思ひ出した。それから間もなく山中の陣没を聞いた」

「東京物語」撮影現場。鶏頭の植木鉢がある（築山秀夫コレクションより）

兵士としての小津と山中貞雄については既に第三章に記した。映画界では少数派の召集者に、後備役伍長の小津と山中が運悪く含まれていた。小津は演習をサボりまくった経歴だったし、山中は兵営でシナリオをせっせと書いていた。どちらもまったくやる気のない兵隊だった。それでも召集されたら、国民の義務として銃を持たなければならない。映画製作を中断して、戦場に赴かなければならない。二人の天才映画作家はそこから先で生と死に別れた。山中は戦病死し、小津は二年弱の大陸勤務をおえて、無事生還した。帰還直後に筆を執ったのが上記の小津の文章「雁来紅の記——至道院一周忌に際して」である。「キネマ旬報」の昭和十四年（一九三九）九月十一日号に発表された。山中貞雄一周忌のために書かれた、小津安二郎の文章の中でも際立った一文である。「雁来紅」とはルビにもあるように「葉鶏頭」のことである。葉鶏頭と鶏頭ではニワトリの鶏冠のような赤は共通するが、見た目は違う。これだけで「東京物語」の鶏頭につなげるのは無理がある。そこはひとまず措いて、高輪の小津の家に居合わせた他の映画関係者の回想も見ておこう。

岸松雄は山中の処女作を見て山中評価のきっかけを作った映画評論家だったが、この時点では山中の遺作となる「人情紙風船」の助監督として、山中の傍らにいた。山中たち京都の映画監督と小津たち東京の映画監督を積極的につないだのが岸松雄だった。岸は山中に赤紙が届いた時も一緒だった。「かねてからきょうの日の来ることをおそれおののいていた山中は途端に真青になって、口にくわえた煙草にマッチの火をつけようとしたが、手がはげしくふるえた」。小津の家では「さびしい別れの宴」となった。山中は庭の一隅で西日を受けて真赤な雁来紅をチラリと見やって「オッちゃん、ぎょうさん花植えたのう」と呟いた（岸「小津安二郎と山中貞雄と私」『人と仕事』所収）。小津がこの時相談していたシナリオとは「父ありき」で、池田忠雄、柳井隆雄と三人でとりかかっていた。山中とはあまり面識がなかったがとして、池田は追悼文「或る日の山中さん」を書いている。

「山中さんは、小津ちゃんを見、にやにやして首筋を撫でながら、「ちょいと行ってくるで……」と云い、小津ちゃんは、いつも冗談を云う処、矢張り真顔で「しっかりやって来いよな」と云い、お母さんにビールを持って来て下さる様に頼んだ。／お母さんは、急いで深川の八幡さままでお札を頂きに行って来ると云い、山中さんは「そんな……そんな……大変な事、なさらんで……」と頻りに恐縮した。が、お母さんは夏の日の中を出て行かれた。（略）一同、だまり勝ちで、その息苦しさを破ろうと、小津ちゃんは時時与太をあげかけたが矢張り、スムースに与太が出ず、黙っていた方が皆の気持が一番ピッタリしている様だった。／縁のスダレを通し、西陽が、庭にかっと当って、はげいとうが赤々と庭一ぱいに映えているのが見え、その反射が座敷までひろがっていた。／しばらく黙っていた。山中さんはその方を見つめていたが仰山植えたのう。と云った。（略）誰も酒のけが面に出なかった。（略）別れぎわに山中さんは叮重に両手をついておじぎし、僕たちも、どうぞお大事にと、切口上も不思議に思えず畳に手をついておじぎした」（「シナリオ」昭和13・11臨時増刊、山中貞雄追悼号）

もう一人のシナリオライター柳井隆雄は「「父ありき」前後」（キネマ旬報別冊「日本映画代表シナリオ全集⑤」）で、「葉鶏頭」ではなく「鶏頭」と回想している。柳井の記憶違いと思われる。「仕事中のある日、山中貞雄氏が誰かとひょっこりおっちゃんをたずねてきた。庭に鶏頭の花が赤く咲いていた。「仰山植えたんやなあ」とその鶏頭を見ながら、山中氏のつぶやいたのが印象的だった。その言葉がヒントになって、最初のシナリオには、鶏頭の俳句が二句入れてある」。柳井が「最初のシナリオ」と書いているのは、「父ありき」には映画化されなかった初稿と、昭和十七年に映画となった決定稿があるからだ。初稿は斎藤達雄（「生れてはみたけれど」の主人公）を主演に想定して書かれたが、小津の出征で映画化できず、あらためて笠智衆主演で書き直されたのが決定稿である。初稿は『文藝別冊　小津安二郎』に再録されているので、簡単に読める。生徒の事故死に責任を感じて教師を辞めた主人公は、東京で会社づとめをしていて、同僚たちとビアホールで俳句の話に興じる。「住むときめて、庭の片隅鶏頭蒔く」という同僚の句を、主人公は「仲々いいじゃありませんか」と評し、そういえばと正岡子規の有名な句を口ずさむ。「鶏頭の十四五本もありぬべし」。

柳井は初稿シナリオに引きずられて記憶が混乱したようだ。ただ、シナリオ執筆の過程で、小津たち三人は「葉鶏頭（雁来紅）」ではなく「鶏頭」を意図的に取り込んだのだろう。このシーンは笠智衆主演の「父ありき」では省かれている。小津の山中追悼文「雁来紅の記」にも、「鶏頭」が一箇所出てくる。先ほどの引用部分の続きである。

「［昭和十三年の］秋も深くなつてから、東京からの手紙に雁来紅のことがあつた。（略）
※先日君の留守宅を訪ねてお母さんに会つた。お母さんは驚く程元気で居られた。庭に鶏頭が一茎、陽を逆に受けてその赤い色が目に沁みた。下葉が色褪せて垂れ下つて物悲しかつた。お母さんと僕とは自然山中のことを話した。※　内田吐夢
※「子供の四季」の行く先先では雁来紅が綺麗だつた。綺麗だ、綺麗だと思ひながらたうとうそれにカメラを向ける気がしなかつた。君が帰つて来たら山中の墓の囲りに雁来紅を一杯植ゑてやりたいと思ふ。※　清水宏」
山中と親しかった映画監督の誰にとっても、山中貞雄の記憶は小津家の庭の雁来紅（葉鶏頭）と結びついていた。その中で、内田吐夢だけは一茎の「鶏頭」に目を留めている。一茎とあるから、群なしていた葉鶏頭とは別物である。山中の出征時にはまだなくて、その後に小津の母が蒔いたものなのだろうか。「下葉が色褪せて垂れ下つて物悲しかつた」と描写は具体的である。具体的であるがゆえに、この鶏頭は別の鶏頭を想起させる。「東京物語」の尾道の家に咲く鶏頭だ。

小津の完全主義は画面の隅々にまで行きわたっていたが、画面上の植物も例外ではなかった。「毎日新聞」（昭和28・9・28夕）に、「植木屋もやる小津監督」という「東京物語」に関する記事が載っている。「俳優の髪の毛一筋さえ、気にいらなかったら自分から直さねば納まらぬという神経の細か

い小津監督、ある日ステージ内のセット撮影で、背景になるヤツデの枝ぶりが違うと、係からハサミを取りあげ、チョキンチョキンとやり出した。写真は植木屋さんもやる小津監督の仕事ぶりをこっそり速写したもの」。記事に添えられた写真は、白いピケ帽姿の小津監督を隠し撮りしたものだ。小津はヤツデだけでなく、鶏頭も演出して、内田吐夢が見た鶏頭に近づけている。

「東京物語」のシナリオには鶏頭は出てこない。小津の撮影プランで、鶏頭は必須の登場植物となった。共作者の野田高梧はこれにはまったく関与していない。小津が「東京物語」の画面に秘かに込めたメッセージが鶏頭にはあったと考えられる。ラスト近くの、原と香川の会話、続いての笠と原の会話。原「紀子」が映画「東京物語」ではずっと抑えに抑えてきた真情が露出する瞬間を、小津は鶏頭に聞かせている。義妹との会話、義父との会話の双方を耳にできるのは、観客を除けば鶏頭だけである。香川は笠との会話の内容を知らぬままに学校に出かけ、笠は香川との会話を知らずに原「紀子」に相対する。その双方を庭のほうから立ち聞きしているのが鶏頭なのである。立ち聞きとあえて言ったのは、ホトトギス派の前田普羅の句に「人の如く鶏頭立てり二三本」という句があるからだ。葉鶏頭では「人の如く」とはならない。

鶏頭が山中貞雄の霊であろうことは、今まで書いてきた過程で納得していただけよう。霊であるからか、鶏頭が画面に明らかに写っているにもかかわらず、注目されることはなかった。カラー画面なら真赤な花は目立つだろうが、モノクロなので見落とされてしまう。それでいいのかもしれない。誰にでもわかるように目立ってしまえば、画面はあざとくなる。映画を見つめる観客の視線からは消え、無意識下の映像として残るので十分だったろう。鶏頭は小津にとっては山中貞雄だが、映画を見る当時の観客たちにとっては、身近で失われた戦死者のだれかれであってていい。そうした忘れられかけている霊に向かって、小津は、原「紀子」は、語りかけていたのではないだろうか。「麦秋」の麦畑に続いて、「東京物語」はここで国民映画となり、レクイエムとなったのである。

早く結論が出過ぎたので、少し戻って、小津安二郎と山中貞雄と原節子のそれぞれの関係性を振り返っておく。山中と原は映画「河内山宗俊」の監督とヒロインという関係があるだけだ（第三章参照）。小津と原は「晩春」「麦秋」「東京物語」という昭和二十年代小津映画の監督とヒロインである。昭和三十年代になっても、「東京暮色」「秋日和」「小早川家の秋」があるが、原をヒロインとは呼び難い。年齢とともに後景に退いている。小津と山中の関係はライバルではなく、兄と弟のような関係だった。二人は六歳違いだし、撮影所も東と西に分かれ、ジャンルも現代劇と時代劇であった。二人の最初の出会いを小津は「雁来紅の記」に書いた。

「昭和八年の秋。僕は「出来ごころ」を撮り終ると程なく、後備役の勤務実習で津の歩兵第三十三聯隊に十五日程入営した。その帰り京都に寄つた。

京都に着いた晩は仲秋の名月で、鴨川の磧《かわら》に近い新三浦の座敷にこの二人［大久保忠素と井上金太郎］と酒を汲んだ。月は東山の上にあつた。四方山の話の末に、一度山中貞雄に会つてみないかと井上金太郎が云つた。その時、山中は忙しい脚本の仕事を持つてゐた。多分「鼠小僧次郎吉」だつたと思ふ。山中君の都合さえよければと僕は答へた。

当時山中はすでに日活にゐた。「盤嶽の一生」を撮つたあとの嘖々《さくさく》たる俊才だつた。

次の日の夕暮、山中は下加茂に来た。紺絣の袷で黒の兵児帯《へこおび》をぐるぐる巻きに、薄い下駄をはいてゐた。風邪心地か手拭を頸に巻いて無精髭を伸してゐた。

秋山耕作が紹介した。「山中です」。嘖々たる俊才の、その映画から受ける感じとは甚だ違つてむさくるしいのに僕は驚いた。

その夜は蛸薬師の翁から祇園に行つた。酒を飲んで、映画の話をして、しらじらと夜が明けた。山中は口数少なく、杯を含んで大方は聞手に廻つた。八坂神社の前で別れると、山中は下駄を鳴らして飄々と夜明けの町を帰つて行つた。忙しい中を風邪心地で悠々一夜を明したその附合のよろしさ。その後姿に僕は誠に好ましいしぶとさを感じた」

この時、小津は数えで三十一歳、山中は数え二十五歳の若造だった。小津は追悼文なので綺麗に描き過ぎたかもしれない。彼らの仲間だった岸松雄の手にかかると俄然、俗臭が漂う。山中は翌昭和九年（一九三四）の一月に前触れもなく上京し、小津、岸、清水宏、井上金太郎と十日間遊び廻る。湯河原、吉原、本牧を制覇する。「行先は本牧の第三キヨ・ホテル。チャブ屋のかもし出す異国情緒に山中はシビレたようだった」。志賀直哉、芥川龍之介、佐藤春夫と大正文学を読んで育ったのも小津と同じだった。そもそも山中貞雄という凄い新人監督がいると小津に伝えたのは岸だった。岸にすれば、「山中ほどの無名の天才を発掘する場合には信頼する小津のごとき親友の意見をきくのは当然」だった（岸「小津安二郎と山中貞雄と私」）。

「山中はその後も上京するたびに必ず小津をおとずれている。（略）山中は私と同様、昭和八年池田忠雄の脚本になるメロドラマ「非常線の女」が大好きだった。田中絹代と岡譲二とがいつか悪の世界から足を洗って狭いながらもたのしい愛の生計を夢みる字幕が出る。「小鳥が鳴いて」「青い芝生があって」「赤いお屋根のお家に住んで」――山中はこの字幕を愛誦して撮影をつづけた。「たのしかったで」と私に言った。／同じ「非常線の女」で水久保澄子の姉が不良の群れに投じた三井秀男［後の三井弘次］の弟に、「一緒にご飯たべたことあって？」「一日のこと話し合ったことある？」と意見する、つつましやかな場面がある。山中が昭和十一年に作った「河内山宗俊」で、甘酒を売り、駄菓子を商う原節子の姉が、やくざに足を踏み入れた市川扇升の弟に意見をいう場面は「非常線の女」から糸を引いているとみることができる」（岸「同」）

「河内山宗俊」の原節子の役は黙阿弥の歌舞伎狂言にはない。山中が原節子のために用意したオリジナルな存在だが、もとは小津の「非常線の女」の水久保澄子に由来すると岸は見ていたのである。ここで辛うじて、小津、山中、原の三者がつながってくる。

小津が大映で撮ったカラー作品「浮草」のキャメラは名手・宮川一夫だった。宮川は回想録『キャメラマン一代――私の映画人生60年』で、小津監督との仕事は「浮草」一本だけだったので、「一回だけの浮気」と表現している。その宮川のキャメラマンとしての「初恋の人」が山中だった。「一緒に作品を産むまでには至りませんでしたが、[日活京都の] 助手時代からずい分可愛がってもらいました」。山中が飲む店は四条の「なるせ」だった。宮川は下戸だったけれども、山中のお供をさせられた。「宮川、歯ブラシとタオル買《こ》うてきてくれ」と山中が言う時は、夜行最終列車で東京に一人向かう晩だった。宮川は「東京にいる女の人にでも会いに行くのだろう」と思ったが、山中はフラッと小津に会いに行っていたのだ。「お互いの映画を見て気に入ったんでしょうが、それは取りも直さずお互いの人間性にひかれ合ったのだと思います」。

小津の日記には、上京した山中が頻繁に登場する。深川の小津の家にも泊っている。小津は山中の映画もよく見ていた。「国定忠次」を見た日（昭和10・3・8）には、「山中のものでは一番いいと思ふ」と書いた。「河内山宗俊」が封切られた昭和十一年（一九三六）の日記は現存していないので、見たかどうかは不明だ。小津の山中を思う気持ちは、山中戦歿後の日記と発言に頻出する。無事帰還した小津軍曹は、取材のたびに必ず山中の死を悼んでいる。小津が当時書いた文章には、先に紹介した山中追悼文「雁来紅の記」以外に、「戦争と映画雑筆」がある。そこにも山中がいる。

「山中貞雄君は惜しい人だつた。去年の九月開封の野戦病院で陣歿した。山中君が生きてゐればどんな戦争映画を撮つたであらうか。実際上の困難な条件や制約を顧慮して、田坂具隆君の作品に例をとれば『土と兵隊』より『五人の斥候兵』により近く、大部隊の行動を追はず、小部隊を何処迄も追究してその全貌を示したに相違ない。

私が戦争映画をもし作るにしても同様であらう。

山中君の陣歿を知つたのは、漢口の北方の信陽に入つてゐたときだつた。新聞の広告で『中央公論』にその遺稿が載つてゐるのを見た。

至急送るやうに東京へ言つてやつたところが、その後で部隊の軍医が持つて居られるのを聞いて借りて読んだ。いろいろな意味でこの『陣中日記』には随分感心した。私が映画についてのメモをつけるやうになつたのもこの時からである。（略）

あの『陣中日記』の中の、兵隊がにはとりの羽をむしつてゐると突然出発命令が出て、むしりかけのまま捨てて立ち上る、その半分裸のかしわがクックッと逃げる情景、といふのがある。戦争をやつて来た監督の目の鋭さがこんな所に出て来るのかと思つた」

小津のこの文章も山中への手向けだったに違いない。というのは、「戦争と映画雑筆」が載った「中央公論」（昭和十四年十二月号）は、そのちょうど一年前に山中の遺稿が載った雑誌だからだ（なお、小津が載った号にはやはり無事帰還した火野葦平が登場し、従軍作家の石川達三と対談している。支那事変当初に召集された兵隊たちは二年近くの義務をすませて召集解除になったのである）。小津はこの随筆にも書いているように、山中の遺稿に刺激を受けて、日記を書き始めた。日記初日には、「［山中の遺稿に］現代劇に対しての烈々たる野心が汲みとれて　甚だ心搏たれる。詮ない事だがあきらめ切れぬ程に惜しい男を失した」と記した。日記とは別に書かれた小津の「禁公開　陣中日誌」には「撮影に就ての《ノオト》」という部分があり、これは山中の遺稿をそのまま踏襲している。山中の遺志を、山中の視線を、山中の無念を、小津はこの日、大陸の戦線で引き継いだのだった。

山中の現代劇への「烈々たる野心」を小津以上に知っていたのが、東宝の森岩雄であった（第三章参照）。「季刊リュミエール」5号に載った「山中貞雄宛未発表書簡」の中に、まだ国内に留まり、大陸に出発する直前の山中伍長に宛てた森の手紙がある。

「京都へ合併用務のため参りました。／人情紙風船の関西封切も大変に好評で嬉しう御座いました。／それにしても映画活動の休止は、大兄は勿論僕としても残念でなりません。／しかし、これから更によいものを作る準備期間とすれば貴重な体験時間といえましょう。／こんどは現代ものをも是非心がけてみるよう期待しています。／御面会致したいのですが、中々難しい由、私もすぐ東京へ帰りますので、ここに一筆敬意を表し御健康をいのる次第であります」

森が手紙の冒頭に書いている「合併用務」とは、京都のＪ・Ｏスタヂオと東京のＰ・Ｃ・Ｌが一緒になって東宝を結成するための仕事である。千葉伸夫『原節子』によれば、原が日独合作の「新しき土」宣伝の旅から帰国したのは七月末だった。「もっと長く［ハリウッドに］滞在する予定でしたところＪ・Ｏとの契約が出来たので早く帰って来た訳です」というのが原の帰国第一声だった。九月の東宝結成により、「原は東宝専属となり、敗戦後までこののち十年間、三十六作品に出演していくことになる」（千葉『原節子』）。森の「合併用務」とは、山中と原が同じ会社に所属することでもあった。第三章で紹介した森の山中追悼句「君帰る日は粉雪の降りぬべし」とは、「河内山宗俊」での原節子のクローズアップへの賛辞であり、遂に実らなかった山中・原コンビへのプロデューサーとしての哀惜の念でもあった。

山中が大陸の戦場で「新しき土」を想起していたことも既に記した。大陸での戦線が「よいものを作る準備期間」となるだろうことは、森にも小津にもわかっていた。帰還した暁には森は原節子主演で、山中の現代劇を企画したのではないだろうか。こんな空想はそれこそ詮無いことだが、あの頃の雑誌で山中の発言を探すと、原節子への賛辞がかなり見つかるからだ。「雄弁」（昭和11・10）の「各界話題の人一頁評論」には、「新しき土」撮影中の「映画界の新明星　原節子嬢」が登場した。「新しき土」の監督以外でコメントが載っているのは山中だけだ。「名監督山中貞雄も彼女を評して『日本の映画女優は五万を数えるだろうが、彼女ほど清らかで新鮮な女優はない』と言っている」。

「婦女界」（昭和12・1）の「原節子の出世物語」にも山中は登場している。

「裏長屋に住む貧しい甘酒屋の娘に扮して、やくざな弟のために、身売りまでしようとする純情な姿が、どの位「河内山宗俊」に新鮮な感じを与えたか知れなかった。／「原君が笑うときのあのベソを掻いたような子供っぽい表情はありゃ天下一品だよ。ほんとの処女らしさが溢れてる」／山中監督は、こう口を極めて推奨するのであった」

「東宝映画」（昭和13・5）の「原節子のりれきしょ」には山中のコメントはない。出征中だから当然だ。「京都で「緑の地平線」を観た山中貞雄監督は丁度前進座一党の「河内山宗俊」製作準備中で娘役を物色中であったが原節子を見ると直ちに日活多摩川に交渉時代劇に出演することになった。／製作開始と同時に入洛した原節子は芸達者な前進座の［河原崎］長十郎、［中村］翫《かん》右《え》衛門《もん》にはさまってそれこそおどおどしていたがそれは山中貞雄監督のネライでもありかえって効果的だった」。

初出は不明だが、筈見恒夫『現代映画十講』には、山中との対談が収録されている。筈見も小津、山中、岸松雄などの映画仲間である。

筈見「原節子がこぼしていたよ。山中先生はちっとも芝居を付けてくれないって。わざわざ東京から呼んで置いて、そいつは薄情じゃないですか」

山中「いや、あれは、小倉浩一郎君［映画評論家］が、原節子はいいって推薦するから使ったんで

（ちょっと待った。小倉君から抗議あり、山中君相当に好きらしいのである。好きなくせに女の子に

は素っ気ないところに、この若い監督の純情掬すべきよさがあり、ということである）僕はそれまで、あの娘見たことなかったんだよ」
筈見「いいさ、あの娘が出たんで、すっかり『河内山』が新鮮な感じになった」

この対談、「小倉君から抗議」の部分に一番真実が感じられる。「山中君相当に好きらしいのである」。『現代映画十講』は昭和十二年十月、映画評論社刊。山中が大陸に出発する頃に出た本だ（筈見の昭和十七年刊『映画の伝統』は小津が装幀を手がけている）。

岸松雄は戦後だが、「『河内山宗俊』の原節子」（「映画ファン」昭和28・10）を書いている。いち早く原節子ファンとなった岸は山中たち京都の監督にも原節子を宣伝した。山中に抜け駆けされた稲垣浩は地団駄踏んで悔しがったという。岸は山中直話の原節子讃歌を当時聞いている。

「女優にはあんな子は珍しい。素直で、無口で、あどけなくって……一口に云えば、まだ全然子供なんだ。悪く女優ズレしたところが一ツもない。清楚で、如何にも純真って感じだ。顔も水久保澄子なんかのことを思ったら、ずっと美人だ」「清き瞳。口のあたりのしゃくれた感じ――これが泣いてるのか笑ってるのかわからんと云われるのだが、……澄み切って、ケガレのない皮膚の青春《わかさ》。身長も充分だし、肉つきも適度だ。洋装、キモノ、いずれもよく、日本髷を結わせても、似合うのだから、重宝な娘役だ。東京育ちで勿論、標準語をしゃべる。普通にしゃべってりゃ、立派なエロキューションだ」

山中の尋常ではない入れ込みようは、これらの発言でよくわかる。「人情紙風船」の助監督だった岸が聞いた言葉は、原節子で現代劇をという山中の「烈々たる野心」を感じさせよう。「非常線の女」の水久保澄子→「河内山宗俊」の原節子と来て、小津が山中に投げ返した女優・原節子が昭和二十四年（一九四九）の「晩春」の「紀子」だった。

「晩春」の原節子起用は志賀直哉の奨めによる、という俗説がある。「晩春」のプロデューサー山本武がそう書いているからだが、小津は尊敬する志賀に遠慮して、文豪に花を持たせたのである。厚田雄春は「新しき土」を小津と一緒に見た。「うーん、元気だねえ。ああいうの、使えたらいいねえ」と小津は言った（『小津安二郎物語』）。その後でも、確実に小津が見ている原節子作品がある。昭和十五年（一九四〇）に公開された島津保次郎監督の「嫁ぐ日まで」と「光と影」である。「新映画」（昭和16・2）の座談会で、一年間に見た日本映画のタイトルを列挙している。十三作を挙げていて、原の出演作はこの二本であった。「嫁ぐ日まで」はラストで原節子の文金高島田、角隠しの花嫁姿が出る。それも姿見に原節子の花嫁姿が現われるのである。「嫁ぐ日まで」が「晩春」に何らかの影響を与えたことは確実である。「嫁ぐ日まで」のストーリーは父（御橋公）の再婚相手（沢村貞子）が家庭に入り、長女の原節子がエリートと結婚して、家を去っていくという単純なものである。義母に対する複雑な感情を担わされるのは原ではなく、妹の矢口陽子（後の黒澤明夫人）のほうであるという違いはあることはあるが。満十九歳の花嫁姿の美しさを愛でつつ、「嫁ぐ日まで」は再検討されるべきだろう。

小津が「河内山宗俊」を見たという確証はない。しかし、見たのではないかという傍証ならある。末延芳晴『原節子、号泣す』の図版入り説明でよくわかるが、「河内山宗俊」でも「晩春」でも、原は「文楽人形のように手のひらを顔に当てて」泣いている。泣くポーズにはそんなにバラエティはないにしても、「引用」ではないのかとは考えられる。もう一つは「粉雪」である。「河内山宗俊」で戸外に降る粉雪を背景にした原節子のクローズアップがあった。そのシーンに激しく反応したのが森岩雄と蓮實重彥だった（第三章参照）。蓮實は『監督　小津安二郎』で、「東京暮色」の粉雪に注目している。戦後の小津映画唯一の降雪シーンで、父親の笠智衆が原節子の夫・信欣三を訪ねた時に降り始め、笠が家に戻った時にも、実家に子供を連れて戻っている割烹着姿の原の背後に雪が見える。原は帰宅した笠のコートの雪を丹念に払う。この雪は、「河内山宗俊」の雪を感じさせる。小津は「河内山宗俊」を見ていたのではないか。

原節子は戦後、「河内山宗俊」を見直している。おそらく昭和二十七年（一九五二）のことで、「麦秋」と「東京物語」に挟まれた時期である。原の自伝「私の歴史」第二回（「映画ファン」昭和27・12）で、「この間、新宿で『河内山宗俊』の新版を観ました」と語っているからだ。

「なにしろ初めての時代劇ですから、細紐の結び方ひとつ知らないし、仕度に手間どっては撮影開始時間に必らず遅れて、／「すいません、すいません。」／と謝り続けでした。／しかし、山中さんは私の時代劇出演に、／「私が全責任を負いますから…。」／と云って下さり、終始ニコニコしていて、嫌な顔をされたことは一回もありませんでした。私の下手な芝居をカバーして下さる力があったから、ノホホンとさせておいてくださったのでしょう。／山中さんは御存じのように、日華事変に応召戦死されましたが、なくなられてから山中さんの夢を見たことがあります。本当にいい方でした」

山中が原節子の夢に現れたのはいつ頃だったのだろうか。戦病死した時か、もっと後か。原節子の言い方では戦後ではなかったようである。「私の歴史」の中では、最も好意的に語られる「監督さん」が山中であった。「早春夜話」（「東京新聞」昭和34・2〜3連載）では、撮影時の記念撮影の写真を紙面に提供して話している。「山中先生といえば、いうまでもなく時代劇にたくさんの名作を残した名監督ですが、私の目に残っている先生は、いつも腰にたばこのカンをぶら下げ、長いアゴをネクタイに埋めるように前かがみにすわって、上目づかいに俳優の演技を見つめている姿です。ムッツリと無愛想な方でしたが、何となく底に温かいものを感じさせて、別にこわい感じは受けませんでした。演技についてはこまかいことはおっしゃらず、俳優の動きたいように動かせて、いい演技をひき出すというタイプだったようです」。役者の演出の方法は小津とは大違いだったのだ。

原の山中に関する発言で、「河内山宗俊」の粉雪が出てきたことがある。硬派の映画評論家・今村太平のインタビューなのだが、堂々と今村の間違いを指摘もしている。

今村「『河内山宗俊」で』長屋の露路で紙風船をついてる娘になったのは」

原「それはやはり山中さんの映画ですけど「人情紙風船」でしょう？　あれには私出ませんでした。それは霧立のぼるさんよ。私のは雪は降っていたけれど、紙風船じゃなかったわ」（今村『映画入門』）

この口吻からすると、山中の遺作「人情紙風船」も原は見ていたに違いない。原節子にとって、山中貞雄は大事な存在の監督であった。森岩雄から、山中演出で現代劇をとも提案されていたのだろうか。

「紀子」三部作の三本目「東京物語」は昭和二十八年の十一月三日、文化の日に封切られた。小津はその五日後、山中貞雄の十七回忌法要に出席した。大雄寺で墓参をすませ、夜は山中ゆかりの四条小橋「なるせ」で会食がなされた。その写真が残っているが、山中の遊び仲間だった滝沢英輔、岸松雄、井上金太郎、三村伸太郎、八尋不二、荒井良平といった面々が溝口健二、伊藤大輔などと一緒にカメラに収まっている。この中に山中がいても何の不思議もない記念撮影である。

小津はその後、京都に残って、十日夜には京都駅のホームで内田吐夢の帰還を迎えた。小津への手紙で「一茎の鶏頭」を記した内田である。内田は敗戦の年の春に満映に入社し、甘粕正彦理事長の自殺を見届け、そのまま旧満洲に残り、苦労を重ねた。八年ぶりの内田の帰還で、映画界の戦争の時代は終わった。

第七章　「晩春」の壺は、値百万両

突然、シネスイッチ銀座のスクリーンに山中貞雄監督の「河内山宗俊」のタイトルが流れ始めた。小津の「麦秋」に強く影を落とす映画として言及してきた、十五歳の原節子の時代劇初出演作である。その「河内山宗俊」の冒頭部分が、第七十七回ヴェネチア国際映画祭で銀獅子賞（監督賞）を受賞した「スパイの妻」に挿入されている。観客に強く印象づけるためか、かなり長く流れる。ヴェネチアを通じて、サダオ・ヤマナカの名前はこれから世界の映画人に間違いなく知られていく。そう確信させるに足る、「河内山宗俊」の不意打ち映像だった。

「河内山宗俊」は山中貞雄監督の昭和十一年（一九三六）の作品である。映画「スパイの妻」の中で、「妻」蒼井優と「夫」高橋一生が入った神戸の映画館で上映中なのが山中の旧作「河内山宗俊」だった、という設定である。山中は昭和十三年（一九三八）秋に、既に中国戦線で戦病死していた。黒沢清監督の山中貞雄への哀惜の思いがここには必ずある。それは映画から直に伝わってきた。黒沢監督は、月永理絵のインタビュー取材で、「河内山宗俊」に決めるまでの事情を語っている。

「山中貞雄の『河内山宗俊』については、最初はあれにするつもりはなかったんです。当時の映画を何か見せたいということで色々当たったんですが、どれも権利料が高いんですよ。脚本では単に二人がニュース映画を見ている、という設定だったんですが、当然ニュース映画だけを見にいくということはないわけで、目当ての映画の前にかかるのを見ている。それなら本編の映画の冒頭も少し見せておきたいと思い、そこは僕が付け加えました。『人情紙風船』は二人が見る映画としてちょっと違うし、『丹下左膳余話　百万両の壺』の冒頭は意外に地味で、最終的に『河内山宗俊』に決めました。日活も格安で使わせてくれましたし、狙いすぎと言われそうだなと思いながらもあれを使わせてもらいました。年代的に舞台となった1941年より少し古いんですが、リバイバル上映も当時はされていましたから」(「文春オンライン」2020・10・16公開)

台所事情からセレクトされたと黒沢監督は語っているが、ここで挙げられた三本の映画はすべて山中貞雄の映画である。山中は二十八年の短い生涯で二十数本の映画を撮ったが、フィルムが残っているのは、この三本しかない。黒沢監督はあくまで山中にこだわっていたのだ。『黒沢清、21世紀の映画を語る』という講演集の中では、二〇〇六年にイェール大学でこんな風に語っていた。

「……日本にいる僕の知人たちのなかで日本映画の歴史上のベスト1は何だという話題になると、かならず挙げられるのが、この山中の『丹下左膳余話　百万両の壺』で、なかでも人が街を悠々と闊歩するシーンがずば抜けて印象深いという人は少なくありません。この映画は、僕たちにとってどうやら小津よりも成瀬よりも溝口よりも大島よりも、断然いとおしい作品であるようです」

次善の策、次点の作品として「河内山宗俊」は選ばれていた。むしろ「丹下左膳余話　百万両の壺」のほうがよかったのだ。「河内山」も「百万両」も山中のフィルモグラフィーの中で傑出した作品と評価されたわけではない。「キネマ旬報」のベストテンに選ばれた山中作品は八本を数える。昭和七年(一九三二)のデビュー作「抱寝の長脇差《ながどす》」八位、昭和八年の「盤嶽の一生」七位、「鼠小僧次郎吉」八位、昭和九年の「風流活人剣」五位、初トーキー「雁太郎街道」十位、昭和十年の「街の入墨者」二位、「国定忠次」五位(「百万両」はこの年)、昭和十一年はなし(「河内山」はこの年)、昭和十二年の遺作「人情紙風船」七位、ですべてである。ベストワンこそないが、短い活躍期間でいかに注目されていたかはわかる。それでも、「河内山宗俊」も「丹下左膳余話　百万両の壺」も抜け落ちている。その抜け落ちた映画を「日本映画の歴史上のベスト1」に推す。喜劇映画部門という限定をつければ、私も「ベスト1」として推したくなる。小津のサイレント喜劇「東京の合唱《コーラス》」（昭和六年）、「生れてはみたけれど」（同七年）、「出来ごころ」（同八年）に肩を並べる映画である。

「河内山宗俊」と「麦秋」の緊密な関係は動かせない。それだけではなく、原節子を介して、小津と山中は支那事変の「麦の穂」でつながれていた。それだけではなく、原節子という女優を介して、幽明境を異にする小津と山中がつながっているとしたら。山中の「丹下左膳余話　百万両の壺」と小津の「晩春」にも緊密な関係があるとしたら、どうだろうか。

「百万両の壺」は、二束三文の価値もない汚ならしい「こけ猿の壺」の物語である。その壺には百万両のありかを伝える絵図面が塗り込められているとわかり、滑稽な争奪戦が始まる。大河内伝次郎演じるところの剽軽な丹下左膳がその騒動に絡む。抱腹絶倒の喜劇である。ここまで説明をするともう察しがついてしまうように、「晩春」の京都の宿に置かれた壺、「晩春」が語られる時に常に真剣な議論の対象となる、あの壺と、汚ならしい「こけ猿の壺」とを結び付けようとしているのだ。

「晩春」の壺は「百万両の壺」、あの「こけ猿の壺」なのではないか。バカバカしい語呂合わせのような連想が頭にポカリと浮んだのは、第三章の「麦秋」のキャメラ移動について書いている最中だった。「麦秋」に特徴的な不気味なキャメラ移動は戦死者の視線、小津にすれば特に山中貞雄の視線なのではないか。原稿に集中していると、時たまハイな瞬間が訪れる。その隙につけ込んできた不埒な思いつきが「麦秋」の二年前の「晩春」の名場面だった。あんまりな思いつきに、自分でも声を出して笑ってしまったほどだ。なんだか聖なる映画、聖なるヒロインを地上に引きずり下ろすようなあさましい行為ではないか。

一晩眠った翌朝、まだ「壺」問題が頭から消えていなかったので、念のためチェックしてみることにした。二〇一五年にワイズ出版から出た『映画評論家　岸松雄の仕事』という本を取り出す。岸松雄は今までに書いたように、山中貞雄の才能の第一発見者であり、親交のあった映画監督たちに原節子を推奨した映画評論家であり、小津とも山中とも親しい友人であった。本には、岸の山中映画の作品評十五本とは別に、山中のミニ伝記が載っている。これは「映画評論」昭和二十七年（一九五二）一月号に発表されたもので、連載「日本映画人伝」の第一回である。発表の時期は「麦秋」公開の直後だ。原稿の内容は、岸が自家薬籠中にしている山中貞雄の生涯についての饒舌体スケッチであった。

「山中貞雄は明治四十二（一九〇九）年十一月七日、京都市東山区本町通五條下ル、山中喜三右衛門の五男として生まれた。末っ子だった。／幼い頃からおとなしく、小学校入学のときは長い振袖の着物を着て行った。小学校は東山区鞘町通正面下ル貞教尋常小学校で、六年間副級長をつとめ通した。／大正十一（一九二二）年の春、山中は無試験同様、楽々と京都市立第一商業学校に入学した。一年上にマキノ正博（雅弘）がいた」

山中は小津より六歳年下で、京都で生まれ、京都で育った。それだけでは何ということもないが、生まれ育った場所は京都の「東山」であった。笠智衆と原節子が親子水入らずの京都旅行で泊る宿屋は東山にあった。シナリオには、「晩春の京都　朝まだき東山の塔」とあり、「その宿屋の二階から見た東山」と指定されている。画面でも、京都の映像はまず法観寺の五重塔で地理が示され、京大教授の三島雅夫一家と仲よく戯れるのは清水寺の舞台であった。これだけでは京都の定番観光コースを辿っているだけとも解釈できよう。もっと気になる符合は、翌日に訪れるお寺である。岸松雄のミニ伝記の先を読むと出てくる。

映画好きが嵩じた山中は「商品としての活動写真」という卒業論文を書いて京都一商を出ると、マキノ正博に頼んでマキノの御室撮影所に入り、助監督となる。途中で嵐寛寿郎（アラカン）の独立プロに移り、シナリオライター兼助監督として働くが、アラカンは経営に行き詰まり、山中は昭和三年（一九二八）の暮れに自宅に戻った。

「それから半ヶ年ほどの間、山中は洛西龍安寺山内の一寺に下宿し、シナリオの勉強に没頭した。最初「三條大橋粟田口」なるシナリオを書いて友人に見せたが罵殺された。山中は学問の足らざることを痛感して、昼は岡崎の図書館に行き、夜は吉田の私塾に通って文学にしたしみ、その合間にシナリオを書いた。あるとき、兄の作次郎は蒲団一ながれをもって訪れると、彼が人間と思えぬ形相をしていたのに驚いた。浪々の身の、煙草銭にも不自由する中を、彼は寝食を忘れてシナリオの上に心を走らしていた。気が向いて兄の家に遊びにくると、まず風呂へ入り散髪をしてからあがれというほどのきたなさだった。入浴中、ふと、シナリオの大詰を考えついたらしく、「兄さん、出来た、出来た」と狂喜した」

相阿弥作の石庭で有名な龍安寺は、山中のシナリオ修業の地でもあったのだ。「晩春」に出てくる京都は龍安寺にいたるまですべてが山中ゆかりの場所に設定されていたのである。日本の伝統が息づく静謐な古都は、映画少年、映画監督の山中をずっとはぐくんだ映画の町でもあり、小津にとっては旧友山中を偲ぶ地でもあった。初めて主役に迎える原節子を撮影するのに最もふさわしいのが京都である、と小津は考えたのではないか。

「晩春」のシナリオでは、東山の宿屋に「壺」は書かれていない。「紀子［原節子］が立って電灯を消すと、暗くなった部屋の窓に竹の影が映る。／周吉［笠智衆］、床に這入る。紀子も床に就く」。原「紀子」は「ねえお父さん……お父さんのこと、あたし、とてもいやだったんだけど」と父に語りかけ、なにごとかを告白しそうになるのだが、父の返事はなく、静かな鼾が聞こえるのみである。その鼾をBGMにしたかのように、壺が暗闇の中に浮かび上がる。原「紀子」の寝顔と、暗闇の「壺」が交互に写される。「壺」のショットは十秒近くも続くから、これは何なのだろうと、見る者に疑問を引き起こす。ここから「壺」を巡っての解釈の歴史が積み重ねられてきた。

　翌日の夜、帰り支度をする父と娘の部屋にも同じ壺は置かれたままである。この夜の壺は目立たないので、議論になることはないが、ちょうど原「紀子」の後ろに、背後霊のように慎ましく写っている。二人の長い会話を聞いているように思えるのは、「東京物語」の鶏頭の存在を私が既に知っているからだ。鶏頭は部屋の外で、笠智衆と原「紀子」の会話、原「紀子」と義理の妹・香川京子の会話を立ち聞きしていた。「晩春」の壺は部屋の中で、父と娘の会話をそれとなく聞いている。

「このままお父さんといたいの」「お嫁に行ったたって、これ以上のしあわせがあるとは、あたし思えないの」と原「紀子」は訴える。父は「そりゃ違うよ」と娘を説得にかかる。説得というべきか、お説教と呼ぶべきか。見合いで決まった「佐竹君」と二人で新しい人生を創り上げてゆけば、「そこにお前の本当に新しい幸せが生れてくるんだよ」、「お前ならきっと幸せになれるよ」、「なるんだよ、幸せに」と「幸せ」を畳みかけて、娘を励ます。父の必死の言葉はそこだけ取り出すと説教くさいのだが、その言葉を原「紀子」だけでなく、「壺」も聞いていたと考えれば、言葉の意味は変容する。

　岸松雄の山中伝をさらに読み進めると、もう一箇所、気になる部分につきあたる。昭和九年（一九三四）の正月に山中が上京して、小津や清水宏たちと半月近くを過ごす。以来、往来は頻々となり、交際は深まる。

「全く山中の小津・清水に対する傾倒の仕方には、信仰に近いものがあった。例えば小津が監督した『非常線の女』（一九三三）の中に、やくざな男女が堅気になって平和なくらしをしたいとねがい、出来ることなら「小鳥が鳴いて」「芝生があって」ささやかではあるが美しい一軒の家をもちたいと、考える場面がある。山中はその「小鳥が鳴いて」「芝生があって」云々のタイトルがいかにも気に入ったと見えて、それからのちも長いこと、シナリオを書きながらも、酒を飲みながらも、「小鳥が鳴いて」「芝生があって」と、ひとりたのしそうに吟《くちずさ》んでいた」

「非常線の女」はサイレント映画だから、山中お気に入りのセリフは字幕タイトルとして出た。ヒロインの田中絹代が夢想する、見知らぬ土地での新婚生活である。「陽当りがよくって」「芝生があって」「小鳥が啼いて」「草花が咲いて」と、続けざまで夢想は膨らんでいく。これに似たセリフが「麦秋」の中に二度登場する。原「紀子」が自分で結婚を決めたと宣言した後である。母親の東山千栄子は蒲団の綿入れをしながら、「田園調布の篠田さんねえ、あすこへ伺うたんびに、紀子もあんな芝生のあるハイカラな家の奥さんになるんじゃないかなんて思ってたんだけど」と、嫁の三宅邦子に向かって、いかにも残念そうに語る。原「紀子」の女学校時代からの親友・淡島千景は、「よく思い切ったわね」と感心しつつ、自分が思い描いていた原「紀子」の新婚生活を喋り出す。

「あんたって人、庭に白い草花か何か植えちゃって、ショパンか何かかけちゃって、タイルの台所に電気冷蔵庫か何か置いちゃって、こうあけるとコカコーラか何か並んじゃって……そんな奥さんになるんじゃないかと思ってたのよ。（略）あたしが遊びに行くでしょ？　そしたら、ホラ、だんだらの日除けのあるポーチか何かでさ、あんた、真ッ白なセーターか何か着ちゃってさ、スコッチ・テリヤか何かと遊んでて、垣根越しに、Hello!　How are you?　なんて言っちゃって……」

実際の画面で見ると、戦後的、占領下的な幸福な家庭像があまりにしつこく語られるので、いささか辟易するのだが、酒を飲みながら口ずさんでいた山中を思い描けば、それも許したくなる長ゼリフである。もっともこの幸福図絵は、田中絹代主演の「風の中の牝雞《めんどり》」でも使われていた。「風の中の牝雞」は昭和二十三年（一九四八）の作品で、失敗作とされ、次作の「晩春」から野田高梧と組んでシナリオを書き、いわゆる小津調となっていく。転機の映画である。田中絹代に向って友人の村田知英子が言う。「あんたよく言ってたじゃないの、どっか郊外へ家持つんだって……芝生があって……日当りがよくって……」。夫の復員を待つ田中絹代の役名は「時子」といい、これは「非常線の女」の田中の役「時子」と同じであった。

「風の中の牝雞」は、田中絹代が夫の佐野周二によって階段から突き落とされるという、小津映画らしからぬ暴力シーンで語られることが多い。しかし、もうひとつ大事なシーンがある。佐野が田中絹代の不貞を責める場面に、突然、紙風船が落下してくるのである。詳しくは後述するが、これで、山中貞雄の失われずに残ったフィルムの題名が、戦後の小津映画の中へとすべて闖入してくるのである。「風の中の牝雞」における「紙風船」、「晩春」における「壺」、「麦秋」における歌舞伎「河内山」である。偶然とすれば出来過ぎた話で、映画の中に偶然を導入することを拒んだ小津であるから、それらは小津の意図に沿って画面に現われたと思うしかない。「人情紙風船」、「丹下左膳余話　百万両の壺」、「河内山宗俊」が揃う。小津らしい手の込んだ山中追悼だったのではないか。

さらに「東京物語」の尾道の「鶏頭」をこれに加えれば、昭和二十年代の小津映画、ことに原節子の「紀子」三部作には山中貞雄が常にいることになる。出演せざる登場人物として、あるいは、ルーペ越し、キャメラのファインダー越しに原「紀子」を凝視する小津の傍らに山中がいる。誰にも見えない山中の姿、山中の気配を小津は感じながら、映画を撮っていたのではないだろうか。念のため確認しておけば、紙風船も、壺も、河内山も、鶏頭もシナリオでは不在で、フィルムの中だけに存在する。

「晩春」といえば「壺」である。しかし同時代の映画評を読むと、その時に「壺」が注目を浴びるということはなかったようだ。初見ではどうしてもストーリーに気を取られてしまうから、当たり前であろう。「キネマ旬報」（昭和24・10・下）は、戦前から小津映画を論じてきた清水千代太、北川冬彦、水町青磁の三人の映画評論家が作品評を書いていて、編集部の力の入れようが伝わってくる。小津復活を映画ジャーナリズムは敏感に感じていた。

小津の芸術家としての頑固さは三人とも認めている。「技術はさえている」「完成の域に間近い」「恐ろしい強情さ」（清水）、「何と落着きを払っていることだろう」「小津安二郎は本音を吐いた」（北川）、「スガスガしいという感銘」「仕甲斐のあった仕事」（水町）といった評価の仕方である。

今からみて意外なのは笠智衆の評価である。「私には大学教授というよりは白痴に見える。笠はもともと小津お好みのロボットであるが、笠に大学教授は無理であろう」（清水）、「一体に笠智衆（大学教授）は不出来である」（北川）、「笠智衆の場合『父ありき』より疲れている。年齢のせいでなく、演出家に頼りきってる一種の安心である。これはいけない」（水町）。

原節子に関しては、小津の力で「大根役者」を脱したと三人とも言いたそうだ。「原節子が初めて人間的な感情を生かし得たのは、小津の丹青であろう。お行儀の悪いお嬢さんで、あまり好意の持てない人物だが、演技はよろしかろう」（清水）、「原節子の演技は、いままでのどの演技よりも優れたものを見せた。小津の指導よろしきを得たのではあろうが、卓抜なものであった」（北川）、「原節子は、映画の演出を、よい意味で理解し始めた様である。乗気ではないが正しいものをみつめる立派さがある。『嫁ぎゆく日』（故島津保次郎作品）［正しいタイトルは『嫁ぐ日まで』］と近い印象を受けたが、今度の演技には、理性を裏ずけてる哀しさ（色気）があった。成功である」（水町）といったように。

京都の宿屋での原節子に関してはどうか。清水は二点を指摘している。「就眠に際しても、口紅を落さないのは、小津写実芸術として疑問である。スタアはグラマア風に美しかれというハリウッド方式に、さすがごう岸の小津安二郎も妥協したのであろうか」。いまとなると、小津映画は「写実」でもないし、「妥協」もしていないのは明らかだ。「小津安二郎であるから、父と娘の永遠の劇的葛藤というか、近親恋愛の心境に鋭いメスを入れようという企てではない。おぼろげに、そこはかとなく、父と娘の心像の相触れ、相重り、相撥《はじ》くさまを、眼にはさやかに見えぬほどに、さらさらと描いて見たのである」。ここでも現在の見方と異なっているのがわかる。

さて、「近親恋愛」に本格的に言及したのは、「中央公論」昭和三十三年（一九五八）三月号に載った社会派の映画評論家・岩崎昶《あきら》の「小津安二郎の芸術」（後に『日本映画作家論』所収）が初めてだったと思われる。岩崎はフロイドを出してくる。

「『晩春』の笠智衆と原節子とは、うたがいもなく親娘である。が、妻を失った笠と、婚期におくれた原との間には潜在心理的な性的結合が生じている。父親の縁談にたいして娘は強く嫉妬をする。娘の結婚を前にした一夜、京都の宿屋の一室で、父親は結婚の幸福について娘に話してきかせる。娘は悲しそうな顔をしている。（略）娘が父親にたいする性的コンプレックス、フロイドのいうエレクトラ・コンプレックスを小津は意識してここで描いている。狭い畳にならべられた寝床の上でこの会話は交される。ベッドは一つの象徴である。この寝床の上で、娘は父親から解放されて、新しい夫の腕へ移っていくことができるのである」

ここでも「壺」への言及はない。それどころか、岩崎の記憶の中で、京都の宿屋は一晩の出来事としてまとめられてしまっている。ヴィデオやＤＶＤの出現していない時代は、映画評論は記憶に基いて書くしかなかったから、それを批判しても仕方がない。父が娘を説得にかかる二晩目には、蒲団も敷かれてはいない。日本旅館に家族が宿泊する場合、一室に蒲団を並べるのはごくごく当たり前で、むしろ部屋を異にするほうが例外的である。岩崎はその点も考慮せずに、論を進めた。岩崎の「エレクトラ・コンプレックス」論は、小津を追悼した「増刊キネマ旬報　小津安二郎〈人と芸術〉」（昭和39・2）でも繰り返され、広まったのではないか。遺作「秋刀魚の味」までの小津の仕事を踏まえて、岩崎はさらに論を進めている。

「彼は家をなさず、娘も持たなかった。家庭と娘にたいする充足されぬあこがれを終生いだきつづけた。家庭という形での性的結合への満たされない潜在的願望が無意識に小津＝周吉の異性の子たる娘にたいする性的父性愛の形をとる。それは何コンプレックスというのか、心理学者もまだ命名していないのかもしれない。そして、原節子から岩下志麻にいたる美しい若い女性がその時々にそのコンプレックスの対象となる。孤独な父と嫁ぎゆく娘の愛情の映画をつまらないというわけではない。ことにその第一作「晩春」は美しい映画であった。が、それが小津芸術の不断のライトモティーフとなってすべてを圧して響きわたるとなると、私は考えこまなければならなくなる。かつて小津はもっともっと広い社会的視野をもって生活の複雑な面をとらえようとしていた。そして生活の不正にたいするいきどおりをいつも燃やしていた」（岩崎「小津安二郎と日本映画」）

良心的なインテリ左翼による代表的な小津映画批判である。しかし、それは銀幕に映える美しい女優たちに惑わされた勘違いの批判ではなかったか。小津は自らの年齢に素直に従い、その時々の自らの心境を仮託できる映画を撮り続けた、またそれを許された例外的な映画作家だったのだから。

海外で「エレクトラ・コンプレックス」に言及したのは誰が初めてだったのか。わかっている限りでは、高橋治が『絢爛たる影絵——小津安二郎』に引用したフランス劇壇の重鎮ロジェ・ブランの言葉になる。「エレクトラ・コンプレックスを描いて、あんなに美しい作品を見たことがない」。その言を聞いた高橋も同感した。「表面的には自分が嫁ぐことで後に残る父を思いやる娘の話なのだが、原節子の表現力は娘の情を超え、女の情念の世界に迫っている」。高橋は能楽堂の緊迫した場面、そこからの帰り道の映像を検討したあとに京都の宿に至る。「このようにして、父娘の形を借りることで、小津は純度の極みに近い男女の愛を描いて見せた。同時に、その作品を、父が娘をいとおしみ、娘が父を思いやる清澄なドラマにするという奇術のようなことまでやりとげた」。

　高橋は作家になる前は松竹大船撮影所出身の監督だったから、その分析は演出家の目によっている。「劇とは無関係な静物［壺］を比較的長いカットとして挿入することによって、観客の原の心情への共感が、より一層強まる」といった編集上の効果を強調する。やはり松竹大船出身の吉田喜重は『小津安二郎の反映画』で、「壺のショットにかぎり撮影の途中でにわかに発想された、例外的な即興の演出であった」と断定している。私はこの意見には肯んじ難いが、小津が「父と娘の関係を、いつしか男と女のそれへとずらし、危ういものにしつつあることに」気づいたゆえに、「それを禁じ、封じ込めようとして挿入されたのが、壺の映像にほかならなかった」という指摘には共感できる。

「晩春」の「壺」をクローズアップしたのはおそらく外国人の著作、ポール・シュレイダーの『聖なる映画』と、ドナルド・リチーの『小津安二郎の美学』である。両著を訳した山本喜久男（病気のため大船の助監督をやめ、映画研究者になった）は両者の解釈には懐疑的で、遺著『日本映画におけるテクスト連関――比較映画史研究』で、「晩春」の映像を連句的に読み解いている。「壺のショットは眠ってしまった父の代役となり、そこらの道具を詠む会釈《あしらい》と時節などを詠む遁句《にげく》の付けのショットであり、それが一転して翌昼の「龍安寺の」明るい白砂の庭に響きの付けとともに転じるのである」として、さらに浄瑠璃、歌舞伎などにも言及し、構造的に解釈をしている。様々な解釈をいざなうことを予期しながら、小津は自分ひとりの思いをも秘かに込めて、当初から値百万両の「壺」を用意していたと思われる。

　京都での二度目の夜、父と娘は帰りの仕度をしながら会話する。その中で、笠智衆がカバンにしまう本のタイトルを写すためかのように、本を手に取って眺める場面がある。大学教授らしく洋書であり、それはニーチェの『ツァラトゥストラ』ではないか。その直後、娘の変化に気づいて父は「どうしたんだい」と訊ねる。娘は思いつめた表情で「このままお父さんといたいの」と、昨晩言いそびれた言葉を発する。『ツァラトゥストラ』は何かの合図なのだろうか。

その部分が気にかかっていた時に、原節子が志賀直哉と対談している雑誌記事を見つけた。「婦人倶楽部」昭和二十六年（一九五一）一月号の「映画対談」である。熱海の志賀の自宅で行なわれたもので、志賀は「『晩春』はなかなかよかったと思うな」と褒める。

志賀「原さんは映画界に入って何年になるんですか」
原「映画界に入ったのは［数え］十六でございますけど……もう十五、六年になるでしょうか、このお仕事に興味を感じたのは二十五すぎてからですね」
志賀「ああそう……。つまり俳優《やくしゃ》として希望してる事が必ずしも実現出来るというわけには行かない事はないの？　何か掣肘でもあるの？」
原「映画を撮る事前に演出家との意見の交換がありますけど、大抵、それも演出家の云いなりですがね。現場に行っちゃうと、監督さんなどの云う通りで……」
志賀「この間、小津君が原さんについて云ってたよ。原さんは話しあうときに、腑に落ちるまで、話をきかないと承知しないということで小津君が大変褒めていた」
原「アラ！」

ここで「困ったように笑う」と原節子は描写される。文豪の志賀から小津の褒め言葉を聞かされたわけである。脇から、別の人物が対談に割って入る。
「その当の小津君にしたら苦手の口だろうし、なにしろあの人は、思う通りでないと気が済まない人ですからね。昔の監督は大体そうでしたね。まばたきを一つするのも思う壺に入らないと承知しないんです」

この対談は、アットホームな雰囲気で行なわれたのか、志賀夫人と令嬢も出席していて、原の方は義兄の映画監督・熊谷久虎が親代わりのように保護者として同伴している。変則的な対談であった。「小津君」「あの人」と言っているのは、そう、熊谷久虎である。志賀は「晩春」について、「いくらか小津君を知っている関係とか、広津［和郎］君の作品［原作］というようなことで、はじめから好意をもって観ているから、正しい批評は出来ないかもしれないが、しかし、よかったと思うね。殊に京都の宿屋で、親父がなんかいうところなぞは良かったね」と、京都の場面に言及する。宿屋のどの部分を志賀が褒めているのかはわからない。古美術への関心が強い志賀であるから、壺であったかもしれない。まさかツァラトゥストラではあるまい。

熊谷久虎は原節子の姉を妻とし、義妹を女優にし、「新しき土」公開の欧米旅行にも付き添い、自作の「上海陸戦隊」（昭和十四年）や「指導物語」（昭和十六年）では女優として起用した。公私の両面にわたって原節子に大きな影響力をふるった人物である。戦時中には映画界を離れ、終戦時には九州での本土決戦を真剣に考えていた。その当時のファナティックな熊谷を近くで見た人物には、火野葦平や高田保（野田高梧の早大英文科時代からの親友）もいた（火野の遺作『革命前後』参照）。戦後は逼塞していた期間が長いが、原節子の相談役であり、代理父といっていい存在である。熊谷はヴェールに包まれた怪人物だが、後年のインタビュー（森山幸晴対談集『勲章のいらない巨人たち』所収）で、若い日にニーチェに影響されたと喋っている。

「今の撮影所もひどいが、昔はもっとひどかったよ。無茶苦茶なんだ。／儂《わし》にとっては、見るもの聞くもの、すべてが醜悪そのものでね。／それでも、当時の月給で三十五円もらっているから、夢中で働いたよ。（略）しかも、当時の俺は自殺未遂を何度もくり返したような男だし、また、ノイローゼの原因にもなった哲学者のニーチェにかぶれていたから、ろくに人とも口をきかんし、服装といえば、学生服に下駄ばきで、腰に手拭いをぶらさげているという格好だから、ますますみんなから爪はじきされたわけだ。／今でも、あまり人相は良くないがね」

小津にも、ましてや笠智衆にも、縁もゆかりもなさそうなニーチェである。小津が原節子の義兄の「超人」ぶりを知り、ニーチェ傾倒を耳にしていたなら、『ツァラトゥストラ』を画面に出すのは不自然ではない。小津は暗に、この「代理父」から巣立つことを原「紀子」に望んでいたということではないだろうか。考えられる「晩春」のもうひとつの隠し味である。

「ツァラトゥストラ」については傍証がないので、私の妄想としておいてもいい。しかし、山中貞雄については同列に扱うことはできない。先ほど後回しにした、「晩春」の前作「風の中の牝雞」に出現する「紙風船」について見ておかなければならない。

「紙風船」の突然の出現については、中澤千磨夫（『小津安二郎・生きる哀しみ』）、尾形敏朗（『小津安二郎　晩秋の味』）らがすでに指摘している。紙風船に気づくと、「風の中の牝雞」という映画はいままで考えられていたのとは別の顔を持ち始める、と私は思う。小津自身が「失敗作」と認め、「自分にプラスする失敗」ではなかったと決めつけているが、単純にそう決めてしまっていいような映画ではない。

『小津安二郎の芸術』という最初の本格的小津論を書いた佐藤忠男が、初めて見た小津映画は「風の中の牝雞」だった。昭和二十三年（一九四八）の封切り時、佐藤は「ただわけもなく悲しくなって、涙を流し」たという。「すべての日本人の精神的な純潔性」を問う映画と受け取ったからだ。

「そのとき、私は、十七歳で、鉄道教習所の生徒だった。新潟の映画館で、満員の人いきれのなかで、立ちっぱなしで見たことをおぼえている。あれは悲惨な物語だった。田中絹代の演じる女が、子どもをかかえて戦後の生活苦にあえぎながら、夫の復員を待っている。子どもが突発的に病気になる。その入院費のために、彼女は、一夜、売春する。間もなく佐野周二の演じる夫が復員してくる。妻は正直な女で、そのことをかくしていることができない。夫はそれを知って苦しむ。……」（『小津安二郎の芸術』）

佐藤は「紙風船」には触れていないので、尾形の『小津安二郎　晩秋の味』で、その部分を補っておこう。

「あやまちを夫の修一に知られて気まずい時間が流れる場面。脚本のト書き「修一、いきなり激情的にぐっと時子［田中絹代］を抱き寄せ」た後、カメラは子どもが寝る部屋から二人をとらえる。するとタンスからふわりと紙風船が転がり落ちる。肩を落とした修一の背中のそばに紙風船がある。／山中貞雄監督「人情紙風船」ではないか。毎日職探しに明け暮れる浪人、又十郎（河原崎長十郎）の女房おたき（山岸しづ江）は、紙風船作りの内職をしている。畳に転がる紙風船を又十郎がじっと見ている場面もある。おたきは夫に絶望して無理心中して果てるが、ラストは子どもの持っていた紙風船が転がり溝を流れていく。（略）生きることの重さが、紙風船の軽さによって逆照射されていく」

山中貞雄の遺作となってしまう「人情紙風船」の、それもラストシーンを踏まえての「紙風船」なのである。紙風船が「風の中の牝雞」で転がり落ちる必然性はまったくない。「壺」であれば、京都の宿屋に置かれていても何の不思議もないが、「紙風船」は子供の寝床に唐突に転がり落ちる。前景の子供部屋に対して、奥の夫婦の部屋では「激情的」な夫のズボン部分が見えるのみで、視界は襖《ふすま》に遮られてしまっている。時間がたつと、妻のブラウスは背中のボタンが外れていて、髪の毛も乱れている。常識的に考えれば、夫婦は暴力的に結ばれた、という描写である。しかし、そこに「紙風船」

が入ってきたとなると話は違ってくる。

「人情紙風船」では「紙風船」は浪人夫婦の貧困と無理心中の象徴だった。女房は夫が武士の矜持を捨てて犯罪に加担したのではないかと勘違いしたために、夫を殺し、自らの命を絶った。その女房の立場にいるのが復員兵の佐野周二で、佐野の後ろ姿のすぐそばに先ほどの紙風船は転がっている。佐野の背後霊のようにである。画面の奥での佐野と絹代のもみ合いは、ひょっとして無理心中未遂だったのではないか。それとも、無理心中は敢行され、二人は既に死者となってしまったのではないか。

黒沢清は「風の中の牝雞」を「小津の最高傑作だと言う人もいるくらいのすごい映画です」と評価している。その上で、佐野周二は「幽霊となって戦場から帰ってきたのかもしれ」ず、田中絹代はラストに階段から落ちて「死んだんじゃないか」。「日本人全部が死に絶えて、わずかに生き残った子供たちが成すすべもなくその「死」を見つめている。それが、小津安二郎が思い描いた戦後日本の姿だったのではないでしょうか」と、イェール大学で話している（『黒沢清、21世紀の映画を語る』）。黒沢は「紙風船」には言及していないものの、鋭い洞察を含んでいる。

吉田喜重も「紙風船」には言及していないが、紙風船の登場する直前、佐野が投げつけた鑵が階段をからんからんと落下するショットに注目する。そのショットによって、「怒りの言葉を発し、意味が充満する映像と化したのである。それは小津さん自身の言葉であり、生々しい肉声にほかならなかった。／妻を許すことのできない夫は家を出て、街をさまよう。そのとき東京の風景もまた、ものを言う。荒々しい言葉で語りかけてくる。まばゆいばかりの真昼の明るさのなか、橋を渡ってゆく夫は死者の世界に誘い込まれてゆくようだ」（『小津安二郎の反映画』）。

「風の中の牝雞」に「紙風船」が出現するあたりから、「死者」がこの映画を浸蝕し始めるのである。佐野周二の復員兵は、「死者」とまでは断定できないにしても、「半死者」として祖国に帰国したのではないだろうか。

佐野周二は戦中から戦後初期にかけての小津映画で、小津自身に一番近い登場人物だった。戦争の時代のために映像化できなかった作品も含めて順番に列挙すると、「淑女は何を忘れたか」、「父ありき」、「ビルマ作戦・遙かなり父母の国」（シナリオあり）、「未だ帰還せざるもの一機」（企画のみ）、「月は上りぬ」（シナリオあり）、「風の中の牝雞」、そして「麦秋」である。佐野は小津や山中と同じく、支那事変に伍長で召集されている。小津の大陸戦線での「戦友」であった。

小津は佐野のことを「のんきな感じを出せる俳優」として可愛がっていた、と岸松雄は「小津のごひいき俳優《スター》たち」（「増刊キネマ旬報　小津安二郎〈人と芸術〉」）で書いていた。その「のんき」な佐野は「風の中の牝雞」ではミスキャストだったのだろうか。「風の中の牝雞」で復員兵を演じる佐野の口髭と顎髭を見ていると、佐野は小津安二郎であると共に、未復員の山中貞雄だったのではないかと思えてくる。小津は口髭だけだが、山中は長い顎を隠すために小津のアドバイスで顎髭も生やしていた。

第八章　「戦争未亡人」紀子と「社会的寡婦」百万人

二〇二〇年に亡くなった古井由吉に『東京物語考』という本がある。昭和五十九年（一九八四）に出ていて、その時に読んではいるのだが、すっかり忘れていた。『「東京物語」考』だとてっきり思い込み、勢い込んで読み始めたら、肩すかしを喰らわされた。古井が関心を持つ徳田秋聲、葛西善蔵、嘉村礒多など、東京に移住した作家たちを「東京者」として括った上での文学論であった。その『東京物語考』の冒頭に「東京物語」のことが出ていると教えられ、久しぶりに手にとった。「東京物語」が公開された昭和二十八年（一九五三）に日比谷高校に入った古井少年は、五反田の映画館でひとり「東京物語」を見た。その日の回想から『東京物語考』は始まる。映画館を出ようとした時、古井少年は刑事に呼び止められた。

「土曜の正午頃に映画から出て来た学生服姿を怪しまれたわけだ。私の学校はその頃から隔週五日制を取っていた。その旨を話すと刑事はすぐに顔を和らげ、私と同じ年頃の息子でもあるのか、どこかわびしげに大学受験の話を始めた。誰も彼も大学へ行くことになって世の中どう変っていくことやら、親は食うや食わずの心配なのに、と歎いた。私も何となく心を惹かれて、馴れぬ立ち話の相手をしばらくしていた。おのずとぽつりぽつりとなる両者の口調に、いましがたの映画の名残りが滴っていたかもしれない。おかしな図である」

小津安二郎の映画なぞ古くさい、もう見るに堪えぬと戦後派の青少年からは見限られていたのかとばかり思っていたが、けっしてそうでもなかったのである。古井少年はわが家の戦後と比較しながら、ある切実さを持って見ていた。「同じ東京の小市民とはいいながら、自分のところよりも一段と小綺麗な暮しだな、と高校生の私はまずそういう印象を画面から受けた。戦災の痛手をこうも蒙らなかったら、我家《うち》だって、苦さもあんなところだったか、とかすかな羨望も覚えた」。「東京物語」は鎌倉の市民を描いた「晩春」「麦秋」とは違い、古井が感じたように「小市民」の映画だった。小津が戦前に「東京の合唱《コーラス》」「生れてはみたけれど」「一人息子」「父ありき」などで描いてきた延長線上にある小市民映画である。山村聰の「平山医院」は荒川の土手下にあり、そんなに繁盛しているように見えない。郷里の父母が上京してくると、中学生の息子の勉強机は廊下に押しやられる。それでも小津映画の室内らしく家の中は塵ひとつなく「小綺麗」である。

「雑居家族がそろそろ整理され、ひとつの端境期であった。後の言葉でいう核家族として、簡易にまとまれた家と、なにかの事情でまとまりきれず古い崩壊の傷やら膿やらをまだひきずっていた家と、およそふたとおりあったようだ。「東京物語」中の「東京者」の暮しぶりは、少年の私の目にはその前者の、むしろ新しい、仕合わせな部類として映ったわけだ」

『東京物語考』の中で古井が具体的に触れているシーンはひとつだけしかない。古井の手で再現されると、そのシーンは映画で見た時とはまた違って、生き生きと躍動する。古井の筆によってもう一度演出がなされたかのようなのだ。そのシーンでも古井少年は、わが親族のだれかれとつい比較してしまっている。

「杉村春子の扮する中年の長女が、母親の葬儀も落着いた頃の或る日、郷里の家で一家揃っての食事の最中に、飯を掻きこんでいた箸をいきなり止めて、もどかしく宙をつつくようにしながら、ああ、あれあれ、お母さんの、あの帯いただくわ、と高っ調子に言った場面が印象に残った。十六、七歳の私にとっても、親族の女たちの間で幾度も目撃した光景のような気がして、まことに得心の行く場面ではあったが、それでもまた一方で、ああもさばさば行くものか、もうすこし粘りはしないか、という訝りはあった」

映画の中で香川京子は、「お母さんが亡くなるとすぐお形見ほしいなんて、あたしお母さんの気持考えたら、とても悲しうなったわ」と、姉の杉村春子の行状に眉をひそめていた。生真面目な若い女教師である香川の義憤と比較すると、ずいぶんヒネクレた感想を持つのは、古井が日比谷という東京でも特殊なエリート高校に通っていたせいもあるだろう。

やはり日比谷高校生で、古井が入学した年に卒業した江頭淳夫《えがしらあつお》は、小津の「晩春」を封切り時に二度、その後にもアンコール上映で二、三度見た。「晩春」は昭和二十四年（一九四九）の映画だから江頭淳夫は高校一年生だった。江頭淳夫、後の江藤淳である。

「「晩春」を見たあとで、原稿用紙になにやら書きつけた覚えがある。それは要するに、つまり、なんといったらいいのかな、映画なんだけれども映画じゃないというようなね。（略）つまり人生が映画に流れ込んじゃっていて、映画と微妙な均衡を形づくっているかのような、それがこわれたような、そういう感じがしてね。映画もこんなことができるのかってね。映画というのはだいたいお話があって、すったもんだして、はい、終わりました。ああ、よかった。自分まで映画のなかの人物になったような気がして、三十秒ぐらいみんな美男美女になった感じで陶然として出てきて、それで終わり。（略）だけれども、小津安二郎というのは、映画館のなかに入っても、（略）なんかずっと人生がつながってきているなぁと」

江藤淳が珍しく映画について、それもたどたどしく語っているのは、対談の相手が蓮實重彦であったためである。二人の対談本『オールド・ファッション　普通の会話』の収録に備えて蓮實の『監督小津安二郎』を読み、古い記憶から「晩春」を手繰り寄せたのだ。江藤がなぜそこまで「晩春」に惹かれたのかは語っていないが、江藤の個人史を辿れば、江藤は鎌倉で少年期を過ごし、「晩春」公開の前年に、鎌倉の家を処分して、東京の殺風景な銀行社宅へと引っ越し、日比谷に転校した。失意と流謫の日々に、鎌倉の落着きのある風土を思い起こして、映画に魅せられたのではないか。私はそう想像していたのだが、それだけでもないようである。

「今度、蓮實さんのご本を拝見して、まさにそうだと思ったのが京都の宿ですよ。あのセクシャルな感じね。あれですよ。（略）あの近親相姦的《インセスチュアス》でね。しかしそれがこうある節度をもって表現されているところのものですね。（略）それから、原節子という人もふしぎな人ですね。あれはきれいですねぇ。なんというか光り輝くようにきれいですね。あの人はドイツ人との混血児、といわれているのは本当ですか」

江藤の日比谷時代のサークル「近代劇研究会」の仲間には後に東映の監督になる佐藤純彌（「新幹線大爆破」「男たちの大和」）、東映のプロデューサーになる矢部恒がいたから、まんざら映画と縁がなかったわけではない。「晩春」は繰返し見たのに、「麦秋」も「東京物語」も江藤は同時代には観なかったようだ。「麦秋」は鎌倉が舞台なのだが、その時は結核で療養中だったし、「東京物語」の封切り時にはもう映画への関心は薄れていただろうから。江藤が「晩春」に激しく反応したのには、戦後という時代への癒されぬ違和感があったためか。古井の感じた「崩壊の傷やら膿」を、小津映画から感じたのではなかったか。醒めた目で「戦後」に距離をおいていたエリート候補の少年たちによって、小津映画は発見されていた。

そうはいっても古井や江藤の反応は同時代ではごくごく少数派だった。「東京物語」の年、昭和二十八年に松竹の大船撮影所に助監督として採用された若者は八人だった。何千人という受験者の中から選ばれた、こちらもある種のエリートである。その中に篠田正浩と高橋治がいた。入社一年目の二人が衝撃を受けた映画は「東京物語」ではなかった。「東京物語」と題材としては重なるところの多い、家族崩壊を正面から描いた木下惠介脚本・監督の「日本の悲劇」であった。高橋治は『絢爛たる影絵――小津安二郎』で、所内試写で見た「日本の悲劇」の衝撃を、篠田の言葉で記している。「酒を浴びるほど呑んだけど酔えない。（略）このまま撮影所にいて、一生かかったってあれ以上のもの作れっこないと思ったものな」。高橋自身は大船駅のプラットフォームで何本も電車をやり過ごした。乗る気力もない。「日本の悲劇」に「とことん打ちのめされた」からだ。

「金を払って客席から優れた作品を見た感動と、同じ撮影所の試写室で、同じ場所に生きる人間が作った震えが来るほどのものを見せられた恐怖とは、質が全く違う。／スクリーンにエンド・マークが出、灯がついたが、その夜に限って拍手は湧かなかった。誰もが椅子に釘づけになったまま身動きも出来なかったのだ。一拍置いて、割れるような拍手の嵐が起った。その中で、ゆっくりと一人立ち上った男がいる。それが、小津であった。小津は全員の視線が自分の背に注がれているのを意識するように、真直に出口に向って部屋を出て行った。／その千両役者の退場にも似た光景は、『日本の悲劇』の、殺意に通ずるほどの迫力と共に、細部まで私の記憶に焼きついて離れない」

小津と木下はこの頃の松竹大船の双璧だった。木下のほうが小津より九歳も年下である。木下がキャメラ助手となって最初についたのは、小津の「非常線の女」（昭和八年）だった。その木下は戦後、「お嬢さん乾杯！」「破れ太鼓」「カルメン故郷に帰る」などのヒットを連発し、満を持して取り組んだ社会派作品が「日本の悲劇」である。戦後日本のニュース映像と新聞記事をふんだんに取り込み、その上で、戦争未亡人（夫は戦災死）の望月優子がなりふり構わずに生き、二人の子供を育て、子供たちに捨てられ、自殺するまでの女の戦後史を描いたものだ。偶然とはいえ、熱海が舞台で、「湯の町エレジー」が流れ、医大生の息子（田浦正巳）はこのままでは開業も覚束ないと裕福な医者の養子に入る。娘（桂木洋子）は不甲斐ない中年男（上原謙）と駆け落ちして、いなくなる。ドライな子供たちとウエットな母親の愛憎劇をいま見ると、社会派的観点が古びて、新派悲劇の焼き直しのようにしか見えない。この作品が大船になぜそれほどの衝撃を与えたのか。高橋治はルキノ・ヴィスコンティの「若者のすべて」を先取りしていたのが「日本の悲劇」だったと評価している。

小津は「東京物語」のシナリオ執筆中に「日本の悲劇」のシナリオを読んでいる（昭和28・3・31）。戦争未亡人、熱海など設定に共通点があるので、ふだんの木下作品以上に意識はしていたのだろう。試写を見た六月二日の日記では手厳しい。この時には、もう「東京物語」のシナリオは完成していた。

「五時より　木下恵介の〈日本の悲劇〉の試写をみる　野心作ならんも一向に感銘なく粗雑にしてすの入りたる大根を嚙むに似たり　奇にして凡作也／月ヶ瀬にて　山本［浩三助監督］　清水［宏と酒を汲み款話　家に帰りて茶漬を喫す　野田高梧氏に電話す」

木下恵介は『小津安二郎　人と仕事』に書いた追悼文で、ある時期からお互いの映画を見なくなったと回想している。小津は翌昭和二十九年（一九五四）の「女の園」と「二十四の瞳」は見ているから、昭和三十年代に入ってからのことであろう。木下は書いている。「所詮、監督などというものは、人の映画に感心などはしていられない人種である。見れば悪口も言いたくもなるし、軽蔑したくもなる。だが小津さんと私は最後まで大の仲良しであった。酒をくみ交せば、しみじみとした味があった。人間の弱味が流れあった。作家の悲哀が胸に染みた」。

木下の「日本の悲劇」「二十四の瞳」と小津の「東京物語」を戦争未亡人映画として並べて論じた博士論文がある。千代田明子『戦争未亡人の世界―日清戦争から太平洋戦争へ―』という二〇一〇年に出た本で、「本研究は、小津安二郎『東京物語』の終局で、紀子が一瞬みせた、何かを思いつめたような表情が問いかけている世界を読みとるべく、日清戦争から太平洋戦争までの間の、新聞、雑誌、小説、映画という異なった表現形態に表象された「未亡人」像を分析することによって、「描かれた未亡人」像と国家が提示した婦人像との連関、時代相との相剋を考察したものである」。著者の千代田は自衛隊で看護師として働きながら、大学の夜間部、大学院と進んだ人のようで、「小津安二郎の映画と出会い、一人の看護師として日常業務に追われながら、『東京物語』が問いかける世界に囚われることで、「いま在る場」を確かめようとした」と研究の動機を語っている。

「次男の嫁、紀子（原節子）とその義父、周吉（笠智衆）の別れの場面は、日本映画の白眉である。義母（東山千栄子）の葬式が終わり、愛する者をそれぞれ亡くした二人がお互いを思いやって別れゆくこの場面は、私たちの心に静かな波紋を呼び起こす。／しかし私の心を刺したのは、この美しい惜別の場面ではなく、義父と別れて車中の人となった紀子が見せる喜怒哀楽を拒否したような表情だった。周囲へ細やかに心を配り、常に笑顔を絶やさない紀子に一瞬訪れたこの不可解な表情は、いったい何なのか。／シナリオのト書きには、「紀子、形見の時計を耳にあて、懐かしく思いに耽る」と書かれたこの場面は、出来上がった作品では、何かを思いつめたような紀子の表情が映されている。紀子に表れたこの翳りは、いったいどこから来たものなのだろうか」

論文では第四章で「東京物語」が登場する。「紀子」を昭和二十八年という映画公開年に生きた「戦争未亡人」として捉え直している。千代田の研究は、川本三郎の『今ひとたびの戦後日本映画』の影響下にある。川本の同書は、「戦争未亡人」と「復員兵」をまずクローズアップして、戦後日本映画が負った戦争の影に焦点を合わせる。当然ながら最初に登場するのは「東京物語」の紀子だった。

千代田の研究は「戦争未亡人」を子供の有無によって二分する。「東京物語」の原「紀子」には子供はいない。数多の戦争未亡人は子供を抱えて苦労している。子供の存在に救われている。子供がいるから苦労の甲斐もある。「日本の悲劇」の望月優子もその一人だ。原「紀子」は戦争未亡人の中では少数派である。しかし、紀子の世代の女性たちを見渡せば、単純に少数派とも言い切れない。「紀子が抱えた喪失感は、社会問題として取り上げられることのなかった、学徒動員によって結婚する機会を失った、百万人の独り暮らしの女性たちのそれとも重なる」。つまり、原「紀子」は同世代の独身のまま戦後を生きた女性たちの一人でもあるのだ。

千代田は岩波新書の『ひとり暮しの戦後史――戦中世代の婦人たち』（塩沢美代子・島田とみ子著、昭和50年）を使って、大量の戦死者が出たため、配偶者を失うか、配偶者に恵まれなかった百万人の女性たちの存在に目を向ける。「社会的寡婦ともいうべき存在」（『ひとり暮しの戦後史』）である。「敗戦を二〇歳で迎えた」婦人をその世代の中心とすれば、「東京物語」の紀子はまさにその年齢である。紀子は昭和二十八年に二十八歳という設定なのだから。「晩春」の紀子、「麦秋」の紀子は、「東京物語」の紀子より少し年上だが、やはりこの世代に含まれる。「晩春」と「麦秋」ではお婿さんが見つかって映画が終わるが、「東京物語」の紀子の将来は曖昧である。シナリオのト書きを真に受けることはできない。紀子は百万人の「社会的寡婦」のうちの一人として生きてゆくのだろうか。

「東京物語」という映画のわかりにくさはラスト近くに集中している。二十世紀アメリカを代表する批評家スーザン・ソンタグは映画監督でもあるが、「東京物語」を二十回見ている。最晩年にニューヨークのジャパン・ソサエティーで講演した時に、そう語ると観客席からはため息が洩れたという。「スーザン・ソンタグが選ぶ日本映画特集」を企画した平野共余子は『マンハッタンのＫＵＲＯＳＡＷＡ――英語の字幕版はありますか？』で、ソンタグの小津論を紹介している。

「日本映画の神髄は小津監督の『東京物語』の最後近く、原節子と香川京子の会話のシーンにあると言った。母の葬儀の後、香川演ずる妹は利己主義的にふるまう兄や姉に憤慨するが、それに対して原演ずる義理の姉はにっこり微笑み、でもそれはしかたないのよ、みんなそうなるのよ、と静かに諭すように言う。この英文字幕が「Life is disappointing」となっているが、人生はがっかりすることがたくさんある、世の中はいつもハッピイ・エンドにはならない、むしろ失望するようなこと、解決できないジレンマとどう折り合って生きていくかを日本映画は教えてくれる、というユニークな論をソンタグは出したのだ」

原「紀子」の「そう。いやなことばっかり」というあのセリフである。英語にするとニュアンスは違う。ソンタグの受け取り方にはズレを感じるのだが、致し方ないか。ソンタグは原節子、高峰秀子、田中絹代の三人を「世界の映画史の中で最も偉大な俳優の中に入る」と書き、「特に原節子に関しては、どんな作品でも上映したい」と熱愛していた。ソンタグのまとまった小津論を読むことができないのは残念である。

ソンタグがジャパン・ソサエティーで講演した年は、小津の生誕百年、歿後四十年にあたる二〇〇三年であった。その年にはコロンビア大学でも東京でも小津の国際シンポジウムが開かれた。双方に参加した蓮實重彥は東京では、「東京物語」の笠智衆と原節子の別れのシーンの演出を問題にした。「父親は心からの礼の言葉を述べ、「あんたはええ人じゃよ」と言い添えるのですが、そのとき原節子は、絶望というか、憤りというか、自己嫌悪とさえいえそうな「とんでもない」という一言を口にして、老父の笠智衆から顔をそむけて目を伏せる。その瞬間のショットが、私には消化しがたい異物のようなものとして残っております。長年連れ添った妻を失ったばかりの父親と、その義理の娘との血縁を超えた心の交流が描かれていると思えば、それでいいのかもしれません。しかし、それにしては、原節子の「とんでもない」という強い否定の言葉と、それを口にするときのいかにも暗い横顔が気になります。（略）この後、笠智衆が亡き妻の形見の時計を与え、それを手にして原節子が嗚咽する場面がありますが、「とんでもない」という強い否定的な言辞や悲劇的な横顔の印象が私には強く残ってしまいます。小津安二郎監督は、この気詰まりな一瞬にキャメラを向けることで、何を示唆しようとしていたのでしょうか」（『国際シンポジウム小津安二郎』）

ソンタグが注目した原と香川の会話の次のシーンである。原と香川の会話でも、この笠と原の会話でも、部屋の外には鶏頭が悲しげに立っていることは指摘しておいた。そのことと原の「とんでもない」は関係するのか。小津は何を語るわけでもない。軽々しく結びつけることは慎まなくてはいけない。蓮實は「いくつかの解釈は思い浮かびますが、いずれも想像の域を超えるものではありません」と、それ以上は語らず、「ただ一つ指摘しておく」として、蓮實映画論としては例外的な論点を打ち出している。「すべてを達観する境地に達している老父の視点から受けとめがちなこの場面を、まだ多くの悩みを解消しえずにいる若い戦争未亡人の側からとらえるという視点が、これまで欠けていたという点です」。蓮實はもうひとつ指摘をするのだが、それは『監督　小津安二郎』の「Ⅷ　憤ること」で解釈し尽くされている。「戦争未亡人」だけは蓮實映画論の剰余部分なのである。

思えば、「風の中の牝雞《めんどり》」は前半だけを取り出せば戦争未亡人映画だった。田中絹代の「時子」は幼な子を抱えて夫の復員を待つのだが、夫が戻るまでの生活は亡き夫の帰還を信じて生きる戦争未亡人と変らない。内職と売り食いの日々である。後半になって夫の佐野周二はやっと復員するが、夫との関係は壊れ、夫は幽鬼のように夜と昼の東京をさすらう。山中貞雄の「紙風船」が夫の傍らに転がり落ちていたことから類推すると、ヒロインに原節子を迎えてもよかったのかもしれない。そうなれば、設定もストーリーも大幅に変更されるのだろうが。

「晩春」の原節子は、東大教授の一人娘である。平野共余子が『天皇と接吻――アメリカ占領下の日本映画検閲』で明らかにしたように、当初の設定では、海軍に徴用されて身体を悪くしていた。それがＣＩＥ（民間情報教育局）のシナリオ検閲により、「無理に働かされた」と変更させられている。紀子は「第一」出身、つまり府立第一高女（現在の都立白鷗高校）を出た令嬢である。海軍に徴用されたといっても、その職場は、若い海軍士官や海軍主計士官がたくさんいるあこがれの職場だったと思われる。阿川弘之の『春の城』や、三島由紀夫に続いて日本刀で自殺した村上一郎（評論家）の未亡人の伝記である山口弘子『無名鬼の妻』を読めば、その雰囲気は想像できよう。

「晩春」では紀子はまずは淑やかな姿でお茶会に現われる。原節子の典型的イメージで登場するが、すぐに屈託なく笑い、お喋りするお嬢さまという実像に変わる。女学校時代の親友・月丘夢路から「何さ、ヒス。だからあんた、早くお嫁に行きゃいいのよ」と突っ込まれるような、我が儘な一面はかなり描写されていた。

「麦秋」の紀子は丸の内のオフィスで男に伍して働く有能な職業婦人であり、存在は輝いている。兄の笠智衆に向かって、「今まで男が図々しすぎたのよ」、「（お嫁に）いけないいんじゃない、いかないの」と反論して、へこましてしまう。兄嫁の三宅邦子という味方もいて「しっかりしっかり」と応援してくれる。杉村春子から無理筋の縁談を告白されても、「あたしみたいな売れ残りでいい？」と言える裏返された自信に満ちていた。

「晩春」の月丘夢路といい、「麦秋」の淡島千景や井川邦子といい、女学校時代の友人たちとは、冗談も言えるし、じゃれ合いもし、喧嘩もし、何でも相談できる。既婚未婚を問わず、一生涯の友人関係を築いていた。とくに「麦秋」の原「紀子」は理想的なまでに輝いている戦後日本の女性であろう。

「晩春」「麦秋」に比して、「東京物語」の紀子は元気がない。肩身が狭い。一歩下がって、威儀を正している。率直な物言いをしない。具体的なプロフィールは映画の中で明かされていない。昌二という夫が戦死したこと、いまは二十八歳で、東京でひとり暮しをしている。それくらいしかわからない。親兄弟はいるのか、いないのか。仲のいい女学校時代の友人はどうしているのか。帰宅後や休日をどんな風に過ごしているのか。どれもこれもが描かれていない。画面の中だけで判断すれば、「晩春」「麦秋」の紀子がぬくぬくと家族に守られていたのに、「東京物語」の紀子は寒風の中にひとり立っているようである。

勤めている会社は画面に出てはくる。紀子の表情に潑溂さはない。仕事に打ち込んでいる様子も感じられない。お給金を貰うための時間といった感じだ。一日の休暇を貰うために上司に話しかけても、上司は紀子の方に顔も向けずに返事をする。久しぶりに会った笠智衆が「前の会社にお勤めか」と尋ねたとき、紀子は「はあ」と肯定とも否定ともとれる返事をしている。それだけで紀子の生活において会社の占める比重がわかってしまう。アパートの隣室の主婦は親切そうだが、お隣りには夫も可愛い赤ちゃんもいる。境遇がまったく違う。

「東京物語」で衝撃的なのは、昌二の兄弟たちが誰も戦死した昌二について触れようともしないことだ。平山医院に集まった時も、東京駅で列車を待つ時も、それどころか尾道でも。古井由吉が描写していた尾道の料亭での食事のシーンでは、家族旅行の思い出が話題に出る。その時も誰も昌二の思い出を語らない。紀子はほとんど言葉を発さず、黙々と箸を動かす。紀子にとっては息詰まる時間だったのではないか。

「麦秋」の章で指摘したように、戦死した省二について思い出して語るのは、間宮家では両親（菅井一郎と東山千栄子）だけであった。杉村春子と二本柳寛（省二の旧制高校時代の友人）の親子は省二を折りに触れて思い出していた。それが原「紀子」の結婚を決める理由であろう。「東京物語」で昌二を思い出すのは、両親（笠智衆と東山千栄子）だけである。山村聰、杉村春子、大坂志郎、香川京子の四人は誰一人、昌二を思い出そうとしない。不人情というのは当たっていない。それが戦後日本の現実だったと小津は言いたいのか。昌二をまだあきらめきれない東山は死に、これから昌二について語り得るとすれば、笠智衆しか残っていない。その笠から「もう昌二のこたア忘れて貰うてえゝんじゃ。いつまでもあんたにそのまゝでおられると、却ってこっちが心苦しうなる。——困るんじゃ」とやさしく言われても、困るのは紀子の方ではなかったろうか。

「麦秋」の中で「空」（そら）に目を向ける人物は限られていた。「東京物語」ではことさらに空を見る人物はいないが、空と共に画面に写り込まれるのは笠智衆と東山千栄子と原節子である。荒川土手で孫に語りかけると東山、はとバス観光の途中に寄った松屋デパート屋上での三人、熱海の海岸の笠と東山、上野の橋上の笠と東山、尾道の夜明けの笠と原「紀子」。どれもが忘れ難いシーンである。熱海の海岸の笠原節子が尾道ロケに参加したのは、あのシーンを撮るためだけである。そのために午前三時から撮影の準備をし、二日間かけて浄土寺でロケされた。現場は早朝にもかかわらず、見物客が続々と押しかけた。「小津監督はこの有様に辟易の態で」、「凝り屋の小津監督にしてはスピード撮影」だった（「映画ファン」昭和28・11）。

東山千栄子が此の世に遺す言葉はなかったのだろうか。それとも思いがけなく昌二の蒲団に寝た夜、原「紀子」と語らったことがすべてで、もう言い遺すことはなかったか。そのことも「東京物語」を反芻していて気になってくる。「とうとう宿無しンなってしもうた」笠と東山だが、笠は元兵事係の服部（十朱久雄）と元警察署長の沼田（東野英治郎）と痛飲して、お互いの腹の中をぶちまけて語り合うことができた。ここでちょっと寄り道をしておくと、服部の家が狭かったので、外に飲みにいくことになった。古井由吉は『東京物語考』で、東京の住宅事情についても書いていた。「敗戦後の五、六年まではまだあちこちに、一戸建ての家に何世帯かが住まうという形が見受けられた。人の出入りは一戸一世帯の家よりも当然繋くて、客の取継ぎあいなどをするうちに世帯のあいだの隔てもおのずと、間仕切り同様に薄くなる。また失業者、半失業者の溢れていた時代でもあり、住人たちは大なれ小なれ暮しに行詰まっていた」。映画「東京物語」と関係なく書かれた部分なのだが、この回想は「東京物語」の恰好の脚注ともなる。「東京物語」のストーリーを動かしているのは当時の東京住宅事情であった。祖父母のために追いやられた孫の勉強机、美容師の寄り合いがあるため邪魔者扱いされて熱海に行く羽目になる両親、部屋が狭くて笠が泊れなかったのが幸いしての東山と原「紀子」の二人だけの夜。沼田の倅が言い訳にしている「東京は人が多《オ》ゆうて上がつかえとる」ではないが、上だけでなく縦横、右左も人でつかえていた。

笠はこの夜、沼田の不満の尻馬に乗って、「わしも不満じゃ」と文句を口にできた。賑やかな酔っ払いたちの夜に比して、紀子の部屋は静かである。紀子は義母の肩を揉んで疲れをとってあげている。ここまでの数時間、二人はどんな会話をしたのだろうか。映画では省略されているのでわからない。就寝前に東山は、「あんたが気の毒で」、「えゝ人があったら、あんた、いつでも気兼ねなしにお嫁に行って下さいよ」と懇願する。原「紀子」は、「いゝんです。わたし年取らないことにきめてますから」と応じる。千代田明子は『戦争未亡人の世界』で、紀子が義母の問いかけを「はぐらかし、本心や愚痴を言うまいとしてい」て、さらには「再婚をすればすべてが解決するのかという「戦争未亡人」紀子のひそかな反論」を読み取っている。

紀子にとってショックだったのは、まさか此の世の最後の会話になろうとはと油断していたことだろう。最後であるとわかっていれば、と悔やまれたのではないか。東山にはこれが最後という微かな予感はあったであろう。それにしても、荒川土手での孫への「勇ちゃん、あんた、大きうなったら何になるん？」という語りかけのシーンにあった開放感が紀子の部屋ではなかった。大きな空がそこにはないから仕方がないかもしれないが、紀子は最後まで他人行儀過ぎたのではないだろうか。

ソンタグが「日本映画の神髄」といったシーンではどうだろうか。ここではさすがに相手が年下の義妹であるから、原「紀子」の硬さは取れている。胸元の大きく開いた「勝負服」である。そればかりでなく、並んでいる香川と比べると歴然だが、香川の白いブラウスの半袖は二の腕の途中まで来ているのに、原「紀子」は二の腕をほとんど晒している。小津の決めた衣裳であるから、これも小津の演出である。千代田明子はこのシーンでなく、笠との会話で泣く時の原「紀子」の腕に注目している。「顔を隠して泣く紀子の太い腕には、はかなげな「未亡人」像も、「肉体の門」のような官能性もみられない」と。私の感想を記しておくとすると、原の彫りの深い顔立ちとあの腕からは西欧の彫刻のような理想的人間像を想像した。ミロのヴィーナスにもし腕があったなら、こんな腕ではないか。そう思ってミロのヴィーナス像をあらためて見ると、失われた腕は傷痍軍人ででもあるかのようだ。

「あたくし、猾《ずる》いんです」も「一日一日が何事もなく過ぎてゆくのがとても寂しいんです」も「とんでもない」も、解けない謎として残る。その答えが出せないから、「東京物語」は繰り返し見られていくのだろう。

原節子自身が「戦争未亡人」について何か語っていないか。そのことが気になって「東京物語」撮影前後の原の発言を探してみた。昭和二十年代には原節子のインタビューは映画雑誌と婦人雑誌によく出ている。マスコミ嫌いなのだが、インタビューを受けるとなると、話は面白い。「婦人生活」昭和二十七年（一九五二）九月号には、「沈黙のスター原節子さん大いに語る」という八ページの記事が載っている。この中に、原節子の戦争未亡人観が語られていた。「東京物語」の一年前である。インタビュアーは読売新聞の映画記者・谷村錦一で、クダけた雰囲気が出ている。

「最近、困ったデマ、ゴシップがある？」という質問には、「まあ、開き直ってお聞きにならなくったって、万々御承知でしょう（笑声）」と逃げる。婦人雑誌にあまり出ないのはと訊かれると、「芸能雑誌だけで一杯なんですよ。それ以上婦人雑誌、娯楽雑誌までやっていると、とても時間がないんですね。それに何時も引受けなくちゃいけないという法律も別にありませんしね（笑声）」とかわす。快調なノリである。話は定番のように「結婚」に触れていく。取材のたびに必ず訊かれる質問で、原節子はもううんざりだろう。原が「結婚生活というのは、やっぱり女性の理想」と言うと、そこで記者が「空襲のときなんか結婚しようかなという気分になったことはありませんか」と割って入った。

「いゝえ、私はあのとき、意地汚ない話ですが、食糧探しに大わらわだったの（笑声）、（略）あの頃一週間位の花嫁さんが大勢残ったでしょう。私はあゝいう場合に、人ごとながら感じたの。どうしてあんなに慌てて結婚するのか。子孫をもうけたいのか知りませんけど死ぬ事が分って、死を前提にして、どうして結婚なんかできるかしらと思った。人間は精神と肉体と、どっちが重いか軽いかいえないものでしょう。どんな好きな人でも、結婚というおごそかなけじめをつけて結ばれた人と、結ばれない人とは、悲しみがちがうと思うんです。精神としたら同じでも、そこが人間のはかり知れないところで、現われた表面的なものと、内面的なものと、そういうものがちょっと自分自身にわからないわけでしょう、あの場合一番考えたのは、好きな人に死なれて、よく生きておられると思ったのです。ちょっと、いまの未亡人には悪いけど、私だったら、目がつぶれる位《くら》い泣きはらして、盲になるんじゃないかと思ったわ。人ごとでもよ。どうしてそんなことができるのかしらと思った。それで、若し自分が好きな人とか、旦那様がこうやって死んだなんていう［戦死］公報が入ってきたら、私ならとても生きていられないと思ったわ」

原節子が話題にした「戦争未亡人」は敗戦直前の戦局が行き詰った頃に召集された男が子孫を残すために急いで結婚し、新婚早々に出征して、帰ってこなかったケースを頭に描いているようだ。子孫を残すためだけの結婚は、あの頃によくあった。そうして結婚した婦人に対しては同情を持っていない。そのことを包み隠さず喋っていて、人気商売なのにとマネージャーならヒヤヒヤする発言である。臆さない人だ。もし好きな人が戦死したら、自分は生きてはいられないというのも激しい発言である。いまを懸命に生きている未亡人たちへの慮りなく、自分の意見を喋っていて、いっそ潔いくらいである。

この雑誌記事を小津か小津の関係者は目に留めただろうか。あるいは出演交渉などの機会に、小津のほうから原節子に、「今度は戦争未亡人の役ですけど、原さんは戦争未亡人の方々にどんな思いがありますか」と聞いたりしただろうか。原の意見はかなり極端なもので、シナリオには活かしにくかったかもしれない。「麦秋」の時とは違って、原の日ごろの意見をシナリオに取り込むことはできなかったろう。

原節子は結果的には最後まで結婚しなかった。その後半生は謎に包まれたまま表舞台には一切出なかった。原節子は「社会的寡婦」世代の一人として生涯を全うした。小津映画の中の原「紀子」は「東京物語」までで、昭和三十年代になると、役名は変わり、「東京暮色」では子供を連れて実家に戻っている主婦「孝子」に、「秋日和」と「小早川家の秋」では子供のいる未亡人「秋子」となった。

「東京物語」には、もう一人の戦争未亡人が出演している。こちらは本物の戦争未亡人である。熱海での夜、笠と東山は賑やかな客たちの傍若無人な雑音、麻雀の騒音に悩まされて眠れない。その時、外では三人の艶歌師が「湯の町エレジー」と「燦めく星座」をやって、安眠を妨害する。その一団の真ん中でアコーディオンを弾いている中年の女性がいる（画面で見る限り杉村春子似だ）。名前は村上茂子といい、松竹大船撮影所の専属楽団の演奏者だった。

この女性については、笹沼真理子「村上茂子さんのこと」（「シナリオ」２０１４・11）が行き届いた調査をしている。大正三年（一九一四）に浅草の歯科医院の長女に生まれ、眼鏡店の次男と結婚した。結婚十年後に、夫は召集され、南方で戦病死する。子供はなく、茂子は実家に戻り、ほぼ独学で覚えたアコーディオンで生計をたてた。「リンゴの唄」の並木路子、「東京物語」におでん屋の女将役で出ている桜むつ子と親しかった。この「村上女史」は「小津日記」「蓼科日記」に登場するが、笹沼の調べでは小津の復員から遠からぬ時期から接点があったという。茂子は再婚話があっても断り続け、浅草で暮らした。世代的にはやや上だが、戦後の「社会的寡婦」の一人である。小津と男女の仲になったのがいつ頃からだったかは特定できない。笹沼は調査の上で次のように推定している。

「戦争で夫を亡くし、再婚せずに夫の姓を名乗ったまま生涯暮らしていた」茂子さんに、『東京物語』の紀子の境遇が重なってみえる」。「確かなことは『東京物語』が撮影されるよりも五年以上前に、小津監督と茂子さんの交流は始まっていて、その境遇を小津監督や、脚本家の野田高梧が知っていた可能性は高い」。「茂子さんの存在は、作品の設定などに影響を与えていたことも十分考えられる」。

村上茂子は一九九〇年（平成二年）に七十五歳で亡くなった。食道癌だった。本人の希望で、夫が眠る根津の村上家のお墓に葬られた。

第九章　原節子結婚説――「痒い」平山「痒い」小津

「**本誌**　今日は『小津安二郎監督を語る』という題で、小津作品に縁の深い、また小津監督のお気にいりの皆さま方に……。
淡島　嘘だァ（笑）
原　何云ってんの。今度の『お茶漬の味』にも出ているじゃァないの、淡島さんは……。
淡島　だって、私なんかおつきあい一番浅いわ。『麦秋』と『お茶漬の味』の二本ですもの……。
三宅　そういう意味でなくてさ、原さんなんか……。
原　なアーに？
三宅　ご謙遜。
原　何を云ってるのよ。私だって『晩春』と『麦秋』の二本よ。
三宅　その二本がねえー。（笑）
淡島　この中では、小津先生の作品に出演されたのは三宅さんが一番多いんでしょう？
三宅　そうでもないわ。最初が『戸田家の兄妹』で、『晩春』『麦秋』それから今度の『お茶漬の味』でしょう。四本だわ。
原　私たち二本ずつだから、三宅さんは私たちの倍しゃべらなくちゃァね。
淡島　そうよ、ねえー」

原節子と三宅邦子と淡島千景が和気藹々のうちに語る座談会「がっちりして大きい小津先生」の出だしのやりとりである。「映画ファン」昭和二十七年（一九五二）十月号の「特集　小津安二郎監督全集」という企画の一つで、特集は筈見恒夫「小津映画の魅力」から始まり、野田高梧「随筆・小津安二郎」、里見弴「良識」、厚田雄春「潔癖な人」といった最も親しい人たちの証言、さらには小津の「放談」（聞き手は大黒東洋士）もある。「麦秋」に続く新作「お茶漬の味」公開に合わせての雑誌企画だった。

「小津監督のお気に入り」の三女優の会話は、まるで「麦秋」の女学校時代のクラスメートそのままである。「麦秋」では、原「紀子」と淡島「アヤ」の二人が「ねえー」を連発して、「売れ残り」共闘を組んでいたが、この座談会では、三宅と淡島が愉しそうに共闘して、原節子を冷やかしている。「監督のお気に入り」は誰が見たって原さんよ、ねえー。「晩春」「麦秋」で共演した三宅の実感なのだろう。「ご謙遜」、「その二本がねえー」という三宅の言葉は、小津と野田が書いたセリフみたいで、笑ってしまう。

「麦秋」で兄嫁役だった三宅は茅ヶ崎の砂丘でのクレーン撮影に、原と一緒に出演した。子連れの医者・二本柳寛との結婚を決めた原「紀子」は、兄嫁にだけは自らの胸中を打ち明ける。「ほんとはねお姉さん、あたし、四十になってまだ一人でブラブラしているような男の人って、あんまり信用出来ないの。子供ぐらいある人の方がかえって信用出来ると思うのよ」。このセリフは、原と親しいシナリオライター澤村勉から得た情報をもとに小津が創作したものだ。ふだんの原は、「もしあたしと結婚してくれる人がいるとしたら、子供がいて奥さんに死なれた人ぐらいね」と、冗談のように口にしていたからだ。小津は「麦秋」のセリフが出来たと澤村に読み聞かせた時、そのセリフの後に、「ただし小津さんは別よ」と付け加えて、楽しそうに笑った。澤村にはいつまでも強く印象に残った小津の冗談だった（第四章参照）。「麦秋」撮影時には小津は四十七歳で、正真正銘のブラブラ独身、原節子は三十一歳の「売れ残り」である。

幻のセリフ「ただし小津さんは別よ」は、澤村から原に伝えられただろうか。この幻のセリフは、小津のお気に入りだった。というのも、「麦秋」のリハーサルで、この「セリフ」を小津は口にしているからだ。小津は撮影前日に、翌日撮るシーンの出演者を集めて、本読みをやるのを常とした。『小津安二郎　人と仕事』を発行し、『小津安二郎全集』の編者でもある井上和男が、『全集』別巻に書いた「私的小津論〈ひと・しごと〉」の中で、三宅邦子から聞いたとっておきの逸話を記している。

砂丘シーンの本読み（リハーサル）の時である。原「紀子」が自分の結婚相手についてのセリフを発したら、小津は「このセリフの言葉尻に、「でも、小津さんは別よ」と、チャチャを加えて、当の原節子以下の爆笑を誘った」というのである。本読みには出演者の三宅も同席していたのだから、三宅が一年後の座談会で「ご謙遜」とからかいたくなるのももっともである。からかうというのは適切でないかもしれない。二人の関係が進展することを暖かく見守っている、応援しているという空気が感じられる。この座談会は、小津も当然目を通す。それを承知で喋っている。原節子にしても、「この座談会ね、誰が何をしゃべったのか分らない様に漠然と書いて、反対に小津先生に誰が何をしゃべったか当てゝいただいたら面白いでしょうね。（笑）」と言っているくらい、誰もが読者としての小津を意識していた。

井上和男は三宅証言を記し、「冗談の中に、本心が潜んでいる。小津の、『晩春』以来の原節子への思い入れは、並ではない」と書いた。井上は松竹の助監督だったが、小津組ではなかった。小津と特に親しくなるのは「東京物語」の次作「早春」の頃からだが、それでも小津と原節子との特別な関係は承知していた。井上は小津映画に出演する原の役は、「どれをとっても、小津が原節子に托す、〈清純〉な、そして〈豊潤〉な美がある。要するに、小津は原節子が好きなのである」と断定し、二人の仲を推察している。

「対して原節子は、東宝の所属女優でありながら、小津映画から声がかかれば万難を排して出演している。こちらも小津を信頼しているのだ。／じゃあ一緒になればよかったじゃないか、と言われる。近頃の映画、TVの女優さんのように、結婚したり離婚したり、それが人気のバロメーターになると錯覚して、それ専門の女優まで現われる、実に阿呆らしい限りだが、小津・原時代は、好きイコール結婚ではない。男も女も、もっと奥ゆかしい」

小津のシャイネスは有名である。「晩春」のプロデューサー山本武は『人と仕事』に、小津の原との初対面の様子を書き残している。「原さんを見たとたん、ポーッと小津さんの頬が赤く染った」のである。しかし、これだけでは特別どうということはない。小津は赤面症だったから、相手が原節子でなくても、赤くなるのであった。原と別れた後に、小津は山本に「節ちゃんて美人だなあ」と洩らした。映画監督なのだから美人は見慣れているのに、この言が出た。身内の山本プロデューサーについ本音を洩らしたのだ。山本も、「この世にこんな美人がいるのか」と同じく感嘆している。それくらい「類いまれな美女」であった。原の方はどうだったか。三宅、淡島との座談会で、原は語っている。

「そう、私、はじめて先生にお会いしてびっくりしたわ。写真で拝見したときの想像では、骨の細い華奢な方だとばっかり思っていたでしょう。そうしたらガッチリしてらっしゃるので……」

「私、はじめそんなに偉い方だと知らなかったの。ところが気を使って下さって「ほら、原さんが立ってるよ。椅子。」なんて助監督さんに云ってくださるでしょう」

二人の初対面がいつどこでだったかは不明だが、その時点で原は東宝の黒澤明「わが青春に悔なし」だけでなく、松竹大船で吉村公三郎「安城家の舞踏会」に出演している。「晩春」の年には、やはり松竹大船で木下惠介「お嬢さん乾杯！」、東宝で今井正「青い山脈」も撮るのだから、小津の大きな存在に気づいていないとしたら、原節子は小津以上の大物で、小津は既に位負けしている。

座談会では、三宅が喋る小津の「体に似合わぬ可愛いゝ声」や、立つ時にズボンをあげる癖の話に、原は「鼻声みたいな」「個性的な声なのよ」とか、「さっきからそれ「ズボンをあげる癖」思い出しておかしくッて仕方がなかったんだけれど……。もうこの座談会よしましょうよ。（笑）」と反応している。小津監督、かたなし、といったところか。

座談会の一年前、「麦秋」が封切られた一ヶ月後に、小津と原節子の結婚の噂は活字になっていた。昭和二十六年（一九五一）十一月十二日付けの朝日新聞である。この頃はまだ朝刊は四ページ建てで、記事は厳選されている。しかも、信用ある全国紙で堂々と記事にされたのだから、驚くしかない。記事の主役は原で、小津は相手役である。「うわさを洗う」という特集記事の第一回で、タイトルは「原節子結婚説」。「うわさを洗う」は十回のシリーズ物で、その第一回目に選ばれたのが原の結婚の「うわさ」だった。ちなみに、残りの九回分をチェックすると、日本を棄ててパリ永住の藤田嗣治が帰国する、南原繁東大総長が政界に転じ野党の総裁になる、といった大物の去就がある。社会ダネも取り上げられ、パチンコの玉は兵器の弾丸に転用できる、警察予備隊に追放解除となった旧軍人が大量採用されたのは軍国精神を叩きこむためだ、プロ野球のセ・パ両リーグが一本化される、などの虚実である。それらを差し置いての「原節子結婚説」であるから、皇室の慶事並みの国民的うわさと認定されたわけだ。記事もなかなか手がこんでいる。

「恋の道草を食わず、演技ひとすじで三十一歳、〝純潔と独身〟が一枚看板の女優原節子が「いよ〳〵結婚する」というウワサ。前作『麦秋』（松竹）で婚期を逸した娘紀子を演じ、次作の『めし』

（東宝）では台所をはいずりまわる人妻の三千代をつとめ、画面の上では娘から人妻へ飛躍したわけだが、このウワサ果して〝根も葉も〟あるか？　ある新聞記者は彼女を尾行までして果報者？の所在を追及したあげく、〝捜査〟を一応打切ったという。そして相手は、一説に松竹の小津安二郎監督といい、また一説には三十台の電気技師だというが……」

　この記事がなんとも力の入っているところは、本人に直撃取材を敢行している点だ。本人といっても、原節子だけで、小津や電気技師に取材するつもりはないらしい。

「所は東宝撮影所『めし』のセット撮影を終って昼休みになったところで演技課の部屋を訪ねてみる。案内役の宣伝マン「このウワサ以来、女史ははなはだオカンムリで、われわれもニラまれちゃってネ。取次ぎだけで勘弁して下さいヨ」と取次いだだけでスタコラ退散のあと、英百合子その他と車座になって昼飯をパクついているところを、外からガラリ。トタンにドーランだらけの顔の中で、大きな眼がギロリとこっちを向いて、「そのお話でしたら、あたくし大変迷惑していますの。現在は、どなたとも結婚話は決っておりません。方々でそんなウワサを聞くので、家の者と〝結婚しなくちゃ悪いわね〟と笑い話にしているくらい」と断固、ニベもない」

　カタカナ多用のこの記事を読んでいると、天下の朝日新聞というよりか、「第三の新人」の小説家がモノした軽妙エッセイでも読んでいるかのようである。原節子にとっては迷惑この上ないのだが、後になってみると貴重な証言を本人から引き出してくれている。この記事の凄いところは結論が出てしまったその後の部分にある。原と小津、それぞれの最高のキーパーソンにもウワサを直撃しているのだ。

「念のため原節子の義兄熊谷久虎氏にたずねてみると「小津監督とのウワサは『麦秋』を撮った時、二度ほど義妹を訪ねてきたのが誤り伝えられたのだと思う。それにこれはいゝたくないが、義妹はさきごろ患った直腸ガンの予後でもあるし…」結婚話などとても、と否定はすこぶる学究的。一方、当の小津監督の母あさえさん（七七）は「セガレは女優さんとは結婚したくないというのが持論ですよ」そしてもう一人の相手〝三十台の電気技師〟に至っては、どこで聞いてもついに〝捜査線上〟に登場せず」

オフレコとして語ったのだろう「直腸ガン」を「学究的」の理由のもとに公開する知能犯ぶりで、結局ウワサの出所は東宝の宣伝マンだったということでケリをつけている。記事には原節子のコメントが最後にまた登場する。

「結局、節子女史のいうように結婚説は映画『めし』の「おかずに使われた」次第。たゞし女史といえども「良い人があれば何時でも堂々と結婚致します」そうで、その夫たるべき条件は「なるべく四十台、結婚後まじめならタイプ問わず」とある」

『麦秋』のセリフと違って、初婚で子供がいなくてもさしつかえないようで、「四十台」の小津はこの記事で、候補者として復活する資格を得ている。小津がこの記事を見て、手帳に「このところ　原節子との結婚の噂しきりなり」と書き込んだ件は有名である。この記事の出た日、小津は「野田さんに会う　［関西］旅行のあらかたの方向を決める　とにかく十四日出発とする」と手帳に記した。野田が「結婚説」を話題にしたかどうか。話題にしたとしたら、三宅邦子のように冷やかしたか。間違いなく言えるのは、「このところ　原節子との結婚の噂しきりなり」と手帳にこっそり記す小津の姿を見つけたならば、野田はここぞとばかりに冷やかしたろう。それとも、小津の代理人として、鎌倉でもすぐ近所に住まう熊谷久虎のもとへ使者として赴いたか。

小津に面と向かって原節子との結婚を聞いた人間が二人いる。二人しかいなかったというべきか。その二人はどちらも松竹の人間ではなかった。一人は昭和二十五年（一九五〇）に小津が新東宝で撮った「宗方姉妹《むねかたきょうだい》」のプロデューサー児井《こい》英男（後に小津の助言で児井英生と改名）、もうひとりは「宗方姉妹」で美術助手をつとめた永井健児である。永井は『小津安二郎に憑かれた男――美術監督・下河原友雄の生と死』の著者で、「宗方姉妹」の美術を担当した下河原友雄の助手だった。下河原は大映の「浮草」、東宝の「小早川家の秋」と小津の他社作品で美術を担当し、小津が住む予定だった蓼科の山荘「無藝荘」の設計も任されていた。小津にひたすら惚れ込み、人生の師と仰いだ。大冊『人と仕事』の「編輯者」として、小津日記を筆写し、読み解いて年譜の作成も担当している。まさに「小津安二郎に憑かれた男」だった。

永井の『小津安二郎に憑かれた男』は、小津、下河原、さらに永井自身（本の中では「私」、小津からは「ボク」と呼ばれている）、三者三様の映画への取り組みと挫折を描くノンフィクションである。永井は自身の日記をもとに過去を再現していて、小津の姿も口調もリアリティに富む。余りに小説的に再現され過ぎていないかと最初は半信半疑になったほどだ。この本を読んだ児井英生は自身の伝記を永井に依頼し、『活動屋児井英生――俺が最後の〈プロデューサー〉だ！』が児井の死後に完成している。「小津安二郎に憑かれた」下河原は小津に傾倒し切っていたが、助手の永井は「宗方姉妹」の現場で、小津にあからさまに反抗し、職場放棄をした二十一歳の映画監督志望の若者だった。

「先生、先生はどうして原さんと結婚しなかったんですか……」

永井が単刀直入に小津に質問をぶつけたのは、昭和三十四年（一九五九）の「浮草」撮影中だった。映画の仕事に見切りをつけた永井は、三十一歳になっていた。永井は下河原に、またスタッフに加わらないかと声をかけられた。その誘いを永井は断る。「仕事中の小津の自我の強さがたまらなかった。また監督の好みだけに巻き込まれてオリジナリティが発揮出来ないと思ったからだ」。下河原はそれでも顔を出すように催促し、永井は撮影所に見学に行く。撮影終了後、小津と下河原と永井の三人で小料理屋へ入った。永井のぶしつけな質問に、小津は「……おい、驚かすなよ」と言い、下河原は「失礼だよ、永井君！」とあわてた。小津はおもむろに答えた。

「「俺に正面からそんなこと訊いてきたのは、いままで児井君しかいなかったんだぜ。ボク［永井のこと］は相変わらずいい度胸してるぜ」

小津は私の顔を見ながら照れていた。しかし、突然の質問に怒ってはいなかった。

「噂だよ、単なる。〝浮名儲け〟ってヤツだ。あんな美人と噂になったら、ボクだって悪い気はしないだろう。そういうわけだ。美人は離れて見ているに限る……」

小津が卓上にこぼれて光っている酒に目を移し、しばらく沈黙した。私はそれが小津の本音ではないことを感じた」

永井が「小津の本音」ではないと感じたのには、小津と下河原との間の愛情問答を下河原から何度も聞かされていたからだった。永井は「麦秋」の原節子が大変美しかったことを下河原に伝えたことがある。その時、下河原は「愛を感じた時に、女は一番美しくなるものさ……」と独り言のように呟いていた。昭和二十七年（一九五二）の春に、下河原は小津と野田と一緒に飲んだ。妻子持ちの下河原はその頃、悩んでいた。小津は「恋でもしてるんじゃあないのかね」と下河原の急所を衝いた。

「「下ちゃん、行動はどうかしらんが、気持はもう、その女優さんを完全に追ってるな。（略）カミさんに何か［ガタガタ］言われると、反射的に彼女を思い出すと言うのは、カミさんに代わるべき存在として下ちゃんが意識してるからだよ。それに、異性に恋いこがれると、男も、色気のようなものが滲み出るものさ、ねえ、野田さん」（略）この時下河原は、小津に内心を見透かされているようで狼狽したという。同時に、小津がこうしたことを執拗に話しかけてくるのは、小津自身と原との問題が投影されているからだとも思ったと、のちに私に語った。（略）中年の二人の恋が同時進行していたとみていいだろう」

『小津安二郎に憑かれた男』には、下河原から永井に宛てた昭和二十七年（一九五二）秋の手紙が引用されている。「先生の『お茶漬の味』見ましたか。先生としては少々失敗作のようで残念でした。そう言えば、この春茅ヶ崎館へ行った時、先生が「原くんが出るとベストワンになるねえ」なんて言って笑っていました。『晩春』と『麦秋』のことです。雑誌などで先生と原さんとの結婚の話が流れていましたが、先生も原さんを好きなようです。しかし、ひどく悩んでいるようです。（後略）」。

昭和二十八年（一九五三）四月下旬にも下河原は茅ヶ崎館に小津と野田を訪ねている。二人が「東京物語」執筆中の時だ。「なんか、悩みがあるなあ。この前の話の女だろう」と小津も野田もニヤニヤした。

「「下ちゃんは、その女優を本当に好きなのかね。厳しい目で見直したことあるのかね。（略）今、どんな関係になっているのか知らんが、本当に好きだったら、距離をおいて見ていた方がいいんじゃあないかな。それができなけりゃあ、単なる浮気にしておくんだ。（略）そんなに好きな女優と一緒になって、毎日の生活で裏側まで見たらイヤになっちゃわないかね。離れて見ていた方がいいんじゃあないかなあ……。（略）愛と絶望ってのは、一枚の紙だぜ……」。／この時下河原は、小津がいつもの照れを消し、まるで自分自身に言い聞かせているかのように思えた。／噂にのぼりはじめてから一年少々経った原との結婚についての、この頃の小津の正直な気持だったのだろうと、のちに下河原が私に話した」

下河原と永井は『人と仕事』編輯の過程で、小津の日記を徹底的に読み込んでいる。その日記に、この日のことは出ていない。昭和二十八年四月下旬にも、その前後にも下河原の名前は日記に登場しない。それがこの証言を完全には信じ込めない理由なのだが、反対に、日記に自分の名前がないことを承知で、下河原が話しているのだから、信憑性があるとも言える。判断が難しいところだ。

「離れて見ていた方がいい」は小津の確固たる信念だったようだ。小津の母が朝日の記者に語ったように、「女優さんとは結婚したくない」に通じるものがある。小津の妹の山下トク（千葉県野田市のキノエネ醤油社長）は、「文藝春秋」平成元年（一九八九）九月号「「輝ける昭和人」血族の証言55」で、兄は「おそらく原節子さんのことが好きだったと思います」と語っている。

「ただ、兄は仕事と私生活を切り離して考えようとしていました。あれだけの大女優［原節子のこと］を個人で所有するものではないと割り切ろうとしていたんじゃないでしょうか。／私は生意気に、／「お兄さん、いつも同じ映画ばかり撮っているじゃないの。結婚すれば、もう少し見方が変わるんじゃないの」／というと、／「それじゃあ、泥棒にならなければ泥棒の役はできないのか。そんなものではないのだ」／と怒られました。そのあと兄は、／「ところで、結婚というのは、そんなにいいものかい」／と訊くので、私も驚いて、／「兄さん、そんなことではないですよ」／といったのです」

「商品には手をつけない」という確固たる信念が小津にあったかどうかは定かではない。若き日の小津の周囲で見れば、親友の清水宏は田中絹代と「試験結婚」を試みたし、後輩の成瀬巳喜男は東宝に移籍してから主演女優の千葉早智子と結婚した（後に離婚）。先輩監督の池田義信は大スター栗島すみ子と添い遂げている。戦前の小津組のキャメラマン茂原英雄の姉さん女房が飯田蝶子、大部屋俳優の笠智衆は蒲田撮影所脚本部勤務の椎野花観《はなみ》と早々に結婚した。

小津自身も朴念仁だったわけではない。助監督仲間だった斎藤寅次郎は『人と仕事』で、小津の意中の人の名を次々に挙げている。島凉子（藤原釜足の姉。小津の母のように大柄）、滝田静江（大森でバーを副業経営）、伊達里子（ヴァンプ型）、井上雪子（混血の美少女）、それから後年の「小田原の芸者」も。伊達と井上は、よりによって小津映画の常連・斎藤達雄（「生れてはみたけれど」で主演）に失敬されてしまう。

「彼［小津］の努力が実って、井上雪子はスターになった。小津君は彼女となら結婚してもいいと思った。時期を待った。だが、それがいけなかった。いよいよプロポーズしようというその寸前に、またしても斎藤達雄におくれをとったのだった。（略）実らなかった原因は小津君にあると思えて仕方がない。意志表示をしないのだから、相手に通じる訳がない……結局、彼は純情過ぎたのか、それとも、好きなのに嫌いな風を装ってやせ我慢してたのか、私には分らない」

若き小津の胸中を察する材料に、「映画女優の場合」というコント風エッセイがある。「新青年」昭和五年（一九三〇）七月号の映画欄「chic ciné sick」に発表された（『文藝別冊　小津安二郎』に再録）。エッセイの舞台は聖林（ハリウッド）で、主人公は映画監督バッドマン。主演女優はお気に入りの新進ネンシー・レーン。「処女処女しい」ネンシー、実は別れた夫の間に七つの女の子がいるらしい。新作「母」の撮影中に、ネンシーの演技から噂を確信し、映画を撮る気力を失う。終わりの一文は、「そして何と映画界には、陽気な処女が、沢山戯れてゐる事か!!」。

単にそれだけのハリウッド悲喜劇譚である。あこがれのハリウッド事情を軽く紹介しただけともとれるが、小津はペンを執る時でも、あだやおろそかにするわけもない。しかも舞台の「新青年」は映画人注目のモダンな雑誌だった。小津の「その夜の妻」（八雲恵美子が和服で二丁拳銃を構える犯罪映画だ）は、蒲田撮影所長の城戸四郎が「新青年」同年三月号で見つけた探偵小説「九時から九時まで」を、野田高梧に脚色させたものだった。田中眞澄は『小津安二郎周游』で、「松竹蒲田撮影所で製作に携わる人々ならば、撮影所長以下、『新青年』という雑誌を常に意識していた」と伝えている。小津と同じ号には、日活の内田吐夢が「『シナリオ・ゲーム』をすゝめる」を書いていて、映画人注目の欄に、二十六歳の小津が「映画女優の場合」をなぜ載せたかは、小津の映画人生を考える場合引っかかるところである。昭和六年（一九三一）五月公開の、岡田時彦、斎藤達雄、井上雪子主演の「美人哀愁」に引用されるジャン・コクトオの「空のうろこ雲／脂粉の女の美しさ／どちらも長くは持ちません」、昭和八年（一九三三）八月七日の小津日記の記述「▲恋とは人生を極めて小さく区切るファインダーだ　シャッターをさう簡単に切ることをやめたまへ」というなにものかの声が、そこには反響していないか。

戦前の小津はその後も、主演女優との間になにがしかの心の通い合いがあった。田中絹代、吉川満子、高杉早苗、桑野通子、高峰三枝子などという名前がすぐ浮かぶ。明らかな例外としては飯田蝶子がいる。例外に入れてもよさそうな名前としてはもう一人、樺太国境を越える岡田嘉子があるのではないか。

『小津安二郎に憑かれた男』に戻ろう。永井は本の中で、小津と下河原が茅ヶ崎館で出会った当初からすぐに親密な関係となった事情を書いている。日中戦争と山中貞雄である。下河原は支那事変に二等兵として召集された。戦場は小津と同じ中支だった。肥満体の下河原が大陸の泥道を完全武装で行軍すると、ぬかるみでずぶずぶと沈んでしまったというのだ。小津は下河原の巧妙な話術に引き込まれた。「下ちゃんの軍隊の話はとにかく愉快だ。なる程、これじゃあ日本は戦争に負けるはずだという典型みたいな話だよ」と小津は笑った。小津は山中の死に関しては、「バカな戦争で、あたら才能を失ってしまった」と嘆いた。映画青年だった下河原は、その頃、山中の「人情紙風船」に衝撃を受けたことも小津に語った。

「酔った下河原が、ある時照れながら言った。／「――十九の時に先生の『一人息子』を見ました。しかし、正直のところ、『晩春』を見るまでは、すみません、先生より山中を好きでした」／「いいんだよ。そうか……。俺にはまだこれからがあるけど、奴にはそれがねえからなあ……」／小津の目がうるんだ。／数日後の昼間の休憩時間、小津は唐突に、下河原のこの夜の率直さと山中への評価を大変喜んだことを口にした」

以上の逸話を知ると、『人と仕事』をめくる時に、見方が変わってくる。編輯者・下河原の力瘤の入れようが見えてくるのだ。小津の年譜と日記抄では、昭和十二年（一九三七）から二年間の出征に ページをかなり割いている。当然といえば当然だが、日記と書簡をたくさん引用し、中国大陸での小津伍長（途中から軍曹）の足跡を精細に地図に描いてもいる。山中でいえば、昭和十年（一九三五）の項に、下河原が書いたと思われる一文がある。「『今までで一番いい』と小津が評した山中貞雄の「国定忠治」は、悲劇的な暗さが漂い、軍国主義化を進めるこの時代への絶望感が挽歌となっていた」。『人と仕事』には、山中忌の写真や色紙が何枚も掲載され、小津が揮毫し、皇紀二千六百年に建立された「山中貞雄之碑」の拓本が丸々一頁の図版となっている。下河原が凝ったところだろう。

「原節子結婚説」を追ってきて、話はふりだしに戻ってしまった。小津と原の架け橋となった山中貞雄である。小津が原節子とのウワサを映画の中に取り込んでいるとしたら、どの作品だろうか。その二つを併せて考えるのにふさわしいのは昭和三十五年（一九六〇）の「秋日和」ではないかと思える。普通に見れば、なんとも他愛ない映画である。小津の心境からすれば、晩年の「道化の精神」が発揮された映画とみるべきかもしれない。しかし、あの映画の中で、小津は「道化」を自ら演じているのではないか。そう考えると、「秋日和」の存在理由は大きくなる。

「秋日和」の原節子は、「紀子」ではなく、「東京暮色」の「孝子」でもなく、未亡人「秋子」である。「秋日和」「小早川家の秋」「秋刀魚の味」と続く「秋」三部作ともいえる。おじさん三人組という枠を持ち出すと、「彼岸花」「秋日和」「秋刀魚の味」で三部作となる。おじさん三人組三部作という視点で「秋日和」を再構成すると、年甲斐もなく旧友の「未亡人」秋子に入れ揚げる初老の男たちの映画、となる。もっさりとした佐分利信、皮肉屋の中村伸郎、剽軽者の北龍二。佐分利は間宮、中村は田口、北が平山である。三人の中で、ストーリー上重い役割を与えられているのは、意外なことに第三の男、「平山」の北龍二なのである。

「秋日和」の後半は、男ヤモメの平山が原「秋子」の再婚相手に擬せられるところから急展開する。「そりゃ困る。そりゃイヤだよ。かりにもお前、旧友三輪の細君を……」と固辞していたのに、自宅に帰ると息子の三上真一郎に、「お前、三輪の小母さん知ってるな」と喋り出し、賛成されると、両腕を伸ばして体操を始め、張り切りだす。その気になった平山は佐分利の会社を訪ねる。「痒いところに手が届かないってわけか」と佐分利から指摘されるまでもなく、再婚話に前のめりとなる。悪友二人にノセられた平山の夢はあえなく破綻する。秋子に再婚の意思はまったくなく、平山は「痒いところは依然として痒いよ」と言って、むなしく高笑いする。平山はとんだ道化役を割り当てられたのだった。

「平山」という苗字は、小津映画では「東京物語」と「秋刀魚の味」で笠智衆の役である（「お茶漬の味」の戦友も）。「早春」では、酔っ払いの戦友・三井弘次が平山だった。「彼岸花」では佐分利信の頑固親父が平山である。「小早川家の秋」では平山医院が出てくるくらいだが、小津映画の「平山」は小津を投影し得る人物であることが多いのだ。北龍二に演じさせたために見逃されがちだが、「秋日和」の平山も小津自身が強く投影された男であり、自らの原節子を巡る感情を戯画化させた人物として造型されたのではないか。小津も一時は原節子に（あるいは原「紀子」、原「秋子」に）痒くなっていたのだと。「秋日和」の平山を道化にすることで、小津は原節子をはっきり封印したのではないか。

　それでもまた次作「小早川家の秋」で、原「秋子」は未亡人として登場し、喪服を着る。再婚の意思もまったくない。また「痒さ」がぶり返してしまったのだろうか。そうではない。そのためには、原節子が出演していない「浮草」を未亡人「秋子」物の前奏曲として位置づける必要がある。「浮草」と「小早川家の秋」を繋げてみると、そこははっきりしてくる。「浮草」は宮川一夫がキャメラを廻した唯一の小津映画である。小津は撮影現場で宮川から多くを学んでいる。『小津安二郎に憑かれた男』で、永井が書いている。「くすんだ緑色に抑えた中に赤を効かせた宮川撮影の画面に私は圧倒された。（略）くすんだ緑系のカラーで表現された木造のひなびた部屋から見た庭に咲く、葉鶏頭とか、消防小屋の軒灯、郵便受けや蛇の目傘等の赤い色が、白く青い風景の中に一つのアクセントをつくっていた。（略）小津は美しい色彩を出すために、下河原や宮川の専門的な意見をよく聴いて実行したという」。

「浮草」の赤で、しつこいまでにキャメラで捉えられるのは、杉村春子の家の庭である。石仏があり、お盆の提灯が下がる庭には大きな葉鶏頭が存在感を示している。中村鴈治郎《がんじろう》が思わず、「ええ花植えたな」と声を発する。シナリオにはないセリフで、これは支那事変出征時に、山中貞雄が小津家の庭の葉鶏頭を見て発した言葉「ぎょうさん花植えたのう」と同工異曲である。付け加えると、宮川一夫の映画人生の最初が山中との出会いだった。山中が京都から東京に移ったため、宮川の華麗なキャリアに山中との映画はなく、宮川にとって山中は「稔らない初恋」の監督だった（宮川『キャメラマン一代――私の映画人生60年』）。

「浮草」は鴈治郎を座長とする旅芸人一座の映画である。田舎芝居として演じられる演し物は、京マチ子の「国定忠治」と鴈治郎の「河内山」である。どちらも山中が映画にした芝居だ。「麦秋」と「東京物語」で特別出演していたのは歌舞伎の「河内山」と鶏頭だったが、鶏頭は「秋日和」にも出る。原「秋子」が勤める服飾学院への道筋には、鶏頭と葉鶏頭が並んで立っている。赤いヤカンと同じく、小津の「赤」への執着の証左ではあるが、鶏頭と葉鶏頭はそれだけではない。カラー画面となって、強く見る者に焼き付けられるのだ。

「小早川家の秋」にも鶏頭と葉鶏頭の赤は何度も出てくる（原と司葉子と葉鶏頭のスリーショットもある）。しかし、「小早川家の秋」では、黒に注目すべきかもしれない。カラスの黒である。笠智衆と望月優子の老夫婦は火葬場近くで作業をしている。「カラス多いことないか」「そやなァ」とうなずき合う。火葬場の煙を見て、「若い人やったら可哀そうやなァ」「けど、死んでも死んでも、あとからあとからせんぐりせんぐり生れてくるワ」「よぅ出来《でけ》とるわ」と語り合う。そして最後のカットで、石仏の頭にとまっている二羽のカラスを捉えるのである。余りにもベタな、余りにも直截な絵柄ではないか。なぜ小津がこんな絵柄で映画を閉じたかを考えると、思い浮かぶのは山中が戦地で書いた「陣中日誌」に辿り着く。その一番最後のシーン。

「空、戦火、黒煙が夕立雲の様
　荒れ果てた土の上の烏三羽」

山中の映画創作ノートといえる「陣中日誌」の最終ページを小津は「小早川家の秋」で描いたのだ。

だが、それだけではなかった。沼田純子の論文「小津安二郎監督作品を読む――『小早川家の秋』」（「常磐会短期大学紀要」32号）には、深刻な指摘がある。沼田純子の小津作品論は思いもかけない指摘がたくさんある刺激的な論考が多い。指摘に脱帽する場合と、深読みではないかと立ち止まってしまう場合があるのだが、「小早川家の秋」のラストシーン近くは、無条件で敬服した。浪花千栄子の家で急逝した中村鴈治郎の葬列が橋を渡るシーンである。あの場所は上津屋橋という「流れ橋」で、その橋のある場所は伏見の近くであり、「伏見は日露戦争後の明治三十九年（一九〇六）以来、第十六師団が置かれた軍隊の町だった」という指摘である。これがなぜ重大な指摘かというと、支那事変に召集された山中が属したのが第十六師団だったからだ。おそらくこの地で山中は約一ヶ月の演習を行ない、大陸に渡ったのである。千葉伸夫『評伝山中貞雄』に山中伍長の手紙が引用されている。

「其の節はいろ〳〵と有難う御座いました。最初、第十六師団司令部へ召集されましたが、人員過剰で、試験の如きものに、見事落第致しまして、一時追い帰されそうな破目に陥りましたが、急に又、歩兵第九聯隊補充部隊第三中隊へと入りました」

山中の軍籍は、第十六師団歩兵第九聯隊第四中隊後備役陸軍歩兵伍長だった。小津はこの辺が山中の演習地と知ってロケ地として選んだと思われる。

沼田の説で魅力的な仮説といえるのは、この流れ橋についてである。支那事変の日本軍はこうした仮設の橋を渡ることがあり、写真として絵になるので、報道写真としてポピュラーだった。戦場の橋を渡る兵士の隊列に、「小早川家の秋」の葬列をなぞらえているとするのだ。そこまでは断定しえないが、充分にあり得ると思われる。それ以上に魅力的な沼田の指摘は、「南国土佐を後にして」である。ペギー葉山が歌って大ヒットしたこの曲を、「小早川家の秋」では、浪花千栄子の娘・団令子の外人の彼氏が口笛で吹く。「南国土佐を」は「浮草」でも使われていた。若尾文子は舞台でレコードに合わせて踊る。一座のビラまきのチンドン屋音楽も「南国土佐を」だった。沼田によると、歌詞の「南国土佐を後にして／都へきてから幾歳ぞ」の元歌は「都へ」でなく「中支へ」だった。この歌は、支那事変を戦った高知県の鯨部隊の兵隊たちの間で愛唱された望郷歌なのだ。小津はそれを知っていて、「浮草」でも「小早川家の秋」でも使っているという。山中だけでなく支那事変での戦没者への追慕が、あのメロディには込められていたと見るべきなのだ。

「小早川家の秋」で、原節子たちの葬列は流れ橋を渡って向う岸へと進んだ。あの喪服の原節子は、「社会的寡婦」百万人の代表であり、その中でもとびきり美しい、侵しがたい日本女性であった。

第十章　「秋刀魚」と「鱧」の三角関係

「十二月十二日の午後、小津安二郎先生の死を知らせる電話が鳴りました。何度かのお見舞いで衰弱なさった先生の様子を心配してはおりましたが、目の前で死を知らされますと、胸が急につまってくる思いでした。その直後、新聞社からの電話で「小津先生をしのんで感想を？」と問われても、驚きと悲しみが先に立って、とうてい言葉ではいいあらわせない気持ちでした。

とるものもとりあえず、通夜の席にかけつけたのですが、悲しみの思いが胸にこみあげてきて、自分ではそんなにとり乱してはいなかったと思っていたのに、週刊誌に「――その中ではとりわけ原節子が始終涙を流し、声をあげて泣いていた姿が印象的だった」などと書かれてしまって、ずいぶんとり乱して悲しみの中に身を置いていたのだな、と知らされたのでした。

通夜、葬儀をすませたあと、落ち着いて先生のお仕事ぶりをふり返ってみますと、戦後の私の女優生活の中で、どうしても欠くことのできない人であったことがよく判ります」

原節子の小津追悼文である。こんな記事が存在していることに今まで気づかなかった。「婦人俱楽部」昭和三十九年（一九六四）二月号に載った「いま、小津先生の想い出も悲しく」という二頁の記事で、文末に「（この記事は談話をもとにしてまとめました）」とある。わずかなインタビューを二頁に引き伸ばした苦心が察せられるが、貴重な記録である。「婦人俱楽部」にはちょうど一年前に、「永遠の処女といわれていま……」という四頁にわたる原節子の「手記」が掲載された。その時に撮影した原の写真が使われていて、新たに特写された写真はなく、原の表情を知ることはできない。

通夜の席でとり乱した原節子についてならば、厚田雄春が回想している。鎌倉の小津家の玄関で、厚田は「原さんの顔みたとたんに急に涙があふれてきて、自然と抱き合って泣き出してしまった。しゃくりあげて、こらえきれなくなった」(『小津安二郎物語』)。取材陣の見守る中での二人の号泣だった。一緒に泣いた厚田は「小津さんが亡くなられてからは、もう生ける屍ですね」と語る小津の「キャメラ番」である。

原節子は病室での小津との会話も回想している。小津の入院は二度、最初は昭和三十八年(一九六三)四月十日から七月一日まで築地のがんセンターに、二度目は十月十二日から亡くなるまでの二ヶ月、お茶ノ水の東京医科歯科大附属病院だった。その間に「何度かのお見舞い」に行っていたのだ(小津の日記では四月二十三日に原の名が司葉子、新珠三千代と共にある)。

「ご病気という知らせで早速お見舞いに伺ったときは、ちょうど痛み止めの注射をなさった直後で、ご気分がよかったせいか、あべこべに神経を使われて私の方が励まされることになってしまいました。一緒に仕事をしたスタッフの人をサカナに相変らず冗談をいっておられましたが、ときどき、「一年に一本のペースの仕事が、ことしはついにできなかったな」と弱音をはかれるので「一年ぐらいスタッフの方《かた》を休ませてあげなさいな」とこっちが逆に冗談をいってきました。

ともかく楽しい雰囲気で仕事をしようという意欲の強い先生で、撮影中にも私たち俳優だけでなく、スタッフの一人々々にまで神経を配り、よく冗談をいってはなごやかな雰囲気を作ることに心がけておられました。

最後のお見舞いのとき、

「私もこの一年間、どんな仕事もしませんでしたけど、先生の新しい作品にはたとえワンカットでも出させていただきますからね」

と念を押すようにいってきたのですが……。

私の半生の中で、そこだけ宝石のように輝いている、小津先生との永いつき合いのことどもが、いまはもう想い出の中だけに遠のいてしまって、ふたたびくり返されることがないという冷厳な事実、そのことがいま、私を深く悲しませています。もっともっと生きていてもらいたかった、そう思います。日本の映画のためにも、いえ、私自身のためにも、先生はもっと生きていてもらいたい人でした」

小津の病気が回復したなら、原節子の七本目の小津作品出演は実現していた。原節子は昭和三十七年（一九六二）秋の「忠臣蔵」（稲垣浩監督）以後、出演が途絶えたから、小津の生還は原の引退延期にも直結していた。そんなことをいまさら言ってもむなしい。「婦人倶楽部」の追悼文では、原節子はあくまでも小津を映画監督として回想している。「晩春」と「麦秋」は、「女優原節子にツヤをかけていただいた忘れ難い映画です」と。

「私が先生の作品に初めて出演させていただいたのは、昭和二十四年の「晩春」でした。

仕事には大変きびしく、こわい先生だという評価が世間ではなされておりましたので、私はこわわ先生と初対面したことをいまでもおぼえております。松竹育ちでない私が果たして十分な演技ができるのかしら？　という一抹の不安もありました。ところが先生の方でも、松竹育ちではない女優を起用なさるのは初めてのことらしく、

「ぼくは決してこわくないんだが」

と柔和な眼差しで、やさしく気を使ってくださいました。私は何度もつまずきながら、やっとの思いで撮影をすませました。

ところが、この作品が文部大臣賞に輝き、私まで毎日新聞のコンクールで演技賞をいただきました。新聞でも「冷たい彼女がようやくあたたかい体温を感じられるように成長した」と、おほめの言葉をいただいたものです。二年後に撮影した「麦秋」ではブルー・リボンなど二つの演技賞を受賞しました。

私にとってはいちばん華やかな時代だったと思います」

小津にとっても、その時期が「いちばん華やか」だったことは間違いない。手帳にそれとなく、「このところ　原節子との結婚の噂しきりなり」と書き込んでいたのだから。原節子の追悼文には、そんな浮いた話は出てこない。原節子の冷静さと真面目さはここにも現われる。原節子の自己評価はいつも低い。

「でも演技賞については、あくまで小津先生の作品が立派だったという前提があっての受賞だといまでも考えています。というのは自分の演技が少しでもマシだと納得できるのは、きまって作品全体のでき工合がいいときだからです。ですから受賞の気持ちは嬉しさが半分、照れくささが半分というのが正直な気持ちでした。（略）

ふだんはやさしいのですが、［演技が］つまずき始めますと二時間もテストを続け、くり返して役の説明をなさるのです。ところが私は、このつまずきが一本の写真にたいてい一、二ヵ所あるので、ずいぶんご迷惑をかけたのだろうと、いらいらしたものです。

小津先生はシンボルになっている真っ白いピケ帽をかぶり、毎日新しいワイシャツを着ていらっしゃいましたが、ともかく渋いおしゃれな先生でした。（略）脇役を含めた出演では文学座の杉村春子さんにはとうてい及びませんが、主役、準主役としてのおつき合いでは、私がもっとも小津作品に恵まれた幸せな女優だったと思います。

そんな幸せな思いも、もう永遠に終わってしまったのだ、それを味わうことは、もう二度とないことなのだと思うと、それだけで胸がしめつけられ、涙が新たになってきます」

小津の死を語る原節子の肉声は、「週刊新潮」（昭和39・1・6）にも記録されている。こちらは俗な興味を本人に直接ぶっつけて、原節子の答えを引き出している。婦人雑誌と週刊誌とのスタンスの違いがよくわかるので、こちらも引用しておこう。

「先生も一人、私も一人ですから、世間さまはいろいろカンぐってお考えになるらしいけど、心の中の理想の恋人でしたかどうか……。先生に対する気持ちは一口でいいきれませんわ。なくなってから、あの方が理想の恋人だなんていうの、おかしいでしょう。もちろん生きている時にいってもおかしいですしね。

お葬式で泣きましたけど、いちばん激しく泣いたからって、心の悲しみがいちばん激しいとは限りませんわ。私、そういうところに参りますとダメなんですね。理性がないからでしょう、きっと……」

原節子が小津との噂についで答えている数少ないコメントである。この「週刊新潮」の記事は、原が主役ではない。小津を主役とすると、原は別の女性たちと同列の「準主役」に過ぎない。記事のタイトルは「小津安二郎監督の〝幻の愛人〟」で、サブタイトルが「ウワサの中で原節子さんが答える」となっている。記事のリード文は三つのコメントを対等に並べている。

「お葬式にあらわれたMさんこそ、小津さんの愛人だったんですよ。新橋の芸者をしていた人で、今は人妻です。小津さんはそのMさんをいつまでも心に抱いていたかったんでしょう」（小津組スタッフの話）

「母親とふたりで六十年ほど生きた。一夜妻はあったかもしれないが、〝あなた〟とよばれ、〝おま

え〟とよぶものはなかった。従って子もなく、父にもなれなかった」（東京新聞・筆洗欄）
「小津さんは、気にいった女優しか使いませんでした。原節子さんも、もちろん例外であるわけありません」（某映画評論家）
つまり、小津をめぐる女性として、私生活上の元愛人、母親、主演女優の三人を均等に重視している。大女優であっても「ワン・オブ・ゼム」の扱いなのだ。このうち、母の小津あさゑは昭和三十七年（一九六二）二月四日に八十六歳で大往生を遂げていたから、葬儀に現われるはずもない。元愛人は昭和十年（一九三五）頃、小田原の芸者時代に小津と知り合った森栄《もりさかえ》である。小津よりは十二歳年下で、戦後は築地で割烹旅館をやり、その後にエコノミストの妻の座におさまっていた。小津組スタッフの「Aさん」は築地本願寺の葬儀に「Mさん」が地味な人妻の格好で来たのにびっくりし、「しばらくぼんやりとその後ろ姿をみつめ」た。
「私が品川の先生のお宅を尋ねると、お母さんや弟さんたちがおられて、品のいい女性がいっしょにいるんですね。ご親戚かと思って、〝はじめまして〟と丁寧にアイサツしたら、〝何やってんだ、おれの色おんなだ、あんな丁寧にお辞儀しなくていいよ〟っていわれるので、ははあ、もうじきいっしょになられるのかなと思ってたんです。
それが、戦後、先生が南方から帰ってみえたら、Mさんは結婚することに決まってたっていうんですね。ダンナさんになるべき人の料亭［築地の森旅館］のおかみでしたが、なくなるまでずっと付き合ってはおられましたよ。〝オッちゃん〟〝Mさん〟と呼び合ってね。衣装がほしいといえばいっしょに見に行かれるし、東京に出て来られると、〝今晩お客あるか、なかったら行く〟と電話してスタッフを連れてよくご飯食べに行ったり、ゴロ寝されたりしてました。向こうも客商売だし、決して一人で行かれることはありませんでしたよ。（略）そのうち結婚して料亭をやめた話を聞いたんですがね。

（略）ほかの人はどう思ってるか知らないけど、私は先生がMさんを好きで、だから一生独身を通されたんだと思うんです。／〝相手は結婚しているんだから迷惑かけちゃいけない〟と心配されていたので、スタッフ一同堅く口外しないようにしてたんです」

戦前からのスタッフの証言なので、匿名とはいえ真実度は高そうだ。戦争を挟んでの「Mさん」の境遇の変化は、「風の中の牝雞《めんどり》」の田中絹代、「東京暮色」の山田五十鈴を思わせる。東京新聞のコラム「筆洗」は、「一夜妻」という語彙を出していたが、小津は男女関係においても潔癖だったようだから、「一夜妻」はない。馴染みの女性に限られていた。「週刊新潮」では、もう一人の古くからの小津組スタッフ・厚田雄春（この人もイニシャルで表記すると「Aさん」になるが）は原節子のことと、小津監督の艶聞を語っている。

「［昭和］二十六年ごろ、原節子さんとウワサが立って、ぼくらが〝原節ちゃん好きなんでしょう〟といったら、〝お前好きなんだろう。ほれた女をおっつけるなよ〟と［冗談を］いってましたけどね。どっちも独身でどっちも潔癖で、〝神さまか、ないんじゃないか（セックスが）〟といわれたお二人だったから、ウワサのタネになったんでしょう。（略）

女優さん以外の女性といえば、若いころはよく道楽されましたね。品川とか吉原で、月給の安いわりに家がいいから派手で、若い時からオトナのような遊び方でした。おしゃれだったしね。バーに行ったら道化の選手で［「道化の精神で」が正しい］、女の子を遊ばせちゃうんですよ。これが芸術院賞もらった［人］かと思うようですよ。だからすごくモテる。お通夜にもバーのマダムが二人来ましたが、二人がかち合わないかと心配していたけど、うまいぐあいに片っぽうが帰ってから、もう片っぽうが来ました」

厚田は後年には、「原節子との問題にしても、いろいろいったり書いたりする人がいますが、ぼくは、皆さんの想像に任せますってよくいってるんです」と語っていた。厚田は戦前の「戸田家の兄妹」の主人公・佐分利信の姿に小津をダブらせている。年老いた母の面倒をみようとしない妹夫婦を鉄拳制裁する次男坊だ。「ぼくは、あのあたりにどうも小津さんの気持が出てるような気がしますね。結局、結婚なさらずに独身を通されたわけですが、御兄弟はみなさん結婚されて、小津さんは、亡くなるまでお母様と一緒に暮しておられたんですから」(『小津安二郎物語』)。

小津の「独身」はジャーナリズムで恰好のネタにされたが、小津にしてみれば、たいしたことではなかった。「独身」をいつも話題にされ、結婚話を蒸し返され、迷惑していたのは女性の原節子のほうだろう。先ほども触れた「婦人倶楽部」(昭和38・2)の手記「永遠の処女といわれていま……――女ひとり生きて思う」は、タイトルからして、本人には鬱陶しかったろう。彼女は、この時四十二歳で、東宝撮影所に近い狛江で、「気ままな独り暮らし」をしていた。

「どうも生まれつき「なまけもの」にできてるせいか、なんにもしないで、ぼんやりしてるのが、いちばん好きです。(略)いまの季節なら日なたぼっこでもして、本でも読んでるということになりがちです。/べつにひとり、行ないすましているわけではなく、それがわたくしにとって、ごく自然なことなのです。(略)でも、結局は、それが私の性に合っていたのでしょう。ずっとそうでしたし、これからも多分そうでしょう」

結婚については、最初から、一人でいようと決めていたわけではない。適齢期に戦争の時代となり、戦争が終わったらもう二十五歳になっていた。

「いろいろな事情で、二十人以上もの家族を背負って生きねばならなかったわたくしは、よくモンペ姿でお芋の買い出しにもいったものです。/「スタアのくせに!」/と、笑う人もありましたが、わたくしはただ一生懸命でべつにはずかしいことだとは思いませんでした。/こういう経済的な事情が、わたくしの婚期をだんだんおくらせていったことはたしかです」

原節子のモンペ姿ならば、黒澤明監督の「わが青春に悔なし」の汚れ役を思い起こせばいい。多くの「家族」とは外地で不幸な目に遭った兄弟姉妹とその子供たちで、原節子の稼ぎに頼っていた。「政治家や、大学の先生なんかで、直接、わたくしの家まで［結婚を］申し込みにお見えになった方」もあった。「まあ、そのころの方はたいてい、ひとりの女――人間としてのわたくしを、というより、むしろ女優としてのわたくしを、ほしいといってくる方が多かったことは事実でしょう」。言外に匂わせているのは、「女優としてのわたくし」を求められても困る、という断固たる拒否である。そうこうするうちに左の眼が白内障となる。外科手術で失明の危機を脱することはできた。結婚話として、小津の名前も出てくる。

「親しい方のなかには、／「小津先生（小津安二郎監督）のところへお嫁にいらっしゃればいいのに！」／なんて、こちらがびっくりするようなことを、おっしゃる方もあります。小津先生は、わたくしがもっとも尊敬している方のおひとりですし、先生の作品には、よく出させていただいておりますが、小津先生は小津先生、わたくしはわたくしです。

そして結婚は、だれでも、自分自身のためにするもので、人さまの好奇心のためにする人はいないでしょう。

小津先生も、もういいおじいちゃまで、お好きなお酒でもめしあがって、おひとりでぐうぐうおやすみになったら、そのまま、そっとしておいてあげたいお方です」

小津はすっかり「おじいちゃま」の扱いを受けている。小津は五十九歳の芸術院会員なのだから、その扱いに文句も言えまい。「秋刀魚の味」の笠智衆の役柄が小津の実年齢とほぼ同じである。酔っ払って、「軍艦マーチ」をぼそぼそ歌い、寝入ってしまう。原節子から見ると、小津はあの老父とたいして変わりない。実際の小津も急激に酒に弱くなっていた。

原節子が小津を「おじいちゃま」と呼んだからといって、敬して遠ざけているわけでもなかった。原は「手記」では自身を「おばあちゃん」と言っているからだ。


「「永遠の処女」という代名詞をいただいたわたくしも人並みに年をとって、おばあちゃんになってしまいました。

いまさら、若い方のようにがむしゃらにお仕事をする気も起きません。だいたいお仕事にたいして貪欲でないわたくしはますます、「智恵子抄」のように、本当に自分からやってみたいと思うお仕事しかしなくなるでしょう。

ですから、わたくしがひとりでいるのも結婚より仕事を選ぶということでもないのです。でも、これからもわたくしは女優として運命づけられた女として、気ままに、そしてひっそりと生きてゆくつもりです」


読みようによっては、「引退宣言」ともとれる「手記」である。役柄によっては、まだ女優を続けるかもしれないがと言いつつも、むしろ「ひっそりと生きてゆく」に重点が置かれている。四十二歳にして「おばあちゃん」とは女優の自意識ではない。なんだか出家遁世した女人のようだ。

ところで、原の「おばあちゃん」、どこかで耳にしていないだろうか。昭和三十六年（一九六一）の小津作品に「小早川家の秋」がある。未亡人役の原「秋子」の口ぐせは、「あたしなんか、こんなお婆さん」だった。映画ではこれがギャグとして活用され、義妹の司葉子（役名は「紀子」だ）から、「こないだ約束したやないの。お姉さんがお婆さんて言うたら百円貰う」と罰金を取られている。「小早川家の秋」の原「秋子」は、シナリオでは三十七歳とまだまだ若い。ずいぶんあんまりな小津の仕打ちに思えるが、なんのことはない、「おばあちゃん」が原節子の口ぐせなのだった。

「週刊公論」昭和三十五年（一九六〇）九月十三日号は、モノクロ・グラビア五ページで「秋日和――不惑のスター・原節子」を組んでいる。原が主演する小津作品「秋日和」のプロモーションなのだが、「おばあちゃん」の由来がそこで解説されている。

「銀幕生活二十五年、丹羽文雄氏（作家）に、〝天の成せる麗質〟をはじめて教えた原節子さんも四十歳になった。現在撮影中の松竹映画「秋日和」（小津安二郎監督）では四十五歳の母親役である。小津組では、「おばあちゃん」とか「四十歳」という言葉を原さんが使うと七十円の罰金をとることになっているが、まごまごすると出演料が全部罰金になりそうなくらい（！）彼女は年令のことを口にする。女優としてでなく「女」として、四十歳は心理的に抵抗があるという。（略）原さんの家には通いでくる老運転手氏を除いて「男ッ気」が全然ない。愛犬アンナは主人より先に結婚、ついさきごろ難産の末十二匹の子を生んだ」

「秋日和」の原「秋子」は四十五歳と実年齢よりも五歳上の役柄である。他の小津作品では、原節子の役は実年齢よりも若く設定されていた。「秋日和」では一気に老けづくりで、原は「おばあちゃん」なのである。娘の司葉子を嫁に出す未亡人が原「秋子」だから、「晩春」の花嫁の父・笠智衆の母親版だと思えば、「おばあちゃん」も不自然ではないのかもしれない。しかし、かりにも「永遠の処女」であり、大スターである。原節子が「おばあちゃん」と、躊躇わずにすぐ口に出せるのは、「女優としてのわたくし」ではなく、「人間としてのわたくし」がそう言わせたのだろう。

「週刊公論」のグラビアでは五ページ目で小津の原節子讃歌が語られている。まとまったものなので、以下に引用しておこう。

「『晩春』（昭和24年度）を作るとき笠（智衆）君の娘役を誰にしようかと探していると、原さんを推薦してくれた人があった。当時、原節子は大根役者だという風説もあったが、出演してもらうと大根説が如何にデタラメかすぐにわかった。原さんを大根と言った連中は、おそらく役柄が狭かったところからそう言ったのだろうが、画家がリンゴならリンゴを真底描［き］きったとき、立派な画家として何を描いてもすぐれているように、原さんはどんな役でもこなすことはしなかったが、ひとつの道をとおしてきた立派な女優だ。うまい女優ですよ。／こんど『東京暮色』以来、三年ぶりで一緒に仕事をしているが、ひさしぶりに逢ってみるとますます美しくなっていた。『秋日和』の母親役は、はじめから原さんを頭に置いてシナリオを作ったし、この役は原さんを措いてはぼくには考えられませんね」

ここでも小津は原節子「大根」説の否定に躍起である。小津が原節子を起用してから十年以上がたっていたが、それでも「大根」説は消えていなかったのだ。小津はあえて「うまい」とまで言っている。「うまい」は必ずしも小津の褒め言葉ではないが、世間の相変らずの偏見に対抗するために「うまい」と言ったのだろう。「ますます美しくなっていた」と言うのに、「ひさしぶりに逢って」とインターバルを強調するのは、結婚のウワサをあらかじめ封じるためではないだろうか。「美しい」ことは言わねばならない。「秋日和」は原「秋子」未亡人の衰えぬ美しさが物語を動かしているのだから。

前章で記したように、平山（北龍二）は悪友たちにノセられて、旧友の未亡人についつい本気になってしまう。「かりにもお前、旧友三輪の細君を」と言っていたのが、「痒く」なってしまう。この「痒さ」の出典は里見弴の短編「老友」であると、宮本明子「「おじさん」の系譜」（「ユリイカ」2013・11臨時増刊）が指摘している。「老友」（短編小説集『恋ごころ』に収録）を読むと、「痒い」とは端的に性的な欲望である。「老友」の登場人物はかく述懐する。

「いくら俺が助平だからって、そんな気持［色情］、夢にももった覚えはないぞ。併しだ、一旦心境の変化が生じてからは、……ということは弟の嫁としてではなく、俺の後妻の候補者として、つまり、貴様の謂う『一個の女性』としてだな、その気になって観たり、考えたりする場合になれば、自然とまた、そのゥ……」

この「弟の嫁」を「旧友の細君」に入れ替えればいい。「老友」では、「百ケ日を哀悼・追慕の限度として、功利主義と助平根性とが俄然同盟を結んだ」。「秋日和」の平山は七回忌と悪友の勧めがあって、「痒く」なった。「秋日和」では、平山はとんだ「道化」を演じるのだが、平山＝小津もいっときは、かなりの「痒さ」だったと映画で告白しているのだろう。「東京物語」から始まる原節子の喪服姿は、「東京暮色」「秋日和」「小早川家の秋」と途切れることなく続いたが、「東京物語」で戦争未亡人の役を与えることで、自らには「道化」の役を割りふったのではないだろうか。「道化」がすっかり板についたので、その戯画像を映画に定着させたのが、四十五歳の原「秋子」を前にはしゃぐ平山（北龍二）であり、悪友たち（佐分利信、中村伸郎）だったといえる。小津にとっての原節子は「女優」としてなのか、「人間」としてなのか。その境界線は明瞭ではないが、「人間としてのわたくし」会田昌江をあきらめ、「女優としてのわたくし」原節子のみが残ったのではないか。

「晩春」以来の小津の原節子への執着は一貫しているのだが、原節子にとっての「晩春」評価は変遷を遂げている。「女性教養」昭和三十五年（一九六〇）一月号のインタビューで、「今までおやりになった中で、おすきな作品は」という質問に、「晩春」と、成瀬巳喜男監督の「めし」（昭和二十六年）、義兄・熊谷久虎監督の「智恵子抄」（昭和三十二年）を挙げた。原節子の選んだベストスリーで、この選択は以降変わっていない。上原謙の夫が結婚五年目で、世帯やつれした原節子の顔を見ようともしないのが「めし」であった。「智恵子抄」では山村聰の高村光太郎との結婚生活で狂気の中に落ち込む役だ。どちらも世間が持つ原節子のイメージを裏切る、演技派の役どころだった。「晩春」はそれに比べれば、いわゆる原節子である。それでもある時期までの原節子は「晩春」を気に入っていないと表明していた。今村太平との対談「映画演技について語る」（「映画文化」再刊1号、昭和27・5。ただし対談時期は「晩春」以後で「麦秋」以前）で、好きな役として「わが青春に悔なし」を挙げ、「やっぱり劇的にいろんな事件にぶっつかるような役が好きです」と語っている。「うちの者は「晩春」の私の役は、あまりいい出来じゃなかったといっていますけど」と言い、今村が「晩春」のあなたは「大船の異分子だったせい」か新鮮だったと褒めても、「私でなくとも」よかったのでは、と応じていた。いつ、原節子の中で「晩春」が大きくなったのだろうか。「麦秋」の出演依頼を「ギャラが半分でも」と言って引き受けたころだろうか。とすると、原節子にとっても「麦秋」は節目の作品である。結婚のウワサが記事になるのも理由があったのだろう。

「麦秋」は小津にとって、支那事変で戦病死した山中貞雄を追悼する映画だった。その十年後の「小早川家の秋」でも、山中追悼の痕跡を小津は映像の各所に残していた。「東京物語」から「小早川家の秋」までの喪服の原節子は、小津個人の心づもりでは映画による「山中忌」の喪主であったろう。「小早川家の秋」のラスト、山中の属した第十六師団の演習地にある流れ橋とカラスの群れを写して、小津の追悼は終わったのだろうか。いや、終わってはいない。次作「秋刀魚の味」は「小早川家の秋」撮影中に、松竹から急かされてタイトルだけを決定した。いかにも小津映画的タイトルだが、映画に秋刀魚は出てこない。秋刀魚の焼ける匂いさえしない。このタイトルが佐藤春夫の名詩「秋刀魚の歌」から思いついたであろうことはいまやほぼ常識といえる。

尾形敏朗の『小津安二郎　晩秋の味』は、森岩雄、稲垣浩などの回想も引用しながら、山中が「秋刀魚の歌」を淀みなく暗唱したこと、その酒席には小津もいて、二人が唱和したことを伝えている。「秋刀魚の味」公開の一年以上前に早々とタイトルが決まっているというのは小津でも稀なケースである。「秋刀魚の味」は「秋日和」「小早川家の秋」に続く小津の「秋」三部作であり、佐藤春夫と山中へのオマージュでもあった。ただし、前二作の「秋子」は原節子だったが、「秋刀魚の味」は原の出演はなく（当時は五社協定の締付けがきつかった）、「平山秋子」役を演じたのは岡田茉莉子だった。「秋日和」で佐分利、中村、北の「痒い」おじさん三人組を成敗したのが小津映画初出演の岡田だった。「平山秋子」は恐妻家・佐田啓二の妻の役であり、原節子を想定して書かれた役柄ではまったくない。これで鶏頭も葉鶏頭も登場しないのならば、小津が新しい一歩を踏み出す作品であろう。

しかし、中野翠の『小津ごのみ』には、高橋とよが女将の料亭「若松」に、鶏頭が一本出てくると書かれている。「秋刀魚の味」を見るたびに注意して見たつもりなのだが、いつも見逃していた。今回、見直すと鶏頭は間違いなくあった。中村伸郎の後ろ、一輪挿しの中にあり、十回以上写されていた。この鶏頭が山中であるのは明らかである。笠智衆の川崎の工場に来た中村はその足で、川崎球場のナイター大洋・阪神戦に行く予定でいた。笠から「若松」行きを誘われても、「今日は駄目だ」と断る。場面は川崎球場、テレビのナイター中継となり、「若松」の座敷には断ったはずの中村も飲んでいる。この中村のお人好しな言行不一致は、「丹下左膳余話　百万両の壺」の大河内伝次郎を踏襲したものだ。大河内「左膳」は矢場の女将から用心棒役を頼まれるが、頭痛がひどいから、「金輪際オレは送っちゃいかんぞ」と宣言する。画面がワイプして次のシーンになると、左膳はちゃんと送る役目を勤めている。このパターンを何度か山中は取り入れている。小津も、中村に嫌いな教師ヒョータンをクラス会に呼ぶなら「おれ出ないよ」と宣言させるが、やはり顔を出すのだ。「百万両の壺」を思い出しながら、中村伸郎にお人好しな言行不一致を演じさせているのは明らかである。

東野英治郎が演じた旧制中学の元漢文教師ヒョータンの漂わす哀愁と滑稽は絶品である。なかでも初めて食べた吸い物を「これは何ンですか」と中村に聞く。中村は軽蔑した表情でハモだと教える。東野は「ウーム、鱧か。サカナ偏にユタカ」と、持っている箸で宙に「鱧」の字を書く。「秋刀魚の味」で忘れ難い魚は秋刀魚ではなく鱧である。その「鱧」は谷崎潤一郎によって、関東でもポピュラーになった魚といえよう。「鱧」によって、「秋刀魚の味」は潤一郎と春夫という大正文学の宿命のライバルを画面の中に呼び込むのだ。

春夫の「秋刀魚の歌」は大正十二年（一九二三）に出た春夫の第二詩集『我が一九二二年』に入っている。

「あはれ／秋風よ／情《こころ》あらば伝へてよ／――男ありて／今日の夕餉に　ひとり／さんまを食《くら》ひて／思ひにふける　と」

この題材は谷崎潤一郎夫人千代をめぐる潤一郎と春夫の確執の中で生まれた詩で、「小田原事件」と呼ばれた文壇ゴシップは、昭和五年（一九三〇）に潤一郎が春夫に千代夫人を譲渡するまで続いた。親しかった二人の作家は、一人の女をめぐって奇妙な対立を十年も続けた。誰もが知っていた、大正文壇史の華やかなスキャンダルである。小津は二人の作品を愛読し、その頃は彼らの主要舞台「中央公論」「改造」も読んでいたから、同時代から関心を持っていたろう。山中は小津より六歳下だから、リアルタイムでは知らないのではないか。ちなみに、潤一郎は春夫の六歳年上である。

小田原事件がこじれたのには千代夫人の妹の存在があった。この女性は谷崎に愛されるが、岡田茉莉子の父・岡田時彦の元へと走る。谷崎には横浜で映画製作に熱中した一時期があった。映画「アマチュア倶楽部」で主役を演じたのが夫人の妹・葉山三千子（『痴人の愛』のナオミのモデル）と岡田時彦だった。岡田は後に松竹蒲田に入社し、小津の「その夜の妻」「淑女と髯」「東京の合唱《コーラス》」に主演する。小津が最も気に入った男優だった。

谷崎は「映画のことなど」（「新潮」昭和30・4）で大正活映（大活）時代を淡々と回想している。色恋沙汰などには一切触れていない。

「私が大正活映に入って、映画の仕事に関係するようになったのは、大正九年で、三十五の年であった」、「はじめてつくった映画は「アマチュア倶楽部」で、当時私が選び出した葉山三千子と云う女優が海水着をきて出演した。そのころは、まだ女の洋服は全然ないこともなかったが、まあ珍しかったくらいだから、海水着はなおさら新しかった」、「大活には内田吐夢、井上金太郎、岡田時彦らがいた」、「岡田時彦という芸名は、彼が「アマチュア倶楽部」に出演するときに、私がつけてやったので、いま売出している岡田茉莉子も、その縁でつけてやるようなことになった」、「最近、田中絹代の演出した「月は上りぬ」という映画をみたが、少しふやけていて、いいとは思えなかった」

ここに出る名前で、小津と無関係なのは葉山三千子だけである。内田吐夢は小津の盟友でライバル(内田の「限りなき前進」は小津の原作)、井上金太郎は山中とは京都の監督仲間で、小津とも親しかった(小津のシナリオ「瓦版かちかち山」を監督)。田中絹代の「月は上りぬ」は小津のシナリオで、実質的には小津がプロデューサーだった。岡田茉莉子と「秋刀魚の歌」を触媒にすれば、小津は文学少年時代、映画青年時代をたちどころに思い出せた。そこで谷崎の「鱧」である。

中央公論社から新書判の『谷崎潤一郎全集』全三十巻が出たのは、昭和三十二年(一九五七)から三十四年(一九五九)にかけてだった。小津は全巻を購入し、日記から推測する限りでは熱心に読んでいる。『全集』の第一回配本は話題作「鍵」を中心に編まれていて、その中に「過酸化マンガン水の夢」(「中央公論」昭和30・11)という短編がある。谷崎はこの頃、映画への関心が復活したのか、映画が作品の中によく登場する。当時の女優では京マチ子が贔屓だった(「鍵」で主演。小津の「浮草」は「鍵」と同じ昭和三十四年で、京は中村鴈治郎の相手役)。「過酸化〜」は老作家の日常生活が描かれる小品だが、上京して見た日劇ミュージックホールのストリップとフランス映画「悪魔のような女」、それと「辻留」で食した鱧が混然一体となったエロチックな夢を見る。

「鱧の真っ白な肉とその肉を包んでいた透明なぬる〳〵した半流動体。それがまだその姿のまゝで胃袋の中で暴れているように思う。鱧の真っ白な肉から、浴槽の中で体じゅうの彼方此方を洗っていた春川ますみの連想が浮かぶ。葛の餡かけ、………ぬる〳〵した半流動体に包まれていたのは鱧ではなくて春川ますみ、………」

老教師ヒョータンとは大違いの、脂ぎった「助平」老人である。「鱧」は「瘋癲老人日記」(「中央公論」昭和36・11〜37・5。単行本は同月刊)の冒頭にも登場する。主人公は「浜作」で鱧を食べる。「[鱧ノ]」梅肉ハ予ト颯子[嫁]デアル。(略)「オ爺チャン、コレ召シ上ッテ下サラナイ?」/颯子ノ前ニ鱧ガソックリ残ッテイル。(略)実ヲ云ウト予モ彼女ノ喰イ残シガ廻ッテ来ルコトヲ予期シテ――或ハソレガ今夜ノ目的デ――ココヘ来タノカモ知レナイ」

「秋刀魚の味」のシナリオが執筆されたのは、昭和三十七年の五月から七月にかけてであった。小津が「瘋癲老人日記」を読んだという証拠はないのだが、かねてより関心のある谷崎の話題作である。テーマは老作家の性である。老谷崎は「道化の精神」に溢れている。小津の日記によれば、「辻留」にはよく行っているし、「谷崎先生」とは手紙のやりとりがある。そうした周辺事情を確認すると、「秋刀魚の味」に谷崎の何かが投影されていないはずはないであろう。

「秋刀魚の味」がやはり山中の思い出に、あるいは無念に捧げられているとすると、潤一郎と春夫の妻譲渡事件を想起せざるを得ない。親友で先輩後輩の二人の男と一人の女。潤一郎・春夫は現世的な、余りに現世的な三角関係であった。山中の恋は戦争によって断ち切られて実らなかった。小津の、ことに「晩春」で描かれた原節子への禁忌的な描写は、現世的なものを拒絶している。小津と「弟分」山中と原節子という三人を配置すると、小津には「人間」会田昌江にも、「女優」原節子にもこれ以上近づけるはずもなかった。里見弴の「老友」にならえば、小津は山中の何十回忌が過ぎようと「助平根性」を持つことはできなかった。そんな小津の屈託を原節子は知る由もないだろうが。

「秋刀魚の味」は「鱧」の映画だったが、また「マーチ」の映画とも言える。ヒョータンのやるラーメン屋で笠智衆元艦長と出くわす、「軍艦マーチ」大好きの元水兵で加東大介が出ている。加東大介と山中貞雄の縁も深い。

第十一章　加東大介と笠智衆の「軍艦マーチ」

「原節子さんと初めて会ったのは、前進座の映画「河内山宗俊」に娘主人公として特別出演されたときで、もう十数年ほど前のことだ。そのときの清純な美しさは目もまばゆいくらいで、思わずため息が出た。／その第一印象が今でも強く「大番」の仕事が始まり、ギューちゃんの永遠の恋人可奈子さんに原さんが出られると聞いて、世の中はせまいと思った。果して、セットで顔を合わせセリフをいうとき、柄にもなく胸がドキドキして、ギューちゃんと自分の区別がなくなってしまう。／映画の可奈子さんは三十年来の恋人である。こんどの完結編で原さんと、いや可奈子さんとお別れとは寂しいかぎりである」

「清純な原さん」と題された短いエッセイ（「娯楽よみうり」昭和33・7・11）の筆者は、名脇役の加東大介である。加東が主演した「大番」（千葉泰樹監督、全四部作）は、獅子文六原作、「週刊朝日」連載の兜町の株屋「ギューちゃん」一代記で、永遠のマドンナ役が原節子だった。加東は戦前は前進座に属し、市川莚司《えんじ》の芸名で、山中貞雄が監督する前進座の映画に出演していた。「河内山宗俊」も「人情紙風船」も小悪党の役で、「河内山宗俊」では、いたいけな原節子を脅しつけるチンピラだった。「河内山宗俊」の撮影時、加東はまだ二十四歳、原は十五歳の少女でしかない。

加東は小津作品では、昭和三十年代の「早春」「小早川家の秋」「秋刀魚の味」に出演している。その中で原節子と共演したのは、「小早川家の秋」だけで、未亡人の原節子と鉄工所の大将・森繁久彌のお見合いを設定する役だった。原「秋子」未亡人の将来を心配する親類の役である。場をさらってしまう「早春」「秋刀魚の味」に比較すると、出番は多いのに、活躍の場は少ない。

「映画には主と従があると思いますが、これは主役、これは脇役ということで差別はないはずです。話の筋を運ぶときに、この脇というものは、やはり話を次ぎへ次ぎへ渡して行かなければならん仕事が多い。小林桂ちゃん［小林桂樹］やわたくしの役は、小津さん初めからおっしゃっていたが、大ちゃんや桂ちゃんには大へんだろうけれども頼むよ、といわれました。（略）小津先生のレベルがありまして、つきぬけることを嫌いますから、沈んだところにいなければならん。そうかといって、まるきりデクのぼうになっちゃっても、もちろんその中に生活がなければ困る。ああいう役はやっていて大へん面白い。（略）監督さんの音色をさがして溶け込むのが役者です。（略）小津先生みたいに、大へん貴重な音色をもっている作品に出さしていただくのは、こういう音色も、感情の表現の仕方もあるのかということで勉強になりました」（「放送文化」昭和36・12）

脇役の割りにはジャーナリズムでの発言が多く残っているのは、加東が文藝春秋読者賞を受賞した戦争体験記『南の島に雪が降る』を書き、すぐにテレビ化、映画化（久松静児監督）されたからだ。飢餓とマラリアで苦しむニューギニアの激戦地で、素人芝居の一座を組んだ兵隊たちのヒューマン・ドキュメントである。「南の島に雪が降る」の翌昭和三十七年（一九六二）の「秋刀魚の味」、さかのぼるが昭和三十一年（一九五六）の「早春」、両作では戦争を懐かしがる元兵士を演じていて、忘れられない存在である。その本題に入る前に、加東と山中貞雄の関係をもっと述べなければならない。

「戦争体験と私のあゆみ」（「世代'63」昭和38・9）という座談会では、伊藤桂一、菊村到、八木義徳といった作家たちに混じって喋っている。その中に山中の名前が出てくる。

「私は昭和七年［一九三二］に現役にいき、千葉の陸軍病院に「衛生兵として」はいりました。軍隊ではいわゆるらくな役だったのですが、その間に満州事変がおき、内地にとどまったままで、下士官要員として帰されました。その後、支那事変が始まりましたが、東宝撮影所の芝生で一緒にねころんでいた監督の山中貞雄さんに赤紙がきてびっくりしました。私もこれは［召集が］来るなと思ったんですが、それが一向にこないのでいわゆる戦時名簿（徴兵用）というようなものが風ですっ飛んだのじゃないかしらと自分勝手な解釈をしていたら、昭和十八年［一九四三］にひょっこりきたわけです。とうとうきたなという感じでした」

山中に召集の報が届いたのは「人情紙風船」の公開日、昭和十二年（一九三七）八月二十五日だった。この日は撮影所で「人情紙風船」の試写が行なわれた日でもあったから、スタッフ、出演者が集まっていた。この日、山中と一緒だったと証言する者は多い。証言は食い違いもあるが、それだけ山中召集が撮影所内に与えた衝撃の大きさを物語っているのだろう。「人情紙風船」の主役のひとり中村翫《かん》右《え》衛門《もん》の記憶では加東大介はいない。

「いあわせたのは滝沢英輔［監督］とわたしの三人だけだったが、誰かがもってきて渡した〝赤紙〟を見た山中はサッと顔色を変えた。三人の無言の間がちょっとあって、「これがわいの最後の映画じゃ死にきれんな」とボソッといった。わたしは胸がつまって、「そんなばかなこと……。きっと帰っていい映画をつくってください。待ってますよ」といい、滝沢も心をこめて励ました。山中はそのまま黙って歩きだした」（『劇団五十年――わたしの前進座史』）

山中貞雄の発見者である映画評論家の岸松雄は「人情紙風船」で助監督についたから、スタッフの一人だった。岸は昭和五十年（一九七五）に京橋のフィルムセンター（現、国立映画アーカイブ）で行なった講演「山中貞雄と「人情紙風船」について」（『映画史研究』8号）で、その日についても話している。加東がいたかどうかは不明だ。

「映画が完成して、所内の試写が済んだあと撮影所の芝生で山中をかこんで雑談していると、彼が内心おそれていた召集令状がついに届けられました。山中はマッチをすって、口にくわえた煙草に火をつけようとしましたが、ガタガタ手がふるえて、火がなかなか点《つ》かない。それほど吃驚《びっくり》仰天したのです。でもようやく吸い終って、滝沢英輔と私が山中を連れて、青山五丁目の自宅に帰り、滝沢と私が手伝って出征の準備をした。その翌日、山中を連れて、高輪の小津安二郎の家へ別れの挨拶に行った」

どれも戦後の回想なので、時間がたっている。山中の助監督・仙波重利の追悼文「わが師を語る」は、「シナリオ」山中貞雄追悼号（昭和13・11臨増）に載ったもので、同時代の証言といっていい。

「去年の八月のことでした。たそがれ近い芝生の上にチェリーの大缶を片手にぶらさげ、会社の人々に取り囲まれてよもやま話に喜々談笑して居られた山中さんの処へ、／「電報ですよ。」／と云って給仕から受け取った電報を僕はもたらしました。それが召集令であろうとは神ならぬ身の知る由もないことでした。／「とうとう来よったナ。よしッ。酒と云うものがどんな味がするか、今夜は飲んで飲んで飲み明かすぞ。」／山中さんはそう云い乍らかたえの人の肩を叩いて立上がった。ああその夜の酒。その夜の師の心」

仙波の文章では、何人もが山中を取り巻いていたようだ。人なつっこくて、人気者だった山中らしい姿である。この輪の中に加東もいたのだ。仙波としては、いまや「英霊」となった師匠が召集を怖れていたなどと書くことは許されない。師匠の顔色が変わったこと、煙草の火がうまく点かなかったことも伏せている。「ああその夜の酒。その夜の師の心」から推測してもらうしかないご時世だったのである。

前進座の市川莚司（加東大介）の文章「追悼」も同じ「シナリオ」追悼号に載っている。「人情紙風船」撮影第一日のエピソードから始まる追悼文だ。「呑気そうな山中さん……だけど本当はとても神経の細い人だったようだ。あの撮影中事変が起り僕は山中さんの二年あとの看護兵なので、朝、顔あわせれば、どうした莚司君来たかい。〝いいえ山中さんは〟とどちらが先に動員されるかと話し合っていた。京都から電報が来たときもすぐ直前に戦争の話をしていた」。「戦争の話」の内容が召集を待ち望んでいたか、それとも怖れていたかは曖昧にされている。そう書くよりないのだが、事実は後者であった。加東は山中の所属する部隊が約一ヶ月後、大陸に出発する時の見送り風景も書いている。前進座の公演が大阪であったので、団員一同は神戸港に駆けつけることができた。十月八日朝である。「去年の十月〇〇港を出航して父母の国を離れるという日、山中さんに遇いたくて港までいった。前進座の連中のうち幸い僕が軍隊生活を知っているというので山中さんを探すべく雨の中を右往左往した。そして「莚司君どうした」と向うから見つけて声をかけてくれたときの嬉しさ、連れだって「河原崎」長十郎氏や翫右衛門氏達のまっているところへ行く途中〝莚司君向うであったらあんじょうたのむで、うまく看護してや〟と笑いながらいった言葉……この十月四日の夜、山中さんの死を聞いたとき頭に閃めいたのは、この言葉と東宝の食堂の夜「「人情紙風船」の徹夜撮影時」に〝君は間《ま》をもっと勉強せいや〟といわれた言葉。病院で亡くなったのなら僕が最後の看病出来たらナと思った。芝居しながら勉強しなければと思った。／山中さん、ボク等の山中さん……思い出はつきない。あの雨のハトバに軍装凛々しくたった山中さんの最後の姿。それは永久に僕達の瞼からは消えないだろう。南無……。／ＥＮＤ」

　加東と山中の関係はこれだけではなかった。「丹下左膳余話　百万両の壺」でやる気のない若殿役を演じた沢村国太郎（長門裕之、津川雅彦の父）は加東の実兄である。山中が前進座と組んで映画を撮る仲立ちをしたのがその沢村国太郎だった。インタビュー「加東大介と役者気質」（「キネマ旬報」

昭和33・5・下）に経緯が出てくる。前進座が日活に映画出演をするという話があったが、扱いがあまりに軽いので、「清水次郎長」に出演するかどうか、座員の間で大問題となった。

「出るべきか、出でざるべきか、嵐山に宿をとって総会ということになった。とにかく前進座というところは会議をするのがすきなところでしたね。（略）その時、ちょうど国太郎が日活で山中貞雄の「百万両の壺」を撮っていたので、相談に行ったのです。［国太郎が］「出たらいい、二度目から［前進座の］顔をたててやる」ということで、出演ということに決まりました。その話を聞いた山中貞雄が、「それでは、俺が前進座の映画を撮ってやろう」ということになった。「それには、まず前進座の芝居を見んことには――」というのでやって来たときの出しものが「入墨」、「これは映画になるぞ！」。こうして、「街の入墨者」が生れたのです」

　翫右衛門の回想「映画に徹した山中貞雄監督」（「悲劇喜劇」昭和50・12）によると、「清水次郎長」の撮影中に、「故沢村国太郎君が稲垣浩さんと山中貞雄さんを連れて撮影を見にきました。その撮影ぶりに怒りを感じたのか、「このつぎはワイがやったる！」と山中氏がいってくれたのでした」。「街の入墨者」はベストテンの第二位となり、それから前進座と山中の共同製作が始まる。翫右衛門は書いている。

「山中さんの死を出演中の大阪の劇場できいた前進座の一同は声をあげて泣きました。（略）山中さんの死を思うたび、多くの優れた芸術家をうばった戦争をにくまないではいられません。（略）日本には多くの優れた監督が昔も今もいます。しかし、あのトーキーのはじまったばかり映画界の時代劇に、生きた現実的人間を描き、そのうえ俳優の指導の面においても映画でなくては出ない技風と新鮮な空気をおくり込んだ山中貞雄氏は、映画史に大きな足跡を残したといえるのではないでしょうか」

　加東大介が召集されたのは山中軍曹の死の五年後、昭和十八年十月で、すでに三十二歳になっていた。加東を乗せた輸送船はニューギニアに向かうが、途中、台湾の高雄に寄港した。上陸が許可され、町に出ると、映画館では山中の「百万両の壺」を上映中だった。「もう会えないかもしれない兄の顔を見、声を聞いているうちに、ポロポロ涙がこぼれだして、どうしてもとまらない。泣きどおしだった」(『南の島に雪が降る』)。客席のみんなが笑っている中で、加東はひとり泣いて、画面の中の兄に対面した。加東が復員するのは昭和二十一年(一九四六)六月で、前進座は辞め、兄・国太郎、姉・沢村貞子の劇団新伎座を経て映画界入りし、成瀬巳喜男(「おかあさん」「晩菊」「浮雲」)、黒澤明(「羅生門」「七人の侍」)などの作品に出演するようになった。

小津と加東の間で、山中の思い出が語られたかどうかははっきりしないが、山中と加東の尋常ではない関係を小津が知らなかったとは思えない。小津の映画、それも戦争体験を描くときに欠かせなかったのが加東大介であった。「早春」の加東は主人公・池部良の大陸戦線での戦友だった。「秋刀魚の味」では、元上官である笠智衆に、「艦長さん」と懐かしそうに声をかける元水兵を演じた。

小津の遺作「秋刀魚の味」は、「鱧《はも》」と「軍艦マーチ」の映画である。映画は、妻を亡くしている笠智衆が、便利に家事に使っている娘の岩下志麻を、このままではいけないと嫁に出すというストーリーである。ラストは笠智衆の寂寥感で閉める。「晩春」の焼き直しと言われても仕方のない骨格である。「秋刀魚の味」に小津の最後の映画にふさわしい輝きを与えたのは、脇に用意された東野英治郎の「鱧」と加東大介の「軍艦マーチ」だったと私は思う。「鱧」は前章で取り上げた。嫁に出しそびれた杉村春子という娘の存在が東野の失意を倍加させていた。加東の場合は、トリスバーのマダム岸田今日子のなんともいえない色気が花を添える。「じゃ、あれかけましょうか、あれ……」とにっこりする。レコードの「軍艦マーチ」がかかり、場末のトリスバーは、突如「軍歌酒場」にと早変わりする。小津研究の嚆矢、佐藤忠男の『小津安二郎の芸術』はこのシーンに注目した。

「この場面は、ストーリーのうえでは何の必要もないものだが、不思議といつまでも印象に残る深い味をもっていた。必要がないといえば、この加東大介の元下士官の役自体、べつに彼が登場しなくてもストーリーの本筋には何の影響もない。岸田今日子の役も、あとで笠智衆が、息子たちに向って、亡くなったお母さんによく似た人だ、と、なつかしそうに言う以外にはストーリーの本筋には関係ないのである。

つまり、この場面は、ストーリーとはほとんど関係のない独立した風俗スケッチであり、泣かせたり、怒らせたりするというようなドラマチックな要素もほとんど含んではいない。では、そういうなんでもない風俗の一断片が、なぜ、そういう深い印象を残すのかといえば、そこには、対話というはっきりしたかたちをとらない、かすかなドラマが、じつにさり気なく進行していたからであろう。軍歌をなつかしがっている男がいる。軍歌をなつかしがっている男を無邪気に見守っている女がいる。そして、いささか当惑気味ながら、その二人に調子を合わせている老人がいる。老人はもと海軍将校だが、日頃の彼の言動にはそうした出身を思わせる要素はみじんもなく、平凡なサラリーマンになりきってしまえたことに満足している風情なのである。三人はまったくおなじリズムに体をゆだねているが、そのリズムから想いうかべるものは三人三様、微妙に食い違っていることが鮮やかに分る」

佐藤の『小津安二郎の芸術』は小津歿後まもない時期に書かれているので、どうしてもストーリー中心の見方になっている。それから半世紀がたち、いま「秋刀魚の味」を見ると、トリスバーの生態は巧みな「風俗スケッチ」であるだけでなく、他の何よりも、小津にとって「必要」なシーンであったことが浮き上がってくる。繰り返される「軍艦マーチ」は「秋刀魚の味」の主旋律となり、映画全体を覆っていく。「麦秋」の隠されたメロディが「海ゆかば」だったとすれば、「秋刀魚の味」の皮肉な滑稽味と深い悲哀感を作り出すのが「軍艦マーチ」なのだ。

小津は支那事変では陸軍軍曹であったし、戦争中にシンガポールに行った時の身分は、佐官待遇の陸軍報道班員であった。海軍とは無関係である。小津の周りで海軍と関係する人もあまりいない。小津は会ってはいないだろうが、北鎌倉の小津の家の最初の所有者なら海軍である。石坂昌三『小津安二郎と茅ヶ崎館』によれば、その洒落た家は、「戦前、海軍の将校が、お妾さんの隠れ家として建てたもの」だった。横須賀に近い鎌倉や湘南は海軍将校の家が多くあったが、別宅を持てるとしたら将官クラスであろう。海軍関係でもうひとり思いつくのは、海軍の下士官だった両角利一である。田中眞澄は「小津安二郎と蓼科高原」(『蓼科日記』所収)で、両角を「野田や小津の蓼科生活に欠くべからざるパートナー」と認定している。両角は野田高梧の別荘「雲呼荘」の管理人だった。野田と小津はここで「東京暮色」から「秋刀魚の味」までのシナリオを執筆した。野田による人物紹介がある。

「両角利一　万能人物。木樵、大工、大福つくり、パン製造、おワイ汲み、電気直し、水道工事、道路監督、等々、等々、赴くところ一として可ならざるなく、しかも曾ては帝国海軍一等兵曹として欧米諸国に足跡を印し、「ハリウッドちゅうはえゝとこだね」など、時にその豊富なる見聞の一端を仄めかす」(『蓼科日記』)

両角は、「海軍に骨を埋めるつもりのところ、敗戦で御破算になって帰郷」していた。「巨匠たちの共作シナリオの完成祝いの宴には、土地の人たちも参加して盛り上がった。両角利一は一九六一年に肝臓癌でなくなったが、折から滞在中の小津と野田も葬儀に参列している」。両角は三月一日に死去。小津日記では、二日に焼香、四日の葬儀にも行き、「精進おとしをよばれて酔つて帰る／ひと眠りて暮夜起きて茶漬を喰ふ　白強飯　塩辛」とある。並みの交際ではなかったことが伝わってこよう。暮夜のお茶漬は「麦秋」の原節子や「お茶漬の味」の佐分利信を連想させるが、両角のプロフィールはむしろ「秋刀魚の味」の加東大介に近い。海軍の下士官は、帝国海軍に「就職」したという意識が強い。両角もそのタイプで、帝国海軍の消滅はこたえたろう。「秋刀魚の味」で加東が、「ねえ艦長、どうして日本負けたんですかねえ。お蔭で苦労しましたよ」と笠艦長に訴える。信州の田舎者にとっては、科学技術の粋を集め、世界の海に乗り出す帝国海軍は一流の就職先だったはずで、両角利一が言っていそうな言葉である。

加東元一等兵曹が、「艦長なんか何ンにもご苦労なかったんでしょうがね」と羨ましがると、笠元艦長は「イヤイヤ、わたしも苦労しましたよ。ま、先輩のお蔭でどうにか今の会社に入れたようなものね」と答える。加東の「勝ってたら、艦長、今頃はあなたもわたしもニューヨークだよ」の怪気炎には、「けど敗けてよかったじゃないか」と応じる。笠智衆があの顔で、「敗けてよかった」という説得力があるが、「秋刀魚の味」の笠は東野英治郎が漢文を教えていた旧制中学から海軍兵学校（海兵）に進んでいる。当時としては勉強も運動もよくできた、文武両道の超エリートである。旧制中学では、会社常務の中村伸郎は「ヤンチャ」、大学教授の北龍二は「副級長」だった。あの同窓会の集まりで一番成績がよかったのは海兵に合格できた笠智衆の平山のはずである。

東野のうらぶれたラーメン屋で偶然、加東と笠が再会する。その時、東野は、「そう言えば平山さんは海兵へいかれたんでしたなァ」と思い出す。シナリオでは笠は「苦笑」して、「いやァ、どうも……」と曖昧に答える。画面の中の笠はとよく見ると、少し胸を張る感じの姿勢になっていて、過去の栄光の記憶を少しだけ身体が引き摺っている様子をちらりと見せる。小津の心にくい演出である。「敗けてよかった」は、加東の「ウーム、そうかも知れねえな、バカな野郎が威張らなくなっただけでもねえ。――艦長、あんたのことじゃありませんよ。あんたは別だ」のフォローとなり、笠はまた「苦笑」して、「イヤイヤ……」となる。それにしても笠智衆の「海兵」は似合わない。その経歴を消去してしまったかのような存在である。駆逐艦艦長というのもまた似合わない。駆逐艦の艦長は海兵出身者では成績は中位以下、海軍省や軍令部といった中央のポストとは無縁で、敢闘精神に富んだ軍人そのものというイメージがある。海兵には入ったものの、たいして出世しそうもない、現場の長どまりである。それでもかつては海兵を目指した戦前日本のエリートである。簡単に「敗けてよかった」と言えるのだろうか。言っていいのだろうか。海軍軍人の「責任」観念からすれば、敗戦の責任こそ感じはすれど、軽々と「敗けてよかった」と口にするのはどうかと思える。

「軍艦マーチ」に話を戻す。笠と加東の「敗けてよかった」話が一段落したところに、マダムの岸田今日子が銭湯から戻ってくる。この岸田の役は瑳峨三智子にオファーがあったが、瑳峨は役が小さいと断った。代わりにプロデューサーの山内静夫が強く推したのが文学座の岸田今日子だった。瑳峨ではおそらくお色気があり過ぎる。湯上りで登場する岸田の配役はまさにうってつけだったのではないか。「秋刀魚の味」では、岸田も加東も小さい役のようでいて、映画全体を決定する重要な役なのである。

亡き妻のおもかげを岸田に見つけた笠智衆は口をポカンと開けて、見とれる。元艦長の無遠慮な視線を柔らかく受けとめて、岸田は「じゃ、あれかけましょうか」とうながす。ここから「軍艦マーチ」がまた流れ出し、長く続く。加東は笠に、「オイ艦長！　艦長もやって下さい！」と海軍式敬礼を強要する。笠は仕方なく、しかし愉しそうに応える。加東の出番はここまでなのだが、笠はこの後も岸田の店に通うようになる。一度は長男の佐田啓二を連れて行く。岸田は「こないだのアレかけましょうか」とサービスのつもりで言うが、笠は「いやァ、まァいいよ」と断る。「軍艦マーチ」を自ら進んで聴く気にはなれなかったのだろう。

岩下志麻の結婚式を終えた夜も、トリスバーに足が向く。「おかけしましょうか、アレ、マーチ」と岸田は客商売っぽいワンパターンである。この夜は、笠は断らない。「アア」と返事をする。レコードがかかると、店の若い女給は歩きながら右手でリズムをとる。ノンポリ戦後派の反応である。三十代くらいの二人の酔客は、「大本営発表……敗けました」と傍若無人に茶化す。笠ではなく、血の気の多い元軍人だったら喧嘩になってもおかしくない設定だ。笠は二人の酔客を恨めしそうに眺めるだけである。やがて笠は悲しそうな表情になる。

帰宅の遅い父親を心配していた息子たちの待つ家に戻ってきた笠は、寝る前に「軍艦マーチ」をボソボソと口ずさむ。そのメロディがBGMに引き継がれて、脱力感あふれるアレンジをほどこされた「軍艦マーチ」となり、やがてテーマミュージックに戻っていく。笠は今日まで二階にいた娘が嫁に行ってしまったことを悲しんでいるようにシナリオでは描かれるが（娘の部屋の「姿見の鈍い光が浮んでいる」）、画面の笠の横顔から伝わってくるのは、それ以上の悲しみである。まさかこれが全小津映画の正真正銘のラストになるとは、小津は思ってもいなかった。臨終の床で、小津は山中の言葉「これがわいの最後の映画じゃ死にきれんな」を思い起こしただろうか。

詩人で映画評論家の杉山平一は旧制松江高等学校時代に、小津の芸術大作「美人哀愁」（フィルムは現存せず）を見てからの熱心な小津映画愛好者であった。杉山は「キネマ旬報」（昭和38・1・下）に「秋刀魚の味」評を書いている。戦後の秀作「晩春」の蒸し返しだが、中年者の「夢と感傷」が歌っていて、「甘くとろりとして快い」という評価だ。作品の成功として東野の老教師、佐田と岡田茉莉子の団地夫婦を挙げ、第三として「軍艦マーチ」の場面を挙げている。ただしラストには批判的である。バーでの「軍艦マーチ」で終るべきだったのに、「帰って台所にたたずむまで、だらだらと引張ったのは、いかなる心境か、小津安二郎ともあろうものが感傷をしゃべり過ぎる」と。前作「小早川家の秋」のカラスも、しつこいほど終盤の画面を我がもの顔で占拠していた。晩年の小津の「感傷」をもっともよく伝えるのが、「秋刀魚の味」のラストであろう。

「軍艦マーチ」は「東京物語」でもかかっていた。笠智衆が尾道時代の役人仲間、東野英治郎と十朱久雄と酒を酌み交わす小料理屋のシーンで、「軍艦マーチ」が画面外の現実音として聞こえていた。徴兵事務を管理する兵事係だった十朱は、皮肉にも息子を二人とも戦死させている。十朱が「もう戦争はこりごりじゃ」と言う場面である。話は親を邪魔にする子供への不満に移り、それっきりになってしまうが、「もう戦争はこりごりじゃ」の声は戦後の小津映画ではよく出てくる。「秋刀魚の味」の「敗けてよかった」もそのバリエーションである。

戦前では、「淑女は何を忘れたか」で「軍艦マーチ」が使われていた。戦後の公開にあたって占領軍をおもんぱかってカットされたので、現存のフィルムには残っていない。高見順が「映画雑筆」（「映画之友」昭和12・6）で、「この映画で後まで頭にのこったのは、フレドリック・マーチ、軍艦マーチ云々という淑女たちの会話につゞいて、軍艦マーチを口笛で吹いている佐野周二、背後のその音楽となったあざやかな場面転換であった」と絶賛したシーンだが、この「軍艦マーチ」は駄洒落を使った技巧的遊びを感じさせ、「秋刀魚の味」の笠のボソボソとした口ずさみとは異質のようだ。

むしろここでは、「軍艦マーチ」にこだわるよりは、加東大介のもう一本の小津映画「早春」にヒントを求めることにしよう。小津は「早春」については、「久方振りに取り上げたサラリーマンもの」、「サラリーマンの悲哀のようなものが出せれば」と「自作を語る」で説明している。池部良が岸惠子と一夜の浮気をした後に、妻の淡島千景と結婚生活をやり直すまでを描いている。「シナリオ」（昭和30・11）誌では、公開前に「早春」の特集号を出した。「東京物語」の次なる小津の新境地への期待が高かったのだろう。

その特集で、野田高梧は「「早春」日記」を書いた。着想がまとまったのは昭和二十九年（一九五四）八月末で、タイトルは「早春」、「サラリーマン生活を始めてから五六年、三十歳前後の連中」の生活を描く。「そういう話と、もう一つ、小津君の兵隊時代の出来事に絡まるいろんな挿話、そういうものを一つに」した構想である。この小津の兵隊時代は映画の一部分にしか生かされていない。池部が召集されて、中支で兵隊生活を送った、その時の戦友の集まりの一夜である。野田の昭和三十年のノートで、「兵隊は海軍の方がいいか」、「兵隊はやっぱり陸軍か。三井君、加東氏、ラジオ屋と川口の鋳物屋」と構想が固まっていく様子がわかる。

兵隊時代の仲間の会は「ツーレロ節」を合唱し、無礼講だ。中心メンバーは「平山」の三井弘次と「坂本」の加東大介で、メートルはかなり上がっている。「杉山」の池部は大学出の兵隊という少数派で、この場には馴染めず、発言もあまりない。戦地での酒や食い物の思い出話に花が咲く。戦死した戦友の思い出になると、加東が「あんな臆病な野郎もなかったよな」と懐かしがる。三井は「あいつが戦死してよ、遺品調べたらよ千人針の腹巻ン中から、おもしれえ絵が出て来たじゃねえか、だッこしてる……」と下ネタに振る。加東は未亡人が亡き夫のことを、「忠勇無双のわが兵だと思ってやがンのよ、ありがてえよな、かみさんてものは」と受けるが、その未亡人は再婚して、「唇紅く塗ってよ、幸せそうな顔」でいるという近況が話題に出る。三井は「まじいじゃねえか」と正気に戻る。加東は「あいつも浮ばれねえよなァ。おれたち死なねえでよかったよなァ」と言い、座はしんみりしてしまう。

「東京物語」で、笠智衆は原「紀子」に再婚を勧めた。あの気持に一片の嘘もないだろうが、戦友たちの視点は死者と同じ位置にあるからか、再婚に釈然としない。未亡人の幸せを思う前に、死者の思い出が立ち塞がる。三井は「ツーレロ節」でまた場を盛り上げるしかない。「早春」ではこの後、二次会の流れで加東と三井が深夜に池部の家に厄介になり、妻の淡島千景は一層不機嫌になる。翌朝、加東と三井が素面に戻って神妙になるまでが加東の出番である。

元兵士の加東と三井の登場はメインのストーリーをはみ出して、突出して長い脇筋である。『小津安二郎全集』所収のシナリオでは、その中の「シーン96」が「欠番」となっている。「早春」を特集した「シナリオ」誌所載の「早春」には、「シーン96」があり、「敗けてよかった」のセリフが存在している。

佐藤忠男夫妻の個人誌「映画史研究」に長期連載された及川満「小津安二郎論・序説」は未完、未刊の長編論考である。「早春」から「秋刀魚の味」までの六本の松竹作品に助監督としてついた及川満の渾身の小津論であり、現場記録だ。「早春」は及川が初めて小津の助監督としてついた映画なので、撮影当時のことが詳しく記載され、分析される。この「シーン96」の撮影は行なわれていた。「十二月十九日（月）、もう冷えびえとする寒いセットの中で、電燈の消えた暗がりに、俳優が台詞を言うと、照明の逆の光線の為に、息が白く見え、氷を口の中に入れて冷くして、息を白くしないような方法をとりながら、苦労して撮影した」が、全体の呎数がオーバーしたために、小津の判断で削除とされた。

「しかし撮影したカットは、ワンカットといえども、オミットする事は、殆ど稀であった小津安二郎が、呎数ののびたことを理由にしても、何故、この場面をオミットしたか、それは別に隠された理由があったのかもしれません。台本を書く時には、自身の体験からも、この台詞を言わせたかったのでしょうが、それを撮影してみると、それを言わせることに、何か、気はずかしいことを感じたのかもしれません。この台詞は、小津安二郎自身の本音でしょう。あの戦争で、自分なりに、自らの考えをまとめ、戦地に兵隊としても、また、軍属として、映画の創作に行かざるを得なかった、その中で感じていたことだったのでしょう」（「映画史研究」20号）

現在ある「早春」に、頭の中でこのシーン96を嵌め込んでみると、どうしてもリズムが狂う。言い過ぎの感も与え、完成度は落ちる。しかし、私も及川と同じく、シーン96は小津の「本音」だと感じる。あまりに「本音」だから、上映時間という言い訳をいいことにして削ったのだろうか。シーン95で一階の淡島が電燈を消して、床に就く。シーン96は二階で、池部、加東、三井が電燈を消した後の、暗い中での会話である。

「平山「このごろよ、変に偉らぶりやがってよ、おれァ戦争にゃ大反対だったなんて云ってる奴いるけどよ、ありゃお前、食わせ者だな」

坂本「そうよ。大嘘だよ。そんな奴いるもんかィ。いたって一人か二人だィ。よっぽど偉れえ人だ。あの時分そんなこと云ってみろ、おッ殺されちゃったぞ」

杉山「おれたちだって、いやだいやだと思いながら、一生懸命やったからなァ」

坂本「そうだよ。敗けちゃかなわねえと思ったもんなァ」

平山「でもよ、敗けてよ、よかったじゃねえか。これで勝ってみろ、バカでもチョンでも軍人の野郎、威張りやがってよ、手も付けられねえぞ」

杉山「ウム……」

　ちょっと間があって――

杉山「――もう戦争はごめんだよ」

坂本「あゝ、もう真ッ平だィ」

　で話が途絶えて――」

シーン96のセリフを書き写してみると、グデングデンに酔っ払った後にしては正論過ぎる会話である。加東と三井の設定が、おそらく高等小学校出の職人であるために、さらに台詞が浮いて聞こえる。フィルムで見ると、作者に言わされていると感じられてしまうのではないか。とくに三井弘次の「平山」が、「食わせ者」「敗けてよかった」という認識を戦後十年で持てたかどうか。ラジオ職人の三井が評論家になり過ぎている。加東大介の「坂本」が、「そんな奴いるもんかィ」「敗けちゃかなわねえ」と言うのは納得の範囲に収まる。池部良の「杉山」はここでも一番寡黙だが、「もう戦争はごめんだよ」という結論を導き出す役目を果している。

戦前戦中は内務省のシナリオとフィルムの検閲で、戦後は松竹による自主検閲によるハサミで、またGHQの検閲で、小津の映画はずっと痛めつけられてきた。独立を回復して五年目の「早春」では、小津自身の判断で大事なシーンにハサミを入れた。小津は「未消化」と最終的に判断を下したのだろう。助監督の及川によると、小津はシーン96をカットするケースと、採用するケースの二通りを想定して、フィルムをスムーズにつなげるために、シーン95で淡島が電燈を消すカットは二通りを撮影したという。小津らしくもなく、そこまで迷っていた。

シーン96は削除、と決断したものの、それでも未練は残った。昭和三十三年（一九五八）の「彼岸花」では、箱根に家族旅行に行った佐分利信と田中絹代が、芦ノ湖畔で戦時中を回顧するシーンがある。防空壕で親子四人が一緒だった時を、妻の絹代は「戦争は厭だったけど、時々あの時のことがふッと懐しくなる」というが、佐分利は、「おれァあの時分が一ばん厭だった。物はないし、つまらん奴が威張ってるしねえ」と冷淡であった。佐分利の「平山」はおそらく召集をまぬがれた幸運児なので、小津の感慨を託すには力不足だった。

「秋刀魚の味」は笠智衆が「平山」である。「早春」と大きく異なるのは、「平山」が三井弘次の元一兵卒から、笠智衆の元職業軍人に変わっていることだ。海軍内で大きな責任を負わなかったとはいえ、海軍兵学校から帝国海軍の佐官となっていた「平山」には、庶民とは違う責任が伴っていた。アメリカは早い段階から、日本の戦争責任を、日本人を二つのグループに切り分けることによって明確化した。責任のある日本人と、責任のない日本人である。アメリカの「日本計画」では、敵国日本の「敵」は軍国主義者とファシストとし、それ以外の「天皇と国民」の責任を不問に付し、占領統治に備えた（佐瀬隆夫『１９４２年アメリカの心理戦と象徴天皇制――ラインバーガーとジョゼフ・グルー』）。

「早春」の池部、加東、三井には戦争責任はない。「秋刀魚の味」の加東にも戦争責任はない。では、「艦長さん」の笠はどうなのだろうか。職業軍人は戦後、公職追放になるのだから、責任は厳しく問われていた。といっても追放が解除されれば帳消しになるような責任である。「敗けてよかった」という笠「艦長」はもう責任を解除されていたといえる。しかし、「秋刀魚の味」のラストシーンの、「軍艦マーチ」を口ずさむ笠智衆の横顔には、職業軍人だった者の消えない責任感と失意の戦後を生きる悲哀がある。

元陸軍軍曹の小津は、それだけでは戦争責任をとりようもない。戦争責任をとる必要もない。それなのに、戦後の小津作品には、昭和の叙事詩という側面がある。時間がたてばたつほどそれは強く感じられてくる。家族の崩壊は現実が行くところまで行って、テーマとしては古びたが、戦争の疼きは小津映画の中でいつまでも弱まることがない。

第十二章　照れ屋の小津がうたった「軍歌」

昭和三十四年（一九五九）五月二日（土）は、小津の生涯の中でも五本の指に入る佳き日だった。カラー第二作「お早よう」の完成試写会が午後にあり、夜にはカラー第一作「彼岸花」の日本芸術院賞受賞祝賀パーティが盛大に行なわれた。試写会には畏敬する志賀直哉、里見弴の二文豪が出席し、夜の銀座の二次会には原節子が駈けつけている（『全日記　小津安二郎』）。

芸術院賞は映画界初ゆえに、小津個人を超えてのお祝いとなった。この時、小津は五十五歳で、同時に受賞した『氷壁』の井上靖は五十一歳、『自然主義の研究』の吉田精一（東京教育大教授）は五十歳である。映画が文学よりも一段も二段も三段も下に見られていた時代の受賞だった。「キネマ旬報」（昭和34・7・下）では、「芸術院賞を受賞した小津安二郎」というグラビア頁で小津を特写している。その記事は、祝賀会の様子に触れている。

「過日開かれた受賞記念祝賀会で、小津さんは求められるままにマイクに向った。満場かたずをのむうちに、高らかに軍歌をうたったという。硬骨漢、小津安二郎の面目やくじょたるものがある。激動する日本映画界の中にあって、このガンコさは、ますます貴重なものといえよう」

「軍歌」に傍点を付しているのは、「キネマ旬報」である。小津監督らしくない、その場にもふさわしくないのではという戸惑いと驚きが感じられる傍点である。恥ずかしがり屋の小津が、映画界全体のお祝いの席で、軍歌を「高らかに」歌った。伝聞情報の記事なので、もっと詳しく書いた記事がないかと探してみた。「映画評論」（昭和34・6）には戦前から小津と親交があった映画評論家の岩崎昶《あきら》が「芸術院賞をもらった小津安二郎」という二頁のレポートを書いている。岩崎は「たいへんな盛会」で、それは「巨匠小津の声望と人徳とふたつながらのいたすところ」と認めている。

「この席上、いちばん私を動かしたのは、八十四才とかになられた母堂の挨拶であった。有名になった息子の晴れの日のために、この小さな老婦人はマイクのそばに立って、短かいことばをのべた。（略）小津安二郎は日本一の親孝行者として有名である。彼はこのとき、老母の手をとるようにしてマイクのそばまでつれていき、挨拶の間中その手をささえてそばにつきそっていたかというと、そうではなかった。彼は母の手をとりにいかず、そばにつきそいもせず、終始一貫して、一メートル半ほどはなれたところに立っていた。このことは、八十四才の母堂の挨拶以上にじつは私を動かしたのである。／そこに私は小津芸術の秘密、というよりもその原理を見た。（略）わが小津安二郎の心は老いたる母をマイクまで背負っていくのである。しかも、彼のからだは無器用にそこにつったったままである。（略）小津の作品の感情的なクライマックスというのは、いつでもこういう形である」

岩崎は戦前戦中戦後と一貫した筋金入り左翼映画人だったからか（戦中には満映東京支社次長だったが）、軍歌を「高らかに」歌う小津には触れていない。ひたすら小津母子に焦点を据えている。晴れ舞台の小津の照れは、老母の挨拶で最高潮に達したのではないか。だからさらなる照れ隠しとして、軍歌を歌ったのではないだろうか。軍歌といってもたくさんある。小津が歌った曲名を知りたくなる。小津映画から推定すると、「秋刀魚の味」の「軍艦マーチ」か、「お茶漬の味」でパチンコ屋の笠智衆が歌う「戦友の遺骨を抱いて」のいずれかである。「軍艦マーチ」では景気が良過ぎるし、小津は海軍ではないので、まずありえない。とすると「戦友の遺骨を抱いて」ではなかったか。

野田高梧の長女で、シナリオライターでもある野田玲子（ペンネームは立原りゅう）は野田・小津コンビのシナリオの清書役だったので、二人の傍にいることが多かった。彼女がよく聴いた小津の軍歌は「戦友の遺骨を抱いて」だった。場所は蓼科の小津の別荘・無藝荘である。「歌いながら泣くのよね。ほんとに涙を流して泣いてるの。よっぽど戦友のことを思ってるのか、悔しいのか、それは毎回涙流されるの」、「戦争自体はもちろんいやでしょうけど、戦地に行ってたことは懐かしがってらっしゃいましたからね」、「どこだっけ、……中支ね。佐野周二と会った話とか、山中（貞雄）さんと会ったこととか、たのしそうに話してたよね」（「シナリオ」２０１０・９）。野田玲子は野田・小津コンビの辛辣な観察者であり、冷徹な批判者であったが、この口吻は軍歌を歌い涙する小津を許していよう。

シンガポール時代、小津の映画製作を手伝った朝日新聞の進藤次郎（当時は南方軍総司令部の主計中尉）は、復員した後、小津に再会する。昭和二十三年（一九四八）のことである。進藤は朝日の社会部長になっていた。

「オッちゃんはその時「風の中の牝雞《めんどり》」を撮影中で、私の顔を見ると大変喜んでくれた。誰も来い、彼も来い、酒だ、肴だとまだ物資の少ない時代に大変な歓待にあずかり、〔主演の〕田中絹代さんにも紹介された。オッちゃんは大いに酔って、何度も繰り返して――

一番乗りをやるんだと／笑って〔力んで〕死んだ戦友の／遺骨を抱いて今はいる／シンガポールの朝の霧〔街の朝〕

という「シンガポール入城の歌」〔「戦友の遺骨を抱いて」〕を大声で歌った。／その後、大阪の北の新地、銀座裏や赤坂で、出会う時があると、必ずオッちゃんはこの歌を大声張り上げて歌ってくれた」（進藤「銀座あそび」『小津安二郎　人と仕事』所収）

高橋治の「幻のシンガポール」（『絢爛たる影絵――小津安二郎』増補版所収）では、進藤は「銀座裏」の厚生館という松竹スタッフの定宿で、小津が「戦友の遺骨を抱いて」を歌う姿を語っている。「適当に酒が廻ったところで小津が立ち上がった。／「さ、歌うぞ」／小津は眼を閉じた」。「お茶漬の味」で座ったままの笠智衆は目を瞑って歌っていた。涙は流してはいない。芸術院賞の祝賀会でも小津は目を閉じていたのか。涙はさすがに流さなかったろう（と、私は小津が「戦友の遺骨を抱いて」を歌ったと決めてかかっている）。

「戦友の遺骨を抱いて」は昭和十七年（一九四二）二月、山下奉文将軍率いるマレー方面軍がイギリス領のシンガポールを陥落させた直後に出来た歌だった。その当時、陸軍報道班員として現地にいた井伏鱒二は、晩年の未完の長編『徴用中のこと』で歌の成立事情を書いている。

「この「遺骨を抱いて」という歌は、私たちの宣伝班と不思議な縁があった。二月十五日、フォード会社の一室で山下・パーシバルの会見があって、二月十六日の朝、私たちがジョホール・バルからシンガポールに向って出発する直前、見知らぬ一人の下士官が手帳を私たちのところに持って来て、「こういうものを作ったですが、物になったら何とかしてもらえんでしょうか」と云った。手帳は軍属の原嘉章［詩人・月原橙一郎］が受取った。その下士官は名前が辻原実で、伊勢松坂出身の軍曹だと自己紹介した。／原君はシンガポールに入城した翌々日、手帳を長屋［操、音楽家］君に見せた。暗い歌詞だが、云うことだけは、いやに本当のことを云っていて迫力がある。七五調だから曲づけは易しいだろうと思って、「建設戦」に歌曲の募集広告を出してもらい、陣中新聞編輯の佃軍曹のところに持って行った」

海軍軍楽隊の松井孝造という一等兵曹が付けた曲がシンガポールでは流行った。兵隊たちの間の人気は戦時歌謡「暁に祈る」（あゝあの顔で、あの声で……）とこの曲だった。井伏は『徴用中のこと』で、音楽事情に詳しかった長屋操の言を記録している。

「シンガポール攻略戦で負傷した兵隊は、「遺骨を抱いて」の歌のとき、「まだ進撃はこれからだ……」というところに来ると、わっと泣き伏してしまうのがある。一番よく泣かせる歌と云った方がいいかもしれぬ。日本軍がシンガポールを陥落させさえすれば、戦争は終ると思いこんでいた兵が多かったからだろう。罪なことをしたものだ」

井伏も同様に、「まだ進撃しなければならない一兵卒の遣瀬なさ」「万斛の涙」を感じていた。井伏は昭和十七年十一月に帰国したので、小津とは会っていない。小津が映画製作のためにシンガポール（昭南特別市と改名）に到着したのは昭和十八年（一九四三）六月だった。その時にも「戦友の遺骨を抱いて」は歌われ続けていたのだろう。これは軍歌というよりも南方版の「戦友」で、日露戦争での満洲の「赤い夕陽」に相当するのが、ここでは南十字星である。

復員してパチンコ屋となっている笠智衆は「椰子の林、南十字星。よかった、ほんと、よかった」と思い入れたっぷりに回顧し、歌い出す。右手で右膝をわずかに叩いて、拍子をとる笠が、「遺骨を抱いて」の部分にさしかかると、両手で遺骨箱をかたどるジェスチャーをし、頭を垂れる。芝居がかった振り付けは、いつもの小津らしくない過剰さがある。小津は支那事変では仲間の兵隊の遺骨を運んでいる。小津元軍曹としては、笠のジェスチャーに過剰さを感じることはなかったのだろう。戦後の小津の気持ちにぴったりだったからこそ、芸術院賞のパーティでも自然に歌えたのではないか。

「戦友の遺骨を抱いて」が歌われる「お茶漬の味」は昭和二十七年（一九五二）の作品である。小津自身、三年後に、「古いもの［昭和十五年のお蔵入りシナリオ］を持ってきて一年を糊塗したという感じだね」、「あれは後味の大変悪い写真だね、われわれの後味の」と否定的評価を下し、野田高梧に至っては、「あれはレパートリイから抜いてもらいたいという感じだね」と全否定に近かった（「シナリオ」昭和30・6）。いま見ても明らかな失敗作なのだが、小津としてはあの時点で撮らなければならない映画だったのだろう。撮影開始は五月、公開は十月だった。そのタイミングとは、日本の独立回復である。

サンフランシスコ講和条約によって、日本の占領が終わり、独立を回復したのは昭和二十七年四月二十八日だった。映画は「五月の午後の微風を切って」ハイヤーがお濠端を進むシーンから始まる。左側が皇居、左手はるか前方には第一生命ビルが見える。GHQの司令部が置かれていたビルは、かつては屋上に星条旗が立っていた。昭和二十五年（一九五〇）の「宗方姉妹」では、第一生命ビルが写ると手前の柳の枝が巧妙に曲げられていて、その星条旗を隠す役割を果していた。もうそんな心配はないのである。ハイヤーは尾張町の交差点を曲る。和光はまだ「PX」（進駐軍の酒保）だが、すぐそばの教文館ビルの壁に大書されていた「TIME」「LIFE」の字（「風の中の牝雞」「晩春」「宗方姉妹」）は消えている。映画のラスト、鶴田浩二と津島恵子の戦後派カップルがデートして戯れるのは、赤坂離宮の門前である（当時は国会図書館として使用されていた）。鶴田浩二がお濠端をのんびり歩く姿で始まり、赤坂離宮（現、迎賓館）前でいちゃつく姿で終わる、それが小津の独立回復第一作であった。

「戦友の遺骨を抱いて」のシーンは本筋とは関係ない。それでも小津がそのシーンを作らずにいられなかったのは、占領が終わり、軍歌を歌う映画を自由に作れる環境を満喫したかったのだろう。戦前版の「お茶漬の味」は小津軍曹の支那事変からの凱旋帰還第一作として書かれたシナリオだった。検閲を通らず放棄されたその「古いもの」を戦争と占領という不自由な時代の終了を記念して撮ったのが、戦後版「お茶漬の味」だった。昭和十七年（一九四二）の「父ありき」で主人公の笠智衆は、広瀬武夫中佐の「正気歌」を詩吟で唸るシーンが存在した（笠『俳優になろうか』）。映画のラストでは、死んだ父（笠智衆）の遺骨を持って帰る、甲種合格した息子の佐野周二の姿に「海ゆかば」がかぶさっていた。詩吟も「海ゆかば」も占領下の再公開に際してカットされてしまっていた。戦争や軍隊に関わるものなら何でも忌避された七年間の後に、小津は十八番《おはこ》の「戦友の遺骨を抱いて」を自作に取り入れたのだろう。笠の歌に聴き入る「班長さん」の佐分利信はほんの少しだけ指を動かし調子をとる。戦後派の鶴田はあっけにとられている。そのうち無人のパチンコ屋の映像に切りかわる。『小津全集』のシナリオで歌われるのは一番と三番だが、映画では一番と四番である。戦闘色がもっとも薄く、南十字星の思い出が色濃いのが四番の歌詞なのだ。

戦後版「お茶漬の味」は最初から失敗が決定づけられていたシナリオだった。仲の悪い夫婦がお茶漬を食べることで和解するという筋立てなのだが、別離の理由が、戦前版は夫の支那事変召集による出征なのに、戦後版では商社の海外出張に差し替えられている。国家の御召しによる二年間のご奉公、それも生還を期し難い泥沼の支那事変である。海外出張や飛行機旅行がまだまだ珍しかった時代とはいえ、兵士と商社のエリート部長では雲泥の差であり、その間隙を埋めることは如何な小津でも出来ようはずがなかった。主人公の「鈍感さん」（見栄えはともかく、性格は朴訥）は同じ佐分利信が演じるのだが、戦前の佐分利なら、まだ繊細さの残る「鈍感さん」に見えるが、戦後の佐分利はどっしり貫禄のある、落ち着き払った「鈍感さん」になってしまっている。

戦前版「お茶漬の味」（当初のタイトルは「彼氏南京へ行く」）は発表されたシナリオが圧倒的に好評で、傑作を期待された作品だった。小津としても、その無念はずっと後を引いていたろう。製作中止の経緯は田中眞澄の『小津安二郎周游』が最も正確、精細である。「彼氏」というのが時節柄面白くないと内務省がケチをつけたのが始まりで、脚本の事前検閲では、「映画の内容が有閑マダムを取扱ったもので、その台詞がリアルに描けすぎているのが、風教上観客に影響を与えはしないか」と改筆を内務省から申し渡される。リアル過ぎる台詞がいけないでは、トーキーの根幹に関わり、小津は譲れなかった。小津は後年、「名誉の応召を赤飯で祝うべきところをお茶漬を食うとは何事か、といわれた」と韜晦したが、戦争に狩り出されている間に、映画づくりはさらに困難になっていた。

いま戦前版のシナリオを読むと、それ以外にも根本的な問題があったのではと思え、山中貞雄の思い出に捧げたシナリオでもあったのも、小津の拘泥した理由と考えられる。シナリオで佐分利の妻・桑野通子（戦後版では木暮実千代）は、夫に赤紙が来たのを東海道線の列車の中で知る。それで慌てて東京に引き返し、佐分利に伝えるセリフがある。

「静岡の先で電報見たの。電報見てる手がふるえるの。こりゃ落着かなきゃいけないと思って煙草吸ったの。そしたらどうしても手がふるえちゃってマッチがつかないの」

このシーンは赤紙が来たときの山中にヒントを得ている。山中は召集されたことを知らされ、動揺して顔色を変え、手がふるえて煙草の火が点かなかった。臆病ではなく、人間として当然の反応である。しかし、時代はそれを許さない。小津は窮余の策として、夫が召集された有閑マダムの反応、反省に転用して、活かしたのだった。ここは検閲官の眼をごまかせたとしても、検閲官が許さないだろう設定がある。お茶漬を食べて、和解する夫婦はまず妻がお詫びの涙を流し、続いて「鈍感さん」の夫が涙を流す。夫の涙は直接には描かれず、妻が友人たちに話す会話で伝えられる。

「ひょっと見たら、あの人目になみだ一ぱいためてんの……いや、泣いちゃいや……男のくせに、戦争へゆくのが……って云ったら、バカ！　分らないのか俺の気持って、いきなり一つぴしゃっとやられちゃったの。（略）ここ（と頬をさし）力一ぱい……そんなことじゃない、うれしいんだ。お前と一緒になって、今日がはじめて……今日ほどうれしいことはなかったんだ。――っていうの、……そう、あたしもばかだったわ。ごめんなさい、今日はじめて分るなんて、もう遅いんじゃない、ってわァわァ泣いてあやまっちゃったの」

夫婦和解の涙、それも愛情のキッーイ一発付きである。出征が嫌で泣くのではないと台詞で念を押させているが、出征前夜に男が涙を流す映画なのだ。これは思い切って挑発的な設定である。昭和十四年秋に公開された成瀬巳喜男の佳作「まごころ」と設定は似ている（小津は見ていない）。「まごころ」は石坂洋次郎の原作を成瀬がシナリオ化している。ヒロインは入江たか子だが、その敵役の村瀬幸子は有閑マダム的だが愛国婦人会の活動にも熱心な夫人である。村瀬の夫で銀行役員の高田稔にも召集令状が来て、この夫婦も和解する。妻は赤紙に動揺し、涙を流すが、夫は毅然としたまま、従容として出征する。この夫婦と対比させれば、小津が描こうとしたのが、非国民と指弾されかねない、破天荒にして危険な試みであったことがわかろう。

そうかといって、小津が反戦論者であったとか、良心的徴兵拒否者であったとかいうことではない。義務としての兵役を忠実にこなし、戦場では勇敢でもあった。ごく普通の国民、臣民なのだった。戦後の「お茶漬の味」に戻れば、血のメーデーの現場となった皇居前広場近くを通り過ぎても、そうした連想は伴わない。佐分利の家の若い女中さんで、いつも困ったような顔をしている「文や」（小園蓉子）のお兄さんが「予備隊」に合格したことを、佐分利は素直に喜んでいる。「再軍備」の尖兵として嫌われていたのが警察予備隊（現在の自衛隊）だった。木暮の実家の父は大磯に住み、白足袋に袴姿である。柳永二郎が演じた元外交官の父が時の首相・吉田茂をモデルにしているのは明らかである。全面講和論の声を押し切って、アメリカ中心の安全保障の枠組みを選んだのが吉田ワンマン宰相だった。

戦後版「お茶漬の味」で、戦前版の出征する夫の涙に比肩しうる、危険な、反時代的な挑発は何だろうか。パチンコのことを「こんなものが流行《はや》っとる間は、世の中は良ゥならんです」と慨嘆するパチンコ屋の笠智衆が、次に発する台詞ではないだろうか。温厚そのものの笠は「しかし、あの時分は楽しかったですなァ、シンガポール」と邪気無く語る。元部下の意外な発言に驚いた佐分利「班長」は、「ああ」と受けた後、すぐに「だが、もう戦争はごめんだね、いやだね」と訂正する。笠は「ああ同感！　わしもいやです。真ッ平ですわ」と前言撤回するので、事なきをうるが、あの時代にあっても、かなりの問題発言である。

『人と仕事』には、これに似た発言をした人物が実在したことが記録されている。作家の林房雄の回想「ジャワのオッチャン」に顔を出す、小笠原という怪人物である。

「オッチャンとはジャカルタの小笠原武夫君の家で会ったのが初めてだった。（略）オッチャンは、ジャワの方へロケーションをするかもしれないということで来たようだが、インド義勇軍の映画を撮るとのことであったが、戦局がさっぱり進展しないので、別段仕事もなかった。私はそんなオッチャンとよく遊びに出かけた。（略）小笠原武夫君は面白い人物だ。彼は海軍私設報道部長と自称していて、頼めば何でも面倒を見てくれた。／戦争が終って間もなく、焼けあとの新橋でバッタリと彼と出会った。「酒がなくて弱っている」と言ったら、「よし、ついて来い」と、銀座のライオン（進駐軍用酒場）の裏階段から三階のコック部屋に連れていき、大ジョッキでビールを浴びるほど飲ませてくれた。そのとき彼が、「戦争は面白かったなあ、又やろう」といったのには、さすがの私も驚いた」

林は小津と小笠原との関係は書いていない。元松竹デザイナーの河野鷹思は『人と仕事』で、「大東亜戦争中、ジャカルタの海軍宿舎」で小津と遭遇し、「海軍の嘱託をしていた小笠原武夫たちと、ただ、ひたすらに飲んだ」と回想していて、小津と小笠原の接点を記している。『大東亜戦争肯定論』で悪名を高める林房雄でさえ、「さすがの私も驚いた」のが小笠原発言だった。ジャワで小津もずいぶん酒を融通してもらったこの人物に、小津がヒントを得ていたのかどうか。笠智衆では演じ切れない怪人物で、もし小津組でキャスティングするなら、「早春」以降の常連になるフィクサー菅原通済しかいないだろう。

林房雄はコラム集『我が毒舌』では、ジャワではなくシンガポールでの小津との交友を書いている。「私にも、「風と共に去りぬ」「独裁者」「ダンボオ」など戦争中のアメリカ映画の大作を石坂洋次郎氏と共にマニラで眺め、シンガポールでは小津安二郎監督と共に「ファンタジイ」「ア」」「ウオタール ウ・ブリッジ」「我が谷は緑なりき」「天使」イギリス映画もまぜてその他数十巻を眺め、どうもこれは今度の戦争は負けたぞと内心おそれをなした思い出がある」。小津がシンガポールで出会った鎌倉文士は、大佛次郎(「宗方姉妹」の原作者)と林房雄だった。ちなみに林が帰国するのは昭和十九年四月である(須山智裕「大東亜の「夢」を葬るまで——林房雄の南方体験と「失はれた都」」「藝文研究」118)。

林は小津と同年の明治三十六年(一九〇三)生まれである。大分で育ち、熊本の五高から東京帝大法学部に進み、プロレタリア文学者、治安維持法で逮捕、転向というコースを辿り、戦時期は小林秀雄、河上徹太郎らの「文學界」同人となる。ライフワークの『西郷隆盛』を執筆中だった。ここで林に注目するのは、小津と同い年であり、昭和十七年に、「文學界」が企画した共同討議『近代の超克』の出席者であるからだ。おもな出席メンバーは京都学派の学者たちと「文學界」の文学者たちで、超克すべき「近代」とはヨーロッパであって、アメリカは軽視されている。映画関係の出席者は朝日新聞で「Q」として映画評を書いていた津村秀夫だけだった。津村が当時、小津作品に対して、見当違いの批判を重ねていた二流の映画評論家であることからもわかるように、小林や河上の映画への関心は薄かった。

『近代の超克』では、出席者はまずエッセイを提出することになっており、林は「勤皇の心」を提出した。その中に、唱歌「青葉茂れる桜井の」が出てくる。小津の「彼岸花」でラスト近く、旧制中学の同窓会が愛知県の蒲郡で開かれ、その席で皆が声を合わせて歌ったあの歌である。南朝の忠臣楠木正成と息子正行《まさつら》の「桜井の訣れ」を歌う唱歌である。

「私は明治三十六年に生れた。二歳と三歳の年が日露戦争である。明治に於ける愛国心の最後的昂揚の時期に、私は幼年期をすごした。十歳のとき、明治が終った。明治天皇崩御の年は私の小学校三年生の頃であった。／御大葬の遥拝は夜の校庭で行われた。（略）このときの私に、勤皇の心があったであろうか。答えは簡単なようで簡単でない。その時、既に私は小さな非国民であったかと問われたら、断乎として否と答えることができる。しかし勤皇の心を知っていたかと問われては、即座に返事に迷う。「青葉繁れる桜井の里のあたりの夕まぐれ」という歌の悲壮調はすでに学んでいた。けれども私は遥拝の式場で涙を流さなかった。式場をとざす悲愁の気は感じたが、その意味の深さはわからなかった」

林のエッセイ「勤皇の心」は、世代論の色彩が強い。二十世紀の初めに生を享けた少年たちの精神史といったらいいか。林はその中でもっとも先鋭的な左翼運動に加わっていくが、それよりも前、少年期の精神構造が問われている。

「小学校では式のあるたびに、必ず君が代が奉唱され、勅語が奉読された。三大節には御真影の奉拝も行われた。教師たちはうやうやしく、児童は神妙であった。常にそれは立派な儀式であった。荘厳に於ても静粛に於ても欠くるところはなかった。たゞ、式が終った後に、私達の胸に燃え残る焔がなかった。（略）時代は安心しきっていたのである。（略）小野心と小金儲と小政争と小享楽が季節の塵埃のように町を埋め、家々はその埃の塵で頽然と古び、家々の床の間、鴨居、壁の上に必ず掲げられてある　天皇の御尊影は遠い御代の壁画のように影薄れた。（略）その頃の日本の大小幾百の都会が共に経験した悲史である」

「彼岸花」の佐分利信、笠智衆、中村伸郎、北龍二、江川宇礼雄、竹田法一、菅原通済ら旧制中学の同級生は五十五、六歳という設定だから、小津と林房雄の同級生の年齢である。小津映画の登場人物は言葉少なで、酒を飲んでは冗談を言い合うのに余念がない。「彼岸花」で神妙な表情を顕わすのは、笠智衆が詩吟「楠木正行如意輪堂の壁板に辞世を書するの図に題す」を朗吟する時と、「青葉茂れる桜井の」を合唱する時である。

「かくして、年毎に教師に引率されて県社に詣で、聯隊の招魂祭の庭に整列することは知っているが、神官の祝詞《のりと》を聞けば、必ず笑い出す中学生が出来あがった。（略）中学生の私たちは、せめて英語の十分の一の時間でも、日本の古き言葉を教えられなかったのであろうか。（略）中学生の頃、私はよく文学書を読んだ。古い日本の文学は読まなかった。読めなかった。（略）「古事記」や「万葉集」に至っては手にとってみようともしなかった。（略）中学生の私が専ら読みふけったのは、その当時の「現代文学」であり翻訳文学であった。（略）谷崎潤一郎、芥川龍之介、佐藤春夫、菊池寛などが新進作家であった。（略）勢い私たち中学生の読書欲は、春陽堂と新潮社、「中央公論」と「文章世界」が指導し広告する方向に盲の馬のように駈けて行った」

林のエッセイから、かなり恣意的に引用をしてみた。引用の基準は小津の伝記的事項と重複しそうな部分を選んでいる。無理に選んだということはなく、同世代ゆえか、自然とそうした部分が重なっている。教養形成、文学の影響など、その後の行動半径、思想遍歴などは林の方が左から右まで振幅が大きい。小津の振幅はずっと小さい。モダニズムに彩られたハリウッド映画受容、「傾向映画」にまでは行きつかない、地に足のついた社会批判、坂本武主演の「喜八物」による下町回帰と庶民回帰、戦時下の「職域奉公」的人生観など、時代の空気は吸い込んでも、自らの体内で発酵させてからでないと、その空気を吐き出すことはなかった。シンガポール滞在時の手帖（「文学覚書」）が旧制中学生のノートのようだったことは既に指摘しているが、南十字星を見ながら日本の古典を勉強していた小津は、間違いなく林房雄の同時代人だ。

小津よりも前にシンガポールに二ヶ月滞在した徳川夢声は「昭南映画界管見」（「映画旬報」昭和18・4・中）で、小津が後に見る「風と共に去りぬ」「ファンタジア」などの「敵性映画」を特別に見たと書いている。現地人には見せない。見せると、日米の国力の差が歴然としてしまうからだ。夢声は「風と共に去りぬ」を見て、「今、私たちはこの映画を製作した国と戦争をしているんだな！」と「武者震い」する。四人の主人公の「アメリカ魂」にも考えさせられる。その正義感、その戦争意識、諸行無常を思わせる結末。「ドルと官能が一切を統裁しているアメリカは、もう昔の話となったのではないか」と夢声は結論する。ここまで雑誌に書いても検閲を通っていることにもびっくりする夢声の文章である。

小津のシンガポール滞在の最大の収穫は外国映画を存分に研究できたことだった。とくに「風と共に去りぬ」と「市民ケーン」への驚愕を戦後の小津は語った。その反面、見過ごされがちなのは、シンガポールに来た本来の目的である映画製作である。そちらにもっと注目すべきと私が思ったのは、小津に同行したシナリオライター斎藤良輔の発言を読んでからである。斎藤は戦争を挟む時期の小津のシナリオ共作者だった。「ビルマ作戦・遥かなり父母の国」、「オン・トゥ・デリー」、「月は上りぬ」と三本連続して映画化できず（「月は上りぬ」は後に田中絹代監督で映画化）、やっと実現した「風の中の牝雞」が不評で、コンビ解消となる。七年間で斎藤が関わった小津映画はその一本だけだった。

野田高梧が小津に幸運をもたらす先輩だったとしたら、斎藤は貧乏くじをもたらす相棒だった。

斎藤は田中眞澄に「チャンドラ・ボースにはお会いになりましたか。どういう人だったんですか」

と訊かれて、「偉い人ですよ、やっぱり」と答えている（『小津安二郎映畫讀本』）。武力によるインド独立を目指すチャンドラ・ボースとインド国民軍（義勇軍）のドキュメンタリー映画を撮るのが小津の仕事だった。斎藤の――そしておそらく小津も同様に感じた――ボースとは「偉い人」だった、という感想がある珍しいインタビューである。高橋治「幻のシンガポール」の取材でも斎藤は語っている。それによれば、ボースに会ったのは昭和十八年九月十九日、場所はマレー北部のペナンである。ボースは小津を抱きしめ、「良く書いてくれました」とシナリオを評価し、全面協力を約す。「進め、デリーへ」というタイトルはこの時、ボースがつけた。インド国民軍の合言葉「チェロ、デリー」がタイトルになったのである。日本軍による謀略映画、ボースによるプロパガンダ映画である。

キャメラマンの厚田雄春も高橋治の取材を受けていて、「幻のシンガポール」で厚田は「あの人は、ほんものです」と小津に言い、小津が「だから、俺も良さん［斎藤良輔］も閉口してるんじゃないか」と答えたことになっている。ボースは単なる日本の傀儡《かいらい》には収まりきらない存在だった。「偉い人」「ほんもの」の迫力を持っていた。斎藤は別のインタビューでは、映画のストーリーを喋っている。「独立軍［インド国民軍］が日本軍といっしょにデリーへ攻め込む話を書いたんです。ホンができた時、日本が負けてきてビルマからもインドからも追い出されちゃった。［インド国民軍と日本軍は］逃げまわってて撮影どころじゃない。僕らはもう用がなくなっちゃって……」（「シナリオ」1990・5）。

斎藤の記憶を信じるなら、映画はボースの勝利、デリー凱旋を俟って終わるのだから、完成はもともと覚束ない企画だった。それでも小津たちは出来る範囲で最善を尽くしている。敗戦が決まって、それまで撮り貯めていたフィルムは焼かれた。それは恥ずかしいプロパガンダ映画だったからではあるまい。厚田は蓮實重彥のインタビューに答えて撮影状況を語っている。

「一応は撮影を始めてはみたんです。英軍の捕虜兵をエキストラに使って撮ったんですよ。英国兵の市街パトロールの情景とか、プールで将校が泳いでいるところとか、そういう平和的なシーンを撮ったんです。（略）で、小津さんとしては、英国国旗がはためいているところを撮りたくてしようがないわけです（笑）。まあ、日本軍が進駐する以前のイギリス統治下のシンガポールを再現するわけだから、英国国旗があってもおかしくはないんですが、何しろキャセイ・ビルのてっぺんにユニオン・ジャックを立てたいというんだから、軍部も驚いちゃいましてね（笑）。／現地人に対する心理的影響もあるから、と南方派遣軍司令部でも問題になったようです。で、まあ、短時間ならよかろうと許可になったんですが、撮影許可願いを何枚か書いて厄介でした。（略）そのネガが残っていれば面白いんですが、終戦時に問題があってはいけないというんで処分しちまったんです。撮影したフィルムはジャワのジャカルタに送り、そこにあった日映［日本映画社］の現像所で上がってきたネガがシンガポールに戻ってきていたのです」（『小津安二郎物語』）

「オン・トゥ・デリー」は陸軍の謀略機関「光機関」の担当だった。『人と仕事』には、その一員だった高木秀三が思い出を書いた。高木以外にも小津について書いている光機関関係者がいる。高木の後任と思われる国塚一乗は『インパールを越えて――F機関とチャンドラ・ボースの夢』で、小津の世話をしたと書いている。「宿舎も私の公邸から近い、快適なバンガローを準備した。彼は夕食がすむと、よく軽装で遊びにこられた。私は、いつもジョニ黒の水割りを飲みながらお相手して、毎晩十二時ちかくまでお話をうかがうのがなによりの楽しみであった」。小津は国塚の案内でチャンギー俘虜収容所を訪ね、イギリス人俘虜たちの演劇を鑑賞したりもしている。国塚は戦後すぐカルカッタに商社を設立した人物で、「麦秋」の原節子の見合い相手の経歴を思い出させる。

「F機関」の藤原岩市と参謀本部八課（謀略担当）やインパールで一緒だった陸軍軍人で桑原長とい

う人物がいた。復員後、昭和三十二年（一九五七）に徳山市議在職中に病死した桑原は遺稿『一武人の波瀾の生涯――燃えた情熱と戦後の反省』で、小津が引揚げ、帰国の権利をスタッフに譲った事実を記している。いまでこそ有名なエピソードだが、桑原は現地で知ったのであろう。

「氏の心は、／「自分は小なりと雖も責任者である。配下の者が全員帰るのを見届けて帰国すべきだ。」／との崇高なる責任観念によって満たされているのだ。（略）氏がかかる崇高極まりない態度を採られたことは、敗戦の悲痛に哭く我々の心に対して、／「日本人未だ亡びず」／の光明を与えて呉れたのであった。／私は氏の存在を「泥中の蓮」としてトしたい」

チャンドラ・ボースの歴史的評価については、長崎暢子の『インド独立――逆光の中のチャンドラ・ボース』を紹介しておきたい。長崎はインド近代史専攻の東大教授で、60年安保で死んだ樺美智子の仲間だった人だ。「インドに行った日本人は、ボースが今でも生きていると信じられているのに驚く。ネルーの生涯のライヴァルであり、急進派としてガンディーに対抗して国外脱出し、独立直前に夭折［飛行機事故死］したボースは、いまや独立後のインドが実現できなかった全てのもののシンボルである。インド独立に賭けた人々の夢と願望、幻滅の全てを背負って彼はこれまで「生きて」きた」。ボースはインド人にとって、源義経のような悲劇の人物として神話的に語り継がれている「偉い人」なのだ。

小津の「オン・トゥ・デリー」がボースを如何に描こうとしていたのか。それを知る手がかりがないのは残念である。もしそのかすかな手がかりを探すとしたら、「彼岸花」なのではないか。佐分利信の重役室には二つの額が架かっている。入口側の額は、林武の描いた「裸婦」である。佐田啓二から借りた絵だと、小津は志賀、里見、大佛を前に語っている（「毎日新聞」昭和33・9・10夕）。窓側のもう一枚は、画面ではっきり確認できないのだが、前景右に肥満体型の人物を配し、左側は大勢の人間が整列しているように見える。それ以上はわからず、絵画なのか写真なのかもはっきりしない。私にはインド国民軍を閲兵するボース像に見えるのだが、確証はない。錯覚かもしれない。

より確証があるとすれば、「彼岸花」でも「埴生の宿」が流れることだ。第四章（「『麦秋』の空、『麦秋』のオルゴール」）で詳述したように、「麦秋」に流れた「埴生の宿」のオルゴールはビルマ戦線で死んだ日本軍、インド国民軍などへの鎮魂歌だった。昭和三十一年の市川崑監督「ビルマの竪琴」にも「埴生の宿」が何度も流れる。昭和三十三年の「彼岸花」で、小津があらためて「埴生の宿」を挿入したのは、「ビルマの竪琴」へのアンサーなのではないだろうか。

「彼岸花」で笠智衆が朗吟する楠木正行の死を描いた詩吟は、もともと笠のレパートリーだった（那須良輔「小津さんのペーソス」『人と仕事』所収）。映画の中では、元海軍軍人の笠は「あんまりやるとボロがでる」と途中でやめてしまう。その後に、「青葉茂れる桜井の」の合唱となる。このシーンに不可思議な箇所がある。合唱は全員でと私は書いてきているが、画面をよく見ると、佐分利信が歌っているのかいないのかがはっきりしない。おや、とよく見ようとすると、佐分利の顔は手前の中村伸郎に遮られて写らなくなる。他の連中は若い時に思いを馳せてか、皆歌っているのにだ。そもそもこの同窓会シーンには解せないもうひとつのことがある。シーンの始まりで、麻雀をするために何人かが席を外す。シナリオには「四人立ってゆく」とあるが、画面では明らかに五人が立ち去っている。単純ミスならばあり得ず、ならば意図的に五人にしたと考えるしかない。歯が欠けたような飛び飛びの空席は、もう死んでしまった同級生たちの席なのだろうか。そうとでも考えないと納得ができないほど、このシーンは重い空気を持っているのである。

佐分利信が「青葉茂れる」を歌うのを確認できるのは、ラストである。新婚生活の娘夫婦に会うために乗った特急列車の中で、「青葉茂れる」をぼそぼそと歌う。そのメロディはすぐにＢＧＭとなり、やがてテーマ音楽に戻る。「秋刀魚の味」ラストの笠智衆の「軍艦マーチ」と同じ音楽的構成である。娘の結婚よりも、わが人生への感慨を反映している口ずさみである。「つまらん奴が威張ってるしねえ」と妻の田中絹代に言って、戦争の時代を嫌っていた佐分利の中になんらかの心境の変化があったのだと思われる。

たまたま新刊書で佐分利が一番嫌いそうな「つまらん奴」の評伝を読んでいたら、その中に楠木正行が登場した。その「つまらん奴」は元軍人、戦後は国会議員である。元軍人は自分のお墓を四条《しじょう》畷《なわて》の戦場が一望できる場所にもとめた。四条畷とは正行が自害した合戦場である。元軍人の次男はその理由を説明する。「はじめから負け戦と分かっていてもやる。やらざるをえないからやるんだと。その正行が一番父は好きだったんですね」。その父とは、辻政信である（前田啓介『辻政信の真実──失踪60年─伝説の作戦参謀の謎を追う』）。シンガポールでは華僑粛清を命令し、インパール後のビルマ作戦の参謀だった辻は明治三十五年（一九〇二）生まれだから、小津や林房雄の一歳上、小林秀雄や河上徹太郎と同年である。こんな厄介な人物までもが「小津安二郎の世代」に属していた。

第十三章　「夫」山村聰が「妻」田中絹代を打擲する「宗方姉妹」

長女の有馬稲子の恋愛結婚に猛反対して、理不尽に怒り散らす「彼岸花」（昭和三十三年）の頑固オヤジは、佐分利信にぴったりだった。妻の田中絹代は夫の佐分利を最終的に屈服させる自信があり、余裕綽々だ。有馬には京都からの助っ人・山本富士子と次女の桑野みゆきが応援団でついている。家庭内暴君の佐分利は、自分の思い通りに事が運ばず、部屋の中を動物園の熊状態になって、行ったり来たり徘徊する。佐分利本人の主観とは大違いで、一家の主としての権威はもはやない。頑固オヤジはこれでもかと戯画化されている。

この会社重役の役は佐分利信以外に考えようがない。ずっとそう思っていたのだが、シナリオは別の俳優をイメージして書かれたとの証言がある。「早春」（昭和三十一年）から「秋刀魚の味」（昭和三十七年）までの松竹の小津映画六作すべてに助監督としてついた及川満が、未完の長編評論「小津安二郎論・序説」で書いている。小津と野田高梧のコンビはシナリオを当て書きすることが多い。「彼岸花」の主人公「平山渉（55歳）」は山村聰を想定して書かれたというのだ。山村は「東京物語」（昭和二十八年）では、笠智衆・東山千栄子夫妻の長男で、東京の場末で開業医になっている「平山幸一」を演じていた。山村の小津映画初出演は、昭和二十五年（一九五〇）に新東宝で製作された「宗方姉妹《むねかたきょうだい》」だった。

「俳優として永い間不遇であった山村聰の出世作は、小津安二郎の「宗方姉妹」であり、そのこともあって、山村聰は、当時、小津安二郎を畏敬しており、この［「早春」］撮影の時、是非また次の出演をという願いによって、その数年後の「彼岸花」は、山村聰を主人公として書き下ろされていましたが、その時は、丁度、自らの演出の作品と重なり、出演が不可能になり、急に佐分利信に変更されました。小津作品の場合、はじめに配役を決めて、脚本を書き、その配役が支障が出来て、代る場合もあり、それが反って良い結果の場合もあり、一概に作者のイメージをそのまま実行することの適否はまた別と思われます。「彼岸花」も反って、佐分利信によって、成功したと言い得ると感じられます」（及川満「小津安二郎論・序説――「早春」の頃（4）」「映画史研究」18号）

山村聰は（佐分利信もだが）一九五〇年代には、俳優業のかたわら監督業に進出していた。ただし、「彼岸花」が撮影された昭和三十三年（一九五八）には山村の監督作はなく、その辺は及川助監督の記憶違いではないかという不安もよぎる。それほど「彼岸花」の佐分利信ははまり役なのである。それでも山村聰版「彼岸花」が捨て難いのは、山村聰の夫、田中絹代の妻という組み合わせだと、「宗方姉妹」の夫婦コンビが再結成されるからだ。数ある小津映画に登場する夫婦の中で、もっとも不穏で、不吉で、荒廃した夫婦関係にあったのが、「宗方姉妹」の山村聰・田中絹代であった。

「宗方姉妹」は小津映画の系譜の中にあって、異例尽くしの作品である。松竹を離れた初めての他社作品であること、スタッフは二人の助監督（山本浩三、塚本芳夫）以外は小津組ではないこと、原作をもとにした文芸映画であること等々。プロデューサーだった児井英生が自伝『伝・日本映画の黄金時代』で、製作事情を明かしている。児井は戦後、銀座のバーで小津と一緒に飲む関係になっていた。小津を紹介してくれたのは、日独合作映画「新しき土」公開時に、ドイツにいて川喜多長政（東和映画社長）に協力していた林文三郎（小津の追悼文を読売新聞に書いた時は早大教授）である。

「門前払いを覚悟して、私は小津さんを銀座のフグ屋に招待した。ソフトをあみだにかぶってグレイの瀟洒な背広姿でやって来た小津さんが席に着くのを待ちかねて、私は単刀直入に切り出した。／「私のところで撮ってもらえませんか？」／息をのむ一瞬。断られても何の文句もいえないところだ。／「うーん。やってみようか」／拍子抜けするくらいあっさりと、小津さんは引き受けてくれた。（略）善は急げ、だ。／「大佛次郎さんの『宗方姉妹』はどうでしょうか」／私は、たたみかけるように、胸に決めていたテーマを口にした。「宗方姉妹」は大佛次郎が朝日新聞に連載していた話題の小説で、かねて朝日の映画記者、井沢淳さんから「映画化してくれないか」と、何となく頼まれたような経緯《いきさつ》もあった。

「うーん、大佛さんの小説ね」／小津さんは首をかしげた。／「僕は原作ものをやったことがないからなあ」

たしかに小津映画は、小津さんと、野田高梧、池田忠雄、斎藤良輔、柳井隆雄といった脚本家との合作であって、例外的な「晩春」も、広津和郎原作とはいえ、内容は小津―野田によるオリジナルといってよかった。／それでも最後は、私の熱意に寄り切られる形で、小津さんは私に笑いかけてくれた」（児井『伝・日本映画の黄金時代』）

小津は日本統治下のシンガポールで大佛とは酒を酌み交わしていた。児井が小津を説得した時期は書かれていないが、「宗方姉妹」が連載中の昭和二十四年（一九四九）の秋であろう。児井はすぐに大佛と小津を会わせる。場所は大佛が定宿にしている横浜のホテルニューグランドだった。「題名と人物は大佛さんのをそのまま使って、中を変えてもいいですか」「いいでしょう」。小津と大佛の会話に、児井は「真剣勝負のようなものを感じた」。姉妹の姉役を田中絹代にするのは、新東宝の佐生正《さしょう》三郎社長の提案だった。絹代は「小津先生なら」と二つ返事でＯＫした。

小津としては考えられないほど他動的な流れの中で「宗方姉妹」は作られる。「晩春」の成功で頂点に達した小津は、新鮮な出会いや人間関係の中で、新しい展開を求めようとしていたのかもしれない。「宗方姉妹」は田中絹代、高峰秀子、上原謙という豪華な配役、奈良京都といった古き良き日本のイメージを前面に出し、興行的には大成功だったが、キネマ旬報のベストテンでは七位に終わった。批評は芳しくなかった。その一例として双葉十三郎の「日本映画月評」(「映画芸術」連載)を挙げよう。双葉は概して小津映画には厳しいが、今回はクソみそである。

「小津監督は、かかる内容を得意のスタイル静止ショットで御丁寧に撮っている。いささか意地が悪いようだが、古くならないことが新らしいことだという姉妹の問答を、小津監督の弁解のように思いながら、私はこの作品を苦笑しながらみた。(略)極言すれば、この作品は、構図に苦心を払った名所写真集である。人物は邪魔なだけだ。(略)田中絹代は「婚約指環《エンゲージ・リング》」[木下恵介監督]ほど醜悪ではないが、どうみても変てこである。(略)高峰秀子については、これは小津監督の完全な誤算だと思うが、上原君に会うたびに徳川夢声だか大河内伝次郎の口真似をさせるのがクドすぎて、しまいにいやになってくるし、その上、変てこな顔をしすぎる。変てこな顔でも可愛気があればいいが、この場合は美人の秀子嬢の面目を傷けるようなつまらぬ写り方である。それを何度もくりかえされては彼女のファンも熱が冷めよう」(双葉『日本映画批判　一九三二―一九五六』)

当たっていなくもない、辛辣な小津評である。双葉がここで唯一救い上げたのが山村聰の「三村亮助」だった。「この映画で、多少ともまともなのは山村聰が演じる絹代の夫だけである。失業し、妻の昔の日記をみて腐り気むずかしく酒びたりにならざるを得なくなり、猫を可愛がる、というのは筋道が通っている」。双葉は山村の演技を褒めているわけではない。精神的コキュとなった、酒乱の夫の存在にリアリティを感じている。写真家の土門拳は「宗方姉妹」の映画評(「展望」昭和25・11)で、ロッセリーニ「戦火のかなた」、デ・シーカ「自転車泥棒」といった同じ敗戦国であるイタリアン・リアリズムの諸作品と比較して、「こうも違うか」と落胆している。土門が唯一褒めたのは、「失業技師三村に扮した山村聰の演技」だった。

原作者の大佛次郎は、公開直後の映画評（「朝日新聞」昭和25・8・29）で、「一貫してさわやかな心地よい流れ方をして、よどまない」と、小津の力量を評価した。原作者として、「興行的な成功を祈って」いるとあるので、褒め方に誇張はあるが、田中絹代の演じた「節子の役は難しいと思う。言葉遣いが節子として時に烈し過ぎたようである」と苦言を呈してもいる。対する夫の山村の演技には高い点をつけた。

「その晩、［試写を一緒に見た］小津君は、一度、三村亮助を宗方忠親［姉妹の父の笠智衆］に会わせるのだった惜しいことをしたと言い出した。（略）私もこれには同感の意を表した。三村の性格のひねくれた面だけでなく、小心で謙虚なところがその場面で表現出来たら、山村聰の好演技にもっと深味が出たであろう。節子をなぐった後で自分が涙ぐんでいるのを見せてもよかった。原作では亮助は悪役ではない、境遇からおく病になっているのが彼の偽悪や強がりの全部の原因なのだ。弱いだけの平凡な男なのである」

山村が絹代を七発たて続けに平手打ちするシーンは、いわゆる小津映画の常識をくつがえす。凄惨なだけの、鬱屈した激情表現である。原作にはない、小津にとって必要なシーンであった。小説「宗方姉妹」を映画にするにあたって、小津が何を付加したか。原作者の大佛から与えられた映画化に際しての自由を十二分に駆使した最大のシーンが、山村の殴打であった。それは、妻の「裏切り」、失業、酒びたり、元エリートのプライドなどに還元して、わかりやすく説明がつくような暴力ではない。「宗方姉妹」の山村聰の圧倒的な暗さは何なのか。「宗方姉妹」は大佛から小津に手渡されることで、表面の華やかな話題性とは異なる、暗い映画となった。「宗方姉妹」は田中絹代と高峰秀子が主役で、上原謙が相手役であるにもかかわらず、山村聰の映画なのだ。そうとすれば、「宗方姉妹」は失敗作ではない。円満な成功作ではないにしても、ヒリヒリとする問題作なのである。

田中絹代は『小津安二郎　人と仕事』の中で、「小津映画の俳優としては、私は落第生なのでございます」と小津追悼の文を書き始めている。低い声音だが、穏やかならざる一文である。同書所収の座談会でも、「私は小津組の落第生」と飯田蝶子、三宅邦子、高杉早苗、笠智衆たちを前にして喋っている。「落第生」という言葉なしには、小津を回想できないようなのだ。座談会での生々しい声から聞こう。

「でも小津先生って、これはどの監督でも共通な心境だと思うのですけど、自分の組に出ているスター女優には全部ラブですね。それを私たち女優の方で変にはき違えると大変なことになります。(略)その一番代表みたいなのが小津先生です。ですから本当に私を愛して下さっているものだと私だって一時はき違えて、結婚してもいゝという気持にもなりました。だけど撮影期間中だけ。終わったらバイバイ」

田中絹代は戦前は七本、戦後は三本の小津映画に出演した。ここでの話は「唯のカワイコチャンの娘役で商業的な色づけの出演が主だった」と本人が書いた戦前の思い出だろう。戦前の「愛」とは違い、戦後は「憎」が主役である。

「その代り仕事の上から来る憎しみ。私的じゃなくて、仕事の上で何かあると、いやになる程の憎しみをお互いに感じる。[厳しい演技指導を受けて]泣かされたということは本当の憎しみなんかじゃなく、仕事の上の愛情です。この俳優はどうにもこうにもならないとなったらけんもホロロです。三宅さんや笠さんあたりには肉身的な愛情の上の厳しさですよ。も一つ複雑な、ツバでも吐きかけられるような憎しみ、この二つは、極端にあると思うの。唯の毒舌というようなものじゃない。私は小津組の落第生だから知っています」

田中絹代は追悼文では、この「憎」の時代が「宗方姉妹」の時だったとはっきり書いている。「お互いに実に不愉快な、いやなお仕事になってしまった」、「私には、先生が実に意地悪く、辛く当られたように感じられました」と、「ツバ」の憎しみがぶりかえす。絹代は書く。「もう二度と小津組には出まい」。

田中絹代の苦悩を脇でしっかり見ていたのは妹役の高峰秀子だった。高峰の小津映画出演は子役時代の「東京の合唱《コーラス》」以来で、事実上初めてといってよかった。その子役時代に高峰は大スターの絹代から、「実の妹のように可愛がってもら」い、鎌倉山の絹代御殿でお泊まりすることも多かった。高峰は松竹から東宝に移籍したので、絹代とは疎遠になり、「宗方姉妹」での共演が久しぶりであった。高峰は自伝『わたしの渡世日記』で、まず当時の田中絹代が置かれていた不安定な環境から説き起こしている。「日米親善使節」としてハリウッドを訪れた「大和撫子」代表は、洋装、大きなサングラスで、投げキッスする「アメリカかぶれ」となって帰国し、囂々《ごうごう》たる批難を浴びた。さらには帰国第一作の約束だった「宗方姉妹」の前に、松竹の「婚約指環」が公開される。ゴシップの渦中、最悪のコンディションでの「宗方姉妹」だった。

「私は田中絹代とは戦前から戦後にわたって何本も共演をしたが、「宗方姉妹」の撮影だけは彼女の演技に、なんともいえない迷いや逡巡が感じられ、その様子が小津監督をいらだたせて、彼女が焦れば焦るほどその結果は芳しくなかった。／「苦しんでいるんだ……マスコミに殺されかかった、気の毒な田中先生……」／信じられないほどの回数のテストがくりかえし、くりかえされた。まだ二十六歳そこその私には、慰めの言葉も、励ましの言葉もなくただ胸が痛んでならなかった。

あれは、奈良の薬師寺のロケ先であったか、大船のステージであったか、またはロケバスの中で隣り合わせに座ったときであったか……。場所は忘れてしまったが、田中絹代が私に向かって独り言のように小さな声をもらした。／「鎌倉山のね、私の家のそばに崖があるでしょう？……あそこから、飛び降りようと、したの……何度も何度も、ね。そうすればみんなお終いになるから……」」(高峰『わたしの渡世日記（上）』)

絹代の「夫」役の山村聰は小津についての追悼文を書いていない。大冊『小津安二郎　人と仕事』にも登場しない。小津組の役者とは見なされていなかったのか。酒は体質的に受けつけず、業界内の付き合いも苦手だったようなので、声がかからなかったのか。最晩年に近い八十七歳で出版した自伝『迷走千里──年々歳々今を尊く生きる』では、さすがに小津に触れている。「宗方姉妹」演出中の小津だ。

「佐分利信さんの初監督作品［「女性対男性」］にも出してもらったし、新東宝へ招かれた小津安二郎監督の『宗方姉妹』にも出して頂いて、小津さんの人柄に胸を打たれもした。小津監督を高く評価する人は沢山いるが、このときは、その片鱗に触れただけで、まだよく分からなかった、というのが本当だ。

小津さんは、その日の仕事が終わると、必ず次の日の出演者を集めて、ひと通り本読みをするのが習慣だった。ある日、集合時間よりも早く、稽古場へ行ったところ、片隅のソファに埋もれる形で座った小津さんが頭を抱え込んで沈んでおられた。びっくりして、「どうかなさいましたか」と声をかけると、「おお、君か」と恥ずかしそうに笑って、細々と言われた。「田中絹代があれほど下手糞だとは知らなかった。参ったよ」。

私は返事に窮して黙っていたが、その日の撮影で、絹代さんが、何度繰り返しても、監督の期待に応えられる演技ができなくて、四苦八苦した。その様子は、カメラ脇で一部始終見ていたので、小津さんの悩みはすぐに分かった。しかし、なぜ、私ごとき者にどうしてそんなことを洩らされたのか、私は慌てた」（山村『迷走千里』）

山村は三年前に、溝口健二監督の「女優 須磨子の恋」で田中絹代と共演していた。山村が島村抱月役、絹代が松井須磨子役である。原節子とは二年前、大庭秀雄監督の「颱風圏の女」でやはり相手役をつとめている。「伝説的な美女と肌が触れ合うような場面があり、慣れない私は、大いにどきどきした記憶がある」（『迷走千里』）。船乗りのギャングが山村、戦争中は従軍看護婦で、今はギャングの情婦に成り下がっているのが原節子、原が惹かれる気象観測士が宇佐美淳（「晩春」で原節子の相手役）というキャスティングの映画だった。小津が山村を抜擢したのは、以上の映画を見てというわけではない。松竹大船撮影所前にある小津ご贔屓の月ヶ瀬食堂で山村に注目した。「山村君が他の仕事で来て、昼食しているのを見て、すぐその気になって『宗方姉妹』にお願いした」（「小津安二郎芸談」『小津安二郎戦後語録集成』）。食事する姿だけで、重要な役に起用を決断できるのか。小津の演出家としての自信に満ちた言葉である。

山村はずっと舞台の役者で、映画出演は戦後になってからだ。明治四十三年（一九一〇）生まれだから、「宗方姉妹」出演時は四十歳だが、映画のキャリアはまだ四年しかなかった。山村は、田中絹代が苦しんだカットについて具体的に書き残している。

「そのカットは、誰かのセリフを受け、ただ静かな笑顔を浮かべて、すぐそばにいる妹の高峰秀子さんの方へ視線を移す、というだけの芝居だった。何でもない芝居だが、硬くなっているというか、気が入らないというか、何となく私にも不自然に見えた。繰り返せば繰り返すたびに、わざとらしくなっていく。そこで小津さんが注意した。カメラの横に自分の拳を握り、「相手の目線はここ。一、二、三と数えるタイミングで、静かな笑顔になり、ゆっくりと妹の方へ視線を移す。では、もう一度、用意、はい」。

見ていると、絹代さんは、口の中で小さく、実際に「一、二、三」と数えて目線を移した。巧くいかないのは当たり前で、声には出さなくとも、実際に数えれば不自然に見えるのは当たり前。小津さんが悩んだのは当然と思ったことである」（山村『迷走千里』）

スランプとは恐ろしい。絹代の生真面目過ぎる対応は、完全に自分を見失ってしまっている。田中絹代の硬い表情が目に浮かび、儀式めいたセリフ回しが聞こえてくるようだ。それにしても、知り合ってまもない山村に向かって、小津が絹代の演技をボヤくのも不用意である。主演女優に対して失礼といっていい振る舞いで、ふだんの小津らしくもない。カメラの脇にいて、小津の演出から監督術を学ぼうとしていた山村に気づいていたから、こんな発言をしてしまったのか。山村を助監督扱いしての油断の一言だったのではないか。ここからは小津自身の「四苦八苦」が感じられる。

双葉十三郎は「宗方姉妹」批判で高峰秀子の「変てこな顔」にも苦情を申し立てていた。小津が高峰に要求した「舌出し」演技を「変てこな顔」と評したのだろう。「宗方姉妹」の中で、高峰秀子はいったい何回「ペロッと舌を出した」ことか。シナリオに執拗に書き込まれているから、小津の計算通りなのだろうが、計算は狂っていると感じられる。高峰は何度もの舌出しに戸惑ったらしく、『わたしの渡世日記』で小津演出にやんわりと異議を提出している。

「……小津安二郎は私にだけは物足りないほど寛容だった。たぶん、私の役が明るいおてんば娘だったので、緊張によって演技が硬くならないように、という配慮からだったに違いない。（略）「デコ、そこでペロリと舌を出してごらん」／と言われて、ペロリ、ペロリと何度も舌を出しているうちに、「舌というものは、考えてみれば気持ちの悪いものだ」とか、「なぜこんなものが口の中にあるのだろう」とか、あらぬほうに神経が走ってしまって、しまいには、自分がなぜ舌を出しているのかさえ分からなくなってしまったことがある。やはり精神に異常をきたしていた証拠である」（『わたしの渡世日記（下）』）

高峰秀子が自身の「宗方満里子」の役を「明るいおてんば娘」というのは、小津の演出を正確に理解しての解釈といえる。しかし、原作の満里子は植民地で生まれ育った、従来の日本人とは違う新人類として描かれていた。「満里子」という名前からして、満洲の地名「満洲里《マンチューリ》」から採られている。満鉄高級社員の父親・笠智衆がソ連国境に近い満洲里に出張中に生まれたので付けられた名前で、育ちは関東州、「アカシヤの大連」で、贅沢を当然として育った「満洲二世」である。姉の「節子」は内地で生まれ育った、日本的女性として姉妹が比較対照される。節子は満洲国で要職にあった「三村亮助」と結婚し、満洲へ渡る。姉妹二人とも引揚げの苦労を経験するが、映画ではその影の部分はまったく見えない。原作では満里子は、満洲で迎えた敗戦を「地獄だったわ」と話している。三村と節子は、敗戦の混乱の中で子供を肺炎で亡くしているが、映画ではその設定は省かれている。父親の宗方忠親は「軍人たちが始めたこの戦争で」、四十年かけて築き上げた満洲での仕事を台なしにされ、失意にあるが、映画の笠智衆にはそうした背景は感じられず、近づく死を穏やかに受容する老人でしかない。総じて、映画では、大連という地名が出てくるくらいで、満洲は可能な限り姿を消される。その中で、ひとり山村聰の満洲だけが暗鬱に肥大化し、傷口を開いている。映画の中で山村聰はいつも闇の塊りのように、不機嫌に存在している。

原作での三村亮助の設定を確認しておこう。苦学して大学を出、満洲で技術者として生きてきた。おそらく優秀と認められて、節子との見合い結婚となったのだろう。「鴨緑江の川口に理想どおりの港を造って、将来立派な都会に発展したら、ほんきで根をおろして、満洲の土になるんだって、ひとりで熱を上げていた」という人物である。元部下からは「局長」と呼ばれていて、出世も順調だったようだ。

大佛次郎は昭和十年代に満洲を取材している。大佛がモデルにしているのは安東市の巨大プロジェクトと思われる。鴨緑江に巨大ダムを建設し、河口の安東市に大東港と大型工業地区を建設する。満洲国の産業開発五ヶ年計画の目玉とされ、この計画には岸信介、松岡洋右、星野直樹、鮎川義介といった満洲の大立者が関わっていた。戦争によって中断されなければ、それこそ「世紀の大建設」となっていた。安東市は朝鮮の新義州（作家・古山高麗雄の生まれ育った町）の対岸にあり、満洲国の入り口である。

岸信介が序文を付した満洲回顧集刊行会（岸が会長）編『あゝ満洲——国つくり産業開発者の手記』という本の中で、「元、大東港建設局長」という肩書の黒田重治が「大東港をめぐる人々」を書いている。黒田によると、大佛次郎は現地を隈なく視察し、小説「川奈の鳶」と「宗方姉妹」を書いた。「東洋経済新報」の石橋湛山（満洲放棄論の経済評論家で、戦後は首相）は水豊ダムと大東港の建設予定地を一日で巡る強行日程をこなし、『満鮮産業の印象』に、島国気分とはかけ離れた雄大で、有望な計画であると書いた。大佛の小説では、この大プロジェクトの実行者に「三村亮助」局長が擬されているのだ。

小津がそこまでの詳しい事情を大佛から聞いたとも思えないが、映画「宗方姉妹」の山村聰が背負っている闇の深さ、巨大さは、この大プロジェクトの挫折と相関するとでも思わなければ納得できない。一夫婦の不和、不信とはとても見合わない、歴史の「負」の堆積が山村聰を苦しめている。メロドラマの筋立てをやすやすと破壊してやまない、満洲国という巨大な夢の跡が山村に圧し掛かっているのだ。

小津映画の中に満洲の記憶を探れば、いくつかが見つかる。満洲国が建国された昭和七年（一九三二）の「青春の夢いまいづこ」（原作・脚色　野田高梧）は若き日の小津が得意としたぐうたら大学生ものといえるが、入社試験会場の黒板には「九月十八日事件とは何ぞや」（満洲事変は昭和六年九月十八日に起こされた）とか、「リットン報告書」について説明せよ、という問題が書かれていた。彼らは入社試験もカンニングで済まそうというツワモノであり、社会的関心は薄そうだ（野田のシナリオには、試験問題は書かれていない）。同年の「また逢ふ日まで」（原作・脚色　野田高梧）はフィルムが失われてしまった作品だが、冒頭から「上海事変」（満洲事変に連動して起された謀略による日中戦）の号外が貼られ、出征兵士の行進や千人針の女たちが出る。主人公も召集通知を受け取って、出征しなければならない立場にある。

探していけば、まだまだ見つかるが、一番大事なのは、支那事変から「凱旋」しての帰還第一作、昭和十六年（一九四一）の「戸田家の兄妹」（脚本は池田忠雄と小津）であろう。二年間の戦場を経験して、小津は「肯定的精神」を携えて帰還した（第一章参照）。「戸田家の兄妹」の主人公・佐分利信は「肯定的精神」が注入された人物で、次男坊の部屋住み的生き方を清算して、大陸に雄飛する。父親の一周忌に帰国するが、その時の姿は協和会服を着こんでいる。佐分利は母親と下の妹が兄弟の家の間をたらい廻しされている現状に怒り、兄と姉を責め、上の妹夫妻を鉄拳制裁する（このシーンは戦後の公開時にカットされた）。佐分利は母親と下の妹を自分の勤務地である天津に連れていこうとする。

「僕の向うの仕事もどうやら面白くなって来て、ここんとこ一番大事な時で、一寸手離して帰って来るわけにも行かないんで……ね、どうでしょう？　……お母さんや節子［下の妹］が思い切って僕と一緒に向うへ行ってくれれば一番有難いんですが、ね、どうでしょう？　……」

映画は佐分利が新妻（桑野通子）、母親（葛城文子）、下の妹（高峰三枝子）、老女中（飯田蝶子）

を引き連れて、天津へ戻ることを予感させて終わっていた。佐分利が満洲国で流行した協和会服を着ていたのは、華北の天津や北京などが、昭和十年（一九三五）からの「華北分離工作」によって「第二の満洲国」化が図られた地域だったからで、佐分利はその信奉者として設定されていたと思われる。映画からわずか四年半後の敗戦で、佐分利たち「戸田家の兄妹」一家の運命がどう変転したか。フィクションの中の人物ではあるが、天津行きの設定を創作し、映画にしたのは監督である小津自身であり、小津は映画の中の佐分利一家の運命に対する責任を感じていたろう。自らの映画の隅々までをも自らの意思と美意識で統御せずにはおれなかったのが小津である。その小津であるから、自らの映画の登場人物に、さらには自らの映画の観客たちに責任を感じていた筈である。そうした小津の意識抜きには、「宗方姉妹」の山村聰の悲惨な末路（病死とされているが、半ば以上は自殺と見た方が納得できる）までの執拗な描写はありえなかったろう。小津は山村聰に託して、自らの「肯定的精神」を葬送したのである。

私は「宗方姉妹」を九年前の「戸田家の兄妹」に架橋したが、佐藤忠男は『小津安二郎の芸術』で、「宗方姉妹」を二年前の「風の中の牝雞《めんどり》」に繋げている。佐野周二の復員兵士は妻・田中絹代を階段下に突き落とし、茫然となった。山村聰の失業中の元満洲国エリートは妻・田中絹代を打擲してやまない。快感も解放感もまったく伴わない暴力描写には確かに通じるものがあろう。佐藤は「宗方姉妹」を分析する。

「技術的な面で言えば、この映画は、小津作品としては例外的に、登場人物が横を向いたまま、あるいは、後ろ向きになったままセリフを言うショットが、それぞれ十数ショットずつある。いずれも、主として三村を撮ったシーンにおいてであり、横向き、あるいは後ろ向きであることによって、彼が、家族にも、また他の誰にも背を向けていて心を通じさせようとしないことを表現しているのである。

（略）この役を演じた山村聰も抜群の出来であり、彼が、昂奮していきなり妻を殴りつける場面の激しさは、「風の中の牝雞」で妻が階段を逆さに落ちる場面とならんで、小津作品には稀に見るショッキングなものである。小津作品が全体としてきわめて静かでおだやかなものであるだけに、その一瞬の暴力と憎悪は、どんなサディスティックな映画にも劣らぬ強い印象を残すのであるが、このとき激しくほとばしり出るものはいったい何なのであろうか。それは、ある意味では、もっとも痛切なラブシーンであるとも言える。（略）しかし、すでに夫としての権威が失われているにもかかわらず、どの場合にも、妻はいっそう妻らしく、夫を深く尊敬しているように振舞うのである。どちらの場合も、その貞淑な妻を田中絹代が演じているということの効果は大きい」

確かに山村聰はいつもといっていいくらい、後ろを向いて背中を見せ、また真横からキャメラに捉えられている。それと同じくらい不審なのは、書斎の机に齧りついて、現実に顔を背けている山村の姿を、その足先しか写さないことが何度もあることである。人物を撮る時には全身像か胸から上のアップを好んだ小津としては、これも例外的な描写である。画面手前に僅かに写る山村の足先は、それだけで優に人間一人分の鬱積を画面にまき散らしている。「風の中の牝雞」でやっと復員できた佐野周二は、身体全体は写るが、顔の部分が見えないという全身像を撮られていることが印象的であった。足先だけの人間と顔のない全身像では違いが大き過ぎるが、どちらも欠損を抱えた人物である点で共通している。

佐野の場合も、後ろ姿の背中が「風の中の牝雞」では記憶に残る。その後ろ姿のすぐ傍に紙風船（第七章参照）が転がっているので、余計にそう思うのかもしれない。

佐野が「のん気な感じを出せる俳優」であることは「紙風船」に関連して述べてあるが、その「のん気な感じ」を消すために、佐野の顔は隠されたといえよう。しかし、それでは人間の顔が雄弁に物語ってしまう映画という芸術の長所を生かせないことにもなる。「風の中の牝雞」の失敗は、佐野周二という俳優が根っから持っている、人の好いキャラクターと主人公との間に齟齬があったためではないだろうか。それでは、佐分利信ではどうなのか。佐分利は佐野に比べて重厚味こそあるが、「お茶漬の味」で有閑マダムたちが、佐分利によく似た池の鯉を「鈍感さん」とからかったように、鈍重で、茫洋とした雰囲気がある。「宗方姉妹」で山村聰を起用するのは、佐野でも佐分利でも表現できない人物像を小津は山村に嗅ぎ取ったのではないか。

山村は随筆集『釣りひとり』の「序にかえて」で、自画像を描いている。

「私は、型通りの、貧乏士族の成れの果ての家に生れ、六人兄弟の長男であった。スパルタ教育でしごかれ、「喜怒哀楽を面に現わさず」式の、儒教的躾が、がっちりと利いて、近所の褒めものであったが、旧制高校へ入った。最初のクラス会で、愕然としたものだ。級友の殆どが、ある者は、芸術論を展開し、ある者はマルクス論を説き、颯爽と自己紹介をした。私には、主張する何物もなかった。何か、いっぱし、しゃれたことを言いたかったのであろう。／「僕は、何もしないで、漫然としているのが好きです」／とやって、一座の失笑を買った口惜しさが忘れられない。（略）「あいつは、腹の分らん男だ」と言われたこともある。／要するに、私はあまりにも善良で、躾が利きすぎて、全くの没個性であったのだ。そのことに気付いたときの、おどろきはひどかった。／家庭でも、外でも、その頃から、私の造反がはじまった」

山村聰といえば、後年の映画やテレビでの総理大臣、聯合艦隊司令長官、海軍大臣、会社社長といった役柄から、どうしても重厚なリーダーをイメージしてしまう。「宗方姉妹」では、まだそうなる以前の、肉がついていない凄愴さを持している。それより前、旧制一高時代の山村が「喜怒哀楽を面に現わさず」式で、「腹の分らん男」と見られていたという自画像は、大船撮影所前の月ヶ瀬食堂で昼飯を食べていた山村聰と、「父ありき」（昭和十七年）で主役として抜擢した笠智衆に小津が与えた言葉を思い出させる。

「［映画「桜の国」の］きみは、うれしいときにはうれしい顔、きげんの悪いときにはきげんの悪い顔を、絵に書いたように出すね」、「今度、きみに出てもらって一本撮るんだが、ぼくの作品には表情はいらないよ。表情はなしだ。能面で行ってくれ」（笠智衆『俳優になろうか――私の履歴書』）

笠智衆が「穏やかな小津」を表現する方向に錬磨されていったとすると、山村聰は「暗い小津」の系譜を表現できる素材だったのではないだろうか。小津のご贔屓俳優だった佐野周二でも、佐分利信でも、それから笠智衆でも、その任を果せないのが、「暗い小津」なのである。

「風の中の牝雞」（脚本は斎藤良輔と小津）では、佐野周二と田中絹代はラストに抱き合い、佐野は絹代に言い聞かせた。

「この先長い人生だ。いろんなことがあるぞ。もっとどんなことがあるかも知れないが、どんなことにも動じない俺とお前になるんだ。どんなつらいことがあっても、笑って信じ合ってやって行くんだ……いいなあ。それでこそ本当の夫婦なんだ。本当の夫婦になれるんだ」

このセリフが空疎に響く中で、「風の中の牝雞」はハッピーエンドとなる。佐野・絹代夫妻の弱々しい希望は、やがて無惨に打ち砕かれるだろう。「宗方姉妹」の山村聰と田中絹代のギスギスした夫婦関係である。山村は急死するが、上原謙と共に新しい人生を歩もうとする田中絹代の前に立ち塞がる。

「三村はあたしに暗い影を残していったんです……。その暗い影がだんだんひろがって、あたしから離れないんです……。どっかで三村は見てるんです。その暗い目がいつもあたしに感じられるんです」

「風の中の牝雞」の絹代も、「宗方姉妹」の絹代も、「自分に嘘をつかない」ことを信条に精一杯に生きている。その生き方は報われるのか。「宗方姉妹」ではラスト、絹代は妹の高峰秀子と静かな京都の町を歩きながら、にこやかに微笑する。その微笑には、映画をハッピーエンドに持ち込むための虚偽の匂いがないか。

田中絹代はこの五年後、小津が自作のシナリオを提供し、絹代を監督として推薦して、「月は上りぬ」を撮る（プロデューサーは「宗方姉妹」と同じく児井英生）。「彼岸花」で佐分利信の妻になるのは、さらに三年後である。「絹代ちゃんが、一番よくなかったね」と「彼岸花」でもまた小津に言われてしまったと田中絹代は書いているが、この小津の言葉は、「宗方姉妹」撮影時を回顧しての余裕を持った小津の冗談と読める。

山村聰の次の小津出演作は三年後の「東京物語」であるが、実は、「宗方姉妹」の次作「麦秋」にもキャスティングされていた。「麦秋」では、原節子の兄の勤務医を笠智衆が演じているが、シナリオの段階では山村聰であった。小津日記の昭和二十六年（一九五一）五月十五日に、「山村の役笠となる」とある。翌々日には「大和は国のまほろば」のロケハンに出発しているから、ギリギリでの交替劇だった。

もしも「麦秋」が当初の予定通りなら、「麦秋」「東京物語」「早春」と、山村聰と三宅邦子が夫婦となる。小津映画の夫婦像の一つの典型がそこには現われたろう。山村の役は三作では勤務医、開業医、脱サラ珈琲店主と変化する。「腹の分らん」山村の演技を通して、小津なりの戦後日本の男性像を表現できると、小津は考えていたのではないだろうか。まず「麦秋」の笠智衆を山村聰に入れ替え、頭の中でフィルムを廻してみよう。

第十四章　敗戦国の「肉声のない男」たち

「晩春」と「麦秋」と「東京物語」を、つづけて、並木座で、やるさうである。どれも、みな、同じやうな作品だ。

今度は何か一つ、変つたものをやらないか、と、よく人から云はれる。

そんな時、いつも僕は、豆腐屋なんだから、精々、豆腐の他、焼豆腐か、油揚げか、飛龍頭しか出来ないのだ、と、返事をする。

さう変つたものは、一人の僕からは、生れさうにもない。

今のところ、うまい豆腐を、うまい飛龍頭を、拵らへることだけで一杯だ。

変つたものなら、デパートの食堂に行けばある」

『[復刻版]銀座並木座ウィークリー』(三交社)に載っている小津の短文である。小津の描いた「豆腐之圖」に添えられた文章で、わずか六頁の無料プログラム「並木座ウィークリー」昭和二十九年(一九五四)三月十日号のために書かれたものだ。プログラムは第22号なので、銀座の名画座「並木座」は開業してまだ半年にも達していない。前年の秋に公開された「東京物語」は、並木座ではこの年の正月に上映された。その時のプログラムには、美術を担当した濱田辰雄が「尾道のこと」という文と絵を、脚本を共作した野田高梧が「ふたりの仕事」という随筆を書いていた。その二ヶ月後、「小津安二郎選集」と銘打って、三月十日から「東京物語」、十六日から「晩春」、二十日から二十三日まで「麦秋」が上映された。

　私が「東京物語」に確かに出会ったのは、この同じ並木座であった。時代はずっと下がって、小津が死んでからもう十五年くらいがたっていた。その頃も、並木座では小津映画が定番としてよく上映されていた。ヴィデオもまだそんなに普及してはおらず、ＤＶＤなど存在しない時代だから、古い映画を見る機会は限られていた。並木座は週替わり二本立てなので、一年通えば百本は見られる勘定になる。小津映画は毎年繰り返し上映されていて、人気の作品といえば、やはり「晩春」「麦秋」「東京物語」だった。私がテレビ放映も含めて三度目か四度目に「東京物語」を見たのは、おそらく昭和五十二年（一九七七）だったと思う。その時、私は「東京物語」に「確かに」出会った。見たというだけでは足りず、出会ったとするほうがピタリとする。その出会いが何なのかを考える余裕もなく、急激に小津映画にのめり込んでいった。「麦秋」は不可解な部分が多くて、その頃の私にとっては気にはなるのだが「難解な」映画だった。「晩春」にはそれほどの感動はなかった。

　出会いの時期を昭和五十二年と断定できるのは、それから通うようになる京橋のフィルムセンター（現、国立映画アーカイブ）でちょうどやっていた特集が「映画に見る昭和十年代」だったからだ。見る機会のほとんどなかった有名無名の戦時下の映画を次々に知り、本編上映前に流れる「日本ニュース」の映像（今ならＮＨＫのアーカイブでいつでも見られる）で、昭和史の現場を追体験できた。興味の中心はあくまでも小津映画であったが、小津映画を育くんだ戦前の映画界の土壌と、背景にある昭和という戦争の時代が、否も応もなく視野に入ってきた。

　しばらくして、ドナルド・リチーの『小津安二郎の美学——映画のなかの日本』（山本喜久男訳）が出た。フィルムアート社版の単行本の奥付を見ると一九七八年（昭和五十三年）四月五日の刊行である。その脇に鉛筆で「昭53・3・28」と購入した日付を記してある。本を買うことにまだまだ喜びを感じていた頃だった（よく見たら本には領収証が挟まっていて、銀座の教文館書店で買っている。小津映画の銀座は、和光と教文館ビルがランドマークだ）。いち早く買ったリチー本だったが、その刊行を記念して新宿の紀伊國屋ホールで小津映画の上映会があり、戦後第一作の喜劇「長屋紳士録」を初めて見た。いわゆる小津調とは違う、敗戦国の姿がそこには写されていた。ロケ地はどうも私が生まれ育った場所のすぐ近くらしい。手元の単行本にはその時のチラシも挟まれていて、「長屋紳士録」の上映は五月二十三日である。本にはまた、わら半紙にガリ切りされた「生れてはみたけれど」の手製パンフも挟まっていた。こちらは明大シネマ・ゴア主催、明大551ホールでの五月十三日の上映会である。

リチー本は小津論としては二冊目だった。昭和四十六年（一九七一）に出た佐藤忠男の『小津安二郎の芸術』（朝日新聞社）以来で、佐藤本は増補改訂版が上下二冊となって、この年末から朝日選書に入る。小津のブームらしいブームが始まるのがこの年、昭和五十三年である。私は佐藤本は朝日選書で読んだ。これも発売すぐに購入したはずだが、購入の日付を記した鉛筆書きはない。本を買う感激が薄れてきたのか、それとも仕事が忙しくて書くのを忘れてしまったのか。その両方かもしれない。

昭和五十三年には、私は小津本をもう一冊入手している。本棚から取り出して確認すると、鉛筆で「昭53．4．10」とある。リチー本購入の二週間後で、リチー本は定価三千二百円、こちらは定価一万円とバカ高い。発行は昭和四十七年（一九七二）八月二十五日で、その時は六千円だったのを、奥付の定価部分だけ小片を貼って「改訂定価」として値上げしたものだ。いままでさんざん引用してきた大冊『小津安二郎　人と仕事』（蛮友社）にこの時、出会ったのだ。これも出会うと表現するのがふさわしいのは、全くの偶然で入手できたからである。

会社の昼休みに一人で近辺をぶらついていた。穏やかないい天気の日だった。新宿通りに面した食糧ビルの地下で書籍即売会というのをやっていたので、覗いてみた。他にどんな本が並んでいたか、なぜそんな場所で本を売っていたのか、事情はわからないのだが、深緑色の函に入った大きな本が目に入った。まさかそれが、初めて目にする『小津安二郎　人と仕事』とは。定価通りだったか、少し割引いていたのかも記憶がないが、躊躇せずに万札を出したことだけは間違いない。重量感たっぷりで、デカくて堅牢な本を持って会社に戻り、本を開いた。パラパラとめくっていて驚いたことがある。たくさん挿入されている写真の中に、小津が蓼科でハイキングする写真がある。白いピケ帽をかぶった小津の隣で寄り添うようにして記念写真に収まっている若い女性がいる。おやッ、とキャプションで確認すると、その女性は、同じフロアで毎日のように顔を合わせている大ヴェテランのT女史の若き日ではないか。「三美女に囲まれてヤニ下がるオッちゃん」といった図の写真を眺めていると、小津との距離感はにわかに縮まってきた。

　並木座の思い出から、話がずんずん逸れてしまった。冒頭の小津の短文に戻る。引用をしていると、改行や句読点は小津映画のカットのリズムである。仮名遣いを現行の新仮名遣いに直してしまうと違うように思え、旧仮名のままにした。「飛龍頭」にルビをふらなかったのも原文尊重で、文脈からこれは「がんもどき」だなと想像がつく。「デパートの食堂」と来れば、ここで思い出すのは、「東京物語」の山村聰と三宅邦子の、夫婦のやりとりだ。

　三宅「お昼、何上がるの?」山村「さア、デパートの食堂へでも行くか。子供たちにもいゝだろう」三宅「そうね。勇、お子様ランチがとても好きなの」山村「そうかい」

　日曜日の東京見物を直前にしての会話である。三十九度八分の熱が出た子供を診るために、山村医学博士は注射器を往診カバンに入れて、仕事に出て行く。お出かけは中止となり、長男の中学生・実（村瀬禅）はムクれて、「つまンねえやい」を連発する。平山医院は東武電車の堀切駅近くなので、そのまま出かけていたら浅草か上野のデパートだったのではないか。「東京物語」に登場するのは銀座のデパート「松屋」の屋上である。笠智衆と東山千栄子と原節子がはとバス観光で立ち寄る松屋百貨店は、銀座並木座にごく近い。

屋上から見える東京の街並みは背の高いビルディングも少なく、遠い山並みがよく見える。空は気持ちがいいほど広い。この風景を見ている三人だけは、八年前に戦死した「昌二」のことを忘れていない。それゆえに、このシーンは「麦秋」の空へとつながっていってもいいはずだ。「東京物語」の中では、東山千栄子が「勇ちゃん、おいで」と孫を連れて出る荒川土手の空、やはり東山がめまいでふらっとする熱海の防波堤の先に広がる空、「とうとう宿無しンなってしもうた」老夫婦がとぼとぼと渡る上野の橋の向こうに広がる黄昏の空、どれも間近に迫っている東山千栄子の死を予感させていた空のひとつであるのだが。

「東京物語」で昭和二十八年の東京風景にしばし見入っていると、個人的には自分がその時には一歳だったというのが不思議に感じられる。記憶は一切ないにもかかわらず、同じ空気を吸い、暑さを感じ、同じ時間に身を委ねていたという感覚だ。昭和二十六年（一九五一）の「麦秋」だと、まだ生まれていないせいか、そこまでは感じない。昭和二十七年（一九五二）の「お茶漬の味」の時は、もう生まれてはいるが、作品に全面的に共感しえないために、そんな感覚には襲われない。「東京物語」の風景と時間の流れは、日常と地続きと感じられるのに、聖性を帯びてくるのだった。

「東京物語」に出会ってから四十数年の間に、いったい何回くらい「東京物語」を見ただろうか。数えたわけではないが、そんなにたくさんは見ていない。時たま、見る機会にうまくぶつかった時にしか見ないのだから。ＤＶＤを入手したのも、この連載を始めると決まってからだった。むしろ頭の中でまず斎藤高順のテーマ音楽を思い浮かべ、登場人物たちのセリフを抑揚付きで思い出し、切れ切れに画面を再現することの方が多い。

まず聞こえてくるのは、東山千栄子の「ありがとう」と笠智衆の「ありがとう」である。「が」にアクセントの入った「ありがとう」は耳について離れない。「ありがとう」にはいくつものバリエーションがあるが、感謝の気持ちが必ず籠っていることだけは確かだ。「ありがとう」が一筋縄ではいかないことは、笠智衆が尾道時代の知人である東野英治郎、十朱久雄と酒を酌み交わした時に示唆される。長男が「場末の小《コオ》まい町医者」でしかないのに失望している。「あれもあんな奴じゃなかったんじゃが……。仕様がないわい」と諦めを口にする。市役所の元「兵事係」で息子を二人とも戦死させた十朱が、「軍艦マーチ」の聞こえる小料理屋のお座敷で、「ちょいと姐さん酒持って来い」と小声で節をつけるのも耳に残る。元「警察署長」の東野英治郎ならば、杉村春子の美容院に深夜の珍客として出現した時の「愉快愉快」の連発である。酔っ払いたちにそれぞれの性格を反映させた「肉声」を吐き出させている。

東野と笠の酔態にすっかりオカンムリの杉村春子は、「いやんなっちゃうなア」を連発して、東野の毒気に対抗している。いつでもどこでも「本音」丸出しの杉村春子の「いやんなっちゃうなア」はとびきりストレートな肉声である。「いやんなっちゃうなア」に匹敵しているのは、中学生の実の「つまンねえやい」である。「いやんなっちゃうなア」と「つまンねえやい」は、頭の中の吹き出しとして、何十度も使わせてもらった調法なフレーズだ。あの杉村春子の「いやんなっちゃうなア」をマネてみることで、何十度救われたことか。杉村春子のヒステリックな抑揚がついた「いやんなっちゃうなア」は絶品である。杉村春子の迫力には及ばないが弟の大坂志郎の「さればとて墓に蒲団も着せられずや」というボヤキ、妹の香川京子の「いやアねえ、世の中って」という憤慨も耳に残る。嫂の原節子は、「そう。いやなことばっかり」と、義妹に微笑をもって同意する。原節子の場合はその直後、「ありがとう」と感謝する義父・笠智衆に向かって告白する「あたくし猾《ずる》いんです」「猾いんです」「いいえ、猾いんです」が圧倒的である。

こうやって登場人物を順番にアップで捉え、肉声の貼りついたセリフを言わせていくと、自家製の「東京物語」予告編が出来ていく。その時に、ハタと困るのが長男の山村聰には、適当なセリフが存在していない、ということだ。山村聰のセリフはその場を進行させるための説明的なものが多い。「お父さん、風呂どうです」、「お母さん、どうです、おやすみになったら」、「おい、ちょいと繃帯取って」、「お父さん、ちょいと……（杉村春子に）お前も……」、「明日の朝までもてばいゝと思うんですが」。挙げていくと、事務的なセリフばかりになる。他にはといえば、「ウム」「ウーン」「ウーム」といった煮え切らない返事ばかりで、肉声は発せられない。予告編制作にあたっては、まことに困った「肉声のない男」なのである。あの知的で、自信に満ちた顔立ち、身体つきにおよそ似合わない役が振り当てられ、気のきいたセリフひとつ口にしない。「小津日記」をみればわかるように、「山村〈長男〉職業医者とする」（昭和28・2・18）、「杉村〈長女〉の職業を美容師に決める」（同2・20）とシナリオの早い段階でキャスティングされている。小津の狙い通りの配役だったわけで、小津は「東京物語」では、「宗方姉妹」の強烈な役柄から一転して、山村聰に話の筋を運ぶ「脇」の演技を求めたのだろうか（第十一章の加東大介発言を参照）。

いつの頃からか「東京物語」の山村聰が気にかかっていた。あれだけ論じ尽されている「東京物語」ではあるが、山村聰に注意を促した評論は数える程しかない。梶村啓二『「東京物語」と小津安二郎――なぜ世界はベスト1に選んだのか』は、「子供たちのなかで最も目立たないが、映画を見終わった後、胸の中で長く重い尾を引く人物は、意外にも長男幸一（山村聰）だ」と、「つかみどころのない表情」に注目している。その「あいまいな微笑、無表情」は「何かを守ろうとしている人間、何かを回避しようとしている人間」の「防衛的な表情」で、小津は「暮らしをマネージする」中年男の「努力と静かな疲労」を見守っているという見方だ。

梶村が「胸を衝かれるシーン」として挙げるのは、シナリオには書かれていないのに印象的なシーンである。母の危篤を電報で知らされた山村はキャメラに背を向けて、庭を見る。しばらくして、庭にいる犬か猫を口笛を吹いて呼ぶ。この動作を梶村は「生活人として習得してきた「回避の技法」の悲しみと凄味」と解釈しているが、どうなのだろう。「宗方姉妹」で猫好きの山村は、不仲な妻・田中絹代を拒絶する意思表示として、庭の猫に「タマタマ」と声をかけた。「早春」の高橋貞二は、妻の妊娠に困惑して、逃げ道として飼い犬に声をかけた。どちらも似た設定だが、「東京物語」の山村がなぜ「ハハキトク」の事実を回避するのかは、わかりにくい。上京した母を不人情に扱った自分に思いが至ったのか。人の世のはかなさに立ち会いたくなかったのか。自分の感情を持ち扱いかねている姿にも見える。

佐藤忠男は大型本『リブロ・シネマテーク　小津安二郎　東京物語』所収の作品論で、山村聰の「どんな場面でも殆んど喜怒哀楽の表情の変化を示さない」長男を、映画の登場人物としては「ユニークなキャラクター」であると喚起を促している。「彼がきわめて冷静で、母の死を、ありのまま、しかし丁重に見つめていることは、この映画を感傷に流させないひとつの大きな支えになっている」とする。医師の職業意識がしからしめていると読んでいるようだ。

惜しまれつつ早逝した政治思想史家・坂本多加雄は遺著『スクリーンの中の戦争』で一章を「東京物語」にあてている。坂本の戦争映画論なのだが、後半の日本映画のパートでは、渡辺邦男監督「明治天皇と日露大戦争」(「庶民の記憶する幸福な歴史」の章)、山本薩夫監督「真空地帯」と野村芳太郎監督「拝啓天皇陛下様」(「アウトローたちの見た軍隊」の章)、木下惠介監督「陸軍」「破れ太鼓」

（「父と子の戦中・戦後」の章）、そして「東京物語」（「普遍と日常」の章）という構成である。「東京物語」が戦争映画の中に入れられているのは、「終戦から八年目に製作された時代状況が、色濃く影を落として」いるからなのだが、坂本が大の小津ファンだったからでもある。本書の解説で、坂本の弟子の杉原志啓は大学院の指導の後、飲み屋での課外授業で坂本が〝小津ごっこ〟と称して、笠智衆のモノマネを愉しそうにしたこと、「小早川家の秋」で森繁久彌が原節子を見て、「おっ、べっぴんやね」「ホッ、学者の未亡人か、インテリやね」と加東大介にOKサインを出す、その森繁のマネが得意だったと回想している。

「本書でとりあげられた同作［「小早川家の秋」］ラスト・シーンにおける、人間は「死んでも死んでも、あとからあとからせんぐりせんぐり生まれてくるわ」という［笠智衆の］科白を、坂本からしみじみとした調子で幾度もきかされたことも今に忘れられない。／そういえば、本書最終章で小津の名作『東京物語』を論じている坂本は、われわれの胸をしめつけるこんなことばを吐露している。「人はこの世に生まれ、出会いと別れを経験し死んでゆく。この原型がパターンとして永続されるのが、普遍的な人の歴史である」。すなわち「日常とは、この原型の上に成り立つ世界」であり、「われわれは、歴史を振り返るとき、どうしてもその時代に固有の事象に目を奪われがち」だが、どんな時代であれ、かならず「日常」は存在したはずである」（杉原「解説」）

政治思想史家としての坂本は、小津映画をハイデガー『存在と時間』と和辻哲郎『人間の学としての倫理学』を対比させながら説明している。ハイデガーの「「死」は絶対に共同体験ができない。だから「死」の「先駆的決意」を通じて固有の自己を見出さなくてはならない」という見解に、和辻は異を唱える。

「彼［和辻］は、人間とは「間柄」――他者との関係のなかでしか存在しえない。個人が自己に内在する良心に従って行動を判断するのではなく、他者との「間柄」にこそ、適度な振る舞い方が存在すると主張しました。／この考えにもとづけば、「死」すら、純粋に個人的なものではないということになります。ハイデガーは、人は死によって初めて固有の存在を認識するというが、実際に死にゆく人間は、遺産配分をはじめ、残された家族や知人のことを考えるものです。さらに、葬式や四十九日などの法要が示すとおり、「死」は複数の人間の秩序のなかに位置づけられるものでもあるわけです。／私は、人間を「間柄」でとらえようとする和辻の哲学こそが、小津映画の本質だと思います」（坂本『スクリーンの中の戦争』）

「東京物語」で形見分けをさっさと頂戴して帰る杉村春子は、かくて和辻的「間柄」世界の中で許容されている。それには杉村の演技力も大きく寄与していよう。「頭の回転が早く、決断力はあるけれど、他者を思いやる想像力にちょっと欠けた女性を、兄役の山村聰とは対照的に、伸びやかに演じています」と杉村春子は絶賛されている。坂本は山村聰の演技については点が辛い。

「長男の幸一を演じたのは山村聰で、磊落な政治家や軍人役が似合う俳優ですが、『東京物語』では「視線をあと一ミリずらして」と要求する小津の厳しい演技指導のせいか、その重厚な風貌をもてあますような、生気のない演技に終始しています。およそ自分の意志というものがなく、ひたすら周囲の状況に従順に自分を合わせるおとなしい男です」

ここで問題なのは、山村は「生気のない演技」をしたのか、それとも「生気のない男」を演じたのかである。小津の完璧主義と演出の粘りからすれば、前者ではなく後者であると考えるべきだ。山村は自伝『迷走千里』で、「東京物語」出演にも少し触れている。

「小津さんの作品には、〔『宗方姉妹』の〕後に『東京物語』などでお世話になったが、短いカットでも本番になるまでに三十回くらいもテストされるケースは珍しくなかった。名優杉村春子さんが、私の左隣に座り、五、六人の家族が集まっているシーンで、杉村さんが私の耳に囁いたことがある。「聰さん、あたし困っちゃった。震えてきちゃったわ」。

シーンと静まり返った厳粛極まる現場では、誰でも硬くなると思った。私は「これは、俳句の十七文字だ」と心に決めた。たった十七文字の中に森羅万象を謳い込むのだ、と。要は、生きた人生の一瞬を摑まえるのが演技なのであると、心をくってみると、意外に自然味は出るものである。私は、決してうまい役者ではない。大体、人間、そんなうまいことができる筈はないのだと思う」

杉村春子でさえ緊張して硬くなる！　このシーンは「東京物語」で両親が上京し、浴衣でくつろぐ夜の団欒の場だと思われる。杉村はただそこにいるだけで、活躍の余地がほとんどないので、かえって緊張したのだろうか。セリフは少ししかなく、それも相槌をうつ程度である。たとえば、笠智衆が山村聰に「お前おぼえとらんか、服部さん――」と聞く。「あゝ、兵事係やってた」と山村が答え、杉村は「おぼえてるわ、あたし」と応じる。

見せ場ではないだけに、かえって難しいのかもしれない。山村聰の「東京物語」での役割はほぼ全編、この低い調子で話す「肉声のない男」なのである。小津映画の現場で役者・山村聰がどう見られていたかの証言は、「宗方姉妹」の時に美術助手だった永井健児の『小津安二郎に憑かれた男――美術監督・下河原友雄の生と死』に一箇所あるだけだ。

「小津に一番馴れているはずの笠もこの撮影の最初の頃は緊張していて、指先が小刻みに震えているのが、私にもわかった。田中絹代から酌を受けるシーンの時なども手が震え、小津に、「笠さん、あんたの役は中気じゃあないんだぜ」と笑われていた。／「笠さん、よその会社［新東宝］じゃあなくて、『大船』だと思えよ。古巣だよ、古巣。そう思って大きい船に乗ってるつもりになれば大丈夫だよ」／例によって小津のジョークである。

同じく現在でも活躍している山村聰も、この『宗方』の頃は映画の経験が浅かった。／「山村くん、これから怒るぞって顔してるよ、伏せなきゃ駄目だ」／そう注意されていたが、なかなか直らないのを見て小津は、「芝居出の人は構えすぎていかん。ライトが当たっていると劇場のステージと勘違いするのかなあ。山村くん、ここに控える我々は客じゃあないんだぜ」などと笑わせた」

小津は山村の演技について、「東京物語」の前年に、「あの頃〔『宗方姉妹』〕と較べて、最近は少し技巧に走ってきた感じがする。『帰郷』〔昭和25年、大佛次郎原作、大庭秀雄監督〕もそうだ。猿がドングリを拾いかけてきた傾向がある」（「映画ファン」昭和27・10）と批評しているが、それでもキャスティングしているのだから、「東京物語」の山村聰に満足していたのだろう。

「東京物語」の現場で、小津が山村聰にどんな演技を要求していたかの証言はない。むしろ、フィルムに刻まれた山村聰の表情、動作、しぐさ、セリフ、風体などから探っていくのが望ましかろう。「東京物語」を普通に見ている分には、アップにならない限り、山村聰の演技は見逃してしまう。画面とストーリーの中心にはいないのだから当然である。あえて、画面の隅にいることの多い山村聰に焦点を合わせながら、映画鑑賞をしてみることにしよう。

最初の登場は玄関先である。東京駅まで出迎えた両親をタクシーに乗せ、家まで帰りつき、荷物を持って帰宅する。上着を脱ぎ、ハンカチで汗を拭う。冷房装置のない時代の汗は拭いても拭いてもとまらない。山村聰はネクタイをほどく。ネクタイは首筋から左右にぶら下がっている。なんとも中途半端な恰好で、いっそネクタイを外してしまったほうがスッキリするのだが、ネクタイはそのままだらりと垂れ下がっている。ワイシャツの袖をたくし上げ、両腕の汗も拭き、扇子で風を送る。かなりの汗っかきのようだ。父親の笠智衆がまだきちんと背広姿でいるのとは対照的である。この両胸にぶら下がるネクタイはかなり意図的な演出のようで、目に入ってくる。自宅でくつろいでいる、と言ってしまえばそれまでだが、「一家の主」らしくないのだ。山村聰の視線も「一家の主」らしくない。視線が定まらずにさまよい、顔もあちこちを向く。

夜、スキヤキの晩餐が終わり、浴衣に着替えてくつろいでいる。山村は扇子から団扇にかわっている。まだまだ暑い。座敷に座り込み、視線は相変わらず動かすが、身体はどかりと座ったままである。杉村春子と原節子が帰る時も、笠智衆と東山千栄子が立ち上がって二階に行く時も、座ったまま挨拶している。三宅邦子が嫁らしく、腰まで曲げて丁寧に「おやすみなさい」と言うのに比べると、横着な感じだ。

翌日、一家は出かける準備をする。山村は靴下を穿き、背広を着て、さて、というところで、玄関が開き、高熱を出した子の父親が往診を求めにくる。ここから山村は医者らしい威厳と落ち着きを見せる。歩き方も、家庭人の時とは違い、職業人としての緊張感がある。「内面《うちづら》」と「外面《そとづら》」の落差が強調されているようで、家族よりも仕事優先は、表情にもあらわれる。三宅邦子の「あたし、お伴しましょうか」という配慮にも、無表情に「いゝよ。お前行ったら、うちが困るじゃないか」と返事して、往診鞄を抱えて出ていってしまう。

山村聰の表情が一番生き生きと感じられるのは、杉村春子の美容院を訪問している時である。この日は、義妹の原「紀子」未亡人が会社を休み、笠智衆と東山千栄子を東京案内に連れ出してくれた。両親の帰りを待って、長男と長女が話している。山村聰の表情は、この夜が一番柔和で、妹との気のおけない関係は尾道時代の彼ら兄妹の様子を彷彿とさせるところがある。杉村春子はここでグッド・アイディアを披露する。両親に熱海旅行をプレゼントしようと提案する。兄の返事はシナリオでは、「ウーム」と考え込み、すぐに答えを出せない。妹は「兄さんだって忙しいし、あたしもこゝんとこ講習会や何かで手があかないのよ。そうかって、そうそうは紀子さんにも頼めないし……どお？」と畳みかける。やはり視点があまり定まっていない兄は、「ウーム、そりゃいゝかも知れないね」と心が動く。妹は安くて、いい宿屋を知っている、きっと両親は喜ぶ、と決めてかかる。兄は「おれもちょいと困ってたんだ」と本音を洩らし、「そりゃいゝよ」と賛成する。完全に杉村春子ペースだ。杉村の夫で、髪結いの亭主風の中村伸郎も、「賛成だね。そりゃいゝですよ」と義兄の尻を押す。杉村提案への賛成の度合いは中村伸郎の方が強い。

ここでの会話から明らかになっていくのは、「肉声のない男」山村聰の「肉声」に近いのが、「ウム」「ウーン」「ウーム」といった判断保留の声であるということだ。なかでも重要なのは「ウーム」である。「ウーム」はこの後、映画の中で何度も繰り返されていく。「肉声のない男」とは「ウーム」な男なのである。

東京駅で両親を見送った数日後、父から礼状が届く。診察室（医者だが白衣は着ていない）で読みおえ、「お母さん、なんだか汽車ン中で具合悪くなったらしい」と三宅邦子に伝える。「きっとお母さんお疲れになったのよ」と妻の方が敏感で、心配を口にする。「ウーム。たまの旅行で、長かったからな」と夫は返事をする。夫は両親が東京訪問に満足し、「当分東京の話で持切りだろう」と楽観的である。この直後、「ハハキトク」の電報が来る。尾道行きの相談も杉村ペースで、山村は「ウーム」「ウーム」だ。

尾道での山村聰はまずは医者である。母の脈を測り、主治医とも会話して、病状に結論を下す。職業人として落ち着いた対応ぶりだ。笠智衆と杉村春子を別室に呼び、「明日の朝までもてばいゝと思うんですが……」と告知する。杉村は手放しで泣き出し、笠が「いけんのか」と呟くと、「僕はそう思います」と笠の方を見ずに告げる。息子ではなく、医師としての己を持そうとする。

夜が明けると、東山千栄子の顔には白布が掛かっている。遺体を前にして家族が集まっているが、その中で山村聰は手前の部屋に座って、母の遺体からは距離を保っている。家族の中で例外的である。お寺での読経の最中も、悲しい顔の並ぶ中で、山村は無表情に徹する。葬式の後の直会《なおらい》では、座の中心にいるのだが、ここでも「一家の主」らしさは発揮されない。酒杯を重ねることに専念している。笠智衆の「ありがとう」、「幸一にも診て貰えたし、お母さんも満足じゃ……」には、「イヤア、どうもお役に立ちませんで……」と頭を下げる。後は杉村春子の提案にまた同調し、早々と仕事が待つ東京へ戻る。登場シーンは、これで、すべて済んだ。

山村聰が演じた長男・幸一はシナリオでは四十七歳と設定されている。「東京物語」は小津が四十九歳の時の作品だから、小津の実年齢に近い。長男の実が十四歳、次男の勇が六歳で、二人の年は離れている。実を昭和十四年（一九三九）生まれ、勇を昭和二十二年（一九四七）生まれとすると、その間にちょうど「この前の戦争」がすっぽり入る。平山幸一は軍医として戦争に行っていたのではないか。そう思わせるのは、親子の数少ない会話の中に、「兵事係」という単語が出ているからだ。「麦秋」で勤務医の笠智衆（当初のキャスティングでは山村聰）は友人の宮口精二（当初のキャスティングでは笠智衆）に、「君アたしか、兵隊、善通寺だったね」と尋ねていた。「麦秋」の笠と宮口も軍医として出征していたのではなかったか。

戦記物や従軍記を読むと、前線に出た軍医は危険な目に遭うだけでなく、悲惨な戦死者、戦傷者、戦病死者をたくさん見届けている。「麦秋」の宮口精二、「東京物語」の山村聰のような内科や小児科の看板を掲げる町医者であっても、戦場では緊急手術をし、応急手当をほどこし、おおぜいの最期を看取った。時には重病者に青酸カリを配ったりする役目を課せられたかもしれない。そこまで想像するのは行き過ぎだとしても、風采の立派な山村聰が見せる自信のなさには、そうした影の部分を想定するほうがしっくりとくるのである。「麦秋」の笠智衆（山村聰）が戦死した弟「省二」のことを思い出さないことは指摘したが、「東京物語」の山村聰も、原「紀子」未亡人を前にしているのに、戦死した弟「昌二」の思い出さえ語ろうとしない。ずいぶん薄情じゃないか、ずいぶん忘れっぽいじゃないか、などと思ってもみたが、むしろ戦時の記憶、戦場の記憶を封印しているとみたほうが自然なのではないか。

山村聰が小津映画初出演となった「宗方姉妹」で演じたのは、精神的コキュとなった失業中の夫、ではない。植民地官僚として「五族協和」「大東亜共栄圏」といった美辞麗句を信じ、敗戦によってすべてが水泡に帰し、酒びたりとなる元エリートであった。「東京物語」の山村聰には、そうした激しい崩壊感覚はない。あるとしたら「場末の小まい町医者」にふさわしい失意であろう。戦争後遺症といっていいその失意が、優柔不断で、視点が定まらず、ネクタイをだらりと垂れ下げた、「肉声のない男」山村聰の人物造型となっている。山村聰は「生気のない演技」をしたのではなく、小津監督の意図に沿って、戦争の記憶をいつまでも引き摺る、「生気のない」中年男を演じたのである。

その場合、容貌や恰幅は大事である。「麦秋」の笠智衆（本来は山村聰）はキャリアウーマンの妹・原「紀子」に議論では言い負かされてしまうし、妻の三宅邦子よりも軽量級の存在感で、剽軽に見えてしまう。息子たちとの親子喧嘩になっても、親としての権威が薄かった。「麦秋」の笠智衆にどうしても違和感を感じてしまうのは、「晩春」や「東京物語」の笠智衆を見慣れているからばかりではなく、山村聰の代役として急遽起用され、おそらくシナリオもそのままで撮影されたための誤差なのであろう。キャスティングとは難しいものである。

「東京物語」は昭和十六年（一九四一）の「戸田家の兄妹」のリメイクという側面もある。戸田家の母（葛城文子）と末娘（高峰三枝子）は兄姉たちから邪慳に扱われ、家々をたらい廻しにされる。父（藤野秀夫）の一周忌で大陸から一時帰国した、協和会服の次男「昌二郎」の佐分利信は姉（吉川満子）、兄夫妻（斎藤達雄・三宅邦子）、上の妹夫妻（近衛敏明・坪内美子）に制裁を加える確固たる信念を持っていた。「東京物語」には、この制裁を加える正義の人士は不在である。戦死した「昌二」がその役目だったのか。それとも、長男の山村聰がその役目を果たすべきなのに、そんな資格が自分にはないと気づいていたのか。「東京物語」とは、協和会服姿の佐分利信が不在の「戸田家の兄妹」でもある。「戸田家」の佐分利信ならば、「東京物語」の杉村春子なぞ文句なく鉄拳制裁の対象だろう。

「宗方姉妹」→（「麦秋」）→「東京物語」と、山村聰が演じた役柄で眺めると、ここには敗戦国の無力な男たちの系譜が出来上がる。次作の「早春」にも山村聰は登場するが、役柄は少し変わる。丸ビルにある会社が嫌になって脱サラした珈琲店店主である。戦後日本社会を白眼視はしているが、「肉声のない男」ではない。むしろ「肉声」（というより主張）のある中年男になっている。「早春」で「肉声のない男」を演じるのは、山村の元部下で、年齢も一廻り若い主演の池部良である。池部良は「ウーム」を連発する優柔不断な兵隊帰りである。池部の場合は妻・淡島千景と浮気相手・岸惠子との間で揺れ動く。モテ役ではあるが、まったく愉しそうではない。

中村伸郎演じる総務部長から、昼休みに地方への転勤話を持ちかけられるシーンがある。池部良は「はあ、考えさせて頂きます」と返事をする。席に戻って、煙草の箱を無意味にクルクルと回す。この仕草がうまくできなくて、池部は小津から「バカヤロ！」と怒鳴られた。小津は自分で演じてみせ、次には池部の演技はOKになった。

その撮影の翌日、池部は小津から昼飯に誘われた。『映画俳優　池部良』（志村三代子・弓桁あや編）のインタビューで、池部は語っている。

「「昨日は悪かったな」と［小津］先生がおっしゃるんだよ。「えっ、何でしょう」、「何でしょう、じゃあないよ。お前は回せと言ったら回したよ。だけど、あの回し方はね、俺にとっちゃ早かろうが遅かろうがどうでもいいんだ。お前の顔には、五年間戦争で苦労して、栄養失調になって帰って来て、ヤレヤレというものが滲んでいるはずだよ。戦争経験者なんだからね。陰鬱な顔しているはずなんだ。ところが、お前はこの撮影入る前から今まで、なんだか知らないけど、のんびりした顔している。左遷を言われて嫌な顔をするはずのところを、何回やっても、のんびりした間抜けな顔している。これは芝居以前の問題だから、ちょっと脅かしてやったんだ。そしたらお前は、気が小さいのかね。びっくりして、嫌な顔になったぜ。それが良かった」。会話の中身は本当に具合悪いけども、そういうふうにしてアフターケアしてくださる先生だったな」

「早春」の池部良は、加東大介と三井弘次が戦友だった。設定では五年間兵隊に行ったことになっている。現実の池部良も五年間外地に行かされて、苦労していた。現実の山村聰は敗戦前の一年間、内地で兵隊だった。

小津映画に限る必要はないかもしれないが、戦後十年間の「戦後」は、「戦中」を色濃く抱え込んだ「戦後」だった。坂本多加雄が「東京物語」を「戦争映画」の範疇で語ろうとしたのは正しかったのだ。

第十五章　「日本一のサラリーマン」と「勤続三十一年」の映画監督

「東京物語」の場末の開業医「肉声のない男」山村聰は、敗戦国の戦後を生きる「戦中派」小津安二郎にとって、ひそかに自らの感慨を託し得る存在だったのではないか。「宗方姉妹」↓（「麦秋」）↓「東京物語」と山村聰の役柄に沿って見直して、そこに辿り着いた。次の「早春」に向かう前に、小津映画の中で、小津が感慨を託し得た役者、登場人物を簡単におさらいしておきたい。

戦前の無声映画時代はフィルムが完全には残っていないので、漏れがあるかもしれないが、まずは初期のピーク「東京の合唱《コーラス》」と「生れてはみたけれど」では、岡田時彦（岡田茉莉子の父）と斎藤達雄がいる。岡田が若々しい「反抗」を、斎藤が若年寄の「自嘲」を表現したとまとめてしまうと面白味が半減するが、この二人は初期の小津にとって最も必要な役者だった。続く落語的な人情物「出来ごころ」「浮草物語」の坂本武は小津の中の下町的登場人物ではあっても、感慨は託し得ない。むしろ、「出来ごころ」の相棒役で、「母を恋はずや」、初トーキー「一人息子」で主演する大日方伝《おびなたでん》ではないか（大日方は松竹を退社したので、「一人息子」は代わって日守新一が演じた）。

長い戦争を間に挟む昭和十年代から二十年代前半にかけては、佐分利信（未映画化「お茶漬の味」、「戸田家の兄妹」）、佐野周二（「父ありき」、未映画化「遙かなり父母の国」、未映画化「月は上りぬ」、「風の中の牝雞」）、笠智衆（「父ありき」、未映画化「遙かなり父母の国」）と三人がいる。佐分利が「実行型」、佐野が「呑気型」とすれば、笠は「修身型」といえようか。

「父ありき」の笠は佐野の父親役なので、むしろ「遥かなり父母の国」の戦死する下士官役が小津に近い。戦後の「晩春」「東京物語」（「宗方姉妹」も）でも笠は老け役なので、ここでは除外すべきかもしれない。「晩春」「麦秋」「東京物語」の「紀子三部作」は、山中貞雄に代表される不在の死者たちが、小津にとって最も親しい人物であり、彼らは「紙風船」「壺」「鶏頭」となって映画に登場し、「麦秋」では移動するキャメラとなって登場人物たちを見守っていた。

いま彼ら、及び小津と親しい映画関係者、さらには「早春」の主要出演者（加東大介、三井弘次、山村聰、東野英治郎）を「小津同世代年表」（第二章参照）に書き加えて、年表を上書きしてみる。

一九〇一（明治三十四年）昭和天皇　内田岐三雄（空襲死）
一九〇二（明治三十五年）小林秀雄　斎藤達雄　田坂具隆
一九〇三（明治三十六年）小津安二郎　岡田時彦　清水宏
一九〇四（明治三十七年）笠智衆　熊谷久虎
一九〇五（明治三十八年）厚田雄春　成瀬巳喜男　池田忠雄
一九〇六（明治三十九年）岸松雄
一九〇七（明治四十年）　大日方伝　東野英治郎
一九〇八（明治四十一年）筈見恒夫
一九〇九（明治四十二年）佐分利信　山中貞雄（戦病死）
一九一〇（明治四十三年）山村聰　斎藤良輔　三井弘次
一九一一（明治四十四年）加東大介
一九一二（大正元年）　　佐野周二

池部良は大正七年（一九一八）生まれと、例外的に若いので年表からは除外した。小津の「同世代」が年下の方へばかり伸びているが、小津が若作り志向だったというわけでは別にない。映画というジャンルの観客層が若いため、また小津が同世代の中では少数派の支那事変出征者だったからだ。この年表でいえば、大元帥の昭和天皇は別格として、支那事変に召集されて大陸に送られたのは小津、山中貞雄、佐野周二と、報道班員で派遣された厚田雄春だけだった。「戦中派」とはふつうは大正中後期生まれの大東亜戦争で多くの死者を出した世代を指すが、小津は支那事変に出征し、戦場での二年間の労苦があったがゆえに「戦中派」の一員と見做し得る。最長老の「戦中派」といったところか。「早春」の池部良、加東大介、三井弘次の戦友会は、池部の年齢設定からいって支那事変でなく、大東亜戦争と名乗るようになってからの兵隊である。池部の会社の先輩である笠智衆や山村聰は小津よりやや年下だが、彼らに戦場体験があったかどうかは不明だ。山村の珈琲店「ブルーマウンテン」の常連客・東野英治郎は停年目前で、小津の実年齢（五十二歳）よりも少し上だが、後述するようにここにも小津がいる。「早春」とは、小津が自分の世代の前後、三十代、四十代、五十代の三つのグループそれぞれに自らの感慨を分散させて、託した映画といえよう。

封切時の「早春」評では、映画評論家ではない二人の批評が読みごたえがある。評価はいたって厳しい。厳し過ぎると私には思えるが、読み甲斐はある。相当な見巧者の観客であっても、「早春」は同時代にはこんな風に受容されたのか。この二つの評は小津の目に触れただろうが、小津は静かな闘志を掻き立てられる一方で、散文的で、後味のいい「随筆映画をやりたい」（「シナリオ」昭和30・6）という芸術的意欲が理解を得ることの困難をも確認したであろう。

「中央公論」（昭和31・3）に載った「早春」評は、シナリオライターの水木洋子が書いている。「演出技術は立派だが……」という表題で、二頁にわたる。まずシナリオに感心し、演出力に「襟を正す」。録音（妹尾芳三郎）、カメラ（厚田雄春）、ライト（加藤政雄）、音楽（斎藤高順）を順々に褒め上げる。ここまでが前半で、ここから一転、「立派だが」の後の「……」部分に入り、どんでん返しとなる。

「しかし、技術の立派さに圧倒されて、見終ってはしまったものの、夫［池部良］の浮気が「すまなかった」で簡単におしまいとなり、むくれた妻［淡島千景］は「この不幸をもっと大きくしないうちに……」と先輩仲人［笠智衆］の手紙もあって、許す気になるという説明的な解決まで、なんで二時間余も費さねばならないのかと思い始めた」

沸々と水木に起こる批判はとまらなくなる。池部の通勤仲間が語尾に「だ」を連発する喋りは三年前の流行だし、ズベ公「キンギョ」の岸恵子は「実は古めかしい女」だ。池部との男女関係を追及するキンギョ吊るし上げ「査問」会は、「お家の不義を働いた腰元を万座の中ではずかしめるような時代くささ」も感じさせる。お好み焼屋で池部を誘惑する岸の、ビール瓶を取りのける「中年男のような段どり」は「若い娘としてはゴツイ」と、水木は容赦しない。

「そして二人が旅館で一夜を過すことも現実的ではない。へべれけに酔ったとか特別の理由がない限り、終電までには二人とも、何喰わぬ顔で帰るのが普通だと思う。そういう一番大切な生活感情や行動が掘りさげられず、日常会話の現実感でのみ描写をしようとしているところに作品を平面的な浅いものにしてしまった。要するにすべてが常識的な風俗映画に終ってしまったのだ。／ここに出てくる老人たち［山村聰、笠智衆、東野英治郎］も、口々にサラリーマンの悲哀を述べるのだが、いずれも作者の解説役をしているだけで生活してはいない。私はセールスマンの死［アーサー・ミラーの戯曲］を思い出すのだが、私たちの周囲にいる老人たちは、もっと無意識に、もっとあがき、或は、もっと愚かな希望に生きているではないか」

水木洋子はこの時、最も脂の乗ったシナリオライターだった。明治四十三年（一九一〇）生まれだから、小津より七歳下、野田高梧より十七歳も下だ。恐るべき才女で、今井正、成瀬巳喜男などの名作を次々と書いていた。成瀬ならば「おかあさん」「あにいもうと」「山の音」、そして「浮雲」である。原作・林芙美子、主演・高峰秀子の「浮雲」は、昭和三十年（一九五五）のキネマ旬報ベストテン第一位であり、小津は「浮雲」を封切時に見て、「大変感心する」「大変気持ちがいゝ」と日記に記した（昭和30・2・9）。

野田との対談（「シナリオ」昭和30・6）では、「大人の鑑賞に十分たえる。大変なもんだ」、「今迄の日本映画の最高のレベルを行ってるよ」と絶賛し、高峰には手紙を出した。『浮雲』を見た。デコにとっても成瀬にとっても、最高の仕事だと思います。／早く四十歳になって、僕の仕事にも出て下さい」（高峰『わたしの渡世日記』）。小津の水木シナリオへの言及はないが、水木は原作者の林と同じく、戦中の南方体験があり、「浮雲」は林芙美子以上に水木洋子の映画でもあった。

水木の「早春」評は、映画界の巨匠に対する堂々たる挑戦状であり、清々しい批判であり、映画界の健全さを証明するものでもある。そうしたもう一例として、今度は反対に水木のシナリオが批判されたケースをついでに挙げておこう。川端康成原作の「山の音」のシナリオを批判したのは、原節子、上原謙と共に「山の音」に主演した山村聰であった。山村は「群像」（昭和29・1）に書いたエッセイ「野暮天批評」で、「文芸作品を映画化する場合、映画化それ自体が批評」であると書いている。自分が出演する「にごりえ」「山の音」のシナリオは水木洋子だったと書き、「得がたいシナリオライター」であると称賛はするが、「にごりえ」の脚色に不満を述べ、「山の音」の脚色を批判する。

「シナリオをよんだ。勿論立派なもので感心した。僕の役は、信吾という六十二歳の主人公である。よみ終って僕は、ひょいと不審を抱いた。全篇見事に川端氏の匂いである。しかし、何かしら欠けている。川端氏と「山の音」とをつなぐ何かしらが脱落していると思った。そこで、早速、原作をよんだ。／僕は、その印象を何と云おう。実に爽やかであった。実に的確、鮮明、そくそくと身に迫ってくる。言葉は少いが、多くを語る名文である。（略）「山の音」の中で語られる事件によるのでもなく、人物によるのでもなく、何かしら動かしがたい儼然たるもの、作品の揺ぎのなさに僕は目がさめるのである。僕は勇気づけを得た。僕は、まじめに生きなければならないと思った。／ところで、シナリオのことだが、やはり、シナリオは、原作の肝心のところを省いていると思った」

以下、具体論に入っていくが省略する。この文章が書かれ、発表されたのは映画「山の音」の撮影前か撮影中と思われ、一俳優としては大胆で、生意気な「野暮天」批評である。山村は後に谷崎潤一郎原作の「瘋癲老人日記」に主演した時には、瘋癲好色老人の「珍奇な愚行の合間合間に、まことに現実的な病状についての日記が克明に描かれている」原作の構成に感心し、映画でも「病床日記を挿入したらどうか」と監督に提案したが容れられなかった（山村『迷走千里』）。

山村がこうした「ものいう映画俳優」だったのは、自身でシナリオを書き、監督もする役者だったからだ。山村の監督第一作は、「東京物語」の直前に撮影、公開された「蟹工船」だった。小林多喜二原作を自ら脚色し、自身の主宰するプロダクションで製作した。そのために過大な借金を背負うのだが、その後も監督業をしばらく続け、下山事件を追う新聞記者を主人公にした「黒い潮」（井上靖原作）などが高く評価された。山村は旧制一高時代に、同じクラスの中島敦や、二年後輩で文芸評論家となる中村光夫らと議論をした（「若人」昭和31・5）。もともとは小説家志望で、東大独文科を出て、まず関西の商業演劇の世界に入ったという変わり種で、戦中に文化座に所属した時は劇作家の三好十郎の影響を強く受け、「戦争中は太宰治の小説を片ッ端から読んだ」（「平凡」昭和26・4）。映画に出るのは戦後になってからだ。

「早春」のもうひとつの批評は、「映画芸術」（昭和31・4）に載った小倉真美「小津安二郎氏への手紙――「早春」を見て想う」である。小倉は中央公論社の月刊科学雑誌「自然」の編集長で、当時、中央公論社は「早春」の池部良の会社と同じく丸ビルにあった。小倉は試写会で見、映画館で見直した上で、この四頁もある長い手紙を書いている。小津がロケハンで丸ビルを訪れた時、小倉は小津に会っていた。

「私の勤務している社は五階ですが、突然編集室に入って来られたあなた（敬称は略して、こう呼ばせて頂きます）は一番奥の窓ぎわに坐っていた私に目礼され、無言のまま、窓から東京駅前の広場を眺め、レンズを出して「東京中央」郵便局寄りの歩道を中心に構図を考えられた後、私に向い、朝のラッシュ・アワーの流れは何時頃が一番多いかを質問されました。私は推定時間と、地下道工事のため流れが変っていることなどを説明しますと、ライカで二三枚撮影されてお供のスタッフと一しょに帰って行かれました。（「早春」に使われた駅前のショットは他の会社の窓から撮影されました。）」

その間、わずか十五分の遭遇だが、小倉は感動した。なぜなら小倉は昭和三年（一九二八）の「肉体美」（フィルムは現存せず。斎藤達雄、飯田蝶子主演）から小津作品に注目し、尊敬と関心を持続させていたからだ。学生時代に小津作品に注目する者は殆どいなかった。「生れてはみたけれど」を見た時には、「これ程会社員の救いのない現実を客観的に見つめた映画」はないと「激しい感動で泣き、「日本映画はついに世界の傑作の水準を抜いた」と誇らしくなった。「また逢ふ日まで」（フィルムは現存せず。岡田嘉子主演）には、「出征兵士の悲しみが描かれ、数年後なら反戦ものとして検閲を通らなかったことでしょう」と勇気をたたえる。いつまでも記憶に残る印象的なショットを挙げながら、小倉は各作品を是々非々で論じる。戦中の「父ありき」には、「当時人間性を喪失した映画の氾濫の中で只一つ格調のある真の映画」だと感動して涙ぐむ。近作「東京物語」は力作だが、なぜ「これが人生だという諦観」ばかりを描くのか、と淋しくなる。「戦後の作品には感心はしても感動を覚えたもの」はないと、長年の支持者として疑問を呈す。ここまでで全体の三分の二で、ここからやっと「早春」評となる。

「『早春』は戦後初めてのサラリーマンものであり、比較的若い層に焦点をおくという話なので、過去に会社員生活を画いた傑作があるだけに、期待に胸をふくらませて拝見したわけです。（略）まことに演出技術としては完璧といっていい位の作品です。（略）ダイアローグに配慮された神経と技巧は冴え渡り、最近稀に見るシナリオといいたいのですが、せりふに創作力を消耗しつくしたのではないかと思われる程、エピソードのみの連続で、劇的な高まりというものが見られない不思議な結果を示しています。シークェンス毎にみれば立派な演出なのですが、本筋でない枝葉に時間をとられた形で、例えば戦友との宴会や主人公の自宅に来てからのいきさつなども、それ自体の面白さは別として、全体の構成から見ればあれだけ重点的に描く必要もなく、加東大介や三井弘次の力演も宙に浮いたような印象です」

酔っ払い戦友たちの本音（「もう戦争はごめんだよ」などシーン96のセリフ。第十一章「加東大介と笠智衆の『軍艦マーチ』」参照）は編集の段階でカットされたが、その部分が生かされれば、小倉も納得したのだろうか。そのセリフがあろうがカットされようが、いま「早春」を見れば、戦友たちのエピソードはけっして「枝葉」ではない。「早春」の「幹」を構成する大事な要素である。「本筋」（若いサラリーマンの生態や夫婦の危機）を辿る映画鑑賞に慣れていると「枝葉」と思えるが（当時の観客も批評もそう受け取った）、小津の「随筆映画」の構想の中では、「本筋」も「枝葉」も甲乙つけ難い比重であったろう。映画の興行を考えれば、「本筋」部分を強調して映画は製作され、宣伝され、紹介され、鑑賞され、論じられるが、年齢相応の映画を作ろうとする小津の映画作法では、「本筋」と「枝葉」は絡み合って、分かちがたくなる。小津・野田コンビにあっては、野田高梧が「本筋」を主導し、小津が「本筋」とはいえないパートで自由を行使するという関係だったのではないだろうか。小津はインタビューなどでは、額面通りに「本筋」部分の映画であると語りはするが、そのまま受け取ってしまっては、小津・野田コンビにまんまと騙されたことになる。一年一作の寡作であっても苦しむのは、「本筋」以外のシナリオ、演出、ロケーション、キャメラなどで何ができるか、その上で「本筋」の映画としてヒットさせなければならないからである。そこに映画監督としての勝負どころがあった。見巧者の小倉のような人でも、そこまでは目が行き届かなかったのだろう。

戦前から小津映画を見続けてきた小倉は、傑作「生れてはみたけれど」の感動を再びと期待していたのだが、裏切られる。「サラリーマンの生活をいかなる観点から、いかに描いたか」といえば、「無気力」で「運命に従順」な人ばかりが出る。「『早春』に感動が得られない理由は底に流れる諦観にあります」。ここから小倉は「早春」のサラリーマン批判へと入る。池部良がサラリーマン生活について言及するのはたった二箇所しかない。この主人公は「凡庸な常識人」で、映画の主人公としては物足りないと不満を述べる。それから山村聡に語らせた「日本一のサラリーマン」池田成彬《せいひん》の件。「この場面の時、試写室でも映画館でも、近くで見ている人たちに反撥を感じたらしい気配が感じられました」と、小津の現実離れを衝く。それから丸ビルの有難味。「大正から戦前までの丸ビルはあこがれの象徴にもなれたでしょうが、今日の丸ビルはその資格のない時代おくれの建物です」と、丸ビルにあこがれる青年を登場させた時代錯誤も衝く。

「賢明なあなたは百も承知のことだったかも知れませんが、現場の人間としてはこれだけのことを知って頂きたいと思いました。昨日の新聞によると次回作品は停年前後の老サラリーマンを主人公とするもので、題名も「夕暮」と発表されています。例え敗戦［敗残の誤植か］の人生を描かれても、「夕暮」が諦観の象徴のみで終らないことを切望します」

礼儀正しく、最後は「変らない尊敬と期待」をもって、小倉は筆を擱いている。小倉の指摘した問題点はあらためて検討することにして、「早春」を冒頭から見ていく。ドナルド・リチー（山本喜久男訳）の『小津安二郎の美学――映画のなかの日本』では、「早春」冒頭の朝のシークエンス（シーン番号1〜19）が十頁を費やし、四十のカットで紹介される。六郷土手の月桂冠の広告塔から始まり、池部良・淡島千景夫妻の家の中、露地、通勤風景、蒲田駅、プラットホーム、電車の到着、東京駅、丸ビル、駅前広場（俯瞰ショット）、オフィス内、廊下とつづく約八分間である。夜明けから執務の始まる午前九時まで、住宅地から勤務先へ至るいつものコースである。この丹念な描写を、水木洋子は「格調正しい壮麗な描写」と嘆声を洩らしていた。リチーは「サラリーマン生活の退屈さと単調さ」の始まりと把握する。「東京物語」には、東山千栄子が亡くなった日の、尾道の特別な朝がやはり描かれていたが、「早春」では蒲田のありふれた朝である。そのありふれた朝を最大級に緻密に描写して、特別な朝にしている。小津は古くは昭和四年（一九二九）の「会社員生活」（フィルムは現存せず。主演・斎藤達雄）で、朝の郊外を同様に描いていた。「自作を語る」の回想を聞こう。

「これからあとの会社員物の、いわばハシリだね。例によってのナンセンスなんだが、それを割合リアルなタッチで描こうとした処が狙いだった。――そうそう、この写真は僕としては珍らしく、オーヴァラップを使っているんですよ。（略）朝の感じを出す処で使ったんだ。使ってみて、便利ではあるがつまらんものだと思ったね」

「早春」の朝には、オーヴァラップはないが、一箇所だけ短い移動撮影がある。シークエンスの最後で、丸ビルの無人の廊下をキャメラが前進移動する。同様の前進移動はもう一回出てくる。これは「麦秋」で試みた移動の応用である。最初の移動の直前でも、二度目の移動の直前でも、重い病気で休んでいる三浦という同僚の話題が出るからだ。この三浦は「丸ビルにあこがれ」入社した、小倉真美に言わせれば「時代おくれの」青年で、映画の途中で亡くなってしまう。このキャメラ移動は瀕死の病人の丸ビルへの執着であり、予告された死でもある。

池部良は岸恵子とデートするために、三浦の見舞いをキャンセルする。その夜、池部は外泊し、淡島には三浦を見舞って帰れなかったと嘘をついた。次に見舞った日、三浦（増田順二）は、同期入社の池部に「丸ビルはおれの憧れだった」と語りかける。名シーンである。「早春」「東京暮色」「彼岸花」で助監督についた田中康義（「小津と語る」の監督）は、遺著『豆腐屋はオカラもつくる　映画監督小津安二郎のこと』で、「この三浦は、死んだ塚本なんだ」という小津の言葉を記録している。

「小津さんは『早春』撮影中何度か塚本さんの名を口にしましたが、その時必ず〈死んだ〉が付いていました。「塚本が……」と言ったことは一度もありませんでした」。塚本芳夫は「東京物語」準備中の昭和二十八年（一九五三）四月十日に、紫斑病で急死した。昭和十六年（一九四一）の入社で、同期には小林正樹と野村芳太郎がいた。塚本は「父ありき」から小津組に入り、シンガポールでも小津と一緒だった。

「『早春』の三浦雄三は秋田出身で丸ビルにある会社に勤めるサラリーマン、塚本さんは愛知県豊田出身の映画の助監督ですから、設定の上では通じるものはありません。しかし小津さんは確かに「三浦は死んだ塚本なんだ」と言いましたから、人物の人柄、キャラクターに〈何か〉があるのでしょうが、直接に塚本さんを知らない私には判断出来ません。大船の病院に入院した塚本さんの死は急なものだったようですしまだ独身でしたから、この設定は同じです」

小津日記では死の前後、毎日記述がある。「暁方四時すぎ雨の中を塚本の父母くる　愁嘆見るに耐えず」、「笠［智衆］に阿弥陀経を上げてもらふ／塚本芳夫　行年三十九／芳草院釈雨粧居士［塚本の俳号が雨粧亭］と戒名をつける／終夜霊前に老父母と故人を語る」、「塚本老父の挨拶に皆泣かされる」、「塚本の遺骨が故里に帰るので大船駅で送る」。助監督を死なせた悔恨は、「早春」の池部良の悔恨の中に生きている。池部が見舞った夜、三浦は急死するからだ。

　塚本の霊がゆっくりと前方移動するとしたら、その場所は大船撮影所だろうが、「早春」では丸ビルの廊下だった。小倉真美から「時代おくれ」の烙印を押された丸ビルだが、小津はあくまでも丸ビルに執着する。銀座の和光、上野の西郷さん、皇居前の第一生命ビルと並ぶ小津映画の聖地である。小津の戦前のエッセイ「丸之内点景」（「東京朝日新聞」昭和8・4・21）も主役は丸ビルだった。「曇天の、丸ビルは大きな水そうに似てゐる。／中に、無数の目高が泳いでゐる」、「丸ビルは、とても大きい愚鈍な顔をしてゐる」、「丸ビル、八階――／窓、窓、窓、窓、東向き――（略）窓、窓、窓、窓、南向き――（略）」。丸ビルの映像をモダニズム詩風に言語化することに熱心で、各階の窓を丹念に見尽している。支那事変従軍中の日記でも、「雨。雨に関しての連想、雨の東京駅、雨の丸ビル、雨の京浜電車、雨の撮影所、ルイズマイルストンの雨。だが早く雨がやんでくれぬと困る。一日降れば一日だけ凱旋がおくれる」（昭和14・3・7）と、丸ビルと蒲田撮影所が望郷の思いを駆りたてるのだった。

　やはり中央公論社に勤めたことのある演劇評論家の戸井田道三は、映画評「あまりに微温的な――小津安二郎とコメディ」（「映画芸術」昭和31・9）で、小倉真美の指摘はもっともだとしつつも、むしろ「早春」はコメディ――「桜の園」をチェホフ自身がコメディと言った意味での――であり、「おとなが見て楽しい」映画であると擁護した。この映画には主人公はいなくて、池部・淡島夫妻だけでなく、山村聰、笠智衆、東野英治郎、それから若い連中にも「一様にあたたかいまなざしを向けていて、誰を主人ときめているわけではない」（傍点は戸井田）。作者は「全部の登場人物に対して等距離をたもっている」から、そこが「観客の笑いをさそう」としている。ただし不徹底な部分がある。

それが、小倉もヤリ玉に挙げた「池田成彬」である。「ここだけは何だか作者の意見を山村に代弁させているような感じがある」。

「池田成彬」は確かに違和感を与える登場の仕方である。サラリーマン生活に嫌気がさし（おそらく社内の派閥闘争で、嫌いなヤツは中村伸郎重役だろう）、渋谷で珈琲店を開いた山村聰は常連客の東野英治郎、転勤が決まったかつての部下・池部良を相手に、ウィスキーを飲んでいる。停年間際の東野が「サラリーマンは儚ないもんだ」と述懐すると、山村が「そう言や」と応じ、バス旅行中に大磯で見た池田邸が荒れていたと話し出す。池田成彬は戦時下（第一次近衛文麿内閣）に大蔵大臣、商工大臣を務めた大物経済人であることは、セリフで説明される。かなり説明的であり、こなれていないことは確かだ。

「亡くなられて未だ幾年にもならないのに、（略）ただサンルームのブーゲンヴィレアの花だけが徒《いたず》らに紅く咲き乱れててねえ（略）池田成彬先生と言や、三井財閥の大番頭で、文字通り清廉潔白な、言わば日本一のサラリーマンだった人だ、その先生にして、既にそうなんだろう（略）全く、あんたの仰言る様に儚ないもんだ」

では、「池田成彬」はとってつけたような異物なのか。東野か池部の口からその名前が出れば、明らかに無理があるが、脱サラしたとはいえ重役タイプの山村が名前を出す分には辛うじてリアリティを保てるのではないか。小津としては、かりそめの知識として、ここで「池田成彬」を出しているわけではない。それは小津日記などから確認でき、小津が「早春」の中に持ち込みたかったエピソードだったとわかる。「早春」のシナリオ脱稿の二十日前、昭和三十年（一九五五）六月五日の日記を引く。

「晴　鎌倉ペンクラブ箱根行　正午鎌倉駅前に集合　同勢四十数名がバスにのる　大磯海岸にて小憩

箱根小涌園にゆく　早雲山を廻つて帰る」

　鎌倉文化人たちの日帰りバス旅行があり、この時に荒れ果てた池田邸を見かけたのだ。同行者には菅原通済（「早春」から小津映画の常連となるフィクサー、江ノ電社長）、林房雄、野田高梧、山内静夫（「早春」のプロデューサー）がいた。菅原通済の随筆集『六十の味』（昭和31年）に「藤原銀次郎翁と池田成彬翁」という一文がある。藤原と池田は三田出身の財界人で、昭和十年代には国務大臣にもなった。「池田翁は日本一の月給取りとして功成り名とげ、ばん年は国事に一身をささげた。死後財産は何も残ってなかった。おそらく大磯の別荘位だったんだろう。そのかわり潔君［池田潔・慶大教授。岩波新書『自由と規律』の著者］のような立派な息子サンを残した。それでいいんだ」。バス旅行の日、しばし池田成彬が話題になったのだろう。菅原通済は「日本一の月給取り」と呼んでいる。

　小津が感ずるところあって、山村聰のセリフとして「日本一のサラリーマン」と書いたのは、この日の大磯に触発されたからだけではない。昭和二十六年（一九五一）の日記に、「池田成彬の私の人生観をよむ」（11・27）とあるのだ。池田は昭和二十五年（一九五〇）十月に八十三歳で亡くなったが、翌年三月に『私の人生観』が遺著として出版された。小津がいかなる関心から入手したのか。歿後に残された蔵書の中には、池田の『私の人生観』の他に、藤原銀次郎の『私の事業観人生観』（日記では昭和28・1・31に「藤原銀次郎の人生観を買つて帰る」）、小林秀雄の『私の人生観』（日記では昭和28・1・10に「よむ」）があるのが手掛かりかもしれない。

　池田成彬は昭和十年代には、二度も総理大臣に擬されたこともあるし、「親英米派」だとしてテロルの標的にもされた。日米開戦には反対だったし、東条英機とも対立した。それでも戦後は一時、A級戦犯容疑者として大磯の自宅に軟禁されていた。こうした事情は菅原通済や林房雄はよく知っていたろう。『私の人生観』の巻末には次男・池田潔の「父の泪」が収録されている。初出が「文藝春秋」(昭和26・3)なので、その時に小津は読んで興味を持った可能性がある。

成彬の三男・豊は三十五歳で一等兵として召集され、華中へ出征したが、戦後、栄養失調とマラリアで帰還できずに死んだ。一兵卒として立派に働いたのなら、戦争の時代なのだから仕方ないと成彬は言う。それでも初めて人前で涙を流す。その父が家族にも言わなかったことがあった。三男が召集された時、東条首相は池田に政治的休戦を申込み、その代償として、三男を外地ではなく、安全な東京の勤務にすると言ってきた。池田は東条の誘惑を即座に拒絶した、というエピソードである。いかにも小津好みの人物ではないか。

小津が池田成彬の『私の人生観』を読んでいたことは、「個人主義について」という章から想像できる。「日本では個人主義と利己主義が混同されている場合が多い」と話している章である。その中にこんな一節がある。ここでの「お前」とは留学先のハーバード大学でのアメリカ人同級生である。

「戦争で自分の家は焼かれ、その後財産税をとられて後に遺るものはなんにもない。(略)お前と私とは同じ学校で同じ様に勉強し、同じ様に働いて、同じ様に生きて来たんだが、その結果を見るとこれだけの相違が出来て来た、これは全く戦争のお蔭なんだ。戦争さえなければこんな筈はない、俺だってお前位の余裕はあったと思う。負けたのだから仕方ないが、なんと言っても戦争というものは永久にやるべきものじゃない、深くそう感じて居る……」

国家のトップに近い立場にあった、「清廉潔白」な「日本一のサラリーマン」が外国の友人にだけ見せていた素顔の述懐である。先ほど引用した山村聰のセリフで「(略)」した部分には、「よしんば、間に戦争があったにしてもですよ」というのがあった。その前後に、東野英治郎が「いやァ、全くねえ」「左様」と合いの手を入れ、小津は山村にこのセリフを強調させて喋らせている。それらのセリフは池田成彬の述懐から発想されたのだろう。それは小津の感慨でもあり、池部良と加東・三井の戦友たちのフィルムから削除したボヤキにも通じていよう。

珈琲店でウィスキーを一杯やっていた東野英治郎は来年停年となるショボクレた会社員である。「何年位お勤めだったんです」と山村から聞かれる。「恰度《ちょうど》三十一年になりますわ、くたびれましたよ」と返事をし、停年後のささやかな夢も叶いそうにないと、サラリーマンの行く末を嘆く。「三十一年勤めて、考えて見りゃ儚ないもんだ」。池部と山村の間に割って入る東野英治郎の数少ない出番である。その頃の日本の会社は五十五歳停年がふつうだったから、東野は大学を出て、ずっと同じ会社に勤めていたのか。それとも十代から働き、職場を転々としたのか。背景は何も語られない。

このセリフで不思議なのは、「三十一年」が繰り返されることだ。「三十年」ではなく、「恰度三十一年」の「ちょうど」もヘンだ。「早春」撮影中から三十一年を引くと一九二四年となる。大正十三年は関東大震災の翌年だった。そりゃ、くたびれるわけだ。この「三十一」という数字は小津にはとも重い意味があった。小津は昭和二十九年（一九五四）九月に松竹と契約せず、フリーとなってた。「早春」は製作、配給は松竹だが、小津監督のフリーとしての第一作なのだ。小津がコネを頼って松竹蒲田撮影所に入ったのは大正十二年（一九二三）八月だった。つまり、小津は勤続三十一年にして松竹を離れていた。「新橋クラブで三時から城戸［四郎］高村［潔］会談　フリーとなる」と日記に書いたのは昭和二十九年九月八日で、まさに「恰度三十一年になりますわ、くたびれましたよ」だったに違いない。松竹の幹部は、このセリフをどう聞いたことやら。

小津が松竹との契約を延長せず、フリーとなった事情は田中眞澄の『小津安二郎周游』が委曲を尽くしている。小津は「東京物語」を撮った翌年は、自身のシナリオ「月は上りぬ」を田中絹代に提供し、日本映画監督協会製作、日活配給、田中絹代監督で映画化を企画していた。おりからの五社協定問題に田中絹代と出演予定者たちは振り回される。小津は田中絹代を守るためにも、自らもフリーとなり、ケジメをつけた。

「小津は〈「フリーになるといっても今度の〝早春〟の仕事は松竹でさせて頂くので今とくに感想もありませんが、今後のことはその仕事が終ってからゆっくり考えてみたいと思います」と語っていた〉（東京新聞一九五四年九月九日）。結局、彼はフリーの立場で『早春』を作り、完成後、城戸の［古巣に戻ってくるとの］確信通り、一九五七年二月一日付で松竹と再契約することになる。それが小津安二郎の処世であった」（田中『小津安二郎周游』）

松竹と再契約しての次作が、小倉真美が新聞で読んだと書いていた「夕暮れ」だった。老サラリーマンが発狂する映画である。この企画は、「暗い」という理由で流れてしまうのだが、もし実現していれば、水木洋子が観察していた「もっとあがき」「もっと愚かな希望に生きている」老人が登場していたろう。主役の老人は東野英治郎だったのではないか。「東京物語」の元警察署長、「早春」の勤続三十一年、「お早よう」の再就職が見つかった隣の主人、「秋刀魚の味」の元漢文教師と、東野が小津映画で演じる役を上まわる名演となったであろう。

「夕暮れ」は小津が戦前から温めていた企画である。昭和十二年（一九三七）の日活作品、内田吐夢監督「限りなき前進」は小津が原作を譲って実現した映画だった。この時も「暗い」という理由で松竹では企画が通らなかった。小津安二郎原作、八木保太郎脚色のシナリオ「愉しき哉保吉君」（「新潮」昭和12・8）が改題され、「限りなき前進」となった。内田は伊豆の大仁温泉での当時の脚色作業を後に書いている。

「カンズメになった小津ちゃんと八木と私の三人——二日酔のホテッた躰をもてあまし、冷たい縁側に並んで腹をペタリくっつけながら、ボツリボツリと小津ちゃんの口から話の筋が出来て行く—。モウロウとした頭の中に主役の野々宮保吉君の人間像が次第に浮かんでくる。そういった昔の情景――である」（「キネマ旬報」昭和33・5別冊「日本映画代表シナリオ全集3」）

内田の「限りなき前進」はその年のキネマ旬報ベストテン第一位に選ばれ大成功だったが、小津が構想していた「愉しき哉保吉君」とは当然のことながら違っていた。映画は小津安二郎の作品ではなく、内田吐夢の作品になった。小津は昭和二十七年（一九五二）に「自作を語る」で語っている。

「処があの内田の写真は僕のとだいぶ話が違ってるんだ。僕のはあんなに深刻じゃない、喜劇なんだよ。三十年勤続の男が、或日ふっと自分に疑問をもつんだね、そこでやりたいことをやってみようと思立つわけなんだ。気狂いの真似をして一日だけ重役みたいな振舞をしてみるんだな。せっかくの勤続もフイになってしまうのだが、いや、誰が何と言おうと、自分はこの気狂いの一日が以前の三十年よりも面白い一日だった、という話なんだ。以来、会社でも気狂いの真似が流行り出すというわけだね。内田のは特定の人物の物語りにしてしまっていたが、だいぶちがっているだろう？　僕はチャンスがあったら、元の形で一度撮ってみたいと思っている」

小津の粘着質な執念、持続する志は並み大抵ではなかった。チャンスは戦争をはさんだ二十年を隔ててめぐってきて、すぐに通り過ぎていった。「夕暮れ」の企画が消えて、浮上するのが次作「東京暮色」である。この二本の映画は別々というよりも、その暗い色調がオーヴァーラップする不穏な問題作ではないか。

第十六章　「神様」志賀直哉と小津「助監督」

「全集ありがたく拝受　自分の事の書いてある部分早速拝見致しました　此春は気候不順で少し弱りましたが漸く少し元気になり来月三日から里見　小津君等と一寸旅をする事にしています　御礼草々」

昭和三十一年（一九五六）五月三十日に出された志賀直哉の葉書である。志賀と里見弴という大尊敬する小説家二人のお伴をして小津が旅行をしたのは、「早春」と「東京暮色」の間に挟まれた時期だった。志賀の葉書を受け取ったのは鎌倉市雪ノ下に住んでいた小林秀雄である。志賀に謹呈した新潮社版『小林秀雄全集　第四巻　歴史の活眼』には「志賀直哉論」が収録されていた。「「暗夜行路」は、傑《すぐ》れた恋愛小説である」という一文のある有名な作家論である。志賀の礼状はいままで読んでいなかったかのような書きぶりだ。同じ日、志賀はもう一枚葉書を出した。

「前略　来月三日東京を九時半の急行で里見、小津安二郎君と三人で出かけます　浜名湖の対［岸］余り面白くないようなら又蒲郡へ行ってもいいと思っています　いづれ前の晩に電話をかけます　用事草々」

こちらは浜松市の勝見次郎宛てで、旅先で厄介になると知らせている。勝見次郎は眼科医で、かたわら小説を「近代文学」に発表していた藤枝静男の本名である。藤枝は「近代文学」のパトロンだったが、この時点ではまだ著書は出していない。小林も藤枝も戦前から志賀直哉に傾倒し、奈良在住時代の志賀を訪れ、世話になった。志賀の人間と志賀文学の信者に近い。藤枝は地元誌に「志賀さん来浜」というエッセイをすぐに書いた（『藤枝静男著作集』第一巻所収）。

「三日午過ぎ、鳥打帽に背広、白いあごひげを丸く刈り込んだ長身痩軀の志賀氏がにこにこと浜松駅プラットフォームに降りた。初対面短身の里見氏は鳥取産手織りの紺の紬で仕立てた（多分御自分デザインの）筒袖の羽織着物に短い馬乗り袴、鳥打帽に白鼻緒の高下駄でキビキビと下車。同じく初対面の小津氏は大兵の猫背でコールマン髭、これも鳥打帽で眼尻に深い皺を柔和によせて降りた。里見氏は志賀氏から一間ばかり離れ紐編の合財袋をさげてソッポを向いて居られる。乗降客がこの山奥から出て来た神官のようでもあり又非常に洒落た芸人のようにも見える異風の人を珍らしく眺めながらわきを通って行く。この二人を簡単に紹介するや否や、志賀氏は「おい、みんな忘れ物はないか」と総大将の第一声を放たれた」

やたらにオーラを発している鳥打帽三人組は「小説の神様」の御威光もあってか、市ぐるみの大歓迎の雰囲気である。写真集『目でみる浜松の昭和時代』には、藤枝の自宅で休憩中の三人が、向かい合って揮毫にいそしむ写真が何枚も載っている。この時、志賀は七十三歳、里見は六十七歳、小津はずっと若くて五十二歳だった。藤枝はエッセイで小津を寸描する。

「私の宅に小憩している間じゅう、マネージャー格の小津氏は膝の上に小さな手帳を出して鉄道の時間表を繰ったりしながら何か細く書きつけて居られた。「大変ですね」と云うと「いや、こういうことは助監督時代にさんざんやらされたんで馴れてますよ」と笑った。私は新聞や人の噂さなどで小津という監督は俳優を厳しく仕込み、よく叱りつけるので有名だと聞いていたから、眼の前にゆったりと口数の少ない、いかにも尊敬する二人の老人の世話に専念して喜んで居るような人柄を見て意外に思い、また非常にいい心持がした」

小津の日記によれば、出発の三日前には「特二券を買ひ歌舞伎前にて志賀先生に渡して帰る」と三十年ぶりの助監督業に励み、浜名湖畔、蒲郡、京都、大阪を見て、七日の寝台列車で戻っている。お疲れさまの旅であった。

小津の死後整理された北鎌倉の家の蔵書に、藤枝静男の本が一冊だけあった。旅行の翌年に刊行された藤枝の初の著書『犬の血』である。藤枝から寄贈されたのか、小津が買ったのかはわからない。七篇の短編小説が収録され、うち三篇は芥川賞候補作で、昭和二十四年（一九四九）に初めて候補になった作品のタイトルは「イペリット眼」である。小津が読んだかどうかもわからないが、このタイトルにはしばし目を留めただろう。

支那事変従軍で小津のいた部隊が毒瓦斯部隊だったことは、いまや余りにも周知となっている。小津が戦った昭和十四年（一九三九）の修水河渡河戦は、「日中戦争・アジア太平洋戦争を通じて、日本軍が行った最大の毒ガス戦であった」（吉見義明『毒ガス戦と日本軍』）。二〇〇三年、生誕百年を記念して開催された「小津安二郎展」の展示で、私が一番衝撃を受けたのは、その戦闘の直前に撮影されたとおぼしき小津の写真だった。当時、私が書いた文章をそのまま引用する。

「うららかな日、鎌倉文学館に小津安二郎展を見に行きました。愛用の品や手紙、手書きの脚本などを眺めているうちに、一枚の写真の前で思わず立ち止まってしまいました。鉄兜を目深にかぶり、直立の姿勢の小津軍曹。どんな時も余裕や茶目っ気で写真に映り、こんな緊張した表情を見せることはなかったし、小津映画の中でも、こんな表情の人物はけっして登場を許されないでしょう。この写真は、支那事変に召集された小津が、昭和十四年三月、敵前渡河を決行し、数多の戦友の死に接した日のショットです。（略）それにしても小津ほどの人をしても、あの表情にまで追い詰める戦争というものの巨大さを思いました」

写真を見ながら不思議だったのは、撮影者は誰だろうということだった。国際法違反である毒ガスを大量に使用する作戦は報道禁止だろう。作戦開始直前の緊張が感じられ、軍関係者が撮ったとも思えない。その写真が小津家に保存されていた、という不思議である。写真撮影者はこの人物では、と二十年近くたってやっとわかってきた。戦記雑誌「丸」（昭和39・3）に追悼文「銀幕の巨匠・小津安二郎との奇妙な交友記」を書いた元読売新聞特派員の吉田一である。

「昭和十四年三月、中支江西省の戦野で、私は、軍人としての彼と、苦渋の幾日かをすごした思い出がある。／彼が死去されたと聞いた私の胸に、とっさに思い浮かんだのは、彼の作品でもなければ、巨匠小津監督の姿でもなく、江南の戦場で見かけた小津軍曹の面影であり、それは私の長い従軍生活のなかでも、もっとも忘れがたい思い出の数カットだ」

戦場の小津が描写される珍しい文章である。吉田は小津とは初対面なのだが、すぐに親しくなる。吉田の唯一の本『サムライ零戦記者――カメラが捉えた零戦隊秘話』の著者紹介では、松竹映画社→読売新聞→日本映画社という職歴なので、共通の知人や話題もあっただろう。同書の序文で「撃墜王」坂井三郎は、吉田が「いつでもアイモと小型カメラをたずさえ」た度胸と腕のいい戦場カメラマンだったと回想している。

「「僕［小津］の部隊は秘密部隊で、新聞にも、ニュース映画にも発表できんですよ」／まず最初に彼から聞かされたのは、そんな話だった。／いわゆる彼の部隊は、国民には知らされぬ毒ガス隊だったのだ（ただし、使用するのは催涙ガスが主だった）」（吉田「銀幕の巨匠・小津安二郎との奇妙な交友記」）

軍事機密を気軽に喋っているのは、相手が同業者だったからか。物々しい感じはしない。吉田は「催涙ガス」と書いているが、正確には田中眞澄が明らかにしたように、小津日記に書かれた「特種弾」「特種筒」「ｒｅｄ８」は「くしゃみ性・嘔吐性ガス」の「あか1号」だった。「「あか」は、びらん性の「きい」（イペリット）や窒息性の「ちゃ」（青酸）のように致命性のものではなく、効果は一時的であった」（田中『小津安二郎周游』）。吉田記者は報道ができないと知っても、小津の世話になり、部隊に同行し、最前線へ行った。

「渡河戦敢行の前夜から潜入した川岸の塹壕には、連日降りつづいた雨がたまり、腰を下ろすと、へそのあたりまで水びたしだった。／小津さんは、もしもの時の用意にと言って、私にガスマスクを貸してくれた。／「南昌［作戦の目的地］に入ったら、僕の部隊にまた来たまえ。うまい物をご馳走するから」／そんな気楽な話を耳もとで聞かしてくれた彼は、微笑を残して他の壕にうつっていった」

吉田記者の小型カメラが小津軍曹を撮ったのは一夜明けた、攻撃の直前と思われる。

「北岸四里にわたって砲列を敷いた、四百門にちかい各種の砲が、いっせいに砲撃を開始したのは、翌日の午後だった。／南岸に築かれた頑強な砲兵陣地、あるいは強力なトーチカ陣地、また、川岸に銃口を向けた敵のハーモニカ陣地などに対する猛砲撃は、予定どおりに二時間連射したのちに、ピタリととだえ、いよいよガス隊の攻撃がはじまった。／鉄かぶとを深くかぶり、ガスマスクをつけてはいたが、恰幅のいい小津さんの姿は、すぐ私の目にとまり、兵を叱咤する小津軍曹の声を、何度か耳にはさんだ。／追撃は激しかった。夜になっても行軍はつづけられた。ヌカのような雨の降りそそぐ闇の細道を、前をゆく兵の背をたよりに歩きつづける」

ここで吉田記者は小津軍曹を見失う。この後はひたすら南昌目指しての行軍となる。小津は日記に、「歯を喰いしばつて黙々とあるきつゞけた。山中は歩兵だつた。これは山中の供養だと思つた」と書いた。行軍の途中で、吉田は小津と再会する。大河の堤を長いツエにすがり、足を引き摺っている下士官が小津だった。苦しい吉田は少しでも身軽になるために、小津が貸してくれたガスマスクは既に途中で投げ捨てていた。

「「足をどうかされたんですか?」／立ち止まった私は、彼の足を見やりながら聞いてみた。／「マメが破れちゃってねえ、どうにも弱ったですよ」／ツエに体をもたせかけた彼はいかにもつらそうに顔をしかめた。(略)二人は、土手の斜面に足を投げ出し、ならんで腰を下ろした。／その日は、めずらしく好天で、空は真っ青だったし、遠くに見える菜の花の色が目にしみた。／だますようにソッと靴をぬいだ彼は、靴下もとり、熱を持ったと思える素足を風で冷やしながらもんでいた。／「こりゃ、ひどいですね」／豆はスッカリつぶれて皮がむけ、そのあとが赤くただれて痛々しかった。／「ひでえ行軍でしたからねえ。敵の奴が、ちっと向かってくりゃ休めたのに、ぜんぜん逃げっ放しですからねえ」」

戦いすんだ小津軍曹はすでに平常心に戻って、足の痛みにじっと耐えている。小津日記には吉田記者は登場しないが、「菜の花」を詠んだ小津の句が並ぶ。「南昌に九里菜の花のさかりかな」「未だ生きてゐる目に菜の花の眩しさ」「菜の花に昨日も今日も暮れにけり」。

これが小津の修水河渡河戦だった。私は二十年前の文章で、「数多の戦友の死に接した」と書いたが、それは間違いだった。「目の前で迫撃の梅本隊の兵隊が戦死」したが、小津の部隊は全員異状なく敵前渡河に成功している。

小津たち部隊の「あか」に比べれば、「きい」(イペリット)ははるかに危険な毒ガスである。藤枝静男の「イペリット眼」は藤枝が戦争末期、眼科の軍医となって神奈川県下の海軍火薬廠付属病院に勤務中の事件を題材にした私小説である。工場内でひそかに毒ガスの「徳薬」が製造されて、少年工たちが疾病にかかる。「惨虐この上ない糜爛性毒瓦斯・イペリットが、現実の兵器として製造されつつある」。もし濃厚大量のイペリットが空から無防備な人々に撒かれたら——。「攻撃者は深夜一機で飛来して、瓦斯の霧を撒布して静かに去ればよい。（略）しかし翌朝、数時間の潜伏期を経たイペリットは猛然と発現し、水泡と潰瘍となって人々を苦痛にのたうちまわらせるのである。（略）その後に多くの人は恰も殺蟲剤を振りかけられた蟲のように死ぬ」。「あか」とは段違いの猛毒が「きい」なのだ。藤枝は治療する医師として、イペリットに関わった。それとは違った形でイペリットに接した小津の知り合いがいた。「東京物語」以降、小津映画の常連となる文学座の中村伸郎である。

中村伸郎はエッセイ「戦争と私」（日本エッセイスト・クラブ賞受賞の『おれのことなら放っといて』に所収）で、戦中秘話を書いている。中村の養父は小松製作所の社長だった。小松製作所は「爆弾の信管や、トラクターのキャタピラ（無限軌道）の日本の八割を作っていた」。いわば軍需産業である。中村は同社の重役を務めていたというから、「早春」「彼岸花」「秋日和」「秋刀魚の味」で演じた皮肉屋の重役像が思い浮かぶ。さらに中村は役者もやりながら、小松製作所の子会社・大孫商会の代表取締役も兼任していた。

「日本橋にあったヒマな会社で私は机の上に芝居の台本［杉村春子主演の「女の一生」］を拡げてせりふを覚えていた。ただこの会社の製品の一つに漆器を扱っていたが、その仕事の顧問だった××大学の漆科の教授××博士がとんでもないことを考え出した。戦争の激しさに刺激されたのか、飛行機で敵陣の真上から漆を撒布して敵兵を漆にかぶれさせよう、というのである。××博士の説によれば、かぶれるだけで生命に別状はないが、三、四カ月は戦闘不能になるから大して残酷ではなく効果的だと言う。参謀本部と小松製作所が協力して大量に製造すれば有力な新兵器になる、すぐに参謀本部に献策しなさい、と私に迫ったのである」

中村は養父に相談することもなく、この仕事を断った。経営者としての判断で、キナ臭いものを感じたのだ。陸軍がもしも漆を致死量にせよとでも言い出したら、会社は拒否できず、命令に従うしかない。「××博士は、「一種のエペリットだ」と頻りに言った。ドイツ語の毒ガスの意味らしいのだが、博士は秋田県出身の東北弁なので、本当はイペリットというらしかった」。

耳が悪いため兵役に就かず、恵まれた戦時下を過した中村にも、倫理的な危機はあったのだ。最前線の下士官・小津の例、治療した医師・藤枝静男の例に比較すれば、兵器生産を請け負う「当事者」の地位となる中村伸郎の責任は重大であった。毒ガス部隊の小津は、「毒ガス」の禍々しさのゆえに過剰に語られ過ぎているのではないか。現場の下士官や兵隊に可能な判断領域はごく小さい。文芸復興期のモダン都市ライフを突然断ち切られ、予備役、後備役といった「補欠」の兵隊が突然、おだやかな日常から苛烈な戦場に投げ込まれた、そのギャップこそが残酷であった。「戦争責任」でいえば、前にも指摘したように、シンガポールでの「佐官待遇」のほうを小津は重く受けとめたはずである。

修水河渡河戦をまたも生き延びた小津は四月三日の日記に書く。「奇麗も汚いも云つておられない」で、おたま杓子の泳ぐ田圃の水、拾ったも同然の芋や支那饅頭、残飯で拵えたおこしを口にした。「僕の潔癖も案外他愛なくくずれた。いささか自負してゐる僕の芸術上の潔癖もまた何時か案外簡単にくずれるのかも知れない」。態勢を立て直さなければならない。十八日に五所平之助監督からの慰問品で待望の「谷崎源氏」が届く。志賀直哉の「暗夜行路」が日記に登場するのは五月に入ってからだ。改造社版『志賀直哉全集』刊行で、「暗夜行路」は十五年ぶりに完結した。すぐに岩波文庫に入ったのを（昭和十三年三月に前篇、六月に後篇）、小津は一年後にやっと入手できた。

「夕方から安義まで道普請。この二三日前から暗夜行路を読む。岩波文庫で、前篇は二度目だつたが後篇は始めてで激しいものに甚だうたれた。これは何年にもないことだつた。誠に感ず」（五月九日）

五月六日、七日、八日と三日間はヒマだったようだから、集中して読めたのだろう。その余韻はいつまでも続いた。

「六時安慶行の汽船つかさ丸に乗船する。（略）時任謙作屋島行のくだりがしきりに思ひ出される。もう読み終つて〈暗夜行路〉、十日程にもなるのに　神韻縹緲とでもいふのであらうか、未だに新しい感動を覚へて快よい」（五月十七日）

小津はずっと前からの志賀信者だった。昭和十年（一九三五）の「キネマ旬報」新年号のエッセイ「いはでものこと」では、「文章作法と脚本作法との差は、もとよりあるけれど、先づ何より映画的であることに心懸ければ、この場合、矢張り、志賀直哉氏の「城の崎にて」は、まことに範となすべき脚本作法上の名文なのである」と書いていた。

従軍中の「読書ノート」には、「文藝春秋」昭和十四年二月号の茶谷半次郎「志賀直哉素描」を読み、「感ず。その中の志賀氏の言葉を抜萃しておく」と記した。小津の志賀への「感ず」は最大級の表現とみていい。小津の抜萃部分から、いくつかを以下に摘記する。小津が拳々服膺したに違いない「小説の神様」志賀直哉の言葉である。

「今の批評家が小説の内容としているものと、僕が考えている内容とは違うと思うのだ。材料というものが内容と考えられていやしないかと思うのだ。僕は材料はなんだっていゝと思う。例えば西鶴の小説なんか材料は実に何でもない。だが西鶴の小説は決してなんでもないものではない。僕のいう内容というのは　それなんだ」

「僕は調子のある文章は兎に角散文としては邪道だと思う」

「自分を大事にしない人は信用出来ないね」

「独立した芸術には向うからこちらへ来るものがある。趣味の世界のものはこちらから愛撫するスキがある。それはまた非常に強い魅力だ。だからどうかすると、よい意味でだが瞞される。しかしどんなに魅力があっても独立した芸術と一緒には考えられない」

「芸術の仕事は、別の仕事により以上の関心を持つ人が、片手間にやって出来るようなものでない」
これらの言葉を志賀は随筆でも書いている。志賀の確固たる信念だった。小津にとって志賀直哉は映画作法上の師であるだけでなく、芸術精神上の師でもあった。そのことが戦場での二つの「感ず」に端的に現われていた。

小津が山中貞雄に志賀の顔を拝ませようとしていたことを、岸松雄は「小津安二郎と山中貞雄と私」(『人と仕事』所収)に書いた。小津たちがシナリオ執筆によく使った湯河原の中西旅館には、「志賀直哉先生もしばしば仕事に来られるので、いつか小津も昵懇にねがうようになった」ので、同じく「志賀先生を崇拝していた」山中にも「いちど先生に会わせようと小津は思っていた」が果たせなかったという。「昵懇」といっても、同じ宿泊客として尊顔を拝した程度ではなかったかと思えるが、それでも若年からの信者としては満足できたろう。

小津が志賀と親しくなるのは戦後、「長屋紳士録」の試写会の後で行なわれた対談「映画と文学」(「映画春秋」6号)がきっかけだった。その後も、志賀と小津を含む座談会は新作の完成ごとと言えるほどよく行なわれたが、挨拶以上のものではない。その意味では、この対談が唯一といっていいかもしれない。司会の飯島正が「ごく楽なお気持で話していただきたい」と言うも、小津は恐縮しきりで、「志賀先生に見ていただけるということが、始めからわかっていたら、もう少し何とか、精を出してまとまったものを拵らえたかった」と反省の弁を述べる。「先生が日本映画をちょいちょい見ておられるということがわかれば日本の監督はかたくなります」と志賀直哉の目への怖れを口にしている。誰よりも固くなるのは小津自身だろうに。

志賀は「長屋紳士録」で小津君がいいたいことはわかった、あれに近い材料は自分も戦後すぐの短編「灰色の月」でやっていると理解を示す。「小津君のもの［映画］は小説に近いだろうな、そんな気がした。観客に迎合しようという、それがもっとも少いほうじゃないかな」。小津はこれには応じていない。知己の言として嬉しかったろう。映画の「会話」について聞かれると、「私の場合里見先生の小説の会話を何よりの手本としております」と答える。

志賀は遠慮も飾り気もなく、言いたいことだけを言う。「映画というものは映画のために拵えたものが結局いちばん面白いね。どうも小説を映画にしたというものは何だか靴を隔てて掻くような気がしてまどろっこしい」。小津はこの意見には全面的に賛成だったろう。しかもこの言葉を直々に聞いてしまっているから、後に様々な方面から話の出る「暗夜行路」映画化は絶対拒否を貫き通した。次作「風の中の牝雞」は「暗夜行路」と比較されるが、シナリオを一緒に執筆した斎藤良輔は、こう証言している。

「（小津さんが）俺は『暗夜行路』はおそれ多いって言うんです（笑）。志賀さんの傑作だしね、汚しちゃいけないいって。代わりに里見弴さんの『安城家の兄弟』で、やっぱり姦通の話なんですよ。戦争の悲劇だからいいんじゃないかって。［「風の中の牝雞」は］結果としては失敗だって他の人は言ったし、小津さん自身も失敗だって。本心は言わないけどね。僕は失敗だとは思ってないですよ」（「シナリオ」平成2・5）

それでも次作「晩春」は原作物となった。その裏では志賀が大きく関与していた。野田高梧の長女・野田玲子（脚本家・立原りゅう）は、頼りになる証言者である。

「ああ、広津和郎。熱海に志賀さんの別荘があって小津さんが遊びに行ったのね。そしたらそこに広津さんが見えてて、お帰りになった後、志賀さんが広津のものをなんかやってくれないかっておっしゃったの。なんかそのころ広津さん、とっても経済的につらいときだったらしくて、出来たらなんかやってもらいたいって。小津さん、ほら志賀さん一辺倒だしさ。それで、じゃあなんかやりましょうっていうんで、いろいろ探して、一番あれが……なんて言ったらあたしの言い方になっちゃうけど、父が広津さんのものを読んで、この『父と娘』が一番いいかなって。おれに出来るものっていうことであの人［野田］選ぶからね。それでこれなら出来るっていうんで」（「シナリオ」平成22・9）

戦後の小津はシナリオが出来れば送り、試写会の案内状も出しと、師匠に接するがごとくに志賀を遇した。志賀は推薦の辞を寄せたり、プロモーションの座談会に出席をして、小津の敬意に報いている。昭和三十年（一九五五）に岩波書店から新書判『志賀直哉全集』が出る時には、小津が推薦文「爽かな後味」を寄せた。

「志賀先生にお目にかゝると、いつも、それからしばらく、何とも云へない爽かな後味がのこつて、僕の心のどこかを、涼しい風が吹き抜けます。（略）これ［全集］は、どなたにも、是非、読んでいたゞき度いと思ひます。／きつと、清澄な後味が爽かな風になつて、どなたの心の中にも吹きぬけると思ひます」

小津にとって、この「後味」は自身の映画で追求していたものだった。「自作を語る」では「麦秋」について、「芝居も皆押しきらずに余白を残すようにして、その余白が後味のよさになるようにと思ったのだ。この感じ、判って貰える人は判ってくれた筈だが……」と語っていた。戦後の小津が目指したのは「後味」だったと言える。

志賀は自身の弟子筋と話す時がいちばん遠慮がなくなるので、志賀の小津映画評が肉声で聞ける。阿川弘之「志賀さんと映画」（「芸術新潮」昭和27・3）では、「日本の映画も然し相当なものになって来たね。（略）戦後のもので、『暁の脱走』、『羅生門』だって中々面白いし小津のものなんぞも、テンポがのろくてまどろっこしい事もあるけど、個人的に知っているせいもあるが、好意を持って観ているんだ」と谷口千吉、黒澤明と並べている。「東京暮色」については、瀧井孝作、藤枝静男、島村利正との座談会（「素直」３号）で発言している。瀧井が「カットの切れ味がよい非常にうまい。そして西洋ものにない一種の日本のものの冴え、というものがあって、非常にいいと思ったですね。網野（菊）さんに会った時聞いたら、志賀さんは余りほめられなかったというのですが」と言って、水を向ける。志賀は「余り感心はしなかった。撮し方は、初めの画面なんぞはなかなか綺麗だけど……。(略）少し小道具過ぎるんだ」と芳しくない。宣伝のために書かれた推薦の言葉と比較してもらいたい。

「これは悲劇であるが、小津監督は繊細な技巧を用いて、出来るだけ柔らげて描いている。しかし、父に背いた母親に対する姉妹の反感は物凄いばかりで、長い年月苦労して来たらしい母親には惨酷すぎる気がした。然し人生ではこういう事は、却って本統にあるのかも知れない」

推薦というより感想で、文豪の感想があれば、じゅうぶん宣伝の役割を果したのだろうか。昭和三十二年（一九五七）四月に公開された「東京暮色」は、残念ながら不入りだった。追い討ちをかけるように、キネマ旬報ベストテンでは第十九位と、小津映画ではありえない低評価を蒙った。意欲作だっただけに、小津にはこたえた。「自作を語る」では、ボヤキ節である。

「これは若い女の子の無軌道ぶりを描いた作品だと言われるが、ぼくとしてはむしろ笠さんの人生――妻に逃げられた夫が、どう暮して行くかという、古い世代の方に中心をおいてつくったんです。若い世代は、いわばその引き立て役なのだが、どうも一般の人々はその飾りものの方に目がうつってしまったようです」

問題作「東京暮色」は笠智衆の父（ずっと前に「妻に逃げられた」銀行監査役）、原節子の長女（夫婦仲が悪く、小さな娘を連れて実家に戻ってきた）、有馬稲子の次女（不良大学生に弄ばれて妊娠した「無軌道」娘）の家族の物語である。「東京物語」以来、久々の小津映画出演の原節子（「紀子」

ではなく「孝子」）が主役だから、観客の興味は原と有馬の姉妹へと向かう。彼女たちを「引き立て役」「飾りもの」とは思わない。笠智衆はまだ神話化されていない地味な役者なのだから、父親の笠智衆中心に見よ、という小津の要求には無理がある。

笠の妹役は賑やかで、世俗的で、チャッカリ屋の杉村春子なので、笠の父、原の娘、杉村の叔母と並べると、「晩春」の後日談と勘違いしかねない。見合い結婚した相手（信欣三）の選択を、本人も父親も失敗だったと悔やんでいる。ハッピーエンドだったはずの「晩春」の花嫁衣裳が、澱んだ生活で台無しになっている。その上に、新たに加わった次女は、不機嫌で、ふてくされている。とうの昔に笠の部下と出奔した山田五十鈴の母親までが東京に出現して、封印したはずの過去が顔をのぞかせる。「晩春」の微笑をたたえた「聖家族」が、能舞台からの帰り道の原「紀子」の厳しい表情のような、敵意と不信にはまり込んでいる。背景は底冷えする東京の冬景色で、人物たちをさらに寒々とした孤独に追いやっていく。小津が描いてきた「家族」の、何年後かの失望、失意、失調、失敗が凝縮されたのが「東京暮色」である。田中眞澄は『小津安二郎周游』で、これでは「東京暮色」でなく「東京暗夜」だと、戯れに題名を差し替える。

「『限りなき前進』の改作『夕暮れ』は、老サラリーマンが発狂する物語で、暗いという理由で流れ、それならばと作り上げた『東京暮色』は、それ以上に暗い話になってしまう。過去に妻が不倫の末に家を出て、欠落状態で続いて来た家族が、妻が再び出現した結果、全面的に崩壊してしまう。／小津映画の中でも最も暗く救いのない印象を与える作品。『東京暮色』というよりは、これでは『東京暗夜』と称したいくらいである。過去の不倫が物語の伏線となっている点で、この作品は『暗夜行路』の記憶から出発したと考えられなくもない」

有馬稲子が「あたしお父さんの子じゃないんじゃない？」と自分の出生に疑問を持つのは、「暗夜行路」の時任謙作であり、「誰からも本統に愛されていると云う信念を持てない」（「暗夜行路」第一―五）時任謙作は、自分を死に追いつめて行く有馬稲子の同類である。有馬はこの杉山明子役については、ひたすら困惑したようだ。

「でもこんなことを申し上げていいのかどうか、『東京暮色』はいまだによくわからない。どうして田浦正巳さん演じる男を好きになったのか、それになんでわたしが死ななきゃいけないのか、さっぱりわからない。当時もよくわからなかったけど、今もよくわからない。小津先生にしては暗い話だし」（「東京人」平成15・10）

「東京暮色」の明子役は、当初は「早春」に続いて岸惠子を予定してシナリオが書かれていた。岸は川端康成原作、豊田四郎監督の「雪国」の撮影が延びて出演不可能になった（二年後に「暗夜行路」を映画化するのも豊田だ）。プロデューサーの山内静夫は、「先生は例のごとくヒロインには岸さんを想定して練っていたからね。それはもう大変な落ち込みようでした」と証言した。

「有馬さんも、先生が岸さんを使いたがっていたことを知っているわけだから気の毒だったと思います。（略）どうしても、顔つきがあどけないでしょう。庶民的な、明るい、幼顔というのかな。だから、思いがけず妊娠してしまい虚無的になっているヒロインを演じようとすると、とにかく表情を暗くみえるように作りこむことになってしまう。岸さんだったら、退廃的な感じがもう少し自然にうまく出せたかもしれません」（山内静夫　聞き手・石井妙子「小津安二郎先生とわたし」「諸君！」平成20・3）

ヒロインが自分の演じる役を「わからない」というぐらいだから、「東京暮色」は失敗作を運命づけられていたのかもしれない。その予兆はシナリオ執筆時からあった。山内プロデューサーの証言は続く。

「野田さんが好むような話ではないんですよ。若い娘の妊娠だとか、妻の不倫だとか……。『早春』もそうでしたけれど、『東京暮色』に対する野田さんの抵抗は相当に強かったようです。（略）小津調からの脱却を野田さんとともに果たそうとした。そこからして、すでに無理があったんでしょう。（略）結局、先生も妥協するし、野田さんも妥協する形で、なんとか折れ合って脚本が出来上りました。／ラストなど、先生が考えていたものと少し違ったものになったらしいです。先生にはもう少し別の考えがあった」

不満は小津のほうばかりにあるわけではなかった。十歳年上の野田のほうにも強い不満と激しい拒絶があった。「東京暮色」でサード助監督だった及川満は小津と野田、双方の激情を見ていた。

「或るセット撮影の終わる時、監督の問いに答えて台本に残った一シーンの未撮影を伝えた担当助監督に、小津安二郎は「そんなものが撮れるか、それは野田が勝手に書いたんだ」と吐き捨てるように言いながらセットを後にした。この出来事は、台本の決定稿に対して一字一句もゆるがせにしないことは勿論、野田高梧に対する常日頃の節度ある態度と比べても全く異例なことだった。（略）小津安二郎の五七日忌の席上、野田高梧はこの作品に対する激しい嫌悪を私に語った。リアルに現実を表現することは無意味と思う。現実を越えた或る何か、それを映画の中で描きたい。大意はそうであった。（略）戦前興行上安定しなかった小津作品が「晩春」以後、常に成功した事実は、この野田高梧の［娯楽映画の脚本家としての］大衆性を離れては考えられないことであり、「思いやり」と「心遣い」という人間の心の美しい一面を映画の中で表現し続けたことと無関係ではないであろう」（及川「野田高梧と小津安二郎」『シナリオライター野田高梧をしのぶ』）

野田の娘・野田玲子にここでも登場してもらおう。野田玲子は野田・小津コンビのシナリオの清書係を長らくやっていたので、すぐ傍で二人の仕事ぶりを見ていた。「東京暮色」の時も身近にいた。

『東京暮色』の時、小津さんは、父とコンビを解消すべきだったのよ。二人の執筆が難航してる時、小津さんはよく私に、『野田さんが書いてくれないんだよ』とコボしたの。で、私、『書かないなら、別のライターを探せばいいじゃありませんか』って言ったら、しばらく『うーん』と考えていて、『玲子ちゃんなら、誰がいいと思う』って訊くの。色々と、ライターの名前が挙がったけど、結論は、小津さんも私も、菊島隆三さんだったのよ」（井上和男「解説 私的小津論〈ひと・しごと〉」『小津安二郎全集』 別巻所収）

菊島は東宝の仕事が主で、「野良犬」「醜聞《スキャンダル》」「用心棒」「天国と地獄」など多くの黒澤作品に共作ライターとして加わった。菊島自身は野田・小津コンビと自分との接点を「諦観的な感傷」という点に見出している（菊島「野田さんのシナリオと私」『シナリオライター野田高梧をしのぶ』）。

野田高梧の蓼科高原の別荘「雲呼荘」で、野田と小津がシナリオを執筆するようになるのは、「東京暮色」からだった。雲呼荘備え付けのノート『蓼科日記』の主な筆者は野田で、小津や来客も自由に書き込める公開日記である。昭和三十一年九月、二人は連日「東京暮色」のストーリーを相談している。十九日、野田は「志賀さんの「秋風」を読む」と記した。「秋風」は父と娘の会話形式で書かれた作品で、志賀は「戦後に書いたものでは一番愛着」を持ち（「続々創作余談」）、昭和二十五年の作品集『秋風』の表題作にもした。野田がどの程度、志賀文学の愛好者だったかわからないが、小津はとっくに「秋風」を読み、野田に勧めたのではないか。「秋風」の父は、妻が高名な歌人のもとに奔ったという設定になっている（川田順の「老いらくの恋」事件がモデルとわかる）。それでも父は、「良人として俺を随分物足らなく思う事もあったと思う」、「俺は少しもお母ァさんを憎らしいとは思っていない」と娘に語る。娘は「私、お母ァさんとお話しするのいやなのよ」と母を拒絶する。「秋風」を読むと、「妻に逃げられた夫が、どう暮して行くかという、古い世代の方に中心をおいてつくった」という小津の言葉にぴったりあてはまる。小津は「暗夜行路」だけでなく、さまざまな志賀直哉を取り込んでいた。

たとえば「東京物語」で、笠智衆・東山千栄子の老夫婦が暮らす町が広島県尾道に設定されたのは、誰が見ても「暗夜行路」へのオマージュである。「暗夜行路」の時任謙作は「純粋に一人」になるため、兄の勧める瀬戸内海の港町へやって来た。「清兵衛と瓢簞」のヒョウタンも画面に登場する。「空気枕」も志賀である。映画の冒頭で、東京行きの荷物を整える老夫婦は、空気枕がないと口喧嘩になりかける。あの「空気枕」も「暗夜行路」には登場していた。尾道を引き払って帰京する列車の中で、相客になる若い軍人一家の「空気枕」を時任謙作は見ている。母親は自分の空気枕を娘に与え、自身は小さなタオルを空気枕の代用にする。「空気枕」は志賀への尊敬の合図だが、映画を見た志賀が気づいたかどうか。「空気枕」が映画の中で印象に残れば、小津はそれで納得がいく。

「東京物語」公開時にも、志賀の推薦の言葉がある。小津は素直に跳びあがって喜んだろう。

「嘘がない、いい小説を読んだあとのような感銘をうけた。僕が見た小津君の作品の中では一番いいと思う」

第十七章　「劇術と台詞」里見弴「小」先生への傾倒

小津があこがれの志賀直哉と初めて話したのは昭和二十二年（一九四七）、戦後第一作「長屋紳士録」公開時の「映画春秋」での座談会だった。志賀の弟分・里見弴の場合は昭和十六年（一九四一）で、支那事変帰還第一作「戸田家の兄妹」公開時の「新映画」（昭和16・4）での座談会である。司会の南部圭之助は里見の出席がサプライズで実現したことを冒頭で丁重に述べている。

「里見先生は、話をきいて頂くというだけで、突然に御出席をお願いしたわけで、私の我まま な振舞いには、先生も、どうも相変らず仕様がない男だとお考えになって、じゃあ聞くだけというおつもりで出て頂けましたことと御推察願います。ただ私と致しましては、日本映画に、目下重要な点は、〈劇術〉と〈台詞〉であると考えておりますので、今日の映画についても、その点に、ひょっとしたら先生から、そのことの御注意が伺えたらと考えた次第でございます」

この座談会「『戸田家の兄妹』検討」は、小津にとっては豊かな収穫の場となった。その話に立ち入る前に、「新映画」編集部の南部が里見弴を招いた経緯を想像してみたい。「新映画」は総動員体制下の雑誌統合で、「新映画」「映画之友」「スタア」の三誌が統合して、昭和十六年に新たにできた映画雑誌だった。安岡章太郎の自伝『僕の昭和史』には、これらの映画雑誌が登場する。安岡は中学時代（昭和八年から十三年）、学業そっちのけで映画に熱中していた。

「教科書は学校のロッカーに入れっぱなしにして、鞄の中には「キネマ旬報」、「新映画」、「映画の友」、「スタア」など、新刊旧刊の映画雑誌を取りかえ引きかえ、ぎっしり詰めこんで、往きかえりの電車の中でも熟読した。当時は、トーキー初期の全盛期である。（略）僕はまた、映画のおかげで文芸書も読むようになった。『どん底』や『罪と罰』などを、映画をみるための参考に読んだものだ。（略）家にあった改造社の円本で、有島武郎、谷崎潤一郎、佐藤春夫、里見弴を読むようになったのも、映画の刺戟からであった。僕は『或る女』や『痴人の愛』や『田園の憂鬱』や『多情仏心』などを、プロデューサーになったつもりで、シナリオや配役のことなど、あれこれ空想しながら読んだ。そして将来は、出来たらシナリオ・ライターになりたいものだなどと思った」

昭和十年前後というべきか、一九三〇年代というべきか、この頃は文学と映画が接近してきていた。小津たち新進監督の活躍は、洋画だけでなく、日本映画と文学を接近させる効果もあった。雑誌統合前の「スタア」昭和十五年（一九四〇）新年号では、志賀直哉と里見弴の「映画を語る」という座談会があり、「スタア」編集部の南部圭之助と朝日新聞の映画記者「Q」こと津村秀夫が聞き手になっている。この頃には南部は里見弴との伝手を得ていたのではないか。

「**南部**　今年［昭和十四年］御覧になった日本映画では何が一番お気に召しましたか？
里見　そうね、あんまり見てないんでね。
志賀　みないね。
里見　こないだ「土と兵隊」を志賀君と一緒に見たがね全部もたなかったよ。（略）然し、君、泥の中を行軍している時も、堅い土の上でも、同じような靴音ばかりゴツ〳〵ゴツ〳〵聞えるなんざアたまらないな」

かように里見の「耳」は台詞だけでなく、効果音にも敏感だった。二人の白樺派は洋画をよく見ても、日本映画の熱心な観客ではない。志賀はどちらかというとスタア本位で見る。里見は自ら舞台演出を手がけるだけあって、演出本位で批評している。二人が一緒に見た「土と兵隊」は火野葦平の原作、監督は小津とも親しい田坂具隆である。小津は小説「土と兵隊」の評判がいいのは、「銃後が戦線に送るお愛想だと思うんだね」と田坂も出席した座談会（「スタア」昭和15・2・上）では述べていた。原作が長塚節、監督はやはり小津と親しい内田吐夢の「土」については、里見は「感心した」、志賀は「面白かった」と高評価だった。里見はここで、文学と映画の関係について、理解ある持論を述べる。小説家としては例外的な見解といえる。

「僕はいったい文学の映画化というものは、映画作家の方であんまり原作の部分々々に拘泥しないで自由にほぐしたり組立て直したり、もっと勝手次第に、――云い換えれば映画的にやって貰った方がよいという持論なんだが――然し、何だね、「赤西蠣太」［原作は志賀、監督は伊丹万作］なんぞだと蠣太が行燈と差向いで、将棋をさしている場面だとか、釣舟の上で密談するところとか、あゝいう原作そのまゝの箇所の方が結局やっぱり印象に残ったね」

里見の持論は前々からのものだった。里見は同じく「スタア」（昭和11・8・中）に、提言「小説の脚色に就いて」を書いて、小説の映画化、舞台化の要諦を述べ、原作者側から手を差し伸べていた。「謂う所の「原作に忠実」という慣用手段ほど、無意義なものはなく、実は、「忠実」の名で呼ばれる「骨惜しみ」の「不忠実」である。／原作をばら〳〵にほごす、これが、戯曲化、映画化の、第一着手の仕事でなければならないのだが、よほどの実力、よほどの熱情がなくて出来る仕事でない。玩味、熟読の揚句だ、原作者への傾倒だ。ばら〳〵に出来たらば、あとはわりに楽で、そのうちから、映画なら映画の特質に、舞台なら舞台の特質に、最も適当な「部分」を、思いきって、ぐんぐん生かしきる。こういう、原作に対する「不忠実」こそ、最も望ましい「忠実」なのである。この点に、世の脚色家、アダプターの諸兄が、もう少し深い注意を向けられることを望んで熄まない」

小津は三重県立四中時代からの里見弴愛読者だった。「中央公論」「改造」の文芸欄で大正文学に親しんだ。大正九年（一九二〇）生まれで、小津より十七歳年下の安岡とは、文学入門と映画入門の順番が逆になっている。小津の世代は日本映画の開拓者であったから、手本となる先行者は国内にはほとんどいなかった。むしろ志賀、谷崎、佐藤春夫、そして里見弴の作品を栄養源とするのは当然であった。里見の提言は映画雑誌「スタア」でなされたから、小津が知っていておかしくない。編集者の南部圭之助は小津の一歳下なので、やはり大正文学の強い影響下で育っていた。

新作映画の試写を見た直後に座談会で話し合うというのは当時の映画雑誌では普通に行なわれていた。『『戸田家の兄妹』検討」もそうしたケースといえるが、監督の小津とシナリオの池田忠雄に、内田吐夢と溝口健二、そこに高名な作家が飛び入り参加する長編座談会となっている。ただし前半は、朝日の「Q」津村秀夫の独演会となり、登場人物の三人の女性（吉川満子、三宅邦子、坪内美子）、主人公（佐分利信）の態度に怒りを感じたと、議論をあらぬ方向へ引っ張っていく。登場人物の好き嫌いや時局色の有無から映画の評価に入るような議論をし、居丈高な発言が目立つ。映画記者というより、映画新体制の指導者気取りで、検閲官か言論統制を任された軍人のようである。津村は『映画政策論』（昭和18）では、小津の次作「父ありき」も批判した。

「現在の大船では吉村公三郎の活動が最も目醒ましいが、依然として大船の更生のためには大監督小津安二郎の更生を必要とする。「父ありき」を目して小津の更生であり、進境でありとする論者もあるようであるが、私は強《あなが》ちこれに賛成できない。大局よりいえば、即ち時代の進展とテムポとに比較すれば、小津安二郎には依然として進歩がないのである。（略）同監督が次回作品の戦争映画「『未だ帰還せざるもの一機』」で如何に戦うかは、単に小津安二郎個人の問題ばかりではなく、全大船に取っても大きな暗示となろう」

何たる指導精神の発揮であることよ。小津に「更生」せよと言い放つのだから。「戸田家」座談会で津村の怪気炎に水を差したのは里見弴だった。さすが年の功で、小津演出の弁護をひとり買って出る。強力な助っ人、あらわる。

「**里見**　さっきからの津村君の説だと、……だいぶ描き足りない点を挙げていたが、なるほど、一々御もっともと納得はついたが、小津さんの意図には、なるべく少い画面で、出来るだけ余計に画面の裏、というか、奥というか、暗示的にそういうものを出して行きたい、という気持があると思う。(略) 小津さんが、僕等の方で云うその省筆を意図していられる、……とまア僕は感じたのだが、その点僕には、同感や好意が感じられたんだ。もっと突ッ込んで云えば、まだまだ省略の余地があると思ったくらいで……」

里見は「一々御もっとも」と言いつつ、津村の意見を全く認めない。津村が都合で途中退席した後、会場の険悪な空気はゆるみ、話が弾む。里見は小津に「[場面数を思い切って少なくした]意図は僕にははっきり受け取れた」と認めた上で、演出の問題点を次々と指摘する。あれは要らない。あれなぞも要らない、と。小津は、「これは大変いたいなあ」、「どうも里見さんのような方ばかりだと、とても私に監督はつとまりません」と脱帽した。その後、支那事変従軍中に、里見の小説を読んだことを小津は喋り出す。

「『鶴亀』は支那で拝見しました。「文藝春秋」[昭和14・1]からあの頁だけはずして別に、表紙をつけて、背嚢の中に入れて、戦争中持って歩いていました。南昌攻撃の修水渡河戦の日、修水のほとりで「サンデー毎日」「「週刊朝日」が正しい」を拾ったのです。それに『三平の一生』[後に『やぶれ太鼓』と改題]が出ていたのです。その日の午後から総攻撃なのですが、それまでの間、ひょいとすると、今日は死ぬかもしれないと思いながら、大変いい気持でこれを読ましていただいた事を覚えています」

愛読者の賛辞に、誌面では、里見は何とも反応していない。小津は別におべんちゃらを言っているわけではない。従軍中の「日記」に、「会話のうまみにほとほと頭が下る」と書き、禁公開の「陣中日誌」には、「百の麦と兵隊より千の土と兵隊より一つの鶴亀の方が嬉しかつたと現に兵隊の生還を期し難い前線の僕が思つてゐる」と記した。正直な感想を本人の前で述べたまでだ。話はさらに進み、次には小津の懺悔となる。

「この写真『戸田家の兄妹』では里見さんのお書きになったものから大分、ところどころ、無断で拝借しています。それも大変拙い拝借の仕方で写真を写す所が『安城家の兄弟』〔昭和6年刊〕。今、申上げた所が『帽子』〔「改造」昭和10・8〕で、玉露が、『アマカラ世界』〔「中央公論」昭和11・4〕で、まだいろいろあります。まさか、この映画を里見さんが御覧になるとは思わなかったもので……どうも……。題名の『戸田家の兄妹』これも拝借の部類です」

自分よりも十五歳も若い小津の懺悔に対し、里見は寛容だった。自分の小説でも冒頭部をフローベルそっくりに真似たことがある、「この際出典を明かにして置くよ」と小津の「拝借」を相殺している。そうは言っても、里見弴の方で、さっぱりと水に流しているわけではない。ちょくちょく、小津の「拝借」を里見は話題にした。「映画の友」（昭和27・12）の「里見弴先生を訪ねて」では、聞き手の淀川長治が「こんどの小津さんの『お茶漬の味』は、たしか先生の『墓参』といった作品に、大へん似ているように思いますが」と話を引き出しにかかる。

「ぼくのものから、一部分をもっていったようなのは、よくあるな。見ていて、あいつ、やりあがったな、と思ったりしてね。小津君の『戸田家の兄妹』で、親類一同が並んで写真を撮るところがあったが、あれは『安城家の兄弟』なんだ。『晩春』のおしまいは『縁談窶《やつれ》』のおしまいに、そっくりといっていいくらいのものだしね。小津君とは、もう前からの知りあいだし、ぼくのものをよく読んでいてくれるからかもしれないが、ぼくのものからよく取るね。（略）それから『晩春』以降は」脚本が出来上ると、必ず届けてよこすね、小津君は。それで、会話の拙いところを直してくれという」

「晩春」のラストについては、里見としては意見があった。娘の原「紀子」を嫁にやった晩、父は酔って帰宅する。小津映画でもひろく人口に膾炙したシーンである。そこに異議をさしはさむ。

「『晩春』の終りで、笠（智衆）の父親が、独りしょんぼり帰って来る。手伝いの婆さん［高橋とよ］が帰った後、座敷でリンゴを剝く、といったところがありましたね。シナリオを読んだとき、ちょと、なにかリンゴをここでもち出したのはどうかな、と思ったんだが、試写で見ながら、ああ、これをいえばよかったなあ、と思いついたことがあったんだ。あとで小津君に話すと、小津君もそうでしたね、と承認してくれたんだが――帰って来てだね、隣りの手伝いが玄関から出ていっちまう。あれもおかしいんで、手伝いの婆さんが、玄関から出はいりする習慣は、まあないんだ。ふつうは水口から上ってくる、特別なとりこみ事でもあれば別だが。……だから手伝いを台所から帰すようにする。それまで何べんも台所が写っているから、もういっぺんここで出す。やっとひと片ついた、いままでお世話になった、という気持をこめて、手伝いの婆さんを笠がその時は送り出す。それから廊下を戻って来る。すると廊下の途中に梯子段［階段］があるね、あの家。その梯子段の前を通って、ふと上を見る、もう誰もいないんだな、と笠の顔がさむしい表情になっていったら、こんないいラストはないと思ったねェ。どうもリンゴを剝くのは、少々考えおちにすぎたな」

日常の仕来たり、生活の常識、それにふさわしい振舞い、登場人物への心理等々、画面の隅々にまでよく目が行き届いた里見の指摘である。なるほどとうなずかざるを得まい。淀川によると、里見は身振りを交えて指摘した。「舞台演出の達人の先生のことですから、それがきちんときまるのです。

──笠が上を向いてさむしい顔になる、といいながら眼鏡をキラリと光らせ、ぐっと上を見［上］げる、そのきっかけの、すっとした感じなど、さすがと思いました」。淀川が感心したこの里見のアドバイスに小津は感服し、遺作「秋刀魚の味」のラストで活かす。小津映画全体でのラストシーンにである。「晩春」のリンゴについては、後でまた登場してもらう。

小津の志賀文学讃歌は新書判『志賀直哉全集』の推薦文「爽やかな後味」だった。小津の里見文学讃歌はその一年後に書かれた。筑摩書房の『現代日本文学全集』の月報に書かれた「名代の味」である。この中でも、「無断借用」の件に触れている。

「里見先生の小説を読んだのは、僕が中学生のころ、たしか、「桐畑」が始めぢやなかつたかと思ひます。

それ以来、僕は長い間の愛読者の一人なのですが、今では時々、先生の小説を、無断であちこち借用しては、映画のシナリオのねたにする、まことに、たちの悪い愛読者の一人かも知れません。

いつか、僕の「戸田家の兄妹」といふ映画の試写に、思ひがけなく、先生が来られ、始めてお目にかゝり、相憎、その映画には無断借用の個所が多く、甚だ汗顔、閉口頓首したことがあります。

爾来、先生も惘《あき》れられ、万事、大目に見て下さる模様ですし、以来、僕は無断借用の常習となりました。

先生の小説の、とりわけ、会話の流麗は、ことごとく、映画のシナリオにも通じ、僕には、この上もないテキストなのです。

先生の小説は、その材料と、それを料る庖丁に、そのときどきの多少の相違はあれ、つけ味、もち味、だし味と、その割烹のいづれにも、昔からの暖簾《のれん》の、名代のうまい喰ひもの屋の、豊な味があります。

芳醇な、灘の生一本。スコッチなら、キャラクターもあり、ボデイもある、飛びきり無類の味だと思ひます。まことに、天下の美禄です。
先日も、先生の処で御馳走になつた、レモンを垂らした的矢の牡蠣《かき》の、つるりと喉を通つて、ひんやりと、ゆつくり、胃の腑に落ちてゆくうまさを、これも、先生の小説の味だと思ひました。（略）「稚拙」を「へま」だと云はれる、先生の厳しい文章道に、遥に、敬虔の頭を下げる、僕は愛読者の一人なのです」

小津がこの文章を書いたのは、昭和三十一年（一九五六）一月で、三年ぶりの新作「早春」の公開を控えていた時期だった。「早春」から小津映画のプロデューサーになったのは里見弴の四男・山内静夫である。里見と小津の関係はさらに深まっていく。「彼岸花」と「秋日和」は里見弴が原作を書き下ろす。小津の亡くなる昭和三十八年（一九六三）には、NHKのドラマ「青春放課後」が、里見・小津の連名による原作・脚色で作られた。「秋刀魚の味」のラストシーンの演出が里見の示唆によることも考えると、小津における里見弴の比重は、晩年になるほど強まっていった。

小津の死後も、里見は「小津君がなつかしいな」と言いつつも、「拝借」に言及した（「毎日新聞」昭和41・3・21夕）。「有名な「戸田家の兄妹」の試写会のあと、ある雑誌社の企画で対談したのが初対面だった。実はあの映画には、ぼくの小説の場面がずいぶん使われているんだ。あすこもそう、ここもそうと数えたてたら、すっかりまいっていた」。里見の記憶では、「拝借」問題の口火を切ったのは小津ではなく、里見の方からだったとなる。里見はこんなことで嘘をいう人間ではないだけに、気になる発言である。里見が小津に好印象を持っていたことにも嘘はない。「とてもよくぼくのものを愛読してくれて、酒など飲むと棒暗記した文章を、こっちがびっくりするほど長々と暗唱してみせた。白樺派には好意をもっていたが、特に志賀は大崇拝でね。志賀は大先生で、ぼくはせいぜい中先生か小先生だなんていってた」。

ここでは、「青春放課後」の執筆過程も回想されている。「何ごともゆるがせにせず、じつに一生懸命やる人で、ぼくの原稿のわきに小さな字でいっぱい書き入れをする。ほとんど書き換えといえるほどの直しかたに、ずいぶん腹もたてたが、やっとのことでいっしょに最後の仕上げにはいった。この部屋で脱稿したのが、もう夜中を過ぎていたかな」。

あの小津がテレビを書くという珍事が最晩年に起きた。その「青春放課後」成立の事情については、里見が追悼文「好侶追憶」(「文藝春秋」昭和39・2)でも書いたのだが、あまり知られていない。啞然とする事情であった。

「去年［昭和三十七年］の歳尾《くれ》だったか、今年の春だったか、テレヴィ・ドラマの脚本を書いてくれという、NHKからの依頼の使者がうちにみえた時、恰度《ちょうど》小津安二郎君も居合せて、もういゝ加減御機嫌だった。／「僕も手伝おうか」「あゝ、そうして貰えば助かるな」というような、笑い話同然のやりとりを、そばで聞いていた使いの人は、忽ち乗気になり、「是非お二人の共作に願いたい」と、瓢簞から出た駒で、とうとうそういうことにきまって了った。(略)さて実地にあたって、初めのうちこそ、相談の旅に出ても、暢気な話ばかりで、楽しい一方だったけれど、期日が迫り、NHKの係りの人に泊り込まれたりする時分には、いくぶん苛ついても来るし、正直なところ、忍耐力の養成に役立つような場合も生じた」

「忍耐力の養成」とは、里見「小先生」の玉稿を、小津が遠慮会釈なく書き直したことを指す。これはお互いさまともいえた。というのは、「早春」のシナリオの時から、里見が小津たちの作った会話に「赤鉛筆でグイ〳〵訂正を加えてお返し」していたからである。「もし私の作品に朱筆を加える者があったら私も慍《おこ》る。そんなことぐらいわかりきった話で、而もなおその先の先までわかっていなければ、迂闊にやれない仕事だ」（里見「会話」「シナリオ」昭和30・11）と、里見はその頃から小津を同格の文士と見做していた。

「秋刀魚の味」の次作「大根と人参」には池田忠雄がシナリオチームに加わることになった。その仕事とほぼ同時進行となる「青春放課後」を小津が自ら進んで引き受けたということは、晩年の小津の焦慮であった。とともに、里見弴の文学の「富」を吸収せねばという小津の意欲がそうさせたのだろう。里見の「極楽とんぼ」（「中央公論」昭和36・1）は酔生夢死の一生を送った里見の兄を主人公とした傑作であった。志賀がとっくに現役の作家でなくなっていたのと違い、里見はまだまだ現役作家だった。小津は十歳上の野田高梧と互角でシナリオを執筆するように、十五歳年上の里見に挑んでいた。それは志賀と里見の関係が、五歳離れていたにもかかわらず、十代からの友人、ライバル関係だったのとも通じていよう。

小津映画への里見弴の影響を考える場合、どうしても「会話」が第一となる。小津は「一人息子」からトーキーを撮ったが、「一人息子」は当初はサイレントの企画だった。最初からトーキーとして製作されたのは、昭和十二年（一九三七）の「淑女は何を忘れたか」で、小津がトーキーを満喫した映画である。それなのに、「淑女」は忘れられた作品といえる。キネマ旬報ベストテンでは第八位に甘んじた。論じられる機会も少ない。

東京市立一中の五年生だった安岡章太郎は封切当時に見たが、記憶に残らなかった。『活動小屋のある風景』を書く時に見直し、昭和十年代初期の「成り上り指向」の空気を最も端的にあらわしていた、と感じた。韓国人研究者の朱宇正《ジュウジョン》は『小津映画の日常――戦争をまたぐ歴史のなかで』で、「おしゃべりなブルジョワ婦人」という「淑女」たちに、新しい評価軸を打ち出している。

「戦時中のブルジョワ喜劇に出てくる女性登場人物はより快活で、自己主張が強く、平凡で、きりがないかのように見えるおしゃべりやだじゃれや愚痴を通じて、自分の存在や欲望を思うがままに表現する。彼女たちは、家父長制イデオロギーによって妥協させられてはいても、小津作品において初めて自分の気持ちをはっきりと口に出した女性登場人物と見なすことができる。（略）会話のシーン全体の中には沈黙や中断の瞬間がほとんどない。その結果生じる効果として、テンポが速くとりとめのない女性の会話が実現される。（略）自由奔放な女性の様子を赤裸々に描くというこの傾向は、当時のイデオロギーの範囲では不穏な響きを持っていた」

支那事変勃発直前に公開された「淑女は何を忘れたか」の試みは、非常時の出現で、縮小を余儀なくされた。田中眞澄は「淑女は何を忘れたか」、シナリオ「お茶漬の味」（未映画化）、「戸田家の兄妹」を「山の手邸宅もの」と名づけたが、その三作の歩みは日本社会の窮屈さの増大と、映画人小津の題材選択の苦渋をあらわす。「淑女は何を忘れたか」は、生き生きとした言葉を得た「淑女」たちの喜びと、トーキーという表現とスピード感で映画を撮れる小津の喜びとがシンクロする映画となっている。

「淑女」では、栗島すみ子、飯田蝶子、吉川満子が麴町、牛込、田園調布のマダムに扮した。「お茶漬」では、桑野通子、吉川、三宅邦子が千駄ヶ谷、赤坂、田園調布の夫人を演じる予定だった。彼女たちの先達をどこに求めればいいか。ルビッチなどのソフィスティケイティド・コメディの影響が当然想像できるが、身近で探すとなると、里見弴の小説がそこにあった。

里見弴は膨大な量の小説を書いたので、どれと指をさすのは難しい。その中であえて選ぶならば、里見の第十短編集『次代恐怖症』に収録されている「怠屈夫人」（「婦人世界」昭和7・1）を挙げる。小津は里見の本は必ずといった感じで買っている。『次代恐怖症』は日記では、昭和九年（一九三四）二月二十四日に購入している。単行本の奥付は二月二十五日なので、発売と同時に買ったのだ。

「怠屈夫人」は前衛的と呼んでいい実験作である。本文は四人の有閑マダム（怠屈夫人）の会話である。ト書きも一切ない。四人のうちだれが喋っているのかも一切明示されない。雑誌で読み始めたらチンプンカンプンで、途中で投げ出してしまうこと必至だ。入院中の「お豊」を三人が見舞い、延々と無駄話をする。夫人たちのナマな言葉にはただただゲンナリさせられる。ぞんざいな会話、傍若無人な生活感、あからさまな性的話題、「俺」という一人称が飛び交う。「お豊」が「馬鹿！」というと、飯田蝶子の牛込夫人が口癖の「バカ」を連発し、「カバ」と返される画面をどうしても思い出す。それまで小津映画では下町の「かあやん」だった飯田蝶子が「淑女は何を忘れたか」ではブルジョア夫人になりすましていて、「成り上り」感は半端ではない。飯田蝶子の夫を下町物の「喜八」坂本武が演じるのだから、諷刺もここに極まれりだ。

小津はおそらく里見の芸風と会話を参考に、まだ撮らずにいるトーキーを模索していたのだろう。「山の手邸宅もの」といえば、里見文学の主要な一部分を形成するジャンルだ。『安城家の兄弟』『山ノ手暮色』等の長編小説がある。里見弴が生れ育った時空間である。「戸田家の兄妹」での個々の作品からの「無断借用」よりも、「淑女」の試みは、「原作者への傾倒」ゆえの、里見文学に対する「忠実」である。もし里見が「淑女は何を忘れたか」を見る機会があったなら、そう認めたのではないか。ただ、そこには原作料の有無が関係するかもしれない。原作と銘打たない限り、原作料は発生しようもないからだ。里見は晩年に出した『里見弴全集』の「あとがき」で収録作品の思い出を書いたが、「縁談窶」（「中央公論」大正14・4、7）と「晩春」との関係を蒸し返した。「あいつ、やりあがったな」の一件である。

「小津安二郎の「晩春」を見てすぐそう思ったまゝ、「原作料の半額くらいは貰ってもよさそうだなあ」とからかったところ、存外生真面目に否定したが、これまた、読者の御判定を煩わしたいところ

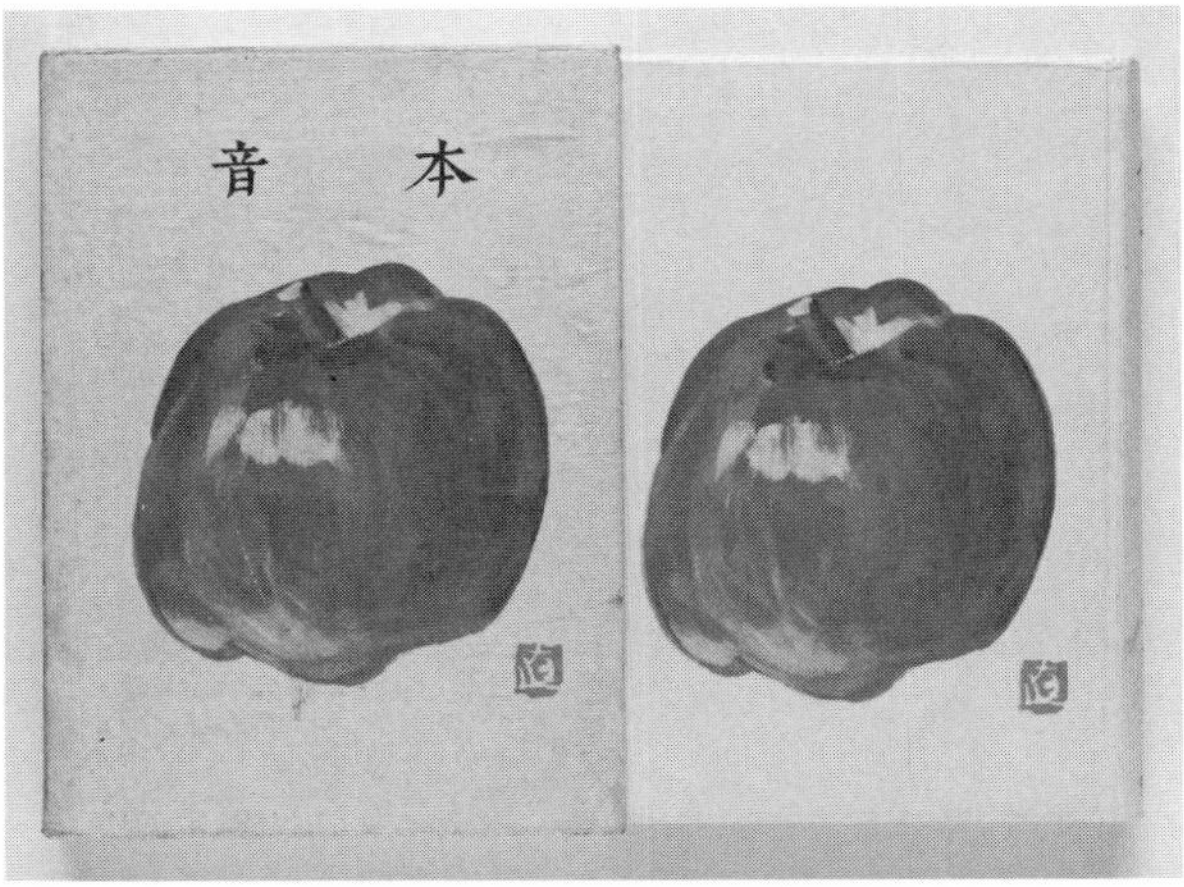

里見弴『本音』書影／画・志賀直哉

だ」

　周知のように「晩春」は「広津和郎作「父と娘」より」というクレジットになっていた。志賀から頼まれて広津の原作を使用したのだが（第十六章参照）、里見の唱えた原作への「忠実」「不忠実」という尺度をとれば、「骨惜しみ」の部類である。原作は七年前に妻を亡くした主人公が娘を嫁にやろうとするが、娘は「お父さんの側《そば》が一番好い」といって、肯んじない。主人公は自らの再婚をほのめかして、娘に結婚を決断させる。ストーリーの骨格は「晩春」に活かされているが、映画から湧出する父と娘のタブー的愛情は、広津の原作にはまったくない。健康的な小説である。

　里見の「縁談窶」の主人公は、亡き旧友の娘の縁談について相談役を任されている。主人公は娘の「小父さん」の立場で、一緒に食事をしたり、同情したりする。そのうちに、主人公は、「娘に向けるべきでない眼つきを、その肩や腰に射つけ」、「へんな生々しい感じ」を持つ。娘は無事結婚するが（結婚式のシーンはなし）、主人公は「自分の娘をかたづけてやったような気持」に襲われる。映画「晩春」にただよう父娘のタブー感覚は、広津の原作よりも里見の「縁談窶」に近い。里見の鋭敏な感覚が捉えた「晩春」の隠されたテーマである。こうして見ると、小津が「縁談窶」を「熟読」した末の「原作者への傾倒」といえよう。私の判定では、「原作料の半額」が里見に行っても問題なし、となる。「晩春」には、それ以外にも重要なシーンで里見弴の存在がある。ラストシーンで笠智衆が剝くリンゴだ。里見自身は淀川長治に、「どうもリンゴを剝くのは、少々考えおちにすぎたな」と喋った。この意見を小津にも言っているとしても、小津は「はい、そうですね」とは言えなかったのではないか。

小津が戦場で読んだ「鶴亀」は里見の第十三短編集『本音』に収録されて、昭和十四年（一九三九）六月に小山書店から刊行された。この時点では、小津軍曹はまだ大陸にいる。「鶴亀」は表題作にはならなかったが、文芸時評では高い評価を得ていた。「文學界」（昭和14・2）で河上徹太郎は、雑誌の創作欄がほとんど戦争物で占められ、悪達者な作品が目立つ中で、里見弴が新年号で一人気を吐いていると書いた。「風格ある人物」を「血の滲み出る文章で書き流した」、「徹底した戯作者振り」であると。小津が数多の戦争小説よりも「鶴亀」に頭を下げた事情は河上の評価と共通していた。川端康成は「文藝春秋」（昭和14・2）で「鶴亀」を成功作とし、「人物の姿態や所作を活写」し、「高座の名人芸を思わせる」と書いた。

「鶴亀」はご隠居婆さんが知人を集めてソバを振る舞い、亡き旦那が作った端唄をラジオで聞く、というだけの話である。時局色はほとんどない。久保田万太郎が脚色し、花柳章太郎が主演して新生新派の舞台になった。それにふさわしい世界である。小津軍曹は戦地でたくさんの小説を読んだが、生死が交錯する戦場近くで、心うたれたのはこの「鶴亀」と志賀直哉の「暗夜行路」後編であった。

その「鶴亀」を収録した『本音』は函入りの本で、函にも本体の書籍の表紙にもゴツゴツした紅いリンゴが描かれている。リンゴの絵の右下には「直」とサインがある。つまり志賀直哉が描いた油絵のリンゴを装幀に使用しているのだ。志賀は油絵を描くことに熱中した一時期がある。阿川弘之の評伝『志賀直哉』によると、昭和十四年の正月に、鉢盛りのリンゴがまず描かれた。『本音』の装幀に使ったのは「大きな印度林檎」だった。志賀は「事変が長くつづいて、何を書いても［検閲に］ぶつかりそうな強迫観念に取りつかれ」、絵ならば大丈夫と本格的に取り組んだ。「生れ替ったら画家になりたい」とも志賀は言った。装幀に使われたリンゴの絵は番町の里見の別宅（妾宅）に架かっていたが、戦災で失われる（里見『唇さむし――文学と芸について』）。

志賀が描いたリンゴとは、あの支那事変下の二人の友情のあかしであり、二人の時局との距離の表現でもあった。小津にとっては、戦場で読んで感銘した「暗夜行路」と「鶴亀」を思い出すよすがとなる。だから「晩春」では冬でもないのにリンゴを剝く設定にしたのではないか。小津は志賀との座談会「映画と文学」では、「何といいますか、例えば絵描きが林檎ばかりデッサンをする。その絵描きが林檎だけが上手になるかというと、林檎が上手になれば、他の馬鈴薯も梨も上手に描けるといった風に……」と志賀に問いかけている。これなども、あのリンゴの絵を念頭に置いての発言ではないだろうか。

「晩春」の壺が、戦病死した山中貞雄であったように、「晩春」のリンゴは、大陸で読みふけり、心の支えにした志賀と里見の芸術であったのだろう。「晩春」は敗戦からまだ四年しかたっていない、占領下に撮られた。疵は深く隠され、スクリーンではその存在をかすかに伝える静物となった。

小津は里見弴の文章の味を「的矢の牡蠣」のうまさになぞらえていた。その「的矢の牡蠣」が冒頭に登場するのが「東京暮色」である。笠智衆が立ち寄った渋谷の小料理屋で、浦辺粂子のおかみが「旦那、牡蠣いかがですか」と的矢の牡蠣を勧める。明らかに里見への「挨拶」である。ここ以外に里見と関係すると思えるシーンが「東京暮色」にはある。里見というより、志賀と里見の二人としたほうが適切になる。有馬稲子が電車に轢かれるシーンの間接描写だ。自らの出生に疑問を抱く有馬の役は、おんな時任謙作といえる。その有馬が藤原釜足のチャンソバ屋「珍々軒」を飛び出して電車に轢かれる。警笛がけたたましく鳴り、風が起こり、人々が駆け出していく。あのシーンが里見の「善心悪心」(「中央公論」大正5・7)の一節と重なる。「東京暮色」は真冬だが、「善心悪心」は真夏だ。

「下りの列車は彼らの歩いている側からは一番むこうのはずれの線路の上を、轟々と凄じい響をたてて走って行く、——昌造のつい目の前から、浴衣がけの佐々の、薄ら白い後姿が、パッと消えてなくなった。とたんに昌造は、非常な音響と、吹きよろめかされるほどの空気の攪乱に会った。熱気を帯びた焦臭い風が裾をあおる。すぐ頭の上を四角な明るいものがチカチカチカッと飛び過ぎる。次の瞬間に、昌造は、目の前に山ノ手電車の丘のように大きな後姿と、赤いランプの光を見る。おそらく一秒よりも短い間にこれだけのことを感覚する一方では、佐々が鞠のように五六間さきへケシ飛んで行く瞬間の姿をも見た。そしてその次の瞬間には、切腹した人のようにうッぷしている佐々を後から抱き起している己を感じた。——額から鼻柱の横へ流れている血を見た。目はあいている……」

「善心悪心」は里見の私小説で、「昌造」が里見、友人の「佐々」は志賀直哉がモデルである。里見の過酷な目は事故の瞬間を冷静に見届け、書き記した。この大正二年(一九一三)の事故で志賀は重傷を負い、療養に行くのが城の崎温泉である。事故前、志賀と里見の関係は、里見の私小説「君と私と」をめぐってこじれていた。「善心悪心」の発表により、二人に八年間の絶交が始まる。二人のどちらにとっても精神的な、また文学的な危機が電車に轢かれる瞬間であった。この絶交を機会に、里見は兄貴分の志賀からの自立をようやく果たす。

「いずれにせよ里見はこの作品によって、一時的にしろ志賀直哉という大切な友をうしなったが、それと引き換えに自身の文学をつかんだ。作家里見弴は、ここにはじめて誕生したといっても過言ではない」(野口冨士男「解説」集英社版『日本文学全集』26巻)

最大の危機とそこからの蘇生が、志賀直哉と里見弴という二人の小説家を作った。志賀「大先生」

の生命の危機、里見「小先生」の文学の危機、「大先生」と「小先生」の友情と芸術のクライマックスが、あのシーンの基調を作っている。しかし、「東京暮色」の有馬稲子は「あたし死にたくないの」「あたし、出直したい」と、病院で笠智衆と原節子に訴えながら死んでいった。「東京暮色」に別の結末があるとしたら、有馬は蘇生できたのではないか。そうなれば、「東京暮色」は笠たち親の世代の映画としてだけでなく、娘たちの世代の映画としても観客に訴えることができたろう。

有馬が轢かれた踏切には眼鏡屋の大きな広告看板がかかっていた。あの大きな目は、事故の一部始終をしっかりと見ていた。志賀の目、里見の目に匹敵する勁い目である。

「東京暮色」の五番目、つまり一番下の助監督だった田中康義は遺著『豆腐屋はオカラもつくる　映画監督小津安二郎のこと』で、有馬稲子が電車に轢かれる踏切に立つ眼鏡屋の広告看板に言及している。あのシーンは大船駅近くの「田園踏切」で撮影された。看板は小津が作った〈虚構の看板〉で、美術部が製作し、あの位置に立てた。

「看板の絵は丸枠の眼鏡で、下に「金鳳堂眼鏡店」と横書きで店名が入り、絵の眼鏡には〈目〉が描かれています。／そしてその〈目〉が、眼鏡越しに誰かを、何かを見ているような、不思議な看板です。／昼と夜の二つの場面がありますが、どちらもはっきり看板が写りますし、夜は看板の上にライトがあって照らします。（略）この夜の〈目〉は、有馬さんの事故を、しっかりと見ていたはずです」

画面で見ていても、あの看板とあの目は異様に目立つ。くり返し写ることで、何ごとかを訴えてくる。私なぞは三面記事的解釈を一時は考えた。小津が当時付き合っていた「戦争未亡人」村上茂子（「東京物語」の熱海のシーンでアコーディオンを弾いていた。第八章参照）の嫁ぎ先は眼鏡店だった、と記憶していたからだ。村上茂子の戦死した夫の家は「金鳳堂眼鏡店」ではなかった。屋号は「高田眼鏡店」なので、とんだ勘違いだった。「金鳳堂眼鏡店」は現在も営業を続ける老舗店である。小津の愛用した老眼鏡は別の店であつらえていた。その店の話に入る前に、田中康義の「東京暮色」分析を見ておこう。

山田五十鈴と中村伸郎がやっている麻雀屋「寿荘」のセットで、田中はキャメラマンの厚田雄春と一緒に、昼休みに麻雀卓を囲んだことがある。小津映画の静謐で、神聖なセットを汚したのをこの本の中で懺悔している。別に小津に反抗したわけではない。麻雀好きのちょっとしたいたずら心だろう。

田中自身は「東京暮色」を「高く評価」し、「大好きな作品」と書く。「異色」「不思議」とも評す。なぜなら「東京暮色」の主人公である笠智衆が、作中のドラマのほとんどを知らない人物として設定されているからだ。次女・有馬稲子の妊娠、堕胎、その費用五千円の借金、胎児の父親である男友達（田浦正巳）の存在、このどれをも知らない。自分の部下と駆け落ちをした元妻・山田五十鈴が東京に戻ってきていることも、元妻の麻雀屋を長女の原節子が訪ねたことも。事後には知ったとしても、事態の進行中には笠智衆には知らされない。

「しかし中心人物がこれだけ何も知らないという設定は、映画（ドラマ）としては極めて異例です。（略）そして、脚本家にとっては受け容れ難い設定・構成・展開です。（略）主題は、精一杯に生きたつもりの男の、しかし自分自身が招いた悲劇と孤独です。（略）必然的に、小津さんは、中心人物の笠さんに観客が感情移入することを拒否しています。いや〈拒否〉と言うと語感が強くなり過ぎます。感情移入することを〈遠慮して欲しい〉と願っています」

田中康義はこう分析した上で、有馬稲子の踏切事故に論を進める。あの事故を見ていたのは看板の〈目〉だけだった。全登場人物、観客、作り手の誰もが事故を目撃していない。シナリオには看板の存在についての記載はなく、「踏切情景」としか書かれていない。ここを田中は問題視する。

「この〈目〉を観客に提示することは、映画の主題にかかわる重要な提示であり、本来、脚本に書かれてあるべきものですが、（中略）小津さんの演出として〈画〉で登場させています。（略）このような提示が脚本家と監督の事前の合意によるものならば問題はありませんが、そうでない場合は、脚本家としては釈然としなかったかも知れません」

現場にいた人の、しかも監督となり、後にはドキュメント映画「小津と語る」を撮った人の晩年の証言である。田中康義はここ以外にも様々なディテールの疑問点を提示している。「イイ加減な作り手の作品ならば問うまでもない」が、野田高梧と小津のシナリオであればこそ、あえて問うという姿勢だ。

「小津さんは、これまで自分が作って来た〈家族劇〉の〈底〉を見たかったのではないでしょうか。そのために、設定した登場人物の一人一人を際立たせ、その相互の関係の曖昧なものを切り捨て、徹底的に追い詰めたドラマを意図したに違いありません。その結果、情容赦のない、稀に見る冷酷な救いのないドラマになりました。／『東京暮色』は、〈小津安二郎の家族劇〉の終焉を告げる作品です。（略）以後、小津さんは崩壊することが運命である〈家族〉を描くことを止め、家族の中で起こる事件を巡る〈アヤ〉をユーモアを籠《こ》めて描く〈家庭劇〉へと主題を転換します」

小津映画の「家族劇」とは、独身貴族の小津というよりも、「良き家庭人」野田高梧の世界である。その「底」を覗くことに野田は反撥し、「東京暮色」でのシナリオ執筆には非協力的だった。小津・野田コンビの不気味なひび割れも孕んだ映画となった。「晩春」「麦秋」「東京物語」に与えられた名声に安住せず、小津自らが挑んだ新境地はいつもの評価を得られなかった。「東京暮色」のサード助監督だった及川満は、撮影中の小津の言葉を記録している。

「小津安二郎はこの作品を当時評判だった『エデンの東』の日本版松竹メロドラマにしようと意気込んでいたようです。そして得意気に「今度の作品はベストテンの8位にするのが目的で、ベストワンを狙うのは易しいが8位だから難しいんだ。」と語っていたのですが、結果はベストテンに入る所か興行成績共に無残に終わったのです。しかし、この作品も今見ると、希な傑作ともいえるのではない

かと思います」（及川「小津安二郎論・序説」第三章「映画史研究」22号）

「晩春」と「麦秋」はキネマ旬報ベストテン一位、「東京物語」は二位だった。「東京暮色」の結果は、八位どころではなく、はるか下の十九位にとどまった。及川は小津論の中で、「東京物語」はストーリー・テラー時代の最高傑作で、「早春」以後は「映像と音によって表現行為を試み」た、「映画史上、最も重要な作品群」であり、なかでも「東京暮色」は「作者個人を最も代表する作品」である、としている（「映画史研究」10号）。「東京暮色」のプロデューサー山内《やまのうち》静夫は、小津の別の言葉を記録している。

「事実、別の脚本家によるオリジナルストーリーに興味を示しておられたことを、私は先生からじかに聞かされたことがある。「東京暮色」は、その直後の作品である。野田高梧さんは、この題材に賛成でなかったという。作品の評価は低かった。しかし、オレはこの作品好きだ、ある時ふと先生は言われた。酒席で酔いに任せて、もっとドラマティックなもの作って下さい、と私は何度も言ったことがある」（山内『松竹大船撮影所覚え書――小津安二郎監督との日々』）

「東京暮色」での冒険で、誰もがその成果を認めるのは斎藤高順による音楽ではないか。ストーリーとは無関係にいつも「天気のいい音楽」が流れる。「早春」で使われた「サセレシア」という曲を、「東京暮色」では全編で流すのだ。音楽評論家の片山杜秀は「小津安二郎、音の世界」（『キネマ旬報増刊　小津と語る』所収）で、「ドラマの喜怒哀楽と一体化」しない斎藤高順の音楽により、観客は「映画の展開する物語とはまるで無縁な別世界に向かって、無限に気をそらされる」とした。寒気と曇り空と憂鬱が伝わるフィルムに、呑気で陽気で、何の悩みもなさそうな「サセレシア」が非情な日常性を加味する。小津の画面と音楽の落差が「人生」を開示させるといったらいいのか。もっと若い世代の與那覇潤は『帝国の残影――兵士・小津安二郎の昭和史』の終章を、「呪わしき明治維新――

『東京暮色』讃」と名づけている。「明治以降に建設された帝国の残影がいまもなおひそかにこの国の歴史を縛りつづけている理由を、初めて理性ではなく感性によって教えて」くれたのが與那覇にとっての「東京暮色」であった。

　私が「東京暮色」でいつも思い出すロケシーンは、有馬稲子と田浦正巳が並んで座っている浜離宮の夕暮れと、ラスト近くの上野駅ホームの明治大学校歌と、そして眼鏡の看板である。有馬の事故シーンには、里見弴の短編「善心悪心」からの深刻な影響があるのではと既に指摘をした。志賀直哉と里見弴、小津にとってのかけがえのない二人の「先生」の友情の危機、里見にとっては文学の危機が、そのシーンには凝縮されていた。志賀は「善心悪心」を読んで里見に絶交を言い渡す。「春の水ぬるむが如くに」友情が回復するのには八年を要する。そうした先輩後輩二人の歴史があった上での、志賀の文学であり、里見の文学であった。

　里見弴が戦後すぐに書いた「澄むを望む」という随筆がある（「世界」昭和21・9）。踏切にある眼鏡の絵は、その文章に関わるのではないか。「澄むを望む」は随筆集『蟬の抜殻』に収録され、岩波文庫の『里見弴随筆集』にも入っている。「六、七年以前、支那料理の円卓を囲んでの席上、或る人の眼鏡がピタリと顔について、見るからに気色よげなのに、なおその上、新たな料理の運ばれるごとに、品書を読むために重ねる引掛《ひっかけ》眼鏡のかけはずしも、いかさま手軽くいく具合、ことごとく感服して、初対面の無躾《ぶしつけ》をも顧みず、どこで調《ととの》えられたものか尋ねたところ、大阪市内の某店」を紹介される。歳月は徒らに流れ、里見が大阪へ行って眼鏡を新調したのは昭和十九年（一九四四）の秋だった。その技倆の「実力」にすっかり感心し、友人たちに推奨する。里見の筆はここから世相批判に及び、「権力、財力、暴力以外の、真に実力をもつ者のみに、仮令《たとえ》少しずつなりと、この濁りを澄ませる役目」があり、「日本国の濁りも、澄ましたいとの願望あれば、いつしか必ず澄む」と敗戦国日本への希望を語った一篇だ。

　里見愛用の眼鏡を作る眼鏡店店主・井上綾雄は、『別冊かまくら春秋　追悼　素顔の里見弴』に追悼の一文を寄せた。その中に、「里見先生の他、志賀直哉先生、久米正雄先生、小津安二郎監督と、著名な方の眼鏡を作らせていただいたことは、誠に幸せなことだったと思います」とある。「善心悪心」のエピソードを思い合わせれば、あの眼鏡の絵は、志賀と里見からの明澄なる眼の文学的継承宣言であり、十歳年上のシナリオ共作者・野田高梧との映画製作上での対峙の覚悟をもあらわしていよう。


「東京暮色」の次の映画「彼岸花」は周知のように、「原作　里見弴」となる。「脚本　野田高梧・小津安二郎」だから、それまで通りとも言えるが、むしろ「彼岸花」は三人の共作と考えたほうがいい。里見の四男・山内静夫の回想によれば、小津が里見との酒席で提案したことから始まった。

「[酒を飲んで、たわいもない雑談をする]そんな席でね、[小津]先生がめずらしく父に『先生、こうして飲んでばっかりいても生産性がないから、一つ仕事をしてみませんか。先生は小説を書く、僕は映画を撮る。そうすれば先生もお金が入りますよ』なんて軽くおっしゃったんですよ。そしたら、父も『それは面白そうだね』と応じてね。ふたりで同名の作品を発表することになったわけです」

（山内「小津安二郎先生とわたし」「諸君！」２００８・１〜４）

　前章で触れたテレビドラマ「青春放課後」の里見・小津共同脚本は、小津の「僕も手伝おうか」という一言から実現した。それよりも四年さかのぼる「彼岸花」でも、里見弴引っ張り込みの言い出しっぺは小津であった。小津にとっての里見弴の大きさがわかろう。小津はこの頃、里見弴を必要としていたのだ。

　眼鏡がらみの話題でいえば、「彼岸花」での笠智衆の人物造型は野田・小津世界ではなく、里見世界からの住人であろう。里見が自選エッセイ集『時と共に』の巻末対談で、阿川弘之と話した時である。里見は開口一番、「あの眼鏡屋をぼくに紹介してくれたのは、堀悌吉君なんだ」と言って、『山本五十六』の著者・阿川弘之を驚かせた。堀悌吉は山本五十六の一番の親友、余りに優秀過ぎて、反対派閥（艦隊派）から睨まれて海軍を逐われた提督である。堀がそのまま海軍にいれば、海軍大臣などの要職に就き、「不戦海軍」を貫いただろうにと惜しまれる人物である。堀はフランス駐在時代から文学の素養は深く、里見弴の愛読者だった。

「**里見** 山本にあなたの書いたものを読ませたいんだが、なかなか古本屋で集まるものじゃないから、あなたの手もとに二冊あるものがあったら、できるだけたくさん私のところへ届けてくれないか、というんでね、ご用命に従って堀さんへ届けた。

阿川 なるほど、いつか見せていただいた「山本五十六」という大きな名刺、「御礼」と書いてありました、あれがその時のですね。

里見 そう、ぼくの本を何冊かあげたお礼なんだ。だけど、堀さんにお会いしたのは、その披露宴［支那料理の円卓］のときだけ、あとにも先にもたった一ぺんなんだ」

里見には戦後すぐに「いろおとこ」（「新潮」昭和22・7）という名短編がある。愛人の芸者とつかの間の逢引きをする軍人は明らかに真珠湾攻撃を直前にした山本五十六である。里見は志賀と同じく学習院出身、仲間にはいわゆる重臣層に近い友人が多い。「元老」西園寺公望の政治秘書・原田熊雄とは特に親しく、親類でもあった。原田の秘密記録「原田日記」を戦争中に秘かに整理・校訂する役割は里見がやっている。里見は遊び人の文士ではあるが、国家の上層部ともつながりのある憂国の士でもあった。

「彼岸花」の笠智衆のような人物はいままでの小津映画には登場しなかった。「お茶漬の味」や「早春」の戦友たちは、赤紙一枚で引っ張られた兵士であり、小津や山中貞雄は下士官とはいうものの、所詮はそうした兵隊の仲間だった。「彼岸花」の笠は優等生で、期待を背負って海軍に進むが敗戦となり、戦後は不本意な人生を余儀なくされていた人物として描かれる。戦後を生きる男たちにヴァラエティを加えることができたのは里見の影響だろう。

映画「彼岸花」にはなくて、小説「彼岸花」に描かれているのが笠智衆（三上周吉元海軍中佐）の戦後すぐの貧窮の様子である。「座敷箒《ざしきぼうき》を担ぎ歩いて「売り」、どうやら口を糊した頃もあり」、その姿を見かけた友人の口ききで、「浦賀の造船会社」（浦賀ドックは戦中に堀悌吉が社長を務めていた会社だ）に職を得たという設定になっていた。山本五十六の未亡人は戦後、洋服生地や生命保険の外交をやって四人の子供を育てた。遺族扶助料が停止されていた時代である（「週刊明星」昭和40・2・7）。元軍人の苦難は、「秋刀魚の味」の笠智衆（「敗けてよかったじゃないか」と言う駆逐艦の艦長さん）にも生かされることになる。

里見弴は「良き家庭人」ではなかった。四男一女は妻に任せ、自分は「お良さん」という元芸者と番町に妾宅を構えていた。小津が中国大陸で読んだ「鶴亀」はお良さん一族の話である。山内静夫は息子とはいえ、父への思いは複雑だった。

「子どものころから父は家庭にいない人でした。だから、生活はほとんど一緒にしていません。しかも、そんな父は小説家として名をなした人だった。母を女性関係で苦しめる父を恨みながらも、どうしても超えられない存在として子どもの頃から捉えていたんです。（略）父と小津先生には似ている部分があったんだと思うんです。つまり自分の人生の全てを芸術に懸けた人たちだった。父は小説に、先生は映画に。だから二人は、きっと同志のような気持ちでお互いを見ていたんでしょう。（略）里見は家庭を捨て外に飛び出すことになり、先生は家庭を持つことをしなかった。方向は違うけれど、根は同じだったと思うんです」

　小津は昭和十年（一九三五）四月六日の日記に、里見の短編「叱る」（「新潮」大正7・1）の一節をそのまま書き記した。

「いつも云ふことだが　俺に一番大切なものは「俺」だ　「俺」のなかの一番上座に据ゑられてゐるものは「仕事」だ」

「叱る」は作家「俺」の一人称の語りで通される。叱られているのは「もの知らずの、気の利かない」妻（山内プロデューサーの母）である。その上座の「仕事」とは、「俺が一生かゝってエラい人間になろうと思っている、その勉強のことだ」。「「小説」という道を通って「エラい人間」という終点へ行き着こうというのさ」とも「俺」は言う。里見が「叱る」を書いたのは満二十九歳、小津が書き写したのは満三十一歳の時だった。小津が亡くなったのは満六十歳、葬儀で弔辞を読んだ里見は満七十五歳になっていた。弔辞の中で里見は、「道化の精神」という言葉を二度出している。「道化の精神」は小津の晩年を彩るキーワードである。

「小津君。君は綺麗なもの、間違のないことしか相手にしなかった。ねつい仕事ぶりで、自身納得がゆくまで押しまくった。／ばばあは俺が飼育しているのだ、などと、始終ばばあ呼ばわりをしながら、こよなく母上を愛した。／いつも滑稽諧謔の悠適を失わず、これを道化の精神と誇称した。酒とおいしい物ならさア来い、きたれだった。お洒落で贅沢やで身近の何から何まで特級品でないと承知しなかった。酔えばよく唄い、よく踊った」

　里見は小津の①芸術家の側面、②母恋いの側面、③酒席のふるまいの側面を描写する。その中に「道化の精神」が出てくる。③と②に「道化の精神」は明らかである。ここで注意しなければいけないのは、里見が「道化の精神と誇称した」と、「誇称」という言葉を遣っていることだ。とすると、

「道化の精神」は①の芸術家の側面にも及んでいたのではないか。小津の「道化の精神」は、小津の衰弱、韜晦、停滞といったマイナスのイメージで捉えられがちだが、里見はそうはとっていない。「弔辞」の終わり近くでは、「われわれに伝えられて来た道化の精神」とも言う。「われわれ」ならば、里見自身も含まれる。いや、「道化の精神」は、小津が里見から学んだものなのではないか。

里見の息子・山内静夫の見るところ、小津が「道化の精神」をよく言うようになったのは、昭和三十年（一九五五）に「早春」を撮影していた頃からだった。「先生の酔い方がひどくなったように思う。それと「道化の精神」という言葉をしばしば口にされるようになった。ふざけるという意味の道化ではなく、気楽に、というか、人生を愉しむということだと思う」（山内『八十年の散歩』）。

小津映画で「道化の精神」を体現しているのは、「小早川家の秋」の主人公・中村鴈治郎《がんじろう》であろう。笠智衆と「道化の精神」では肌合いがちがう。佐分利信にはその資質があるが（「彼岸花」「秋日和」）、まだ現役の生ぐささが強過ぎる。鴈治郎の小津映画初出演は昭和三十四年（一九五九）に大映で撮った「浮草」である。山内静夫は小津が大の鴈治郎贔屓になって帰ってきたのにびっくりした。「とにかく『鴈治郎はうまい』、『鴈治郎は良かった』って、もうそればっかりでした」（山内「小津安二郎先生とわたし」）。撮影の間、小津と鴈治郎は同じ宿に泊まり、酒の飲めない鴈治郎は夜のバーもおつきあいした。鴈治郎は『小津安二郎　人と仕事』では、「小早川家の秋」には触れず、「私の映画の仕事中一番思い出が深く、良い仕事」の「浮草」に終始している。

「忘れられない御恩を感じている事は、試写の時はタイトルが、京マチ子さんが最初だったのが、映画館で見た時には私が先になっていたことです。私は別に何とも思っていなかったのですが、小津先生が会社「大映」に大変やかましく言われて、私を先にして下さったと聞きました。会社としては売物の俳優を前にするのは当然ですから、私はいくら主演級の役でも、何も言ったことはありません。

鴈治郎では映画の売物にはならないでしょうから。でも、その時は心の中で、小津先生へ御礼をいくら言っても足りない気持でした」

　鴈治郎の飄逸味を得て、小津は新しい境地に踏みこめたのだろう。昭和三十六年（一九六一）に今度は東宝（宝塚映画）で撮る「小早川家の秋」でも再び鴈治郎を迎えた。小津日記では、一月八日「題名　小早川家の秋　とほぼ決定」とある。その二日後は、「〈極楽とんぼ〉をよみ深更二時に至る」。雪の蓼科で、里見弴の新作「極楽とんぼ」（「中央公論」昭和36・1）に読み耽っている。「極楽とんぼ」は文芸時評で評判を呼び、里見弴復活を広く印象付けた。たとえば朝日新聞（昭和35・12・19）では、新たに文芸時評に起用された二十歳代の江藤淳が「今月最大の収穫」と褒め上げた。

「志賀直哉氏があたえた「小説家の小さん」という異名からも知れるように、里見氏は早くから無類の芸達者といわれ、その半面「無思想」な作家といわれて来た人である。しかし、小説家にむかって「芸」はうまいが「思想」がないね、などという批評が行なわれるというのが妙な話で、少なくとも「極楽とんぼ」では「芸」はそのまま作者の生きかたであり「思想」である」

「「極楽とんぼ」を生かしている「芸」のうまさは、結局、語り口のうまさである。つまり、口語的な散文を洗練してあたうかぎりしなやかなものにしている作者の語感の鋭さである。（略）その肉声には節まわしがついていて、節がどうやら三味線にあいそうなところがあるのは少し古臭いが、この小説のふくらみ、動き、荒涼たる人生を知りながら失われぬ人間への共感などは、この文体と無縁ではない」

「極楽とんぼ」は里見の三兄（長兄は有島武郎、次兄は有島生馬）の放蕩に明け暮れた一生を愛惜をこめて、一気に語り下ろすといった調子である。主人公は最後、一族揃った温泉旅行で、瓦斯風呂に入っていて頓死する。「自分で湯灌《ゆかん》まですませてさ、居眠りしながら死んでくなんて」。書きようによっては陰々滅々たる小説にも仕立てられる素材を、まさに酔生夢死のおめでたい落伍者として描く。考えてみれば、里見の得意としてきた小説作法だった。「極楽とんぼ」には途中で、「三平」という幇《ほう》間《かん》がチラリ顔を出す。この三平とは、小津が支那事変従軍中、修水河渡河戦の総攻撃四日前にたまたま読んだ里見の小説「三平の一生」（後に「やぶれ太鼓」と改題）の主人公である。小津は「極楽とんぼ」を読んでいて、その時のことも思い出しただろう。里見は自選全集の自作解説で、小津に触れている。

「一時、友達としてつきあった或る幇間の、あまり手を加えない直伝だ。小津安二郎が、出征中、中国の、民家の宿営に、前夜までいた兵隊が置いて行った雑誌でこの作を読んだという話。なにかしら二人ともいやに感激した」

「三平の一生」は「極楽とんぼ」と同系列といっていい人物伝小説であり、語り口も感触も、主人公の生き方もとても近い。かたやブルジョア、かたや芸人というところが違いか。三平は東京の花柳界から静岡に流れて、それでも幇間稼業につく。その最期は、支那事変に出征する軍人見送りのため、炎天下に三業組合の旗を捧持していての急死である。小津は里見と初対面の座談会では、修水河渡河戦の当日に読んだと記憶違いしている。「その日の午後から総攻撃なのですが、それまでの間、ひょいとすると、今日は死ぬかもしれないと思いながら、大変いい気持でこれを読ましていただいた事を覚えています」。小津にとって「三平の一生」は「鶴亀」、「暗夜行路」と並ぶ特別な小説であった。

小早川家の当主・鴈治郎は、「極楽とんぼ」や三平とは比べ物にならないしっかり屋である。養子で入った酒造家をここまで立派に持ち堪えてきたのだから。それでも映画「小早川家の秋」の現在では、会社の経営は苦しくなっていて合併話が持ち上がっている。本人は元愛人・浪花千栄子と十九年ぶりに再会し、焼けぼっくいに火がつき、「極楽とんぼ」化している。その最期も「極楽とんぼ」や三平同様にあっけない。浪花千栄子の家で倒れ、「アアもうこれでしまいか、もうしまいか」と口にして、あっさり昇天してしまう。妹の杉村春子のセリフが「極楽」ぶりをあぶり出している。

「若い時からしたいことして……先祖代々の道具手放して……身上使うて……ほんとにダラシのない、腹の立つ人やったけど、まァ今時あんな幸せな人も滅多にありゃせんわ」

「小早川家の秋」の鴈治郎の生き方と死に方は「極楽とんぼ」直伝である。周囲に迷惑をかけても、どこか憎めない。志賀直哉には掌編「八手の花」（「新潮」昭和32・1）があり、兄弟同様に育った叔父（志賀直方）の最後の言葉にこだわる。「極楽とんぼ」とはほど遠い。

「私の四つ上の叔父が死ぬ時、「人生とはこんなものか」と言ったそうだ。私は奈良にいて、臨終に間に合わず、叔父のこの言葉を直接聞かなかったから、言葉の持つ調子は摑めないが、後で聞いて、何んだか捨台詞のような感じがして不快な気持になった。叔父は晩年、政治に興味を持ち、右翼的な運動を起こし、その活動の為めに死期を早めた。「人生とはこんなものか」という言葉は恐らく叔父の実感だったろうと思う。死ぬまで、活動していただけに叔父のこの言葉には淋しい変な響が感じられる。／私は今死んでも、人生をそんな風には考えずに済むと思うが、もっと静かに、そういう事の考えられるような生活を憧憬している」

志賀の場合は、「不快」「淋しい」という志賀特有の語彙で叔父の人生を裁断している。そこには「道化の精神」が入りこむ余地はない。「酔生夢死」も許されそうにない。「小早川家の秋」「極楽とんぼ」「八手の花」のそれぞれの死を並べると、小津は志賀「大先生」よりも里見「小先生」にずっと近づいているとわかる（明澄な画面づくりでは、志賀をずっと手本にしているが）。

「小早川家の秋」の鴈治郎を画面で見ると、もう一人の小説家の姿がダブってくる。志賀、里見と同時期に文学的出発をした谷崎潤一郎である。鴈治郎の和服姿、京都の町に溶け込む風体、好色が似合う雰囲気。それだけでは印象批評になってしまうので、慌てて付け加えれば、シナリオ構想中の蓼科で、小津は谷崎の『饒舌録』を再読している(昭和36・2・20)。野田高梧は『蓼喰う虫』をわざわざ鎌倉の自宅から取り寄せて読んでいる(『蓼科日記』昭和36・2・18)。小津は中学生時代から谷崎の読者だった。新書判の『谷崎潤一郎全集』全三十巻が中央公論社から出た時には購読して、読み進めている。「浮草」の準備中には、鴈治郎と京マチ子が主演し、市川崑が監督した「鍵」を大映本社で見た(昭和34・7・21)。

小津の谷崎への言及も記しておこう。『文章読本』が出た時には、「あの中の言葉はそのまま脚本作法上の心得」になると激賞した(「いはでものこと」「キネマ旬報」昭和10・1・1)。『春琴抄』の映画化(島津保次郎監督)は評価しなかった。『細雪』が映画化されると聞いて憤慨している。戦地の日記に「読みたいもの　谷崎潤一郎の源氏物語」と書き(昭和14・2・23)、五所平之助監督から送られてくると、さっそくローソクを灯して読んだ(昭和14・4・18〜25)。戦時下に「中央公論」での連載が禁止されても、黙々と『細雪』を書き継いでいた谷崎の姿勢には敬意を表していただろう。

新書判『全集』では、第三十巻を読んだ日付がわかっている(昭和34・12・20)。それでその巻を手に取ってみて、小津の関心を引きそうなページを探してみた。巻頭は、芥川龍之介追悼の二つの文「芥川君と私」「いたましき人」である。さまざまな自著の序文類がまとめられている。「春琴抄」映画化に際して書かれた「映画への感想」には、谷崎が映画と文学とは別物と考えていること、もしも自分が映画化するならという構想が述べられていること、「本当に監督らしい監督、俳優らしい俳優が非常に少い」ので、日本映画を見る気が起きないなどともある。それは戦前の映画のことで、最近は日本映画をよく見、有馬稲子の美貌を絶賛している。谷崎が見たのは「東京暮色」でも「彼岸花」ででもなく、今井正監督の「夜の鼓」なのだが(「四月の日記」)。集中で一番長いのは「疎開日記」で、八月十五日直前に、戦災で焼け出された永井荷風が谷崎の疎開先を訪ねてくる。荷風も小津の愛読書だ。しかし、小津にとってそれ以上に大事なのは昭和二十二年（一九四七）の日記「京洛その折々」の七月四日の記述だろう。

「昨日午後四時より十時過まで客の相手をしたため本日は稍疲労感あり、午後一時より華頂会館に京舞の会あれども予は欠席す、家人重子さんエミ子三人だけ出席す、原稿辛うじて一枚書く小津安二郎井上金太郎二氏来訪」

この日が、小津と谷崎の初対面と思われる。同行した井上金太郎は小津や山中と親しい映画監督で、谷崎が大正活映で映画製作をしていた時の弟子だから、谷崎とも親しい。井上は「映画については志賀さんの方が点が甘い。先生は少し辛過ぎると云うのが我々仲間の定評ですよ」と谷崎に言えるくらい近い関係だ（「『暁の脱走』を見る」）。「我々仲間」には小津が入っていてもおかしくない。小津の処女シナリオ「瓦版かちかち山」を監督したのは井上である。小津は志賀と出会った同じ年に谷崎にも会っていたのだった。

歿後の『谷崎潤一郎全集』で調べると、谷崎が小津の名を出している一文がある。「『貴多川』開店祝」という昭和三十四年（一九五九）の短文である。

「西銀座に「陶哉」と云うしゃれた陶器店のあることは前から知っていた。通りかゝりに二三度冷かし半分に中を覗いてみたこともあった。北川君は嘗てあの店で働いていたのだそうであるが、その時分は私は北川君を知らなかった。／私が君を知ったのは、去年の春、小津安二郎君を介して君が愛犬の「ボク」と云うコリーを私の所へ持って来てくれてからである」

「北川君」とは、「宗方姉妹」以来、小津映画の「美術工芸品考撰」を担当した北川靖記のことで、小津の信頼篤かった美術商である。独立して赤坂一ツ木町に「貴多川」を開いた。小津日記に頻繁に登場する青年で、「浮草」撮影中のある日には、「北川くる　宿にて雁次［鴈治］郎　下河原［友雄］井上［和男］　宮川［一夫］　北川と鳥なべ／北川開店披露文を書き　デザイン　コンテ　一時に及び就床」（昭和34・9・21）、「北川〈貴多川〉の挨拶状ゲラをもつて来る」（昭和34・10・2）とある。谷崎と小津の文が並んだ豪華な挨拶状のようだ。小津は谷崎から手紙を貰ったりもしているので、交友は続いていた。小津が京都で会った時、谷崎は『細雪』の下巻を執筆中だった。「貴多川」開店の時には、谷崎は『細雪』の文豪である以上に、問題作『鍵』の文豪となっていた。

『鍵』は老人（といっても五十六歳だが）のスキャンダラスな「性生活」が日記体で書かれ、刺激的な性描写が国会でまで取り上げられた。いま読めば大したこともないが、当時は大胆な文芸作品として衝撃を与えた。小津映画の常連・菅原通済は、「谷崎さんは、もう少し踏みこんで書きたかったのではないかと思う。（略）［石原慎太郎の］「太陽の季節」に対して、「晩春の季節」とでもいおうか」（「週刊朝日」昭和31・4・29）と洒落のめしている。主人公が意識を失った妻の姿態をポラロイドカメラで撮影するシーンがある。古くからの谷崎の愛読者なら、ここで「青塚氏の話」（「改造」大正15・8〜12）を思い出したのではないか。

変態的なシネフィルの「青塚氏」は、映画女優「深町由良子嬢」の肢体が写る映画のネガフィルムを全国を巡って収集している。「青塚氏」は「由良子嬢」の亭主で映画監督の中田に、その収集を自慢する。「そこで僕は、亭主と僕と孰方《どっち》が由良子嬢の体の地理に通じているか、そいつを確かめてみたいと云う希望を持っているんだよ」と挑発し、「いいかね、君、こいつを君は忘れてはいけない、君の女房も実体だろうが、フィルムの中の［由良子嬢］も独立したる実体だと云うことを」と自らの「映画哲学」なるものを開陳する。「青塚氏」は薄気味の悪い紳士として描かれていたが、『鍵』の主人公（大学教授）は、いささか滑稽な、スキだらけの好き者として描かれる。老境に至った「文豪」

谷崎の心境の変化と肉体の衰えを反映した老年小説になっていた。谷崎はそこに磨きをかけて傑作『瘋癲老人日記』に至る。小津が「小早川家の秋」を製作中に書かれていた『当世鹿もどき』では、一人称に「手前」を使うという破天荒な書きぶりを試みている。「芥川龍之介さんに手前が始めてお目にかかりましたのは、もう芥川さんが「羅生門」や「鼻」などを発表されまして文名嘖々と持て囃されるようになりましてから、即ち手前の小石川原町時代のことでございますが」といった具合にである。この書きぶりは「道化の精神」というよりは、「戯作者の精神」かもしれない。

「小早川家の秋」のシナリオ構想中に小津が読んでいた谷崎の本は『饒舌録』だった。「改造」連載中に、芥川と「「話」のない小説」論争となり、その直後に芥川が自殺するという事件となった。「それにつけても、故人の死にかたは矢張り筋のない小説であった」と、死を悼むにもまだ論争にこだわっている。小津が『饒舌録』のどの部分に興味を持って再読していたかは想像するしかない。『饒舌録』は谷崎の芸術観表白の随筆集である。小津が記録映画「鏡獅子」を撮った六代目尾上菊五郎に関する記述も多い。

「菊五郎の芸風は、小説家にしたら何処か里見弴君に似ていないだろうか。「まごころ」を振り廻さないところは、前者の方が垢抜けがしているが、聡明なところ、熱っぽいところ、すっきりとして鋭利なところ、男性的でありながら線が細かくて気の届くところ、そして時々自分の実力を恃むあまり、穿き違えて脱線するところ」

「歌舞伎俳優のような専門家は芸に対する感覚が特別に広いが、一般にお客の側から云うと、東京人は菊五郎風のスッキリとした芸の味わいを解するが、鴈治郎のうまみは大阪人でなければ分らない」

ここでの「鴈治郎」は鴈治郎の父親「初世中村鴈治郎」である。小津にとって読みどころは満載だった。「小早川家の秋」には『細雪』へのオマージュもある。鴈治郎は浪花千栄子に向かって言う。

「雪見に行たり、蛍狩りに行たり」と。

野田高梧と「道化の精神」の関係はどうか。長女の野田玲子（シナリオライターの立原りゅう）の証言が『野田高梧　人とシナリオ』にあった。

「道化の精神、という言葉を父が使いだしたのは、小津さんと蓼科の山荘で「秋刀魚の味」のストーリーを模索している頃だった。さんざんふざけといて何を事新しくと思った。（略）「秋刀魚」で苦しんでいる二人に「道化の精神」という言葉は光明だった。道化と自分たちを規程することでもやもやしたものが吹ッ切れ、居直る気持になったのだろう。ともかく二人とも気持に弾みがついたようだった」

第十九章　臨終近し、日本映画界

「生物の個体には終末の死がある。老人の身体は火葬場で焼かれる。その煙が青空に流れる。主人公の遺骸を焼く煙を画面に出した映画は世界に稀であろう。家族・親戚たちがその煙を見上げる。誰でも彼と更に自分の運命を思い、無常感に襲われるのが人間の本能であろう。黒いカラスが象徴的に現れる。地蔵さんの石仏が小津好みのフレームの中に並ぶ。外国人が見たら、ここから東洋哲学を感じとって賞讃するかも知れない。笠智衆と望月優子の農家の夫婦を数ショット出して喋らせたのは、人間の死が自然のいとなみとして行なわれる客観描写のつもりなのだろうが、このような配役をする必然性はないようだ」（小倉真美「『小早川家の秋』に見る小津映画の特質」「キネマ旬報」昭和36・11・下）

「小早川家の秋」のラストは、死の枠組みに黒々と縁どられている。黒々と感じられるのは、小津の映画としてはかなり直截な描き方のためであろう。喪服、火葬場、煙、葬列、石仏、カラスと、これでもかとばかりに、画面を死が占有する。「けど、死んでも死んでも、あとからあとからせんぐりせんぐり生れてくるワ」という笠智衆のセリフは印象に残るが、それでも絵解きの気味がある。以上の要素のうち、半分以上を削っても十分に伝わってくるし、ここまでダメ押しする必要があったのか。小津の中の切迫感がそうさせたのか。

私がなかでも一番違和感を感じるのは、死んだ中村鴈治郎の縁者たちが、みな一様に火葬場の煙突から出る煙を見つめるシーンである。思い入れたっぷりといったように見えるからである。同じ煙を河原から眺める笠・望月夫妻のおっとりとした反応と対比させるためなのかもしれないが、感情移入のさせ過ぎではないか。抑制を欠いているのである。カラスは流れ橋と共に山中貞雄の思い出に捧げられているからわかるにしても、主人公亡き後の詠嘆に場面と時間を要し過ぎている。

過去の小津作品では、「戸田家の兄妹」の父親（藤野秀夫）の急死、「父ありき」の父親（笠智衆）の病室での臨終、「東京物語」の母親（東山千栄子）の自宅での大往生、「東京暮色」の娘（有馬稲子）の事故死は、死に行く人の姿を凝視していた。「宗方姉妹」の夫（山村聰）の突然死、「早春」の同僚（増田順二）の病死でも、冷厳な凝視が行き届いていた。「小早川家の秋」の当主（中村鴈治郎）は愛人（浪花千栄子）の家であっけなく死んでいた。臨終のクライマックスは避けられている。「もうこれでしまいか」という最期の言葉は、亡骸を前にして婿（小林桂樹）と次女（司葉子）に愛人から伝えられる。次女だけが号泣し、風鈴と蚊取り線香の無人ショットがあって、葬儀の日の明るい河原へと切り替わる。当人はもう轟々たる火の中で焼かれているのだ。

「小早川家の秋」を藤本眞澄のもとでプロデュースした金子正且は、興行成績を聞かれて、「悪い入りじゃなかったけど、東宝が期待したほどは入んなかった。と言うのは、内容が死生観あふれていて、火葬場で終わるんだもんね」（『その場所に映画ありて』）と答えている。インタビュアーの鈴村たけしの計算では、「日本映画史上に残る葬式シーン」は十一分四十五秒あるというから映画全体の一割以上を占めている。豪華な配役の小津映画を楽しみにして来た観客には期待はずれだろう。

小津は知人の死を日記に記すことが増えていた。「人生五十年」という寿命がまだ現実的で、珍しくなかった頃だから、当然といえば当然なのだが。昭和二十九年（一九五四）四月の日記「後藤真太郎　井上金太郎　小野佐世男　高橋貫道　小林勇吉　秋山耕作／最近知人の死去する者多し」。井上金太郎は山中貞雄の京都での仲間で、小津が監督デビューを予定した自作シナリオ時代劇「瓦版かちかち山」を昭和九年（一九三四）に監督している。小林勇吉は都新聞の映画記者で、小津を早くからずっと高く評価し続けた。秋山耕作はシンガポール行きに同行した脚本家兼助監督である。「小早川家の秋」執筆準備中の昭和三十六年（一九六一）一月十六日には、「古川緑波　三木助死去」とある。古川緑波（ロッパ）は小津とは同年生まれ。大正十年（一九二一）、三重県立四中を卒業し、浪人中の小津日記には、映画プログラムの交換相手として「古川緑波」の名前と住所があった。ロッパは昭和三十四年（一九五九）五月二日の小津の芸術院賞祝賀会に出席、六月十七日には、銀座の「エスポアール」でばったり出会っていた。

昭和三十六年十一月二日の小津日記はどう読むべきか。「ねている内に　老母　小川さん　テヤトル鎌倉に　小早川家の秋を見にゆく／起きて朝めしをくひ　また昼寝をする」。公開早々の息子の新作を母・あさゑは見た。八十六歳の老母はどんな感想を持ったろう。老母が見るにはハード過ぎる映画といえないか。小津は何も記していない。最愛の母が亡くなるのは、それから三ヶ月の後だ。

先に「小早川家の秋」の映画評を引用した小倉真美は、「早春」を見て小津への長い手紙を書いた、戦前からの小津ファンだった（第十五章参照）。「戦後の作品には感心はしても感動を覚え」ないと「早春」を見て書いたが、あれは「ないものねだり」だったと、「小早川家の秋」を見て思い直す。「彼の信念と形式に変革を要求することは、彼に芸術上の自殺を強いる結果を招くであろう。／彼の作品は、彼の人生観において筋金の通った産物なのだ。自己の信念にもっとも忠実な映画を丹念に作りつづける作家魂に対しては、ここまで徹底すれば、ただ「お見事」というより仕方がないと、私は考えている」。小倉は「小早川家の秋」の中で二人の役者が「のびのびと楽しそうな演技を見せ」ていると、中村鴈治郎と長女役の新珠三千代の名を挙げる。

「『浮草物語』［『浮草』が正しい］でもそうだったが、京都の小路を歩く後姿から発散する人間像のとらえ方は、百行の性格描写にまさるものであろう。心筋梗塞の病床から起きあがって、家族一同の驚ろきと不安の間を、便所に通う意表をつくシークェンスは、巧妙な演出と相まって、心憎い表現である。（略）孫相手のピッチングの珍妙なポーズにも、歌舞伎できたえられた型の美しさを見せる。鴈治郎の場合、特に全身像をとらえたショットが見事だ」

鴈治郎の投球フォームは小さな孫（島津雅彦）相手とはとても思えない。オーバースローで剛速球を投げ込む本格派ぶりである（球はゆるいのだが）。病み上がり老人の心臓には負担を強いる運動量だ。この夜に急死する伏線かもしれないが、それにしても本格派すぎるのが私にはいつも不自然に見えた。鴈治郎の役柄設定で不自然に思えるのは、この「極楽とんぼ」「フーテン老人」が、造り酒屋の養子とされていることだった。道楽息子がそのままわがままな老家長となるのでいいはずなのに、なぜ養子に設定したのか。鴈治郎のわがまま大旦那には、里見弴と谷崎潤一郎の描いた小津にとっての理想の老人像が託されているが、それだけではない。業績不振で合併話が持ち上がっている会社をどうにかしなければいけないという設定になっている。現世の、実業に生きる老人でもある。

実は、「小早川家の秋」は松竹ではなく東宝で撮るのにふさわしい映画なのだ。鴈治郎の演じた小早川万兵衛は色情面では弴と潤一郎を模し、経営面では松竹の城戸四郎を念頭にしていたのではないかと思えるからである。何よりの手がかりは鴈治郎のキャッチボール姿である。

城戸四郎は昭和三十一年（一九五六）九月に文藝春秋新社から『日本映画伝――映画製作者の記録』を出版していた。「キネマ旬報」に一年間連載された映画製作三十年の回顧録で、表紙カバーには城戸と小津が談笑している写真が使われている。カバー裏の写真は大ヒット作「君の名は」（監督大庭秀雄）の数寄屋橋のシーンで、佐田啓二と岸惠子が写っている。見返しの写真は日本初のトーキー「マダムと女房」（監督五所平之助）の撮影・同時録音風景である。歴史的大ヒットの二作品よりも、小津を重視するという構成の装幀となっている。

本文に入ってまず出てくる若き日の城戸の写真がある。「一高野球部時代の著者」のユニフォーム姿で、一中―一高―東京帝大法学部という絵に描いたエリートコースを歩んだ城戸の人生でも、最も輝かしき青春が旧制一高野球部の主将時代であった。その頃、早慶戦以上に注目を集めていたのが、一高対三高の対抗戦だった。城戸は一番でファーストを守った。投手ではないが、本格的なレギュラー選手として活躍した。

「僕は生意気に、一高の勉強に疑惑をいだき、又勉強しても首席になれぬ見通しがあったからかも知れないが、引きずり出されて野球の選手をやっていた。しかし同じ野球の選手であり先輩である水原（いま俳壇で令名を馳せている水原秋桜子）などは、あまり勉強はしないが秀才だった。この人の親父さんは医者で、景気がよかった故であろう、やたらに内外の小説や詩集を買い込んでいた。僕は寮の同室にいたおかげで、古本屋に売られる前に大急ぎでそれらの本を読んだ。今から考えると、その時の読書が映画の仕事をする上にどの位役立ったか知れない」

『日本映画伝』での一高野球自慢はこれだけだが、城戸は戦時中に「日本映画」誌に連載した「映画制作廿年」でも一高野球部のユニフォーム写真を使用しているので、一種のトレードマークになっていたのだろう。それだけで鴈治郎と城戸四郎を結びつけるのは強引かもしれないが、城戸はもともとは北村四郎と言い、精養軒の北村家に生まれ育った。「彼が城戸姓を名乗るのは大谷［竹次郎］の愛人（といわれる）城戸ツルと養子縁組したからで、その娘と結婚したが、この最初の妻は一九二九年［昭和四年］に病没し、大谷との姻戚（？）関係は途切れる。だが、その時点で城戸四郎の松竹内部での位置は揺るぎなく確立していた。映画部門での、蒲田撮影所長としての実績によることはいうまでもない。／古強者が多い演劇界に比べ、映画は歴史が浅く、業界の新人城戸四郎が腕を揮うチャンスが開けていた」（田中眞澄『小津安二郎周游』）。

城戸は松竹蒲田調、大船調を指導し、ディレクターズ・システムを導入し、松竹映画の全盛期を作り出した。昭和二十九年（一九五四）には社長に就任する。そこまでの成功譚が『日本映画伝』で、タイトルだけでも、その自信はうかがわれる。自分の回想がそのまま「日本映画伝」となるという自負に溢れかえっている。その松竹の業績に、昭和三十二年（一九五七）から影が差す。テレビの普及、レジャーの多様化である。翌昭和三十三年（一九五八）には、松竹映画は業界一位から三位に転落する。昭和三十五年（一九六〇）四月、城戸は「テレビや娯楽の発達で映画興行が危機にひんしているとはいえ、松竹が過去の安易さから脱し切れず、増資直後に無配という最悪事態をまねいたのは、ひとえに私の責任である」と述べて社長を辞任、相談役に退いた（『松竹百年史』）。

この年の小津日記を見ると、一月十一日に、城戸から会いたいと電話があり、翌日、野田高梧と三人で会う。「次回作の方向を語る　彼岸花に似たるもの会社側は希望なり」。「彼岸花」は昭和三十三年の松竹映画でトップの興収をあげた。松竹にとっては、小津映画でがっちり稼がねばならなかった。四月十日に「城戸社長辞任の由」とあり、記者発表の二十日前に情報を耳にした。十七日「松竹社長後任は大谷博氏の由　御奉行の名も知らずに今日もくれ　か」と、城戸を惜しむ気配もある。二十三日「このところ不況の松竹　株五十円と相成る」と、株価は額面割れするところにまで落ちる。

六月になって、小津が城戸の相談役室にふらりと入ってきた。「次回作『秋日和』の脚本を脱稿して印刷台本になったので届けに来たと言って、社用の茶封筒に入れた台本を差し出した。（略）ジョークもある小津の言葉の節々に、小津が励まし労わってくれているとひしひしと感じた。／十五分ばかりで小津が立ち上がり、城戸はエレベーターの前まで送りに出た」（升本喜年『小津も絹代も寅さんも——城戸四郎のキネマの天地』）。小津の日記には城戸を訪問したという記述はない。上京した日なら、六月の九日か十一日である。八日に「〈秋日和〉コッピー出来る」とあるから、九日だった可能性が高い。「秋日和」はこの年の松竹映画の興収第一位となるから、城戸の期待には十分に応えた。

高橋治は『絢爛たる影絵——小津安二郎』で、昭和三十六年初頭の松竹の株価に触れている。「資産含み株として、各地盛り場の地価を計算すれば百円の値打はあると取沙汰されていたボロ株の値が急騰する。元兇は小佐野賢治だったといわれる。（略）小佐野攻勢が止んで、松竹が無事だったのは、果たして映画にとって良いことだったのだろうか」。松竹株が揉まれている時に、「小早川家の秋」の題名は決定し、「人物の配置などのあらまし」が決まっていった。

『日本映画伝』を読むと、小津映画との影響関係を想像したくなる記述が多い。「小早川家の秋」でいえば、「尾行」である。番頭格の山茶花究が若手の藤木悠に、「ご苦労やけどなァ、あとつけてなァ、どこ行きはるか」と大旦那さんの尾行を命じる。愛人宅まで京都の路地を行く鴈治郎をキャメラが執拗に追うのは、尾行という任務ゆえである。『日本映画伝』では、城戸が尾行を命じる。蒲田映画の巨匠・島津保次郎監督が撮影をサボって、競馬場に行ってしまう。城戸は尾行からの報告を受けて、島津を締め上げる。島津は競馬場だったが、鴈治郎が行くのは愛人宅と競輪場となる。

『日本映画伝』では、松竹の監督や俳優が次々と評される。小津については、「小津安二郎と天井」という章がある。若い時は「批評家に評判がよく、些か得意の時であった」とか、「意地が強く、自然それが、彼の個性となったのだが、今までの蒲田調というものが、小津としては安手に見えたのだろう」と、城戸自身が築き上げた蒲田調の内部からの批判者であった、という位置づけだ。「［蒲田調は］社会との安易な妥協がありすぎるという見解に基づいて、自分だけはもっと体当りをしてみようという考え方を持った。小津の態度の中に、そういうことが感ぜられた」という。撮影所長である自分の言うことを聞かない頑固者だが、一目は置かざるを得ない。ローアングル撮影にも城戸は文句をつける。「僕は、カメラを畳の上にジカに持って行かなくても、照明の工合でも立体感は出ると思うのだが、しかし少なくとも、彼がカメラを下へ持って行ったために、セットに天井をつけなければならなくなったことは事実だった」。天井をつけるとセット代が嵩むので、ケチケチ精神の城戸はお気に召さなかったのだが、小津には譲っていたのだった。

城戸は小津を追悼する談話では、「私は四十年来のケンカ友達をなくした」と語った。「小津君はがん固な男だった。とうとうワイド映画をとらなかった。なんとかして作らせようと思っていたのだが……」、「その信念の強さと度胸のよさは感嘆に値するものだった」(田中眞澄『小津安二郎周游』より)。敵ながら、いやケンカ友達ながら天っ晴れ、といいたいのだろう。

それでも城戸にとって小津は使用人の一人に過ぎなかったのではないか。城戸は『日本映画伝』の終わり近くで、助監督採用を大学出から選ぶようになったのは良くなかったと語り出す。「大学を卒えないうちに、やむにやまれない気持で映画界に飛び込んで来るというものの方が、頭から爪先まで映画が好きだったという場合が多いのは事実だ」として、五所平之助、吉村公三郎、島津保次郎の名を挙げ、「小津安二郎も明治大学の中退だし」と誤って記憶している。小津も学歴は旧制中学しかない。城戸はなぜ小津を明大中退と思い込んだのだろう。大学生ものの小津映画はいつも「都の西北」早稲田大学が舞台だった。小津は早大ファンで、弟の信三も早大文科に通わせた。

明治大学で思い出す小津映画といえば、「東京暮色」の夜の上野駅しかない。応援団がホームで「おお明治」と校歌を合唱するシーンだ。シナリオには「校歌」とだけある。製作進行の清水富二は早大の校歌をと小津監督に懇願した。「ここで母校の校歌を使っていただこうと張切って「早稲田にして下さい」とお願いしたら「イヤ、明治にする」とおっしゃる。いくら頼んでも「明治だ」の一点張り。泣く泣く明治の応援団に出演を頼みに行った」（清水「車夫馬丁はトリスを飲め！」『全日記小津安二郎』栞に所収）。あの名シーンに「おお明治」はピタリはまったが、少しスローなテンポで歌えば「都の西北」でもよかったのでは、とも思える。「東京暮色」の記憶から城戸は小津を明大中退と勘違いしたのか。それは絶対にありえない。なぜなら『日本映画伝』の出版が「東京暮色」より先行しているからだ。むしろ、小津が城戸の記憶違いにわざと合わせて「おお明治」に固執したのではないか。小津の遊び心からすると大いにありうる。

よかれあしかれ、城戸は「ミスター日本映画」だったから、『日本映画伝』は映画人たちに良き思い出、いやな思い出を喚起させる本である。戦前の小津は城戸所長の判断で、いくつもの作品が公開保留、公開延期になった。「生れてはみたけれど」、「大学よいとこ」（フィルム現存せず）などは危なかったのである。城戸は「僕の責任に於てオクラ（公開中止）にした」何本もの映画について自信たっぷりに語っている。「清水宏や五所その他、現在第一線にいて羽振りをきかしている監督でオクラになった人は随分多い。しかし僕としては一つの信念を以てやって来た。（略）才能のある監督の作品のオクラは、むしろその監督の作品が批評家その他の好評、拍手を受けるときより、遥かに本人の将来にとって効果があるものである。事実今日一流の監督からその当時を回想して感謝されたことさえある」。

城戸が『日本映画伝』で挙げた例は、そうした古い話ではなく、新進の小林正樹監督がBC級戦犯を扱った「壁あつき部屋」のオクラ入りの件だった。「それは僕が小林の才能の将来に望みを嘱するだけに、オクラを敢てしたといっても過言ではない。勿論一本三千万円もかかる映画を公開中止とすることは、監督及び関係者がくやしいどころでなく、一番くやしいのは僕である」。その「壁あつき部屋」を小津は大船撮影所まで行って見ている（昭和29・6・18）。新作映画を見ることには熱心でなくなって久しいので、これはオクラの適否を判断しようとしたのだろう。

小津に限らないが、城戸四郎の「壁」は大きく、厚く、高かった。城戸四郎という存在がなければ、小津安二郎という映画監督は存在しなかったか、存在はしても、だいぶ違った映画を作ることになったかもしれない。考えても仕方ないｉｆだが、「小早川家の秋」の時には、城戸相談役は、「ミスター日本映画」の座から降りて、追想、回想、埋葬されるところにまで追い詰められている。映画の中で、経営者・小早川万兵衛として手厚く葬られたのではないか。

小津は城戸四郎を戯画化して映画に登場させたことがあった。「麦秋」の佐野周二である。商事会社の若い専務で、原節子を秘書としている。淡島千景の実家の料亭を愛用していて、優雅なご身分らしい。「麦秋」の佐野周二は、腰をコブシでトントンと叩き、けたたましい笑い声をあげる。「麦秋」全体の中では調和を乱す存在として登場している。映画評論家の南部圭之助は「小津安二郎作品集への回想」という短期連載で、小津作品を見直した上での小津再評価をした。その中で、「坊ちゃん重役らしく、笑い方を当時の城戸四郎からとっていたりして、ひどい拙技で、まるで浮いてしまっていた」（「キネマ旬報」昭和51・6・上）と佐野の演技を酷評した。佐野としても難しい役どころだったろう。なにしろ口うるさい「ミスター日本映画」を真似なければいけなかったのだから。

南部の証言だけでは、佐野周二若専務＝城戸四郎、と断定はできない。もうひとり証言者がいた。松竹で笠智衆と一緒に大部屋俳優から始め、助監督、監督、製作と転々とした長島豊次郎の自伝『道』に、城戸の笑い声が何度も出てくる。「特徴ある「ケッケケッケッ……」の鶏に似た笑い声」、「金の出し惜しみを鶏の笑い声でごまかしていた」といった風にである。小津としては、戦争協力をしなかった城戸が理不尽にも戦後に公職追放され、松竹に戻ってきたお祝いとして、佐野＝城戸を登場させたのではないか。城戸が松竹に三年ぶりに復帰したのは、「麦秋」の前年、昭和二十五年（一九五

○）のことであった。
「麦秋」の佐野周二は、結婚が決まって退職の挨拶に訪れた原節子に向かって、「もしおれだったらどうだい。もっと若くて独り者だったら……」と聞く。相手にされないと知ると、「駄目か、やっぱり、ハッハッハハハ」と笑ってごまかし、「東京もなかなかいいぞ……」と窓から丸の内の風景を眺める。原節子に気があった上司として描かれている。この鶏の笑いはまだいいほうだ。淡島千景の料亭で、佐野が自分の友人を見合い相手として原節子に勧めるシーンがあった。仕事の延長ともプライベートともどちらともいえない曖昧な空間である。原節子と視線が合わない瞬間は、彼女を盗み見る。見合い写真を「じゃ、拝借して」と受け取り、原節子は部屋を出ていく。後ろ姿を佐野は上目遣いに愛でる。小津の演出は、原節子に向ける目の動きを、佐野に指示していたはずだ。小津の城戸四郎観の表われであろう。

城戸は「商品に手を出す」輩を極端に嫌った。長島豊次郎も『道』で書いているが、新人女優に手をつけた撮影所次長を一本背負いで投げ飛ばしたこともあった。城戸の抑制の裏にある欲情を、小津は佐野周二の視線と笑い声で表現したかったのだろう。城戸の抑制と欲情はまた小津自身の内側にもあったものだ。

長島豊次郎は松竹蒲田の黄金時代を城戸が作り上げていく様子を、大部屋俳優として見ていた。
「監督陣は、小津、清水［宏］、五所達が新しく加えられ、脚本部にも、池田忠雄、斎藤良輔、荒田正男、北村小松たちが入ってきた。城戸四郎の卓見かどうか知らないが、新進気鋭のメムバーを、いつも自分のまわりに置いて、蒲田映画の方針として、世の中のためになる、指導性のある思想が根本になくてはいけないと言っていた。暗くてあと味の悪い、つまり、めでたしめでたしでないものは絶対に避けて、明るく楽しい映画をつくるために、心温るヒューマニズムを特に強調していた。（略）

夜遅くまで城戸所長を中心に話し合ってる様子を、私は夜間撮影のとき、どんな話しをしているんだろう?と思って、そっと、事務所の窓下に忍び寄って耳を傾けたが、むずかしい頭が痛くなる話しでなく、露骨な猥談を、例の鶏の笑い声をときどき入れて、騒ぎ合っていた」

城戸四郎は映画の脚本を重視した。自分でも「赤穂春雄とか虚空天外、鎌倉八郎等六つ許りのペンネームで原作や脚本を作った」(『日本映画伝』)。野田高梧の提案を容れて、松竹蒲田脚本部研究所を開き、脚本家を養成した。松竹キネマ俳優研究所をつくり、大部屋俳優をプールした。その中から、笠智衆と吉川満子(「長屋紳士録」までの小津映画を飯田蝶子とともに担う)という小津映画の主要な役者が育った。小津の映画が城戸四郎のこしらえた土壌から育ったことは否定できない。それは小津にもよくわかっていた。しかし、小津は城戸の腰巾着ではない。小津にとって、城戸は越えていくべき「壁」であった。映画の中で笑いの対象として描けるだけの独立性を維持できていた。

野田高梧にとっても、その事情は変わらなかった。野田は「お涙頂戴」(「映画時代」大正15・8)という戯文で、「映画製作工場の職工とでも云う可き現在の専属シナリオライター」の悲哀を吐露している。「君、このシナリオには活劇と笑いとが欠けてるね。まんなかあたりに活劇を入れて、そして三枚目の役を一人ふやしてくれたまえ」、「芸術的なんて云うとかは問題にしないで」、「わかりやすく」、「――と云うようなプロットなのだが、どうだろう、君、お涙頂戴出来るだろうか」。会社側の言い草は、明らかに城戸所長の発言を踏まえている。「職工」は「いつかは必ず『映画らしい映画』が日本にも生れる」と信じて、会社員として「活動写真学の勉強」をしていたのだ。野田は戦前に松竹の脚本部長となり、シナリオ作家協会の初代会長にもなった。城戸とは両雄並び立ったともいえるが、終戦直後、松竹大船撮影所従業員組合の委員長に推され、団体交渉の場で城戸と対立した。野田は昭和二十一年(一九四六)に松竹を退社し、契約関係を結ぶ。その後に、小津との強固な共作関係が築かれていった。

かくて「小早川家の秋」は、人生の終焉と映画界の終焉がダブルで襲ってくる様を描く喜劇となった。小津の身近での人生の終焉は、老母の死だった。小津は「小早川家の秋」で美術を担当した下河原友雄に真面目な顔をして、ポツリと洩らした。

「『小早川家』で、墓場だの火葬場の煙突の煙まで撮っちゃったバチが当ったのかな」。下河原は「そんなことありませんよ」と答えたものの、小津のあまりにも真剣な目にたじろぎ、それ以上の言葉を継げなかった」（永井健児『小津安二郎に憑かれた男——美術監督・下河原友雄の生と死』）

次作「秋刀魚の味」は松竹に帰り、五社協定もあって、松竹の俳優陣で撮ったから派手さは少なかった。「死」は控え目にされ、「老い」が前面に出た映画になる。小倉真美は「秋刀魚の味」の映画評（「キネマ旬報」昭和37・12・下）で、「試写が終った時、珍らしく場内に多数の拍手がおこり、感動したのが年輩者ばかりでないのを示した」と報告している。小津はこの試写室の拍手を知っただろうか。

「秋刀魚の味」は小津の最後を飾る秀作だが、ここでは当面の話題に関係することだけに触れておく。川崎の工場に勤める笠智衆を中学時代からの仲間である中村伸郎が訪問するところから映画は始まる。中村は帰りに川崎球場のナイターを見る予定でいた。ところが豈《あ》にはからんや、小料理屋で飲むハメになっている。言行不一致はもう一度ある。旧師ヒョータン（東野英治郎）を招く酒席には「おれ出ないよ」と断っていたのに、座に坐っている。この二度の強がりは山中貞雄の「丹下左膳余話　百万両の壺」へのオマージュである。その証拠は、中村伸郎の後ろの一輪挿しに鶏頭が挿してあることで示唆される。中村を捉えるショットでは、いつも右後ろの鶏頭も写される。原節子が出演しなくとも、小津は山中を忘れてはいない（第十章参照）。

東野英治郎へ見舞金を贈る相談がまとまるが、その時には「こないだ来なかった久保寺と宮川と下河原も出すっていうんだ」というセリフがある。なんでもないセリフだが、三人の名前は松竹の関係者ならば聞き捨てならない。久保寺生郎はプロデューサー、宮川一夫はキャメラマン、下河原友雄は美術と、三人とも大映で「浮草」を撮った時のスタッフである。わざわざ嫌味ったらしく松竹以外の人間の名前を並べる。小津の「松竹離れ」の公言と聞こえるのではないか。

　中村伸郎の家に小さなトランジスターテレビがあるのも気にかかる。この時代、かなり高価だったはずで、「お早よう」の子供たちはテレビ欲しさにストライキを起こしたが、テレビはさらに深くお茶の間に進出してきていた。小津が「秋刀魚の味」の後に、里見弴の助っ人としてテレビドラマ「青春放課後」のシナリオに協力したのも、単なる酔狂ではなく、テレビという敵を研究する意図もあったのではないだろうか。

「青春放課後」の脱稿後、小津の入院生活が始まり、小津の余命は八ヶ月しか残されていなかった。「小早川家の秋」は自らの死をも先取りしていたのだった。意外だったのは、「小早川家の秋」で映画界と共に追悼したはずの城戸四郎が復活したことだった。城戸は昭和三十八年（一九六三）十二月六日の役員会で社長に返り咲く。城戸が東京医科歯科大病院に入院中の小津を見舞ったのは十一月七日だった。小津の息子同然となっていた佐田啓二の「おやじ小津安二郎はもういない——佐田啓二の看護日誌」（「サンデー毎日」昭和38・12・29）は最晩年の小津の貴重な記録である。

「岡田茉莉子さんと吉田喜重監督が婚約の報告に見える。「なおったら、一本とろうね、茉莉ちゃん」とおやじさん。見舞い客がくると必ず「なおったら」という。城戸社長が見えたとき「悪いよ、悪いよ」としきりにいう。あとで「オレの病気の心配をしてるのかと思ったら、会社のことをいってたらしいよ、ひどいやつだ……」と、笑っていた。痛みがひどくても、ユーモアだけは達者だ」（なお、

この城戸社長の部分は、『小津安二郎　人と仕事』に再録された時にカットされている。自主規制だろうか)
　松竹の業績がさらに悪化したために、まさかの城戸再登板となる。城戸の「[松竹の業績が]悪いよ、悪いよ」は城戸にとっては九回ウラの復活だった。病み衰えていた小津よりも、城戸には松竹の方が気がかりだったのだろう。

「佐田看護日誌」十二月十二日「撮影のため床屋に行っていた。そこへ知らせがあった。十二時四十分、おやじさんは、なくなった。／午後八時、柩に入って、おやじさんは鎌倉に帰ってきた。もみじが散り敷く山道を柩をかついでくると、純白のかけ布の上に、おやじさんの好きだった赤い色をしたもみじが、二ひら、三ひら、散りかかった」

　小津の葬儀は、十二月十六日に、築地本願寺で執り行なわれた。松竹と日本映画監督協会の合同葬で、葬儀委員長は松竹社長に返り咲いたばかりの城戸四郎がつとめた。葬儀委員の一人だった松竹監督で、小津に可愛がられていた井上和男が、その日に起こったトラブルの顚末を書き残している。『小津安二郎全集』の解説「私的小津論〈ひと・しごと〉」の中なので、井上としては多くの人に伝えたかったのだろう。

「[葬儀が]一段落して、控室で、整理が終る頃、松竹本社の経理部長が飛んで来た。社長からの伝言であるという。／「小津には色々貸しがある。香典は本社に収めるように」とのことだった。

「何？」私は思わず声を荒らげた。／丁度、会計の報告があって、当日のお香典は百三十万円、東本願寺、円覚寺朝比奈[宗源]老師へのお経料、十数人の僧侶団への送り迎えの車代などを引いて百万円が、北鎌倉の自宅へ供えられる筈だった。

「そんなこと、今日、今の時点で城戸さんが言うのか」

「ハイ」

「だから松竹はダメなんだ。大体、松竹は小津さんをどう思っているんだ！　失礼極りない！　城戸四郎に言っておけ！　このお香典は松竹には渡さない。今日は先ず、北鎌倉へお骨と一緒に帰るんだ」／私はいつの間にか激高して、経理部長を追い返した」

小津の金払いは綺麗だった。スタッフたちを引き連れて飲む時などは、すべて自分の金で払った。借金は次作のギャラで帳消しにできる。松竹でまだ映画を撮り続けるという意志表示が借金にはあった。返り咲きの城戸社長は借金の取り立て人に成り下がっていた。悲しいエピソードだが、これにはまだ続きがある。

「年が明けて大船撮影所の新年会。城戸さんが乗り込んで来て、所長室に呼ばれた。

「井上君、キミはこの節、ウチの役員に対して不遜のコトバが多過ぎる。少し、他人様《ひとさま》のメシを喰って来たらどうだ」

「フリーになれということですか」

「まあ、そうだな」

「結構です。異存はありません」

クビはまさに一分間で決まった」

井上を皮切りに監督の首切りが始まる。次々に契約が打ち切られる。『絢爛たる影絵――小津安二郎』の高橋治もその一人だった。小津の死が契機となったかのように、木下恵介、渋谷実といった巨匠たちも、やがて松竹を去っていくことになる。もしも小津が生き続けていたとして、小津はあと何本の映画を松竹で撮れただろうか。

「麦秋」「東京物語」で助監督だった斎藤武市は、昭和二十九年（一九五四）に製作を再開する日活から声がかかった。小津に相談すると、給料などの条件面を確認した上で、小津は「それだったら、ぶいっちゃん行けよ」と言った。野田高梧も「うん、行った方がいいな」とうなずいた。「その時、小津監督はいずれ松竹だ日活だという会社ではなく、監督とプロデューサー、或いは監督とライターが企画を持ち寄って一本映画を作る世の中に早晩なって行く、という話をされました」（斎藤「長いようで短い、短いようで長い」『野田高梧　人とシナリオ』所収）。小津には日本映画の未来が見えていた。見え過ぎる目で、未来を見据えていた。

「宗方姉妹」「月は上りぬ」をプロデュースした児井英生は、児井プロダクションを作った昭和二十五年（一九五〇）に、小津を顧問に迎えている。作曲家の古賀政男、指揮者の近衛秀麿と一緒だった（児井『伝・日本映画の黄金時代』）。児井は小津に顧問料を払っているので、小津が独立したあかつきには、小津といつでも組むつもりだったのだろう。

佐田啓二は小津の死の翌夏に自動車事故で亡くなる。もし生きていたら、独立プロをと計画していた。山内静夫が『松竹大船撮影所覚え書――小津安二郎監督との日々』で伝えている。

「数ヶ月前から、彼は俳優の専属契約などのあり方に対する疑問を、私たち仲のよかった仲間に語っていた。（略）然し、日本映画の行く手に、次第に暗雲がかかりつつあったことを、彼は敏感に感じていたのだ。／今度、蓼科から戻ったら、じっくり相談しよう、そう話し合ってから一ヶ月も経っていなかった。勿論それは、独立プロを作って一緒に行動しようというかねてからの計画であった」

こうして小津の周囲では、次なる変化の予兆に備えようとしていた。佐田はかねてからの計画を、「おやじ」小津安二郎に相談していたことだろう。

すべては終わった。小津の死は未発、未完のプロジェクトをいくつも終了させた。本願寺の葬儀の前日、小津の遺体は火葬場で荼毘に付された。「東京暮色」で応援助監督だった篠田正浩が、その日の事を書いている。

「小津さんの骨はおびただしくあったので骨壺におさめきれなかったように思う。鎌倉の郊外の山中の火葬場は、まるで昔話に出てくるような不気味な静けさがあった。この信じられぬほどの静寂を破って、釜の扉を開くときの騒々しい金属音は、無常観からはほど遠いものであった。あっけなくて、恐ろしく現実的でもあった。高熱にたえて、小津さんの肩胛骨がゴロッと転がっていた。生前のガッシリした広い肩幅が思い出された」(『闇の中の安息』)

第二十章 「いま」への執着、「日米映画戦」へ

戦後の小津映画でなんといっても不思議なのは、徹底して「いま」しか描かれなかったことだ。小津は伝統と趣味の世界に立てこもって、「戦後」という時代を描いていないと、同時代には批判され続けていた。いくら名作を撮っても所詮は過去の人ではないか。戦後の激動する日本にとって、縁なき衆生ではないか。同工異曲のセルフリメイクのような映画ばかりではないか。小津がそうした批判をどの程度気にかけていたかは不明だが、いつも小津は「豆腐屋」に扮して、答えをはぐらかしていた。結果的に遺作となる「秋刀魚の味」撮影中にもこんな発言がある。

「僕はトウフ屋だからトウフしか作らないと、いつもいっているんです。同じ人間が、そんなにいろいろな映画をつくれませんよ。何でもそろっているデパートの食堂でうまい料理を食べられないようなものです。ひとには同じように見えても、僕自身はひとつひとつに新しいものを表現し、新しい興味で作品に取りかかっているのです。何枚も同じバラを描きつづけている画家といっしょですよ。それに、近ごろは若い者には面白いが年寄りにはつまらない、といった映画が多すぎる。親子づれで楽しく見れる映画も必要なんじゃないか、という気持もあるのです」(「朝日新聞」昭和37・8・28夕)

うまい豆腐づくりに精進する頑固一徹の職人という役柄設定となろうか。「何枚も同じバラを描きつづけている画家」とは梅原龍三郎や安井曾太郎を指すのだろう。「宗方姉妹」以降の「美術考撰」を担当した美術商の北川靖記(「貴多川」主人)は、小津監督が梅原と安井を尊敬していたという証

言を残している。「[絵の]造詣も深かった。和洋問わず、時代を生きた人に深く思いをよせていたところがありました。梅原龍三郎さんや安井曾太郎さんなどを尊敬されていて、博物館で安井さんと会われたときなど、小一時間も立ち話をされてました」(松竹編『小津安二郎 新発見』)。安井の画は「彼岸花」で使われている。梅原とは「秋日和」公開を機に、志賀直哉をまじえた鼎談で同席した。

「**小津**　梅原さんのは[「秋日和」で]三つ写させていただきました。扇面の浅間と、バラと、カンヌの海です。

梅原　どの色もよく出ていたと思う。

小津　壁などへ画を置きますと壁に当たっているあかりだけでは光量が不足でよく色が出ない——ということがありまして画のところだけ特にスポットライトを別に当てるということをしています。

志賀　そうか、それはなかなかたいへんだな」(「毎日新聞」昭和35・11・14夕)

「秋日和」は昭和三十五年、つまり一九六〇年の作品である。日米安保改定をめぐり、国会前でのデモが盛り上がっていた頃、小津と野田高梧は蓼科高原で「秋日和」のシナリオに取り組んでいた。十年一日の如き、例によっての娘の縁談映画であり、脇を固める男優陣の艶笑喜劇である。いい気なもんだよ、と同時代人が眉を顰めたくなる気持ちもわかろう。

野田の『蓼科日記』には、五月二十一日に辛うじて六〇年安保の記述がある。「国会自民党、二十日未明、警官を院内に導入し、新安保条約を単独承認、その間わずか十二分、今朝の新聞に岸[信介]暴政の声多し。全学連、またあばれ、首相官邸に乱入すというも、それはそれだけのこと」と、反応は冷たい。

小津の日記はもっと浮世離れしていて、大相撲夏場所の勝敗が記述の中心となっている。安保については「岸首相に退陣を迫る声しきり」と五月二十五日にあるくらいだ。シナリオ脱稿後の六月十八日には、「東京ロケハン　品川東禅寺から寺を見てまわる／宮城前でデモに会い車とめられる」と迷惑気に記している。完成した「秋日和」に、それらしい「時代の刻印」は見つけられない。すべて世はこともなし。家族はいつか離れ離れとなり、人は必ず老いる。その流れを誰も止められないだけだ。

ことほどさように、時代設定をいつにしても通用しそうなドラマなのだが、戦後の小津映画は「いま」という時点に執着した。「秋日和」の「いま」は特定されていないが、シナリオ執筆、ロケハン、撮影、編集そして公開という「近過去から現時点まで」が「いま」といえる。封切り時の観客たちが感じる「いま」である。

戦後の第一作「長屋紳士録」の「いま」は短い。迷子の少年が出現し、父親のもとに帰るまでの約一週間しかない。「長屋紳士録」はむしろ例外で、他の作品は（田中絹代が監督した「月は上りぬ」も含めて）何ヶ月間かの「いま」がスクリーン上で展開される。「東京物語」ならば、笠智衆と東山千栄子が尾道から上京する日から、葬儀をおえた原節子が帰京する日までの「いま」である。「いま」は二〜三週間と考えられる。

戦後の小津作品は季節感を正面に謳ったタイトルが多い。「晩春」「麦秋」「早春」は春、「彼岸花」「秋日和」「小早川家の秋」「秋刀魚の味」は秋で、穏やかな季節を連想させるも、画面の中は暑い夏だったりもありで、寒暖自在である。寒々とした冬の大気が支配する「東京暮色」は季節感からしても異色の作品だった。いずれにしても春夏秋冬という時間の支配の中を映画は進行する。オーヴァーラップ、フェイドイン、フェイドアウトは一切ないから、スクリーンの中の時間は、省略はあっても地続きで律儀に進んでいく。おおよその目安としては最大三ヶ月くらいの出来事か。「晩春」「彼岸花」「秋日和」「秋刀魚の味」では、本来の時間は半年くらいに及んでいるはずなのだが、結婚が急転直下に決まると、すぐ結婚式なので、やはり三ヶ月くらいの感じと錯覚する。

戦前の「浮草物語」のリメイクである「浮草」は旅役者一座の物語で、季節は夏である。「浮草」公開当時は映画の全盛に翳りがさし始め、テレビのブラウン管で娯楽を楽しむ時代に入りつつあった。およそ時代遅れの題材を「いま」の話としてリメイクするにはもともと無理があり過ぎる。にもかかわらず、昭和九年（一九三四）のお話を平然と昭和三十四年（一九五九）のお話としてリメイクしている。時代設定を昭和九年なり、戦中なりに設定すれば（成瀬巳喜男の「旅役者」は昭和十五年の映画だ）簡単にクリアできる違和感を悠々と無視して、旅役者一座の昭和三十四年の「いま」を描いた。せめて敗戦直後にでも設定してあれば納得がいったはずで、小津の「いま」への執着は、度を通り越している。

小津は昭和十年代には四本のトーキーを撮った。「一人息子」「淑女は何を忘れたか」「戸田家の兄妹」「父ありき」である。「一人息子」は西暦で「一九二三年」と「一九三五年」という二つの時代設定が字幕でなされていた（大正十二年、昭和十年と書かれてあったほうが観客にはわかりやすかろうが）。「父ありき」は年号こそ特定していないが、息子は前半では十代、後半では二十代になっていて、「一人息子」と同じく二つの時代にまたがる。「一人息子」も「父ありき」も前半は子役が、後半は日守新一（「一人息子」）と佐野周二（「父ありき」）が成長した息子役を演じる。「過去」と「いま」という二つのパートから成り立っていた。「戸田家の兄妹」は父親の死から一周忌までの一年間が設定されているので、映画全部が「いま」（近過去から現在までの途切れない連続した時間）とはいえない。戦後の作品と同じように「いま」だけで成立しているのは「淑女は何を忘れたか」のみである。

小津が「いま」に執着する理由を喋ったことはない。説明する機会がそもそもなかった。そうした質問がなかったのだから、答える必要もない。それどころか、小津は時代劇を撮りたいと発言したこともあった。

「[時代物をやってみようという気持は]ありますね。でもチャンバラはなかなかむずかしくて、簡単にはできませんね。人を殺すというのは、非常に激しい感情でしょう。そういう芝居は、わたしには至難だと思うんです。（略）チャンバラのない時代劇ならできるかもしれませんが」（「週刊読売」昭和34・5・31）、「一度リアルな〝時代劇〟をやってみようかとも考えている。いまのは約束で固まってて殿様といえばサカヤキを青々と剃って枕草子［春本春画］に出て来そうなのばかりだ。殿様だってカゼひいて剃らない日だってあるだろうし、剃り損じてコウヤクをはって登場したっていいはずだから……」（「日刊スポーツ」昭和34・12・1）。

小津組の厚田雄春には、松竹の下加茂撮影所で捕物帖をやろうと話していた（『小津安二郎物語』）。やはり小津と親しかった下河原友雄には、井原西鶴を撮りたいとか、「山本富士子さんの、油を舐める狐の化身で詐欺師の話、面白い話でしたよ。時代劇とも現代劇ともつかぬ、オリジナルで」といった企画を語っていた（『人と仕事』）。それらは座興でのたわいもない話だったのか。小津の新しいジャンルへの意欲だったのか。どちらとも読める。どれ一つとして実現しなかったのは、小津自身が納得できる企画とならなかったからだろう。小津の中ではマンネリズムと批判されようとも、「いま」を撮るほうが優先された。

小津の昭和十年代と戦後の間には、シンガポール滞在の二年数ヶ月間が挟まっている。イギリスの植民地支配に反抗したチャンドラ・ボースの映画「オン・トゥ・デリー」は、戦局悪化で未完成のまま焼却された。小津のフィルモグラフィーの中で、けっして無視することのできない幻の一本である。しかし、「オン・トゥ・デリー」挫折と並ぶシンガポールでの映画修業が小津にはあった。敵軍から接収したアメリカ映画を見まくったことと、収容所内で連句をつくったことである。どちらも言い尽くされた感のある小津の南方体験だが、ほとんど知られていない小津の文章と、まったく知られていない小津の文章が見つかったので、その二つに即して再構成をしてみよう。前者は「映画一斑」、後者は「映画と連句」と題されている。文章を発表することを億劫がった小津としては貴重な、正面からの映画論である。

「映画一斑」は講談社の子会社・光文社の月刊誌「光」昭和二十一年（一九四六）十一月号に掲載された。文末に「昭和丙戌八月末記」とある。帰国から半年がたつが、まだ映画製作には戻っていない。母親や親族が住む千葉県野田市で居候の身となっていた時期だ。その事情は冒頭に書かれている。

「この二月に外地から帰還して、もう半歳にもなるが、東京へ出るには半日がかりの田舎ぐらしで、たつきの映画も、あまりといふより殆んどみてゐないから、最近の映画について知ることは、まことにうすい。けれども外地生活の間、百数本の劇映画をみてゐるから、それを手懸りに今後の日本映画とわたくしの製作について思ひつくままに多少しるしてみたい」

シンガポールでの時ならぬ映画三昧について、小津は帰国第一声でも映画雑誌のインタビューでも何度も語っている。日本では見られなかった「風と共に去りぬ」や「市民ケーン」をじっくり研究できた。小津ファンにとっては周知のエピソードだろう。「映画一斑」はシンガポールの映画体験が小津の筆によって厳密な統御と編集を施されているので、小津に与えた影響がよく伝わってくる。

「わたくしのみた百数本の映画は、主として一九三八年から四一年の前半にかけてのアメリカ映画であつた。この時期のはじめに、それまでのアメリカ映画の主流を形作つてゐたソフィスティケイションの映画は、ルビッチ監督の『天使』あたりを最後の大きな花火として凋落し、写実主義的な映画がこれに代つたとみていい。ジョン・フォオド監督が所謂スタアでない地味な俳優をつかつて作つた『タバコ・ロオド』『怒りの葡萄』の如き作品が、その代表的作品であらう。フォオドの両作品は共にアメリカの農業労働者の極めて悲惨な生活を写実的に描いてゐる。しかしそれは社会の暗黒否定面へむけられた曝露的な興味からものされた映画ではなく、そこにはフォオドの現実をみつめるきびしい目のたしかさがあり、あくまで地道な、まつたうな作品である」

　インタビューの時とは違って、個々の作品について語るだけではなく、映画史的、あるいはプロデューサー的観点から小津は書く。戦前の小津映画の二大作風ともいえる「ソフィスティケイションの映画」と「現実をみつめるきびしい目の」写実映画が、アメリカでも主流であり、しかし勢力交代があったことを確認する。アメリカ映画の場合、「詰り写実主義映画はまた文芸映画でもあつた」。小津の行き方との違いは、原作の有り無しであった。

「今後の日本映画の主流もまた同様であらうと、わたくしは予想する。今日の混乱につけこんだ場当り喜劇や、かいなでの曝露映画が主流となる様なことがあつてはならない。直面する現実から目をそらすことなく、厳しくしかもあたたかくみつめるところから生れたものでなければならない。たとへ如何に暗い素材を扱つても、そこに明るさと愉しさとを持たせた建設的な作品でありたい。そしてその明るさと愉しさは、うはついたものではなく、しつかり足を地につけたものでありたい。そこに製作上のむづかしさもあるが、また喜びもあると思ふ」

　小津の文章には韜晦がなく、生真面目なほどに映画青年気質丸出しである。日本映画に何ができるか。自分はどんな映画をつくらなければならないか。真摯な問いかけは「映画一斑」全体に強く流れている。映画監督として最も充実できたはずの数年間を、戦争のためにみすみす失った悔しさもここにはあるだろう。戦後の小津映画のあれこれ、とくに「長屋紳士録」「風の中の牝雞」の初発の発想がうかがえそうだ。

　テクニカラアの「風と共に去りぬ」は「殊に印象が強い」と特記しているが、「画面の暗部は黒白（ブラック・アンド・ホワイト）映画の暗部の場合のやうに微妙なニュアンスを表現できない大きな欠点をもつてゐる」と指摘するのも忘れてはいない。「いつてみればテクニカラア映画は錦絵の丼で、天丼をたべる感じである、黒白映画には鯛の刺身をたべる趣がある」。日本映画界は当分は「鯛の刺身の風味」をじっくり追究するしかない。

オーソン・ウェルズの監督第一作「市民ケーン」はシンガポール最大の収穫だった。小津は「市民ケーン」に一番筆を費やしているが、脚本構成と撮影の二方面から言及している。日本ではまだ公開されていなかったから、ストーリーも詳しく紹介される。

「この映画の主人公ケエンは新聞王ハアストをモデルにしたといはれる。映画の冒頭、ケエンが臨終の際『ロオズ・バッド（薔薇の蕾）』のひと言をつぶやく。これが何を意味する言葉か誰にも解らぬ。（略）新聞記者がケエンの最後の言葉の解決を求めて色々な人間を訪ねてゆき、彼の生涯について各人がそれぞれの立場から、彼の生涯の総ゆる時期とそこに生起した事件の一切をあちらにとび、こちらに移り語る間にケエンの生涯と性格が浮彫にされてゆく、その脚本構成はなかなか面白いと思つた。（略）わたくしは何よりもウェルズの人生体験の深さにうたれた。撮影はグレッグ・トオランドであつた。この映画では焦点距離の極めて深いレンズを使つてゐるが、その使用は極めて巧妙である。画面構成も大胆であつた。トオランドのものでは、ジョン・フォオドの『ロング・ヴォイヂ・ホオム』、ウイリアム・ワイラアの『嵐が丘』などあつたが、いづれも感心した」

「早春」から助監督についた及川満は、小津から事あるごとに「市民ケーン」の話を聞かされた。小津の口からは、いつも必ず「シチズン・ケーン」という英語タイトルが出た。正確できれいな英語の発音だった。小津は「シチズン・ケーン」の「印象の強烈だった事、そしてその後何度も繰返し見ている内にスーパーも無いその作品の内容が明瞭になって来たということを熱っぽく語りかけ」たという（及川「小津安二郎論・序説」「映画史研究」22号）。「市民ケーン」が日本で初公開されるのは小津の死の三年後、昭和四十一年（一九六六）まで待たなければならない。テレビ放映なら昭和三十六年（一九六一）一月十九日にあった。小津は日記に「夜　〈市民ケーン〉をテレビで見る　かつてシンガポールにて再三見しもの／オルソン　ウエルスは仲々の才人也」と書いた。

「映画一斑」では、「市民ケーン」はそこまでで、話題は「嵐が丘」のロケ撮影の光線の美に移る。資本と機材の貧弱な日本映画界でも、工夫次第で「質的改善」はできるのではないか。

「ふりかへつてみて、アメリカ映画に於ける監督で、これはと思ふもので五指を屈することは困難ではないかと、負け惜みではなく、さう思ふのである。日本映画は日本映画の技術でアメリカ映画の機械的完璧がもたらす優秀性に迫り得ると思ふ。しかし、より多い機械的制約をかへつて逆用し技術でこれを克服して行かうとすることから生れるであらう小手先の器用さに安住してはならない。総ゆる資材の不足、品質の低下のなかにあつても、施設の、また機械の改善に努力を怠ることなく、しかもなほ足らざるを技術的優秀さで補ひうるかぎり補ひたいといふこころなのである」

小津は別の雑誌では、シンガポールでディズニーの「ファンタジア」を見て、「大変な相手とけんかしたと思いましたね」（「キネマ旬報」昭和22・4）と、無謀な戦争に突入した「持たざる国」日本に呆れている。しかし、「映画一斑」では、小手先でない技術的努力によって、アメリカ映画に対抗し得ると判断している。「映画戦」による日米決戦に勝算あり、とでも言いたげだ。小津は「市民ケーン」を見尽くした上で、撮影機材における弱点の克服と、脚本構成におけるアメリカとは違う新機軸への確信を深め、自分の方法論に自信を強めたのではないか。

「映画がつまらぬいちばん大きな原因は映画が未だに大人にならないことにあるとみてゐる。観客は大人になるが、映画の方は全く呉下の旧阿蒙である。／いままでの映画をふりかへつてみると他所行の人間が住んでゐた映画が全部といつてもいいくらゐである。（略）もつと人間をあるがままに、他所行きではない自然の状態でみたい。丁度隣室のひとや、町などで、ゆくりなくみる見知らぬ家の室のなかのひとをみる様な工合に、わたくしはみてみたいと思ふ。／そのためには、いろいろな考慮が払はれなければならないが、なによりも俳優の演技から表情をなくしたいと考へてゐる。（略）監督も俳優も表情のみでは性格を描写できないことについて、深く省みなければならない」

「映画一斑」は四百字詰め原稿用紙に換算して約十五枚ある。小津がメディアに発表した文章としては、戦前の「映画演技の性格」（大日本映画協会編『映画演技学読本』所収）に次ぐ長さである。「映画演技の性格」が俳優への演技指導と演技心得であったのに対し、「映画一斑」は小津の監督宣言であった。

「茶道修業に守破離（すはり）といふ言葉がある。修業のはじめは、なににつけても先生のいふ通りにやるのが守であり、それがすつかり身につくと、そこに自分の工夫をいれ自分の仕方でやつてみる破の時期がくる、更にそれが完成された状態が離であるとされてゐる。映画は歴史も浅くやうやく破の時期に達したばかりの今日である。いままでの仕方から離れ先生から離れ自分の行き方で行かうといふ時期である。このときに当つて困難ではあるが、やり甲斐のある道をえらび、精進したい念願である」

この文末にいたると、小津の「映画に文法はない」の声が行間に響いてくる。小津の映画は戦前にすでに「破」に達していたが、「破」を公に宣言するのは、「映画の文法」（「月刊スクリーン・ステージ」昭和22・6）での文法無視発言だ。それと同じ時期に随筆「映画と連句」が「新夕刊」（昭和22・5・17）という新聞に載った。「新夕刊」は作家の永井龍男や林房雄が編集・経営していた夕刊紙で、大物右翼の児玉誉士夫の腹心だった高源重吉が戦争中に上海で知り合った小林秀雄を見込んで、小林に一任した新聞だった。小林とは鎌倉文士の仲間だった永井と林が中心になり、河上徹太郎、今日出海、亀井勝一郎、吉田健一、横山隆一、横山泰三、田河水泡、清水崑などが揃っていたユニークな文芸新聞である。

林房雄の『我が毒舌』（銀座出版社、昭和22）には、小津の「映画と連句」に触れた「楽しき玩具」という一文がある。その中で、林はシンガポールで数ヶ月間を共にし、ジャワのボロボドール仏跡を一緒に見学したと書いている。「映画と連句」は林の依頼で書かれたのではないだろうか。まず見かけることは不可能に近いので、全文を掲げよう。

「映画と連句と題して、此処に映画の連句性、連句の映画性を論じやうといふわけではない。映画と連句についてはことに吉村冬彦氏の興味ある幾つかのエッセイがある。マムウリアン監督の『今晩は愛して頂戴な』の冒頭の暁から朝があけきる迄のパリ下町の優れた描写の連句的な構成についての考察などなかなか面白いと思つた。映画のカットの積み重ね方は、たしかにさうした連句的な性質があると、前々から私は考へてゐた。

たまたま終戦後シンガポオル抑留所生活の暇を偸んで、子規の『墨汁一滴』にしるされた連句の約束に従ひ、同業同好の士と連日連句に没頭し愉快な時間をもつことができまた得る所も少くなかつた。なにぶんにも連句古典についての智識も薄く、はじめての興行だからその道のひとからみるとものになつてゐないであらうし、邪道に陥つてゐたかも知れない。私たちの連句が特殊なものであるといふのではないが、連句のいろいろな約束に従ひつつもその附け運びには矢張り俳句作家の場合とは多少趣を異にするものがあると思ふ。無論、普通いはれてゐるうつり・響・匂ひ位があるしまた考慮もするが商売柄といはうか、カットの構成上の技巧への心の配り方が可成り大きいからである。

これはロング・シヨットだが、次の句はクロオズ・アップの方が効果があるだらうとか、このアップに更にもうひとつアップを重ね、次ぎは移動にした方がいいとか、ここで更にアップを重ねたら次を受けるものはどういふ風につけるだらうかといふ——いささか邪道ではあるが次を受ける者を困らす興味もあるのである。あるひはサイレント的手法とトオキイ的手法の使用、日本ではまだ実現されてゐないテクニカラアへの配慮等々、さういつた映画的手法の適用である。たいへん手前味噌であるが私たちの連句のひとつ『秋の天群鳩描く輪の斜』を立句とする連句の第二十四句から第三十二句までをしるしてみよう。

箱根細工の轆轤聞える
浪曲の破れビラ風にはなれけり
陽の翳わたりガスタンク越す
なりはひの夕ぐれの口紅濃くつける
八つ口切れしまゝの錦紗で
月の部屋泣き寝の吾子を抱擁しめぬ
虫の音しげく絹代大写
秋の夜を野外映画の幕のゆれ
高原の夜を今宵にかぎる

ガスタンクを越す陽の翳は同時に破れ壁から落ちるビラをもかげらしてゐる。日本映画の製作設備では困難なこともここではいとたやすくしとげてゐる。タンクのロング・シヨットの次にはその附近の安カフエの二階で口紅をぬる女給のクロオズ・アップになり、更にその女の切れた八ツ口のアップを重ねてゐる。さうした着物の女が月の夜、カアテンもない硝子障子の室で子をねかしつけてゐる新派悲劇めいた場面になり、それが実は田中絹代主演映画で、しかも初秋の軽井沢辺の野外映写だといふのである。虫の音が劇中の虫の音であり、高原の蟲の音でもあることは云ふ迄もない。箱根から東京の場末になり軽井沢へと変る場面転換、あるひは風俗描写の面白さ。
この様にいろいろな映画の技巧の駆使と実際の興味から云つても、連句が映画人の遊びとしても、捨て難い味があると思ふ」

これで全文である。印刷状態が悪く、散見される脱字、誤植などは訂正、補正した。途中で引用される連句（三十六句中の九句）は、知られる限りの小津の全俳句・全連句を収載した松岡ひでたか『小津安二郎の俳句』にも収められていない。小津（号は塘眠堂）の詠んだ句がどれかもわからず、他のメンバーが誰かも不明だ。おそらく収容所で一緒だった美術の濱田辰雄（箒白）、助監督の山本浩三（青枕）、塚本芳夫（雨粧亭）などのスタッフではないか。シナリオを試作する代わりに、「五七五」と「七七」を使って絵コンテをこしらえているような気配がある。小道具や衣装も検討し、ロケ地のあたりをつけ、キャメラワークを決め、ロケ当日の気象条件まで念頭に入れているような周到さを感じる。小津が親切この上ない評釈をしてくれているので、映画と連句の親近性はあきらかになっている。

映画と連句を、「連句は日本人の過去、現在、未来の生きた生活の忠実なる活動写真であり、また最も優秀なるモンタージュ映画となる」（「連句の独自性」）と昭和初期に論じたのは物理学者の寺田寅彦だった。小津の随筆の冒頭に出てくる「吉村冬彦」は寺田寅彦のペンネームである。小津日記によれば、寅彦の映画論連句論を含む随筆集『蛍光板』『蒸発皿』を昭和十年（一九三五）に購なっている。その頃からの連句への関心を、抑留下の無聊を慰めるのも兼ねて、シンガポールに残ったスタッフたちと試作していたわけだ。

『蒸発皿』に収録された寅彦のまとまった映画論「映画芸術」を読むと、たとえばこんな一節がある。「一つの雑音あるいは騒音の聴覚によって喚起される心像は非常に多義的なものである。例えば風の音は衣ずれの音に似通い、溜息の声にも通じる。タイプライターの音は機関銃にも、鉄工場のリベットハンマーの音にも類しうる可能性をもっている。（略）音の具象性が稀薄であればあるほど、この陰影は濃厚になる。それだから、名状しがたいいろいろな心持のニュアンスの象徴としては音の方が画像よりも一層有力でありうるということになる」

トーキー第一作「一人息子」では、飯田蝶子が働く製糸工場のすさまじい機械音が耳に残る。それ以上に強く聴覚に働きかけるのは、東京の場末で暮らす息子・日守新一の家のシーンでずっと聞こえている工場から出ているらしき規則的な機械音である。あの環境音楽のような音の連続は、寅彦映画論をヒントにしていたのではないか。オフィスシーンとなると小津がお約束のようにタイプライター音を鳴り響かせたのも同様でないか。そんなことを考えてしまう。寅彦の文章は、小津にとっては映画づくりのヒントの宝庫であったろう。

「キネマ旬報」（昭和22・4）の取材でも、小津は寅彦の名前を出している。「故寺田寅彦博士もいわれていたが、連句の構成は映画のモンタージュと共通するものがある」と。この言い方だと、小津は寅彦に会って「いわれ」たとも、ただ寅彦の本を読んだだけともとれる。小津も寅彦も日記を残しているが、日記では二人が会ったという証拠はない。残された日記は小津も寅彦も不完全なものなので、会っていたかもしれない。その点はずっと気になっていた。思わぬところに解答が潜んでいた。「玉藻」という俳句雑誌である。

「戦時中私はシンガポールに抑留されていまして、その収容所で何も出来ないので私はよく連句（俳諧）をしました。連句は面白いと思いますね。花あり月あり、疾病、神祇、釈教、羈旅、無情そして恋もありますでしょう。ばらばらの事がどこかにつながりがあって、一つものにまとまって行く。私は一度連句をテーマにして何か作って見度いとかねがね思っているのですけどね。亡くなった吉村冬彦さん（寺田寅彦）が私にそれで是非作って見ないかと奨めた事がありましたがねえ。面白いものが出来ると思うのですが、映画を興業するものとして見る時、一般の観客にどう、と云う事を思うと製作費や何かの点で会社がうんと云わないでしょう」（「玉藻」昭和31・3）

小津は「随筆映画」というプランを述べたことはあったが、「連句映画」という企画もあたためていたのだ。寅彦はブニュエルの「アンダルシアの犬」やドブジェンコの「大地」を連句映画に近い映像と考えていた（「映画芸術」）。小津にそうした映画を奨めていたのだろう。寅彦の全集には小津映画を見たという記述は残されていないが、おそらく寅彦はサイレントの小津を見ていたのではないか。寅彦は昭和十年（一九三五）の暮れに五十七歳で急死した。小津のトーキーを見ることはなかった。

「玉藻」の記事は渡辺才子「映画と俳句、写生文――小津安二郎監督を訪ねて」というインタビュー記事である。聞き手となっているのは「玉藻」の主宰者・星野立子で、「早春」撮影中の昼食の時間を利用してのあわただしい取材であった。星野立子は高浜虚子の次女である。

星野立子「父が『晩春』を非常によかったと云って今でもよく話に出ます。そして小津さんの作品が、父や私達の書く写生文と云うものと、大変感じが似ていますので映画をお作りになる上のお心構えと云いますか、何か芯になるお気持と云うものを伺い度いと思って、お忙しい中をお目にかゝらせて頂いたのですけれど」

意外なところに小津映画ファンがいた。虚子は「晩春」を見て、後味、余韻がいいと、志賀直哉と同じような評価の仕方をしていたのだった。その余韻は写生文や俳句に通じるとも。いろいろな映画を見ても虚子は、「晩春」のほうがいい、と必ず言ったという。

小津「実は俳句は私も好きでしてね。俳句は一つの景色なり状景なりをたった十七字にまとめますでしょう。そしてひろがりと余韻を残しますね。映画と云うものもその長い物語なり、出来ごとなりを僅か二時間足らずで映写してしまうだけにまとめるのですから、会話などもごく圧縮したもの、余分なことは取り去ってぬき出した強いものにすると云うことが必要で、俳句の場合と同じ様にひろがりを持たせる様にします。形式の上の事かも知れませんが俳句と似ている様に思いますね」

北鎌倉の小津の書斎には、虚子編の『現代写生文集』（角川書店、昭和30年）があった。虚子とその門下の写生文の集成で、なかには「三笠宮若杉」という俳人も含まれる。昭和天皇の弟・三笠宮崇仁の俳号である。虚子の子供たち、高浜年尾、星野立子、高木晴子らも書いていて、立子からインタビュー時に小津に贈られた本ではないか。明治時代の虚子の写生文や初期小説のファンには若き日の志賀直哉と里見弴がいた。二十代の志賀と里見と木下利玄の三人は、明治四十一年（一九〇八）の春に関西旅行をした折りに、奈良から虚子にファンレターを出した。三人が宿泊した大黒屋は虚子の「斑鳩物語」の舞台だったからだ（志賀・里見・木下『旅中日記　寺の瓦』）。

江藤淳は文学論「リアリズムの源流――写生文と他者の問題」（「新潮」昭和46・10）で、虚子の写生文を再評価した。子規に始まり、虚子が「写生文」を運動としてひろめ、プロデューサー虚子から夏目漱石の『猫』や徳田秋声のリアリズムは生まれたという文学史観である。

「虚子のリアリズムは志賀直哉のリアリズムとは本質的に異質であった。それは自己の感受性を絶対化しようとはしないリアリズムであり、他者を許容するリアリズムであった。これをあえて凡俗にとどまろうとするリアリズムといってもよい。（略）彼にとっては、作家も詩人も、時の流れの外に自己のエゴを屹立させることを許されている選ばれた者たちではなく、すべて時の流れのなかで「亡《ほろ》びて行く」者に過ぎなかった」（「リアリズムの源流」）

江藤は虚子の「落葉降る下にて」から、「凡てのものの亡びて行く姿を見よう」、「これから自分を中心として自分の世界が徐々として亡びて行く其有様を見て行こう」という主人公の決意をクローズアップする。「「じっと我慢して」一切が「呲びて行く」のを「待受け」ながら生きること」、それが「虚子にとっての「写生」の原義であった」と。

「東京暮色」で応援助監督に駆り出された篠田正浩は、大船撮影所の助監督の中では珍しく小津に傾倒していた。その篠田の「晩春」についての論は、江藤淳の虚子「写生」論と呼応しているかもしれない。篠田は「晩春」で、笠智衆が玄関から入ってくるカットにはシンガー・ミシンが置かれていたことに注目する。ミシンは原節子が嫁いでからは、なくなっている。姿見にも何も映らない。

「カメラをロー・ポジションに構えて、寝そべりながら映画を撮った小津安二郎は、そこでいったい何をやったのか――。（略）在るものがなくなり、在ったものが消えているということは、人間は死にいたるまでの〝生〟の道中にいるだけで、どんなになごやかな日射しの中で暮らしていても、絶対的な時間の過程からわれわれは逃れるわけにはいかない、ということを表わしていよう。つまり、人間は一つ一つの感情の背後に死の影を背負って生きている、ということを描くのが、小津安二郎の映画の世界ではなかったかと思う。

　小津という監督は、ロー・アングルに固定したカメラで、存在していた人間があるとき存在しなくなる、その絶対時間の訪れを待っていたのである。それは生活者の目ではけっしてなく、寝そべった神の目であった」（『わが映画』『闇の中の安息』所収）

「いま」は刻々と「いま」でなくなっていき、次なる「いま」へと渡されていく。小津は「いま」をじっと定点観測しているが、寝そべっているという表現は少し違うのではないか。室内シーンの場合は、寝そべるでもなく、座るでもなく、しゃがむでもない。日常の視線では見ることのできない、ある不在の一点を探して、キャメラアングルを執拗に調整していたのではないか。日常のようでいて日常ではない、ありえないポジションから「写生」しようとしていたのではないか。

小津の「いま」の謎は解けない。そこへアプローチするために、もうひとつの補助線を引きたい。小林秀雄の『私の人生観』である。小津日記によれば、小津はこの本を昭和二十八年（一九五三）一月十日に読んでいる。感想は何も記されていない。昭和二十四年（一九四九）に出版されているので、初読かどうかもわからない。「私の人生観」は講演の記録なのでわかりやすいはずだが、予想を裏切って手強い本である。話題は多岐にわたり、「写生」という言葉も検討されている。梅原龍三郎と安井曾太郎の展覧会も出てくる。

「現に、会場に絵を並べた二人の画家は、四十何年間も海や薔薇を見て未だ見足りない。何という不思議だろう。そういう疑問が、この沢山な鑑賞者のうちの誰の心に本当に起っているだろうか。そういう疑問こそ、絵が一つの精神として諸君に語りかけて来る糸口なのであり、絵はそういう糸口を通じて、諸君に、諸君は未だ一っぺんも海や薔薇をほんとうには見た事もないのだ、と断言している筈なのであります。（略）諸君の眼の前にある絵は実際には、諸君の知覚の根本的革命を迫っているのである。（略）」

小林はこの後、「こういう考え方を、私はベルグソンに負うのですが」と続ける。「私の人生観」で何度も参照されるのは、西のベルグソンと東の宮本武蔵だ。武蔵は云う。「観の目強く、見の目弱く見るべし」。

第二十一章　「紀子」三部作と「春子」三部作

小津の日記、昭和三十年（一九五五）一月二十日には、宮本武蔵が登場する。

「一時五分で上京　東京駅で野田さんの奥さんと一緒になる
高島屋にゆく――沢庵武蔵展
三越にゆく――南蛮展　地下で牛肉など買ひ　築地のおかめにゆき天婦良［羅］を食ふ　茂女［村上茂子］に電話するも出社にて留守也
東興園によつてソバをくひ十時二十五分の電車で茅ヶ崎に帰る」

この日は野田高梧夫妻と三人で展覧会をハシゴした。珍しいスケジュールの一日だ。小津はこの時、定宿の茅ヶ崎館に野田と泊まり込み、次回作を構想中であった。「東京物語」以来、二年ぶりとなる「早春」である。

「観の目」を論じた小林秀雄の『私の人生観』を小津が読んだのは昭和二十八年（一九五三）一月十日だから、こちらも既に二年がたっている。

『私の人生観』では、宮本武蔵は何度も言及されている。「我が事に於て後悔せず」、「兵法至極にして勝つにはあらず」、「目に見えぬ処を悟って知る事」、「万事に於いて、我に師匠なし」、そして「観の目強く、見の目弱く見るべし」である。

「見の目とは、彼［武蔵］に言わせれば常の目、普通の目の働き方である。敵の動きがああだとかこうだとか分析的に知的に合点する目であるが、もう一つ相手の存在を全体的に直覚する目がある。「目の玉を動かさず、うらやかに見る」目がある、そういう目は、「敵合近づくとも、いか程も遠く見る目」だと言うのです。「意は目に付き、心は付かざるもの也」、常の目は見ようとするが、見ようとしない心にも目はあるのである。言わば心眼です。見ようとする意が目を曇らせる。だから見の目を弱く観の目を強くせよと言う」

「うらやか」とは、晴れ晴れとのどかなさま、物事のゆったりとしたさまという意味になる。キャメラを覗いて構図を決め、演技に注文をつける小津の姿は神経質なほど研ぎ澄まされているが、小津映画のキャメラから受ける印象は、「目の玉を動かさず、うらやかに」世界に対している。『私の人生観』によれば、「観」とは「禅観」から派生した。「禅観」の「禅」を略せば「観」となり、「観」を略せば「禅」となる。

「だが観は、日本の優れた芸術家達の行為のうちを貫道しているのであり、私達は、彼等の表現するところに、それを感得しているという事は疑えぬ。西行の歌に託された仏教思想を云々すれば、そのうちで観という言葉は死ぬが、例えば、「春風の花を散らすと見る夢はさめても胸の騒ぐなりけり」と歌われて、私達の胸中にも何ものかが騒ぐならば、西行の空観は、私達のうちに生きているわけでしょう。まるで虚空から花が降って来る様な歌だ。厭人も厭世もありはしない。この悲しみは生命に溢れています」

私はここを読むと、「浮草」と「小早川家の秋」を必ず思い浮かべる。「浮草」の田舎芝居の楽屋裏で、小道具の小さな紙片が塵のように舞い降りる。「小早川家の秋」の競輪場では、レースの後のハズレ車券の断片がひらひらと舞う。主人公の「極楽とんぼ」鴈治郎はその日のうちに急死する。俗塵にまみれた老人の死ではあるのだが、その空に舞う細かく千切れたハズレ車券の静かな映像は、悲し

み の死をあらかじめことほぐが如くである。

『私の人生観』を引き合いに出したのは、戦後の小津がなぜ「いま」を撮り続けたかを解くためであった。それを直接に示唆するものはないが、響き合うものはある。小林は「憐れな敗戦国風景」を苦々しく告発する。小林が例に挙げるのは、文部省が主導し、多くの文学者が「尻馬に乗っ」た漢字や仮名づかいの性急な国語改革である。その「軽薄な精神」を小林は見逃さない。昭和二十年代の小津映画が描いていたのは、同時代では見落とされた「憐れな敗戦国」の「風景」と「精神風景」ではなかったろうか。

戦後の小津は京都、奈良、鎌倉と古都に目を向けた。東京を描き続けた戦前とは打って変わり、キャメラを持って古都へと疎開したといえる。「月は上りぬ」(未映画化。後に田中絹代監督で映画化)、「晩春」、「宗方姉妹」、「麦秋」である。「麦秋」のラストでは平城京よりも南の大和三山の「まほろば」にまで辿り着いている。戦後すぐの「長屋紳士録」と「風の中の牝雞」では焼け跡や戦災孤児にキャメラを向けていたが、途中からは「埃っぽい」東京を避けた。東京が中心舞台となるのは、占領が終わり独立を回復した直後の銀座、皇居のお濠端、第一生命ビル、赤坂離宮、後楽園球場のナイターなどを撮った「お茶漬の味」、はとバス観光、上野界隈、隅田川の川向こうの生活圏を人情の変化の中にとらえた「東京物語」である(その傾向は昭和三十年代に入っても「早春」「東京暮色」と続く)。

古都疎開時代で目につくのは、数々の英語表記だった。「COCACOLA」の看板や、銀座教文館ビルの「TIME」「LIFE」の壁広告である。一番ショッキングなのは、「宗方姉妹」で笠智衆が読んでいる洋雑誌の記事のタイトルが「ATOMIC BOMB」だったことだろう。DVDで見るようになったからわかることで、当時の映画館で見ているぶんには目に留まらないだろう細部で、小津はわざわざ「抵抗」していたことになる。中井麻素子（佐田啓二未亡人）の回想「天国の先生」（『人と仕事』所収）が、その頃の小津の面影をよく伝えている。

「先生がはじめて店［大船撮影所前の「月ヶ瀬」］にお見えになったのは、その「長屋紳士録」の試写の日の夜でした。／何でも、アメリカの検閲官と言い合いをなさったとかで、お隣りの「三笠」さんから会食の席を蹴って、お一人で入っていらっしゃったようでございます。凄い顔をしておいででした。怖いといったらいいのか、人を寄せつけない威厳に充ちたお顔でした」

「長屋紳士録」では、笠智衆が連れて帰る迷子の少年は「九段」「九段の鳥居」で父親とはぐれていた。靖國神社はその当時は閑散としていたはずで、この設定はあえて占領下のタブーだった靖國神社を出し、ＧＨＱの検閲をごまかすために「九段」と地名に言い換えたと考えられよう。小津は「憐れな敗戦国」の「風景」を目立たぬようにして取り込んでもいた。

「憐れな敗戦国」の「精神風景」を描いた小津の傑作は、「麦秋」と「東京物語」にとどめを刺す。戦争と死者の記憶を密封し、戦後の日常を忙しく生きる人々と、いつまでも死者の記憶と共にある人々とがあざやかに対比されていた。それでも同時代には「晩春」「麦秋」「東京物語」という一連の流れの中で、「麦秋」は原節子の結婚映画と見做され、「東京物語」は小津の言葉もあって、親と子の物語と受け取られた。そうした面を否定する必要もないが、いちばん大事なテーマは「憐れな敗戦国」の「精神風景」であり、その中に埋没させられた死者——山中貞雄や小津の戦友たち——への鎮魂の譜であった。

いつからか「晩春」「麦秋」「東京物語」は「紀子」三部作と言われるようになった。ヒロインの原節子の役名が三作とも「紀子」だったからだ。戦争中の無理が祟って身体をこわし、婚期を逸して父との二人暮らしをする曾宮紀子、有能な秘書として活発に働き、大家族の家計を助けるキャリアウーマンである間宮紀子、戦死した夫の遺影と共に一人暮らしを続け、上京した義父母に尽くす平山紀子である。シナリオでは二十七歳、二十八歳、二十八歳という設定で、戦争のために夫を亡くしたり、結婚をしないままだったりという境遇にある。「女性の戦中派」とでも総称できる「社会的寡婦」世代の女性たちだ。

原節子は大正九年（一九二〇）生まれなので、映画公開時はそれぞれ二十九歳、三十一歳、三十三歳だった。「女性の戦中派」としては一番年上といえる。明治三十六年（一九〇三）生まれの小津は本来ならば戦中派とはいえないが、召集されて支那事変に出征したために、最長老の「戦中派」となった。二人は十七歳の差があったものの、まぎれもない「戦中派」同士だった。小津にしてみれば、もう一人の「戦中派」山中貞雄が媒介をしているのだが。

戦後の小津は、シナリオの共作者・野田高梧、絶対的ヒロイン・原節子、枯れ切った父・笠智衆という「三種の神器」を得て、小津調を作り上げた。その出発点が「晩春」であり、複雑な味わいの高みが「麦秋」、到達点が「東京物語」といえよう。「紀子」三部作である。誰でも小津映画といえば、この三作を思い浮かべる。その時に、もう一枚の札を小津が握っていたことは意外と見落とされがちである。「晩春」から小津映画の常連となる文学座の杉村春子の存在だ。「晩春」では紀子のお節介な叔母・田口まさ、「麦秋」では図々しい思いつきを喋って紀子を嫁に迎えることになるおばさん・矢部たみ、「東京物語」では両親の上京をそんなに歓迎していない様子で、それでもはとバス観光、熱海行きを企画する紀子の義姉・金子しげを演じた。「紀子」三部作の成功は、杉村春子に負う部分も多いのではないか。「紀子」三部作は、裏側から見れば「春子」三部作と見倣せる。そう気づかせてくれるのは、岡田茉莉子の証言である。

「秋日和」で中年紳士三人組（佐分利信、中村伸郎、北龍二）をやり込め、「秋刀魚の味」で夫・佐田啓二よりも一枚も二枚も上手の妻となったのが岡田茉莉子である。岡田の早世した父・岡田時彦は戦前の「その夜の妻」「お嬢さん」「淑女と髯」「美人哀愁」「東京の合唱《コーラス》」と小津作品に主演していた。小津にとっては旧友の忘れ形見であり、父親譲りの喜劇のセンスを期待していた。「秋刀魚の味」の完成祝いの席で、岡田は臆せずに小津に質問した。

「私は小津さんの隣で、楽しくお酒を飲んでいた。やがて、少し酔ってもいたのだろうか、「これまで監督の作品に出た女優のなかでは、誰が四番バッターだと思います？」と、私は小津さんが好きな野球にたとえてお訊きした。小津さんは迷うことなく、「それは杉村春子だよ」と、おっしゃった。／「杉村さんのどこがですか？」と、私がお尋ねすると、それには直接答えられずに、「四番がいなければ、野球にならない」といわれただけだった。「それでは私は、何番バッターですか？」と、お訊きすると、「お嬢さんは一番バッター、トップ・バッターだね」と、楽しそうに笑われた」（岡田『女優　岡田茉莉子』）

無声時代の小津はコメディの名手だった。キネマ旬報ベストテンで昭和七年（一九三二）から三年連続第一位となった「生れてはみたけれど」「出来ごころ」「浮草物語」はどれも喜劇である。トーキーとなってからは、喜劇は「淑女は何を忘れたか」と「長屋紳士録」しかなかったが、シリアスなストーリーをいつも活気づけるのは小津の笑いのセンスだった。

杉村の演じる本音丸出しで、戦後の日常を躊躇なく生きている女たちは、周囲の登場人物を引っ掻き回す。せわしなく、抜け目なく、羞恥心もなく、かといって悪意もない。「東京物語」で熱海の温泉宿に両親を追い出す時も、「熱海でいゝ宿屋知ってンの。見晴らしがよくて、とっても安いの。喜ぶわよ、お父さんお母さん」と自分のアイディアになんの疑いも挟まない。酔っ払って深夜に帰宅した父親を迎えては、「邪慳に」（とシナリオにある）父親の笠智衆と「変な人」東野英治郎を扱う。それでも寝床の用意はする。後で笠智衆は「しげも子供の時分はもっと優しい子じゃったじゃにやアか」と嘆くが、けっして否定的に描かれているわけではない。

作家の北原武夫は「麦秋」の映画評で、小津は映画に「知己」しか登場させないと書いた。

「あの海も、あの樹木も、恐らく小津氏にとっては熟知し切った自然であって、静かに起伏しているあの波のうねりや、うっそりと葉を揺すっているあの樹木の動きの一つ一つが、小津氏にはすべて信頼するに足る「知己」なのに違いない。こういう作家は、単なる自然の姿でも、行きずりに出会った、まだ充分馴染んでいない風景は、写す気にならない。（略）日本以外では、この種の自然の美しさは、僕はジョン・フォード、キング・ヴィダア、ウイリアム・ワイラアの三人しか見たことがない。／作者にとってのこの「知己」の感は、勿論登場人物についても言えるので、小津氏の映画に出て来る人物は悉く小津氏の「知己」ばかりである。気心の知れない人物、油断の出来ない人物は、氏の映画には一人も出て来ない。素性から性格、生まれから気質、着る物の趣味から食物の好みまで、悉く氏が熟知し、既に充分付合った上で信頼するに足ると信じ切れた人物しか、氏の映画には出て来ない。言葉を換えて言えば、氏が心を許して付合える人物でなければ、氏の映画の登場人物にはなれないのである」（「映画評論」昭和26・11）

北原の「麦秋」評には、小津の弱点を辛辣に指摘する部分もある。童心の摑まえ方、セリフのやりとりの臭味などである。「理解力も豊かで観察力も深いが、結局人生に対しては傍観者の位置にしか立っていない享楽人乃至趣味人」ではないか。「映画監督という特殊な枠の中で人生鑑賞という美食の趣味だけを鍛練して来た小津氏の限界」ではないか。ワイラーやヴィダーに伍するか否かは、ここにありと見ているのである。それはともかく、杉村春子は明らかに圧倒的な「知己」である。戦後の小津映画の登場人物で「知己」と思えないのは、「東京暮色」で妊娠した有馬稲子から逃げ続ける大学生・田浦正巳くらいしか思い当たらない。他は「知己」ばかりだ。

小津が大尊敬する志賀直哉は、小津に原節子と杉村春子の起用を勧めた。それほど二人を評価していた。志賀は原とも杉村とも雑誌で対談をしている。「晩春」から「東京物語」まで助監督についた斎藤武市は、「小津さんが絶対文句言わなかったのは原さんと杉村春子さんだけだったな」（『文藝別冊　小津安二郎』）と、傍から見て二人が例外だったと回想している。杉村が小津演出について詳しく語ったのは井上和男のインタビューに答えた時ではないだろうか（井上編『陽のあたる家――小津安二郎とともに』）。杉村は「東京物語」の美容院で、「中腰になってて、ストンと」おりる動きが何回やってもＯＫが出なかった。反対にいえば、厳しい注文が出たのはその時くらいだった。

「先生があたしにおっしゃって下すったことはね、「杉村さんね、自然なんですよ」って。「これが……余計なことしようと思うから、一々僕は言うんだけども、まァ、仮にお茶を飲むにしても、ちゃんと飲めばそれでいいんだ。（略）自然にそれが動いていれば、何もそんな、一々こまかいことに気をつかうことないんですよ」って、先生が言って下すったんですよ。あたしはそれがとても支えになっちゃった」

杉村の自然な動きが躍如としているシーンは多いが、「早春」の冒頭で、画面の奥の方で歯を磨く夫の宮口精二のだらしなく垂れ下がった寝巻の帯をぎゅっと結び直してしまう動作がある。わずかそれだけの描写で、飄々とした宮口との長い結婚生活を了解させてしまうのであった。

「『東京物語』は、とてもああいうふうな、気性の強いサッパリしたね、旦那さん（中村伸郎）なんか、ちゃんともう、お尻に敷いちゃって、そいでまァ、それこそ、かたみ分けでも何でもドンドンドンドン、なんか言ってそいで片方じゃひどく涙もろかったり、親のこと思ったり、いろんなことをする……まァ庶民のほんとに代表選手みたいな女の人だとあたしは思うんです。（略）前もってこういう設定だから、こういうふうにって、あたしあんまりお話した記憶ないんです。先生とは……」

小津が「晩春」での杉村の起用を決めたのは、笠智衆が主演した稲垣浩監督の「手をつなぐ子等」を見てだった。杉村の演技が自然だったからだ（志賀の勧めもあったにしても）。「晩春」のプロデューサー山本武は『人と仕事』に書いている。

「それまでの小津さんは、新劇人はオーバーでいやだ、といってあまり使っていなかったが、「晩春」で使ってみて、とても杉村春子が気に入ったようだ。一といえば十を知る、と、彼女の演技を高く買っていた。杉村春子が呼び水となって、その後、東野英治郎、宮口精二、中村伸郎等、新劇の俳優を使うようになったのかもしれない」

杉村の本領は舞台女優だが、映画は主役、脇役あわせて百四十三本に出演した。小津は九本だが、豊田四郎は十二本、成瀬巳喜男は八本、渋谷実も八本、木下恵介は七本と誰からも重宝がられている（中丸美繪『杉村春子――女優として、女として』）。小津映画出演前の豊田「小島の春」の病人、黒澤明「わが青春に悔なし」の農婦など、忍従する日本の女のイメージが強い。小津が間違いなく見た「嫁ぐ日まで」（原節子主演、島津保次郎監督）は女教師、「手をつなぐ子等」は地味な母親役だった。「晩春」以降の小津映画のちゃっかり春子を、小津はどこから発想したのだろうか。

ここでもう一度、一番バッター・岡田茉莉子の『女優　岡田茉莉子』にご登場を願おう。小津映画の四番は誰でも原節子で決まりと思えるのに、なぜ杉村春子なのか。

「杉村春子さんが名女優であることは私にもわかっていたが、野球の四番バッターのように映画の中心人物としてホームランを打ち、観客を満足させるようには、私には思えなかった。あとになって、こうした疑問は［夫の］吉田［喜重］監督の著書『小津安二郎の反映画』によって、ようやく私も理解することができた。／小津さんの映画に登場する人物は、聖なる人と俗なる人に区別されているという。原節子さんが演じる役は、聖なるものであり、それとは対照的に、杉村さんの演じる喜劇的とも思われる役は、俗なるものだという。そして、笠智衆さんの演じる役だけが、聖なるものと俗なるもののあいだを、自由に行き来できるのだという。／さらに吉田監督は、「聖なる人間には死の影が宿り、死の匂いがする」とも述べている。それは観客によってただ見られる、受け身の役にすぎない。／そして、映画に命を吹き込み、生きいきとさせるのは、むしろ俗なる喜劇的な道化の役だという。／小津さんが私に話された意味が、こうして明らかになった。四番バッターは杉村春子さんであり、四番バッターがいなければ、野球にならないといわれた意味が、こうして明らかになった」

「一番　岡田」「四番　杉村」は、演出者小津の立場から捉えたオーダーであろう。興行という観点から見れば「四番　原」は動かない。商業的にも成功させ、脚本家・監督としても得心がいき、撮影現場でも安心して任せられる。そうしたさまざまな条件をクリアしていくのが映画監督の任務であった。「四番　杉村」は高い打率と出塁率でチームを活気づかせ、長打も出るが、会心のホームランとなるともう一人の「四番　原」だったのではないか。

吉田喜重の「聖」と「俗」との対照は的確なのだが、むしろ「聖」と「生」としたほうがより小津映画らしくなる。杉村の役柄を「俗」とするか、「生」とするかで、小津映画の見え方はかなり変わってしまう。杉村の存在を「俗」として描かず、生気溌溂とした、北原武夫の表現を使えば「知己」として映画の中で泳がせている。その妙味が「四番　原」の「紀子」三部作を、「四番　杉村」の「春子」三部作にし、紀子の「聖」と「静」をより際立たせる。杉村を代表選手とする「生」の猥雑に取り囲まれた中で、「聖」と「死」が「うららかに」浮かび上がってくる。

「東京物語」に新たに加わった「知己」としては、俳優座の東野英治郎と文学座の中村伸郎がいる。生気溌溂とした「生」の側の強力な補強選手たちである。東野も中村も黒澤作品の常連で、小津だけの特別な役者ではない。東野なぞは三百本以上の映画に出ている。それでも小津映画に出ると、特別な輝きを増す。「東京物語」の酒癖の悪い元警察署長、「秋刀魚の味」のラーメン屋のおやじとなった元漢文教師、その剽軽な酔いっぷりは逸品である。「早春」と「お早よう」での定年間際の愚痴っぽいサラリーマンも見逃せない。暗いという理由で製作中止となる「夕暮れ」の発狂する主人公を、小津は東野で撮るつもりだったとしか思えない。

淡島千景は「対談「早春」」（「シナリオ」昭和30・11）で、「前の「東京物語」の時、初めてお出になった東野英治郎さんが、小津組の仕事は一日出ただけで他の作品十本分ぐらいの疲れ方だと仰有っていたそうよ」と池部良に伝えている。らくらくと演じているように見える東野でさえそうだったのだろう。

中村伸郎の証言としては、如月《きさらぎ》小春の『俳優の領分――中村伸郎と昭和の劇作家たち』がある。劇作家の如月小春による中村への長時間インタビューに基づく評伝である。俳優・中村伸郎にとって重要だった五人の中に小津が入る。他は岸田國士、三島由紀夫、イヨネスコ、別役実とみな劇作家だ。

「**中村**　映画といえば、小津先生のものだったら万難を排して必ず出してもらいたいと。それから、久保田万太郎の芝居、岸田國士の芝居、三島由紀夫の芝居、それで今、別役さんに惚れた。何ですかね、作者に惚れたと思うと、とことんくっついて歩くんですよね。勉強になるという点じゃ、作者に惚れるというのはいいと思いますね」

「東京物語」では、杉村春子の髪結いの亭主らしい恐妻家、「東京暮色」では山田五十鈴の亭主で、しがない麻雀屋の主。その一方で企業の重役も演じる。「早春」は敵役で、労組出身の冷酷そうな総務部長。「彼岸花」「秋日和」「秋刀魚の味」では、エリート重役ではあるが仕事の顔はなく、アフターファイブで旧友交歓と同窓会に精を出す。

中村は初出演の「東京物語」では、小津方式の演出にかなり途惑った。「読み合わせは、撮影の前の日に必ずやるんです。その為にわざわざ大船［撮影所］まで呼ばれちゃうんですよ。他の映画に比べると、たかが読み合わせに、と、役者は皆、思うんですよ」。読み合わせは厳しい。時間もかける。語尾を上げるな。台詞に意味を持たせるな。その台詞らしいハートで言わなくてはいけない。台詞は半分自分に言い、半分相手に。そして独特なリズム。

「多少元気のいい男も、あるいは多少ぼけた男も、そう変わらない一定のテンポでやってほしいらしいですね。（略）小津テンポで全部一色にしたいみたいな……。驚きましたね、何度もね。小津先生に言えないもんだから、私は笠智衆と親しいものだからね、小津先生にあんまりきゅうきゅうやられるんで悔しいから、昼御飯か何かの時に、「どうも俺、納得できねえよ」って笠智衆に言うんですよ。そうすると、「いや、あれがほんとだ」」

当初の反撥がいつ収まったのか。いずれにしても「東京物語」撮影中であろうから、早々とであった。久保田万太郎門下の俳人でもあった中村だから、小津世界には馴染みやすかったのかもしれない。

「そのころは小津安二郎ってクセのある台詞指導をする演出家だと思っていましたがね、だんだん、死んで後になって、やっぱり本物だったと思いますね」。中村は黒澤作品への出演も多かったので、小津と黒澤の比較もする。

「小津作品の場合は、小津調という、何ていうか小津さんの世界っていうものが決まっていて、その中にふんわりと入っていくという感じがするんだけれども、黒澤さんの方は一作ごとに作品のねらいが違う。（略）黒澤作品の場合、俳優に一回ごとに違った注文が出る感じがしますね。一作ごとに社会性の強い、違った問題を取り上げますから、その世界に生きていかなくちゃならない。怖いです。怖いし、小津さんと違った意味で、自分の演技の好みがありましてね、自分が創造した役柄にはまらないと気に入らない。その突っ込み方は激しいですね。（略）役者にかける比重というものが、それは小津作品をやってる方が役者を生かしてくれるから楽しいですけども、黒澤作品の場合、役者はもうほんの一部でしかないという感じがします」

中村の言を読むと、「役者を生かす」というのが監督によってもさまざまあり、受け取る役者によっても千差万別だと感じられる。如月小春はそこで考える。「黒澤は、〝そう見える〟ことを求めた。小津は〝そう在る〟ことを求めた。この違いはあまりに大きい。／では小津の世界の住人たちは、本当に「何もしなかった」のだろうか。彼等は確かに、黒澤的な意味での演技はしなかった。小津によって選び出された時点で、仕事のあらかたは済んでいたと言ってもいいほど彼等は、そのまま「そこに在る」ことを求められた。（略）小津の俳優たちは、「何もしない」のではない。「何もしようとしない」のである。何かすることで示しうるものは、たかが知れている、と言ったら言いすぎだろうか」。

「東京物語」は昭和二十年代小津映画の「人物見本帖」の決定版であった。今までに言及してこなかった役者で一人挙げるとすると、三宅邦子は逸せない。「麦秋」でも「東京物語」でも一家の主婦として三宅邦子がいなければ、家族はもっとギスギスしていたろう。「麦秋」の紀子の決断を応援するのも、「東京物語」の老父母の待遇と病気を案じるのも三宅邦子の役割となる。三宅の心配そうなまなざしが映画を支える。「麦秋」では、三宅は小津から笑い方の注意を受けた。

「先生がおっしゃるのに、今笑った笑い方は、新婚間もない奥さんの笑い顔だよ。今、あなたがやっている役の年齢の奥さんの笑い方じゃないんだから、そういうことをよく研究しなきゃいけないって、厳しく言われまして、成る程な、と思ったことがございました。（笑）／いつか、先生とお食事を一緒にしまして、先生がちょっとお酔いになっていらしたんですけれども、「君はね、普通の人と違って不器用な人間なんだから、却って間口を拡げないで君のそのままの地でもって演技をしたり、ずっとこのままやっていけばいいんだよ」って言われたのをよく覚えております」(『陽のあたる家』)

こうして「東京物語」で完成された世界や方法を、小津は昭和三十年代にはあえて壊す方向に向かっていった。保守一点張りのイメージしかない小津の晩年は、書き換えられなければならない。「早春」に主演した淡島千景は「麦秋」「お茶漬の味」の時と違うのに驚く。役者は人形浄瑠璃の人形で、その人形に魂を入れることを小津先生はいつも要求していたのではないか。それが「早春」では違った。

「今まで小津先生の作品ってのは、全部、画《え》もきまり、セリフのトーンもきまりで動かす俳優さんの位置も何もかもきめてらした先生の作品なのに、『早春』では、「みんな自由に動いていいよ」っておっしゃった、珍しいことおっしゃった作品なんです。／で、自由に動いていいよって言われても、今まで小津先生のものに何度か出てた俳優さん達は、もう小津作品では動けなくなってしまった……。ま、そういう癖がついてしまったというようなことがあったんで、その作品に初めて出られた岸惠子さんなんかはそういうことがなかったもんですから、もう、本当に自由に動かれました。(略)私、あれは……夫婦の問題を扱った映画でございましたよね、ですし今まで一つの形になっていたものを、先生は、バラバラにしてみたいとお思いになったんじゃないかと……。何かを試してらした作品なんじゃないかと思えるんです」(『陽のあたる家』)

「早春」で小津映画初出演となった岸惠子と高橋貞二の二人が、昭和三十年代の小津映画の大事な「知己」になっていくのではなかったか。「早春」を見ると、そう感じるのだが、岸は結婚のために日本を離れる。高橋は「東京暮色」「彼岸花」に出演した後に飲酒運転で死んだ。新しい手駒を失ったショックは大きい。「高橋貞二　自動車事故にて横浜で死す　馬鹿な奴也」(昭和34・11・3日記)。

「早春」に続く「東京暮色」は、キネマ旬報ベストテンで十九位と、小津にしてみれば惨憺たる評価を受けた。それでも今になると「東京暮色」を愛する小津ファンは少なからずいる。冷え冷えとした東京の冬が、うらやかな「天気のいい音楽」を背景に、まったく動かないキャメラによって写される。堕胎とか深夜喫茶とか、不良性感度にも反応した「暗い」小津の極北だった。父の勧めに従い、見合い結婚をしてはみたけれど、という「晩春」後日譚とも思える映画でもあった。父は笠智衆、長女の原節子は、小さな子供を連れて実家に戻ってくる。名前は「紀子」ではなく、「孝子」ではあるけれども。戦争からの時間はたち、記憶は風化していたはずなのに、二十年前に出奔した妻・山田五十鈴が東京に現われる。彼女はシベリア抑留からの帰国者だった。

「早春」から「秋刀魚の味」までの松竹作品に助監督としてついた及川満は、「早春」以降を「映画史上、最も重要な作品群」と位置づける。「東京物語」までは「面白いストーリーを絵解きによって示す活動大写真」に過ぎなかった。「東京物語」は「ストーリー・テラーの時代に於ける最高傑作の一つ」ではあるが、それ以降の作品よりも見劣りがする。「早春」を転機とし、「東京暮色」からは映像と音と色彩による表現行為を試み、実験が重ねられ、成功を収めた。しかし、その試みを理解出来る批評家は出現せず、小津は「孤独な中で」実験を続けるしかなかった、と及川は嘆く。（及川「小津安二郎論・序説」）。

及川の観察によれば、十年一日の如き小津調は、作品ごとに、またシーンごとでも、微妙に明らかに異なっていた。いつも新しい表現を求めていたのである。そのほんの一例が「早春」の送別会のシーンで説明される。詳しくは省略して及川の結論部分を引用する。

「小津演出の特長は、全篇変らぬテンポで、全く同じように進み、そのロングも、アップも、殆ど同じように捉えられて、同じような映像をつくっているようですが、その中で、より強く感じさせる方法等は、判らないように工夫されているのです。誰にも判るような演出のどぎつい効果を、常に意識的に避けていたようです。そして、この［被写体とカメラとの］距離は、次の「東京暮色」では、全篇に亘って、それまでの作品とは、意図的に変えられるのです。更に、コンテの方法も……。全く別の方法によって、同じように見える作品が、創作されて行くのです」

撮影ばかりがこうした細心さで行われるのではない、編集も、音入れも、いや撮影以前のロケハン探しも、セットの小道具も大道具も何もかも。小津映画でお馴染みの洗濯物は、生活感を表わすために必須な小道具である。それはどうやって準備されたか。

「大量の種々の下着類が、その場面に合わせて用意されます。その一つ一つを選びながら、また、その順序等が決められて行くのです。ルーペをのぞく小津安二郎からそれらの細い指示がとびます。その位置、高さ等。そのカットを撮り終えるだけで、小道具係はぐったりとなる程です」

ロケハン探しでは別の人に証言してもらおう。日刊スポーツの石坂昌三は小津から言われた。「最近の新聞記者は、オレがどのくらい苦労して映画をこしらえているか、わかっていない。お前、ロケハンにつき合えよ」。厚田雄春以下のスタッフは二台の車に分乗して、都内各所の寺巡り中だ。「秋日和」冒頭では、真新しい東京タワーが二カット映り、七回忌の法事となる。その寺探しで、もう三日目だという。助監督の田代幸三から石坂記者はゴザを渡される。「巨匠がルーペを取り出して、しゃがんだら手早く、パッとゴザを敷くのだという。(略)「お前のタイミングが悪いと、小津サンは地面に腹這いになっちゃうゾ」／小津の真っ白いワイシャツを汚したら一大事！　こりゃあ、責任重大だ」。この日だけで十二、三も寺をまわり、足は棒になった。「カメラをすえたいお寺は、ないねェ。また、明日、探そう」と小津は平然と言い、遅い食事となる。「どじょう鍋を突っつき、熱カンを実にうまそうに飲みながら、小津は東京の街の変わりようを冗談を交じえながら鋭く皮肉って笑わせた」（石坂『巨匠たちの伝説――映画記者現場日記』）。

小津は自らの映画に写す風景はどうしても妥協できなかった。「知己」を求め、また「知己」を探す過程の時間の中で、一風景は発見され、「知己」に育っていったのかもしれない。厚田雄春のキャメラ助手だった川又昴は、「東京物語」の名シーン探しに同行した。「東山千栄子さんが子ども［小さな孫］と遊ぶシーンをロケする土手を探して、朝からずーっと小岩から北千住まで歩きました。その間、小津さんは昼飯を食べないんです。後のビールがまずくなるからって」（「東京人」小津特集）。厚田の撮影記録（蓮實重彥『監督 小津安二郎』所収）では、六月二十日のロケハン場所として、浅草松屋から平井駅まで十四の地名が記されている。車ではなく徒歩だから、ビールはさぞやうまかっただろう。

「東京物語」の尾道にはロケハンと実際のロケに各一週間を費やしている。ロケ隊の一行は五十人。笠智衆が原「紀子」に「綺麗な夜明けだったよ……今日も暑うなるぞ……」と言うともなく呟くカットは、二日続けて早朝に行なわれた。周りには五千人のヤジ馬の中で。それよりも大変だったのは尾道市内の実写撮影だった。小津の「アスコも撮れ、ココも」で、一万フィートのフィルムが消費された（田中眞澄『小津安二郎周游』）。「東京物語」の完成尺数は一万二千四百フィートなので、尾道の実写は約二時間ほどか。そのうち使われたのは十分程度だろう。小津の「知己」は贅沢過ぎるほど厳選されている。

「早春」冒頭の通勤風景では蒲田駅近辺と東京駅近辺が出てくる。蒲田駅へと向かう通勤者はエキストラ撮影で、歩くテンポを演出した。しかし東京駅付近の実写は違った。「カメラを隠してドキュメンタリー風な試みで撮影しましたが、殆どオミット」となった（及川満）。約二千フィートを費したものの、小津は「知己」として迎え入れなかった。

セットでの撮影を好み、ロケは最小限に抑えられている小津映画だが、撮るとなると最大限のエネルギーが注がれた。その時、その場所の空気感を取り込んだ構図が欲しかったのだろう。田中眞澄は小津を「昭和の東京の年代記作家」と評した（田中『小津ありき——知られざる小津安二郎』）。東京で生活する人々と東京の風景を、ずっと写してきていたからだ。その東京は変わりつつあった。「早春」以降のプロデューサーだった山内静夫は、小津作品はロケが少ないので助かったと語っている。

「映画は本当に天気に左右されるのが一番参るんですよ。だから、木下恵介さんの映画はお金がかかるんですよ。ロケーション好きでしょ。木下組は小津組より製作費が五割ぐらい多い。小津組は作品にもよりますが、大体四千五百万円ぐらいだった。それに小津さんは、年とともに、ロケーションが段々嫌いになったみたいですね。それ［体力的な問題］と、町のたたずまいがどんどん変わっていったことがあると思いますよ。ロケハンをしてみて、あ、こんなに変わったのか、ということがあったんじゃないでしょうか」（「東京人」小津特集）

小津は戦後日本の「いま」を自覚的に撮りつづけ、いわば「戦後日本の年代記作家」であり続けた。東京の町から小津の「知己」になり得る風景は失われつつあった。遺作「秋刀魚の味」は昭和三十七年（一九六二）、翌年十二月十二日の還暦の日に小津は死んだ。翌昭和三十九年（一九六四）は東京オリンピックである。東京はかつての東京ではなくなった。

エピローグ

『東京物語』というタイトルの写真集がある。発行は一九八九年四月、つまり平成元年である。表紙の写真は渋谷道玄坂下の風景で、109ビルに「七年目の浮気」のマリリン・モンローが降臨している。昭和六十二年（一九八七）秋の東京国際映画祭開催時の写真のようだ。撮影者はアラーキー、荒木経惟《のぶよし》。写真集のあとがきで「東京物語」が語られる。

「私の写真集とか写真展には、「東京」、「物語」とつくものが多い。（略）どーしてこー、「東京」とか「物語」とかつけちゃうのだろう。きっと私が東京生れで東京育ちだからであろう。よーするに、東京が、スキなのだ。東京は、物語。東京は、写真なのだ。（略）

小津安二郎の映画『東京物語』がスキで、いつかあんな感じの写真集を、しかも同じタイトルの写真集を出したいと想っていた。であるから、この写真集は、なんと構想10年以上なのである。ついでながら、スキな日本の女優ベスト3は、原節子、京マチ子、山本富士子」

ここで寄り道をして、小津生誕百年でのアラーキーの小津讃歌も引用しておこう。「東京人」（2003・10）の小津特集で喋っている。

「小津安二郎の映画を見ると、一コマ一コマが写真だと思う。なかでも一番いいのは、『東京物語』。（略）それで、とにかく私は、女優で一番好きなのは原節子だから。（略）自分の住んでいるアパートに義理の父と母を招くシーンの、原節子のアップの凄艶な顔、獣のような目。それがどんどんよくなってくる。（略）小津は役者をみんな人形にしてしまう。みんな、その人形になってからの演技がすごい。小津のほうでも、そうなれる役者しか選ばなかった。その人の内面性を引き出して、その人の型にしてあげる。／役者のほうでも、自分ではないような気がしながら演じていたと思うんだ。それも小津のほうの型にはめるのではなくて、その対象（役者）のほうから始めるという精神があった。だから原節子にしても、仏か神になったような感じだったんだろうなあ」

アラーキーの談話に添えられるスチール写真は「東京物語」の原節子のアップだ。義母・東山千栄子の形見の時計を、義父・笠智衆から受け取るシーンである。確かに原節子は「獣のような目」としかいいようがない。役者の目のまわりに丹念にワセリンを塗る小津の写真がたくさんあるが、この時も、小津のワセリンは大活躍していたにちがいない。

写真集『東京物語』は、昭和最晩年の東京を百二十枚のシーンでたどっていく。一枚一枚にアラーキーの口上がある。最初の雪景色は世田谷区豪徳寺の自宅マンションから撮られている。表紙の渋谷のモンローは折り返し点の六十枚目となる。最後の百二十枚目は「世田ヶ谷の遊歩道にて、晩秋の昭和天皇」とある。そんなことあるわけない。一九〇一年（明治三十四年）生まれで八十七歳の昭和天皇は九月十九日に吐血し、重体が続いていた。日本全国が巨大な「自粛」空間と化していたのだから。アラーキーが意図的に選んだ最後の一枚がこの写真だった。

「250点ほどプリントして120点選び、冬春夏秋の順にならべていった。晩秋の遊歩道に、坐っている、昭和天皇にそっくりな老人の後姿の写真があった。この老人の後姿をラストシーンにすることにした」

老人は遊歩道の備え付けの椅子に腰かけている。猫背の肩と背中の無防備な線が印象的で、帽子とコートの後ろ姿にまったく威厳はない。足元に置かれたショルダーバッグも貧相な感を与える。これは落魄した昭和天皇というべきか。いや、『東京物語』というタイトルなのだから、行き場を失った笠智衆がここで疲れて休憩している、と取るべきか。アラーキーの意図もそこにあったのではないか。お疲れさんの、永すぎた昭和。写真集の奥付は「１９８９年4月29日」としてある。戦前なら天長節、戦後の天皇誕生日、現在の昭和の日である。

笠智衆は「東京物語」では実年齢より二十歳以上の老け役だったので、背中に座布団を入れて丸まった背中をつくったりと工夫した。「東京物語」のとき、笠は四十九歳、昭和が終わった日には八十四歳になっていた。実在の老いた笠智衆か、「東京物語」の老け役の笠智衆か判然とはし難いが、昭和天皇と笠智衆がいつしかダブって見える。日本人にだけ許された小津映画のナショナルな見え方ではないだろうか。

中野翠は平成元年三月号の「文藝春秋」に「団塊の世代と昭和天皇」を書いている。その中で、「日本最大最強のスター」昭和天皇に笠智衆を見ている。

「あの、時に滑稽なほどの生真面目さや、懸命さ。ボキャブラリーが乏しく自己演出できない不器用さ。一直線の感じ。その妙な懐しさは、私が敬愛してやまない俳優・笠智衆を思い起こさせる。私が天皇を好きだと思う気持と、笠智衆を好きだと思う気持はどこかで深くつながっている。私はそれで（笠さん自身はおそれおおいことと嫌がるだろうが）、「笠智衆は私にとっての民間天皇だ」と思って来たのである。（略）これほどまでに「東京物語」が愛されることになった成功の一つのポイントは、この映画の主人公である老夫婦に笠智衆と東山千栄子（民間皇后！）を配したことにあっただろう。

私はこの映画の中の笠智衆の、いつも目もとにほほえみをたたえた静かな表情に、ほとんどその表情だけで涙してしまう。（略）私はこのほほえみに胸をつかれる。それはたぶん「近代的自我」というものを持たない人間のほほえみだ。小津安二郎は、笠智衆という一個の肉体を借りて、ある時代の日本の庶民の中にあった最良の部分、美意識の結晶を描き出した。平成元年の今にして思えば、「東京物語」は「昭和物語」ではあったのだ」

昭和という時代の終わりに立ち会って、アラーキーや中野翠は「東京物語」を昭和史を先取りしていた映画として受け取ったのではないか。私自身もそうした観客の一人であったといま思える。第十四章「敗戦国の「肉声のない男」たち」に記したように、昭和五十二年（一九七七）、私は銀座並木座で「東京物語」に確かに出会った。何に出会ったのかはまったく言語化できず、ただただ「東京物語」の、ひいては小津映画の与えてくれる時間に耽溺した。たたずまいとリズムと笑いと余韻とに。この余韻は、いつまでも後を引く。

戦前のフィルムにさかのぼっていくと、小津映画の登場人物たちがやがて戦争に巻き込まれ、苦難を舐めなければならない理由がわからなくなった。登場人物たちは常識的な「昭和史」の範疇の「国民」「臣民」には収まり切らない個性があった。笠智衆が主人公となる以前の小津作品は岡田時彦、斎藤達雄、坂本武らが動いていた。無声映画だから「声」こそないが、彼らの「肉声」は批評精神、溜息、道化ぶり、人情となって表現されていた。戦後の名作群よりも戦前のサイレント作品に本来の小津があるのではないか、と思っていた一時期も私にはあった。しかし、トーキーを撮り出してからの小津映画の音（音響、音楽、セリフ、沈黙）の豊饒はサイレント映画ではけっして味わえない。それらの音は、小津映画の画面の統御された豊饒に匹敵できていた。

「肉声のない」男の代表として、私は「東京物語」では長男の開業医・山村聰に注目した。父親の笠智衆は、東野英治郎や十朱久雄と酒を酌み交わして、かろうじて「肉声」を小声で発した。「肉声のない」というよりも、「肉声を禁じた」男として存在していた。笠智衆の代わりに佐分利信、池部良、中村鴈治郎が主役になる時もあったが、小津の代表作にまではならない。そこが笠智衆という存在の不思議であろう。

中野翠が「東京物語」の東山千栄子を「民間皇后」と見たのは卓見である。近代天皇制の中で女官制度を劇的に改革し、自覚的に一夫一婦制を選んだ昭和天皇と香淳皇后の睦まじい姿は微笑ましい。「東京物語」の笠智衆と東山千栄子は尾道を出発する前、空気枕のあるなしで口論となるのがせいぜいの穏やかな老夫婦である。不器用な夫とふくよかな妻の組み合わせ。この二人の姿を昭和末の時点で見ると、確かに昭和天皇と香淳皇后に見まがう。

では、公開当時の昭和二十八年（一九五三）秋では、どうだったのだろう。公開の時点での年齢を列記してみよう。昭和天皇五十二歳、小津四十九歳、笠も四十九歳、ちなみに香淳皇后は五十歳、東山が六十三歳となる。東山を除けば同世代である。笠の平山周吉は七十歳、東山の平山とみは六十七歳とシナリオにある。東山が実年齢に近い役を演じ、笠は二十一歳年上を演じていたのだ。

「東京物語」熱海の撮影現場
（築山秀夫コレクションより）

最近、昭和二十年代の天皇皇后のニュース映像をまとめて見る機会があった。全国巡幸のフィルム、新憲法公布のニュースなどである。昭和二十一年（一九四六）十一月三日、十万人の都民が集まり皇居前広場で開かれた「日本国憲法公布記念祝賀都民大会」には天皇皇后が揃って臨んだ。中野重治の小説「五勺の酒」にも描かれている。

「天皇が来て、帽子を取らぬものもいたが、僕は取った。天皇が台へのぼって帽を取った。万歳がおこった。仕掛け鳩が飛んだ。天皇はかえって行った。僕の時計で出てきたのが三時三十五分、おかえりになったのが三十六分、正味一分で、すべてが終った。（略）たしかに泣いてた女学生はいたが皇后で泣いたのだ。憲法でではなかった」

ニュース映像ではこのわずか一分間が劇的に捉えられる。天皇皇后両陛下が吉田茂首相発声の「万歳三唱」を受けられる。天皇は礼装姿に帽子、皇后は和服から作られた宮中服で歓呼に応える。律儀そうな天皇と福々しい皇后は、既にして「東京物語」の笠智衆・東山千栄子夫妻を先取りしていた。小津は占領終了後の「東京物語」で、笠と東山に天皇皇后両陛下を重ねていた、という仮定もありえるのではないか、と思える映像であった。そう思わせる原因は、占領終了第一作となった前年の「お茶漬の味」の冒頭とラストにある。既に指摘したように、お濠端、第一生命ビル、皇居前ののどかな風景で始まり、鶴田浩二と津島恵子がじゃれる、赤坂離宮前のたわいないデートで映画は締めくくられる。独立回復を皇室の藩屏としてことほいでいるかのようなのだ。

東山千栄子は小津映画の常連というわけではない。「麦秋」と「東京物語」にしか出演していない。「麦秋」の夫は菅井一郎で、笠智衆は菅井・東山の長男役だったが、「東京物語」で晴れて夫婦となった。『小津安二郎　人と仕事』に寄せた東山の文章では、「東京物語」の熱海の海岸のロケを中心に回想している。高所恐怖症の東山のために、防波堤の海側に足場を組み、波打ち際が東山の視界に入らないようにと気をつかって下さったと。

「この映画が封切られてから十年あまりのち、昭和三十八年の秋のある日、ソヴィエト・ロシアからヨーロッパのあちらこちらと旅行して来て、ローマのレストランで食事をしておりました折に、五十五、六歳ぐらいの紳士が通訳の方に言葉をかけて来ました。私を日本の女優ではないか、「東京物語」で記憶しているのだが……ということでした。（略）

そして小津先生の悲しい記憶を思い起こさなければならないのですが、私がローマでイタリー紳士に話しかけられた年の十二月はじめ、日本に帰ってまいりましたところ、留守中に菅原通済先生からのお手紙が待っていました。それによりますと、小津先生は私を芸術院会員にご推薦下さるお考えでいらっしゃったところ、ご病気になられたので、代わってその手続きをお手伝いいたしますが……ということでした」

「東京物語」以後の小津映画出演はなかったが、小津の中で東山千栄子の存在が大きかったことがわかるエピソードである。中野翠から「民間皇后」に見立てられただけのことはあって、東山の実父は司法官で後には貴族院議員、養父は東京帝大教授で、千栄子は華族女学校（後の女子学習院）に学んだ。東山の『私の履歴書』はその時代から書かれている。

「皇族のお姫様に路上でお会いしますと、私たちはごあいさつしたあと、おあとについて学校へまいりました。そして、校門をはいればもう同じ学友、お友だちづきあいということになっていました。（略）卒業式や天長節などのお式には、皇后様［明治天皇の皇后美子《はるこ》］がいつもおいでになられました。そして全校生徒に、美しい布地で作った懐紙入れを下さるのでした」

東山千栄子は明治四十年（一九〇七）に卒業している。数少ない同級生の中には、勘解由小路《かでのこうじ》康子《さだこ》という娘がいた。父親は勘解由小路資承《すけこと》という子爵で、東宮侍従をつとめたこともある人物だった。康子の従兄には白樺派の武者小路実篤がおり、康子の二度目の夫になるのが武者小路の親友・志賀直哉である。阿川弘之の評伝『志賀直哉』によれば、志賀の三女の結婚相手は、東山千栄子の甥っ子にあたる。

「東京へ引越して数年後、ある日母の康子が昔のクラスメイト東山千栄子に会って、うちの二番目は身の丈五尺七寸［一七二センチ］、よっぽどお背の高い方でなくちゃ貰って戴けそうもないという話をしたところ、千栄子が、うちの親戚にも大層背の高いのが一人いる、昭和十一年のベルリン・オリンピック大会に出場した学生バスケットボールの選手で、一八六センチある、そちらのお嬢さまとどうであろうかと答えた。顔立ちが寿々子［三女］の好きなゲーリー・クーパーに似ているそうだし、見合いをすることになった」（阿川『志賀直哉』）

縁談はととのい、戦時下の昭和十八年（一九四三）に結婚している。クーパーといえば、「晩春」で原節子の見合い相手は、叔母の杉村春子に言わせるとクーパー似だった。それどころか、その男は「学生時分バスケットボールの選手だった」のだから、これはこれはである。ここにも志賀「大」先生への敬意が潜んでいたと見られる。東山千栄子が築地小劇場に入るのは数えで三十六歳になってからで、十八歳で貿易商に嫁ぎ、ロシアでの暮らしが長かったという異色の経歴の持ち主であった。志賀と里見弴は学習院の仲間を通じて、当時の重臣たちの周辺にいたのだが、東山も新劇の女優でありながら、半身を重臣層の圏内に置いていたのだった。

東山が回想した芸術院の件については、小津映画の常連で、美術コレクター兼フィクサーの菅原通済が書き残している。

「小津さんは文芸人にありがちな、イヤに豪傑ぶって物ごとをスッポかすようなワザトラがなく極めて几帳面の人だった。／既にロクロク物も言えぬようになった時ですら、芸術院会員スイセンのことを忘れず、もちろん筆はとれぬので、きき取れぬような声で私にことをたくした。異例ではあったが、実印をあずかり、私が代理スイセンをした位である」（菅原「淋しい」「シナリオ」昭和39・2）

小津が映画界初の芸術院会員になったのは最晩年で、死の一年前であった。芸術院に入るには会員の互選で票数を多くとらないといけない。新会員の小津がはじめて推したのが東山千栄子であった。小津が芸術院会員となったのは今から見れば順当な人選だが、同時代では映画はまだ「芸術」とお国から認められていなかった。小津の芸術院入りに尽力したのが、菅原通済だった。『人と仕事』で、その事情を通済は「芸術院賞のことなど」と題して、あからさまに書いている。

「私は小津監督に傾倒していたから、当時映画人で芸術院賞を受けたり、ましてや芸術院会員になる人がないのがどうしても腑に落ちず、芸術院長の高橋誠一郎先生やボスと言われた久保田万太郎先生にお尋ねしたところ、やっぱり映画人は無理らしいとのこと。第一、小津サンのこともよく知らない。三味線や踊りが芸術で、どうして映画が芸術でないのか不思議でならない。苦心惨憺してまずもって久保田先生を口説き落した。

芸術院賞をもらうため、会員の間を潜行運動している者が多いとの噂を知っていたので、こちらは表玄関から堂々と運動することにし、もちろん小津サンには知らせず、市川猿之助君が会員だったから推薦人とし、賛成人には久保田万太郎、大佛次郎、里見弴の諸先生と私がなり、各委員を私が口説いて廻った。一人だけ「私は小津サンの名も知らないので賛成出来ませんが、反対もしません」と正直に言って下さった方があっただけで、芸術院賞を映画人第一号としてかちとった。これに力を得て、ひきつづき芸術院会員にもなっていただいた」

小津は「彼岸花」で芸術院賞を受賞し、「秋刀魚の味」を完成した後に芸術院会員に推された。小津の晩年を飾る慶事であった。志賀直哉は岡田茉莉子とのラジオ対談「新春芸談」(佐藤春夫編『詩文四季』所収)で、「小津君が映画界から第一号で芸術院会員になったのもよかった」と素直に喜んでいる。芸術院賞と芸術院会員には、名誉と年金だけでなく、もうひとつの「特典」があった。受賞者や新会員は皇居で陪食を仰せつけられるのだ。小津の日記では昭和三十四年(一九五九)五月二十七日と昭和三十八年(一九六三)五月十五日に「御倍〔陪〕食」とある。映画監督の目はサガとして人間の動きや表情を自然と観察するだろうから、御陪食の席で、ひょっとして、「人間天皇」と「民間天皇」笠智衆とを比較したのではないだろうか。『昭和天皇実録』で確認すると、小津は昭和三十四年は出席しているが、昭和三十八年は「欠席」した。予定表には書き込んであったが、病状がよくなくて入院中だったので出席を諦めたのだろう。

野田高梧の長女・野田玲子（立原りゅう）は身近で小津に接していても、いつも突き放して小津と父親を見ていた。玲子は「ほんと天皇が好きだったの」とあきれ気味に語っている。

「だから、あたしに言わせれば、あの人に戦争に連れてかれちゃったようなもんなのに、どうしてそんなに懐かしいのかなと思うくらい好きでしたよ。天皇っていうか皇室が。戦地の体験と天皇というのは接続してないの。なんか勲章もらうんで宮中行くでしょ？　そういうとき、ほんとに嬉しがってた」（「シナリオ」２０１０・９）

「勲章」ということはないから、これは昭和三十四年の時の話だろう。小津はある時から、入江相政《すけまさ》侍従（後に侍従長）と親しくなっている。入江は戦後の「開かれた皇室」のスポークスマンという大役を務めた文人侍従である。小津と親しかった美術商の北川靖記によれば、入江は小津ファンだった。「侍従長だった入江さん。あの方も先生のファンなんですね。だから、宮内庁で、ごく少数の方々が、小津先生の映画を封切りになる前にご覧になっているんですよ。入江さんとも小津先生、旅行したりしてますからね。その旅行に私もお供してまして、その時に初めて、そういう話をうかがったような気がします」（「東京人」２００３・10）

やはり小津の日記で確認すると、昭和三十五年の一月と昭和三十六年の一月と二度、大仁温泉への旅行に行っている。入江侍従以外は、山口蓬春、東山魁夷、橋本明治など親しい画家が一緒だった。このメンバーは小津映画のカラー画面で作品がよく写される画家たちであり、後に新宮殿に飾られる絵も描くことになる。

入江侍従は膨大な日記を書いており、その一部が『入江相政日記』として出ている。一部といっても文庫判で十二冊もある。入江日記によると、入江は「秋日和」を松竹セントラルの試写で、「小早川家の秋」を東宝の試写会で見ている。「秋日和」は「実にすばらしい出来」と絶賛、「小早川家の秋」は、この映画で新聞に書く随筆が出来たと喜んでいる。「秋刀魚の味」の時期の日記は活字化されていないので、見たかどうかは不明だ。日記の記述から推測すると、入江はそんなに映画は見ていないようなので、小津映画だけは例外だったのだろう（入江は小津の葬儀にも参列している）。

それでは北川の語った「宮内庁で、ごく少数の方々が、小津先生の映画を封切りになる前にご覧になっているんですよ」というのは何だったのだろう。私は『戦争画リターンズ——藤田嗣治とアッツ島の花々』という本を書いた時に、入江侍従が天覧となる絵画のいわば「御毒見役」をしていたことを知った。藤田嗣治の「天皇陛下伊勢の神宮に御親拝」（現在は行方不明とされている絵画）などを、天覧となる前日に入江が下検分している。試写会とは別に、「ごく少数の方々」の特別試写があったとするなら、試写会で下検分をした上で、入江侍従は昭和天皇をお誘いしたのではないだろうか。昭和天皇は劇映画には関心が薄かったが、信頼する入江侍従の勧めに応えたという筋書きはありうる。私の妄想に過ぎないかもしれず、それは入江日記が全文公開されればわかるであろう。昭和天皇が戦前戦中に見た映画のタイトルならば、『昭和天皇実録』でかなり確認できる。その中の一本には、十六歳の原節子が主演した日独合作映画「新しき土」があり、公開前に宮中で「天覧」した。

北川靖記の証言と小津日記の記述から推理すれば、「ごく少数の方々」が「封切りになる前にご覧」になった可能性のあるのは、「秋日和」「小早川家の秋」「秋刀魚の味」に絞られる。原節子が演じた役は画家の未亡人、画廊に勤める未亡人（両方とも戦争未亡人ではない）、笠智衆が演じた役は、伊香保の温泉旅館のあるじ、農夫、元帝国海軍の駆逐艦の艦長さんとなる。原節子はいつも未亡人なのに、笠智衆はこうしてみるとさまざまな役を振り当てられている。ただし主演級の役柄には一貫性が感じられる。戦中の「父ありき」は職域奉公を説く元教員、戦後の「晩春」「東京物語」「東京暮色」「秋刀魚の味」では寡黙な父親である。戦争経験で分類すると、「遥かなり父母の国」（シナリオのみ）は戦死する陸軍の下士官、「お茶漬の味」はシンガポールを懐かしがる元陸軍兵士、「秋日和」は海軍兵学校出の元海軍将校、「秋刀魚の味」はやはり海軍兵学校出の元海軍佐官である。笠智衆は軍人としてはさまざまな階級を演じている。昭和天皇は陸海軍を統帥する大元帥であった。笠智衆にその役はできただろうか。小津の死から四年後、岡本喜八が撮った「日本のいちばん長い日」では、笠は昭和天皇から信頼されていた鈴木貫太郎海軍大将を演じる。二・二六事件では侍従長として九死に一生を得、昭和二十年（一九四五）には日本を終戦に導く、耳の遠い総理大臣である。

小津映画を昭和史の中に置いたとき、笠智衆は佐官までしか演じていない。小津がさらに生きて映画を撮り続けたならば、大元帥はともかくとして、笠智衆は陸軍の元将軍や海軍の元提督を演じたであろうか。

あとがき

まさか自分が小津安二郎についての本を書くとは思いもしなかった。少しでもそうした予感があれば、ペンネームに「平山周吉」などとつけるはずもない。平山周吉とは、言うまでもなく「東京物語」で笠智衆が演じた老人の名前である。

それなのに小津について一冊の本を書くことになるのは、こんなペンネームを戯れに名乗ったからだった。

『小津安二郎　平山周吉』

タイトルが「小津安二郎」で、著者名が「平山周吉」という本。そんな人を喰った本の姿が、新潮社の風元さんの頭に突然浮かんだのがすべての始まりだった。あれよあれよという間に風元さんのいつもの強引なペースで話が進み、文芸誌「新潮」で連載ということになった。もうこうなれば書くしかない。

本書の第十四章「敗戦国の「肉声のない男」たち」で書いたように、二十代半ばで「東京物語」に出会った。それ以後は小津の映画を心がけて見るようにしてきた。おもに京橋のフィルムセンター（現、国立映画アーカイブ）と銀座の並木座で小津を見た。いまのようにＤＶＤなどで手軽にいつでも見られるという環境ではなかった。上映の機会があれば見る。無理矢理でも見る。ただ見るだけで満足していた。

京橋のフィルムセンターに行くと必ず同じ席を占有し、存在感を発揮している人物がいた。それが小津研究を飛躍的に進めた田中眞澄さんだった。田中さんの研究と著書があれば、あとは小津映画を見るだけでいい。田中さんが健在ならば、私はこの本を書くことはなかったろう。田中さんは二〇一一年十二月三十日に突然亡くなった。まだ六十五歳だった。田中さんが此の世で最後に言葉を交わした人間は私だった。文芸誌「en-taxi」(35号)に田中さんの追悼文を書くようにと言ってくれたのは坪内祐三さんである。その時の追悼文を以下に再録したい。

その顔がテレビの画面に突然現れた時の驚きは忘れられない。革命家崩れか、素浪人か。京橋のフィルムセンターの客席で、いつもあたりを睥睨する眼光鋭き長髪の怪人。上映には必ずいて、決まった席をいち早く確保している、牢名主のような男。その男がNHK教育テレビにアップで写っている。一九九三年、小津安二郎の生誕九十年、没後三十年に作られた番組だった。

テロップには「田中眞澄」とある。これで驚きは倍化された。『小津安二郎全発言』『小津安二郎戦後語録集成』という恐るべき本の編者として、その名前を記憶していたからだ。この二冊を編むために費やしたであろう時間、情熱が尋常でないことは本を読めばわかる。あらゆる新聞雑誌を渉猟して、小津の発言を拾ってきている。映画をめぐる周辺事情への目配りにも手抜かりはない。長めの注を読むと、そのどれもが一本の論文に匹敵する内実を孕んでいた。この「全発言」「語録」を自分ひとりで使えば、学者としての業績はいくらでも量産できる。それをあえて忌避し、自分の調べた結果を惜しげもなく大盤振舞する。あの牢名主然とした風貌とは大いなる落差があるのだ。奥付のプロフィールには、一九四六年、釧路生まれ、慶大国文修士修了としかない。業績は一切なしの潔さ。あらためて一体何者なんだという疑問がわいた。

それからすぐに連絡をとって、当時在籍した女性誌の映画特集に「第二の小津を探して」という邦画名作案内風の企画物原稿を書いてもらった。二十年間、午前中は国会図書館に自らを幽閉した人なのに、これがなんとも軽妙な文章で、人を喰っている。次には東京特集で「小津が歩いたモダン東京」。小津の「全日記」（これも田中さんが編者）に出てくる小津が通った酒場、食事処、喫茶店など百二十五の店舗を銀座八丁の地図に特定していくのだ。小津に関わることはなんでも調べたのだろう。空恐ろしい埋蔵量だった。別の雑誌に異動してからは、女優特集、男優特集での、一筆描きで活写する人物カタログ、さらには小津の評伝。それでも、あの膨大な埋蔵量はほんの一部を文字に残しただけで終わった。

昨年の暮れ、忘年会の流れで、もう一杯ということになった。ハイタッチで女性陣とお別れする姿は、孤高の果ての愛嬌がただよっていた。田中さんが理想とした左卜全のように。健脚を誇ってどこに行くにも歩きだったのに（自著のタイトルに、行脚、周游、ほうへ、と名づけていた）、酔いどれた足元はおぼつかなかった。新宿の思い出横丁で安酒をあおりながら酔余、私が「近代日本最高の人間は小津ですよ」と言うと、田中さんは「小津は凄いんだよね」と応じてくれた。それから一時間後、もう田中さんは此の世におさらばしていた。小津に導かれて、国会図書館とフィルムセンターを使い倒し、見尽くし、無名に徹した人生に悔いはなかった、と信じたい。

この追悼文は「平山周吉」では書いていない。本名で書いた。まだ平山を名乗っていなかったから当然なのだが。

思えば、仕事がらみで、小津映画やその関係者にはずいぶん会ってきた。第十四章で登場してもらった「大ヴェテランのT女史」とは、会社の大先輩・高松繁子さんである。「秋日和」には司葉子と岡田茉莉子の同僚で「高松重子」という女性が出てくる（役者は千之赫子）。これは名前をいただいているだけだが、「早春」で中北千枝子が演じる、淡島千景の友人で女性記者のキャラクターが高松さんに近いように感じる。高松さんが退職の時、「机の奥からこんなの出てきたから上げるわよ」と下さったのは小津のハガキだった。「36・8・20　宝塚」の消印がある。「小早川家の秋」撮影中に書かれた残暑見舞いだった。私の所持する数少ないお宝である。高松さんは「シゲ子」という名前だったので、村上茂子さん（第八章「「戦争未亡人」紀子と「社会的寡婦」百万人」参照）とよく間違われ、迷惑したのだという。「小津監督、どうだったんです」とうかがうと、「いやーよ、あんなオジイチャン」と、天下の小津も形無しである。高松さんは小津安二郎よりも野田高梧を尊敬していた。

取材では、まず中井益子さんに会えた。小津が自分の娘のように可愛がった佐田啓二未亡人である。柳田邦男さんの『ガン　50人の勇気』の取材班の一人だったからだ。高橋治さんの『絢爛たる影絵──小津安二郎』は志願して、単行本の担当をした。高橋さんが追加取材で、篠田正浩、田村孟といった松竹大船撮影所の助監督仲間に話を聞く際に同席した。女性誌「クレア」にいた時には、笠智衆さんの撮影を藤原新也さんにお願いした。蓼科の別荘で我々を迎えてくれた笠さんは、なんのオーラも発さない、取材であろうと素のままをさらす老人だった。

田中眞澄さんとの仕事はこの「クレア」在籍時からだった。月刊ヴィジュアル誌「ノーサイド」では日本映画特集などを何度も作った。「文學界」で評伝「小津安二郎周游」、「諸君！」で「百一年目の小津安二郎」という連載を書いてもらった（後者は単行本時に『小津安二郎と戦争』と改題）。「ノーサイド」誌では川本三郎さんの連載「君美《うる》わしく」で十七人もの女優さんに話を聞いた。そのうちの十三人は小津映画に出演している。取材順に並べると、その豪華さにいまも目が眩む。高峰秀子、津島恵子、淡島千景、久我美子、岡田茉莉子、杉村春子、山本富士子、新珠三千代、山田五十鈴、有馬稲子、司葉子、若尾文子、香川京子。川本さんは取材の時に、必ず映画の話だけでなく、それぞれの戦争体験を聞く、というのを最初から決めていた。『今ひとたびの戦後日本映画』の著者らしい考えで、平山周吉の『小津安二郎』はその影響下にある。

司葉子さんにインタビューした時、司さんが帰り際に、「うちの主人、小津先生に似てるでしょ」と言われた。そう言われると、似ていなくもない。いや、似ている。小津は愛されていたのだな、とその時に思った。小津は女優さんだけでなく、男優にも愛された。三上真一郎さんと知り合って、三上さんには小津ご贔屓のお店に何度も連れていってもらった。三上さんの『巨匠とチンピラ――小津安二郎との日々』は担当こそしなかったけれども、生原稿で読んだ。

小津がスタッフにも愛されていたことを実感するのは毎年十二月十二日に北鎌倉で開かれる小津会に参加するようになってからだ。十数年前に田中眞澄さんに誘われたのが始まりだった。小津の死から時間がたち、小津組や関係者で参加できる人が減ってきたというので、その補充要員といった感じだった。小津会の中心にはいつも山内静夫プロデューサーがおり、中井麻素子さん（中井益子から改名）、中井貴惠さん母娘も必ず出席していた。毎年の小津会で親しくなった方々には、古美術「きたがわ」の北川景貴さん（古美術「貴多川」の北川靖記の甥）、活動弁士の澤登翠さん、全国小津ネットワーク副会長の築山秀夫さんなどがいる。それでも山内さんが亡くなってしまったのは痛手である。生誕百二十年、歿後六十年にあたる二〇二三年の小津会まではきっとお元気だろうと勝手に決めていたが、一昨年の八月十五日に九十六歳で亡くなられた（中井麻素子さんは二〇一六年二月二十九日に八十七歳で亡くなられていた）。

山内さんには、ペンネーム「平山周吉」の使用を、事後承諾で認めていただいた。小津生誕百十年の年には、「新潮45」（２０１３・11）で中井麻素子さんと山内さんの対談「聖なる酔っぱらい監督の素顔」を行なった。その時には、不自由な体にもかかわらず、鎌倉から田園調布の中井邸まで来ていただいた。山内さんに最後に会ったのは、「新潮」での連載が始まる直前の二〇二〇年七月一日であった。まだまだ聞いておかなければいけないことがあったのに、もう手遅れである。

平山周吉の『小津安二郎』は、小津と小津映画を昭和史の中に置いて見るという方法をとっている。自分が小津について書くのなら、それくらいしかないだろうとは思っていた。その覚悟が定まったのは、河出書房新社の『文藝別冊　小津安二郎』の増補版（２０２０・１）に原稿依頼があった時だった。西口徹さんからの依頼は「平山周吉のみた小津映画」だった。西口さんは前に小津について一冊書くようにと勧めてくれていた。西口さんの了解を貰い、テーマを「昭和史の中で小津映画を観れば」と変更した。連載の予告編を作るような気分だった。

連載を始めて気づいたのだが、小津は支那事変に従軍したために、明治生まれにもかかわらず「戦中派」に属していたということだった。「最長老の戦中派」と小津を呼ぶことにしたのは、そのためである。「最長老の戦中派」の戦友たちとは、まず部隊で生死を共にした仲間であり、相前後して召集され、二十八歳で戦病死した山中貞雄監督であった。戦後になって小津が覗くキャメラの傍らには、いつも山中がいるという確信は書いていくうちに深まっていった。死者と生者との「聖なる三角関係」が、そこには生まれたのではないだろうか。多くの無念の受け皿となった小津映画はこれからも見続けられていくだろう。

『小津安二郎』は生誕百二十年、歿後六十年の年に刊行される。それなら十二月十二日までに出来ればと安心していたのだが、神奈川近代文学館で「小津安二郎展」が四月一日から開かれるので、それに間に合わせるのが絶対命令となった。当初の企画から刊行まで、すべて風元正さんの手のひらで踊った。風元さんに感謝するしかない。取材、執筆の過程では小津家の小津亞紀子さん、鎌倉文学館の小田島一弘さん、国立映画アーカイブ図書室の笹沼真理子さん、日本新聞博物館の工藤路江さん、松竹の藤井宏美さん、蓼科を案内してくれた北原克彦さん（蓼科取材の成果を原稿に書けなくてすみません）など多くの方のお世話になった。本文中に挿入した「東京物語」撮影中の写真は築山秀夫さん所蔵の逸品を使用させてもらった。

いまこうして書きおえても、小津の秘密はまだまだ解き明かし切れていない。今後は書くことを離れて、小津映画の与えてくれる時間に気持ちよく浸りたい。

平山周吉

二〇二三年一月十三日

初出「新潮」
2020年8～12月号
2021年2～8、10～12月号
2022年2、4、6、8、10、12月号

平山周吉（ひらやま・しゅうきち）
1952年東京都生まれ。雑文家。慶応義塾大学文学部卒。雑誌、書籍の編集に携わってきた。昭和史に関する資料、回想、雑本の類を収集して雑読、積ん読している。著書に『昭和天皇「よもの海」の謎』（新潮選書）、『戦争画リターンズ――藤田嗣治とアッツ島の花々』（芸術新聞社、雑学大賞出版社賞）、『江藤淳は甦える』（新潮社、小林秀雄賞）、『満洲国グランドホテル』（芸術新聞社、司馬遼太郎賞）、『昭和史百冊』（草思社）がある。boid／VOICE OF GHOSTより刊行中のKindle版『江藤淳全集』責任編集者。

小津安二郎《おづやすじろう》

著者

平山周吉《ひらやましゅうきち》

発行

2023年3月30日

3刷

2024年3月25日

発行者 佐藤隆信

発行所 株式会社新潮社

〒162-8711 東京都新宿区矢来町71

電話 編集部 03-3266-5411

読者係 03-3266-5111

https://www.shinchosha.co.jp

装幀 新潮社装幀室

印刷所

大日本印刷株式会社

製本所

大口製本印刷株式会社

乱丁・落丁本は、ご面倒ですが小社読者係宛お送り下さい。
送料小社負担にてお取替えいたします。
価格はカバーに表示してあります。

ISBN978-4-10-352472-4 C0095